실무자를 위한
알기 쉬운
농지법 강의

농림축산식품부 출신 변호사가 알려주는 농지법 실무와 판례

실무자를 위한 알기 쉬운 농지법 강의

초판 1쇄 인쇄일 2024년 09월 09일
초판 1쇄 발행일 2024년 09월 20일

지은이 김영기
펴낸이 양옥매
마케팅 송용호

펴낸곳 도서출판 책과나무
출판등록 제2012-000376
주소 서울특별시 마포구 방울내로 79 이노빌딩 302호
대표전화 02.372.1537 **팩스** 02.372.1538
이메일 booknamu2007@naver.com
홈페이지 www.booknamu.com
ISBN 979-11-6752-528-4 [03360]

실무자를 위한 알기 쉬운 농지법 강의

김영기 변호사 지음

: 농림축산식품부 출신 변호사가 알려주는

농지법 실무와 판례

책과나무

들어가며

인류가 농경생활을 시작한 이래 시대와 지역을 막론하고 농지 소유·분배에 관한 문제는 정치·경제·사회적으로 중요한 이슈였고, 농지제도가 무너질 때에는 국가 전체가 혼돈의 도가니 속으로 빠져들며 집권세력이 교체되었다. 우리 역사에서도 신라에서 고려로, 다시 고려에서 조선으로 왕조가 교체된 주요한 원인은 농지제도의 붕괴로 인한 국가시스템의 마비였다. 그래서 어느 나라든지 농지제도를 적절히 운용함으로써 사회를 안정화시키는 데 주안점을 두었다. 대한민국이 수립될 때도 사회적 불안을 근본적으로 해소하기 위한 농지개혁이 국가의 핵심 과제로 요청되었기에 제헌헌법에서 농지 소유·분배에 관한 원칙을 선언하였고, 이후 개정된 헌법에서도 농지의 소작금지와 경자유전의 원칙을 명시하였다. 농지법은 이러한 헌법 원칙을 구체적으로 실현하기 위하여 농지에 관한 종합적이고 기본적인 법률로서 1994년 탄생하였다.

농지법이 제정된 지 30년이 지나며, 농지에 관한 논의는 과거와 달리 농지의 소유·분배보다는 농지의 보전과 개발, 둘 사이의 충돌에 역점을 두고 있다. 1차 산업인 농업의 역할이 점차 줄어들자, 경제적 논리에 의해 농지를 경제성이 높은 다른 용도로 개발하여야 한다는 의견이 대두되었고, 이를 반대하는 측에서는 식량주권 확보 관점에서 식량의 최소한의 자급을 위하여 농지를 보전하여야 한다고 주장하며, 양자가 상호 대립하고 있다. 농지법은 '개발과 보전'이라는, 농지를 바라보는 두 가지 관점의 균형을 위하여 농지 소유·이용에 관한 규제를 합리적으로 조정하는 한편, 농지제도 운영상 나타난 미비점을 개선·보완하기 위하여 신규 제도를 거듭 도입하고 있다.

농지제도가 개편됨에 따라 많은 해석상 논란이 발생하고 있으며, 앞으로도 농지법상 조문이 개정되고 제도가 새로이 도입된다면, 새로운 법 해석이 필요한 영역이 늘어날 것이다. 그럼에도 불구하고, 농지법과 관련하여 국내 학자 및 실무자들의 논의가 부족하고 참고할 만한 국내 서적과 논문이 아직 충분하지 않다는 사실에 안타까움을 갖고 이 책을 쓰게 되었다.

이 책은 농지업무 공무원, 변호사, 법무사, 행정사, 공인중개사, 농지 소유자 및 이용자 등 농지 실무자들을 대상으로 실무자들이 농지제도를 찾아보고 이해할 수 있도록 농지 제도별로 편집하였으며, 각 제도에 대하여 이론과 판례, 실무례를 되도록 상세히 설명하려고 하였다. 그래서 불가피하게 일부 설명이 중복되는 부분이 있으나, 농지 실무자들의 편의성과 활용 가능성을 고려하여 그대로 살려 두었다. 또한 학설상 논란이 있었거나 있을 수 있는 부분에 대하여는 부족하지만 나름의 견해를 밝히려고 하였다. 아울러, 농지법 개정에 따라 새롭게 도입되거나 변경된 제도와 관련해서는 농림축산식품부 업무편람 및 제도운용방침 등을 참고하여 정리하여 두었음을 밝혀둔다. 다만 실무자들에게 부담이 되지 아니한 분량을 고려하다 보니, 농지 관련 사례를 더 폭넓게 다루지 못한 것에 미련이 남으나, 차후 기회가 있는 대로 보완해 나가기로 다짐한다.

끝으로 이 책을 집필할 수 있게 적극 도움을 주신 부모님께 감사드리고, 자신의 업무에 바쁜 가운데서도 내용에 대해 조언해 주고 검토에 장시간을 할애해 준 농림축산식품부 최경희 선생님, 오현정 사무관, 대전광역시청 심창섭 선생님, 임유진 변호사의 노고에 감사드린다.

목차 Contents

목차 Contents

제1장
서

제1장 서

가. 농지법의 의의 및 구성

농지법이라 함은 「농지법」이라 이름 붙여진 제정법을 뜻한다. 농지법은 1994년 12월 22일 법률 제4817호로 공포되고 1996년 1월 1일부터 시행되었다. 농지법은 제1장 총칙(제1조~제5조), 제2장 농지의 소유(제6조~제13조), 제3장 농지의 이용(제14조~제27조), 제4장 농지의 보전 등(제28조~제50조), 제5장 보칙(제51조~제56조), 제6장 벌칙(제57조~제64조)과 부칙으로 짜여져 있다.

농지법은 '경자유전의 원칙'과 '국토의 효율적 이용'이라는 2대 중심개념을 기초로 하여 농지를 규율하는데, 「제1장 총칙」에서는 농지법 이념과 용어 정의를 다루고, 「제2장 농지의 소유」에서는 농지 소유에 관한 사항과 농지처분제도를 중심으로 다루며, 「제3장 농지의 이용」에서는 농지의 효율적인 이용을 위한 농지이용계획, 농지이용증진사업 및 대리경작, 농지 임대차를 다루고, 「제4장 농지의 보전 등」에서는 농업진흥지역제도와 농지전용제도, 농지위원회, 농지대장제도를 다루며, 「제5장 보칙」에서는 농지 소유 등에 관한 조사 및 농지정보 관리에 관한 사항 등을 다루고, 「제6장 벌칙」에서는 농지법 위반시 위반자에 대한 행정제재 및 형사처벌을 다루고 있다.

나. 농지법의 연혁

농지법은 농업의 국제경쟁력을 확보하고 농촌의 활력을 증진하기 위하여 1949년 「농지개혁법」 제정 이후 영세·생계농 보호위주로 운용되어 온 농지제도를 개편하여 다양한 농업경영체의 육성을 지원하고 농지유동화를 촉진시킬 수 있도록 농지의 소유·거래 및 이용에 관한 각종 규제를 완화하는 등 농업 현실에 부응하고 그 구조개선을 효율적으로 뒷받침할 수 있는 농지제도로 발전시키는 한편, 「농지개혁법」·「농지의 보전 및 이용에 관한 법률」·「농지임대차관리법」·「농어촌발전특별조치법」 등 여러 법률에 복잡하게 분산 규정되어 있는 농지 관련 법률과 제도를 통합·정비함으로써 농지에 관한 종합적이고 기본적인 법률로서의 기능을 하고자 1994년 12월 22일 제정되었다.

이렇게 만들어진 농지법은 농촌인구의 감소 및 고령화, 농산물 소비 형태의 다양화 등 농업여건의 변화에 대응하여 농지의 이용을 최대한 효율화하고 농업구조조정을 원활히 뒷받침할 수 있도록 농지제도를 보완하며, 농업인의 소득과 편익이 증진될 수 있도록 농지이용에 관한 규제를 합리적으로 조정하는 한편, 그밖에 농지제도 운영상 나타난 일부 미비점을 개선·보완하려는 방향으로 개정되었다. 그리하여 2002년 12월 18일 법률 제6793호로 주말·체험농장 목적으로 한 농지 소유를 허용하고 농업진흥지역밖 농지소유상한제를 폐지하였다. 이어 2005년 7월 21일(법률 제7604호) 농업회사 농업경영목적으로 취득한 농지의 임대허용범위를 확대하고 농지조성비를 농지보전부담금제도로 개편하였으며, 2009년 11월 28일(법률 제9721호) 농업회사법인의 농지소유 요건을 완화하고 농지관리위원회를 폐지하였다. 그리고 2012년 1월 17일(법률 제11171호) 임차인의 권익 보호를 위하여 임대차계약의 확인제도 및 임대차 존속(보장)기간제도를 도입하였다. 2018년 12월 24일(법률 제16073호) 타용도 일시사용허가 대상에 염해농지를 추가하였으며, 2020년 2월 1일(법률 제16975호) 농지의 임대·사용대 허용범위를 확대하고 다년생식물 재배지 등의 농지 임대차 기간을 연장하는 내용의 개정을 하였다.

이와 같이 농지법 제정 이후 농지 취득 및 소유 관련 규제를 완화하는 방향으로 농지 제도를 개선하였으나, 2021년 LH직원 농지투기 사건 이후로는 헌법상의 경자유전의 원칙 및 농지는 투기 대상이 되어서는 안 된다는 농지법의 원칙을 실현하는 데 중점을 두고 규제강화로 제도 방향을 전환하였다. 그리하여 2021년 8월 17일 법률 제18401호로 농업진흥지역 내 농지의 주말·체험영농목적 취득을 제한하고 농지취득자격증명 심사요건을 강화하며 농지위원회 및 농지관리위원회를 설치하고 "농지원부"의 명칭을 "농지대장"으로 변경하는 내용의 개정을 하였다. 이어 2023년 8월 16일 법률 제19639호로 한국농어촌공사 등에 위탁 임대 등이 가능한 농지를 제한하고 농지 소유자, 임차인 등에게 자료 제출 또는 의견진술을 요구하거나 공무원 등이 토지 등에 출입할 수 있게 하는 규정을 마련하였다.

2024년 1월 2일 개정된 농지법에 따르면, 2025년 1월 3일부터는 농지개량신고 및 기준준수의무가 부과되고, 원상회복명령 부과대상자가 위반행위자에서 농지 소유자·점유자 또는 관리자로 확대되며, 농업진흥지역 행위제한 위반자에 대해 시정명령을 내릴 수 있다(법률 제19877호). 이어 2025년 1월 23일부터는 농지이용계획 수립 제도가 폐지되고 농지 기본방침, 농지 관리 기본계획 및 실천계획 제도가 신규 도입될 예정이다(법률 제20083호).

다. 경자유전의 원칙

"경자유전의 원칙"은 직접 농사를 짓는 사람만이 농지를 소유할 수 있다는 헌법상 원칙이며, 농지법의 핵심 근간이다. 1948년 7월 17일 제정된 헌법은 제86조에서 "농지는 농민에게 분배하며 그 분배의 방법, 소유의 한도, 소유권의 내용과 한계는 법률로써 정한다."라고 규정하였다. 이 조항은 헌법이 1960년 11월 29일 개정될 당시까지 존속하였으나, 1962년 12월 26일 법이 전부 개정되면서 삭제되었고, 제113조에 "농지의 소작제도는 법률이 정하는 바에 의하여 금지된다."라는 조항, 제114조에 "국가는 농지와 산지의 효율적 이용을 위하여 법률이 정하는 바에 의하여 그에 관한 필요한 제한과 의무를 과할 수 있다."라는 조항이 들어섰다. 1980년 12월 27일 헌법 전부개정 시 위 조항들은 제122조에서 "농지의 소작제도는 법률이 정하는 바에 의하여 금지된다. 다만, 농업생산성의 제고와 농지의 합리적인 이용을 위한 임대차 및 위탁경영은 법률이 정하는 바에 의하여 인정된다."라는 규정으로 바뀌었고, 그 후 1987년 10월 29일 현행 헌법으로 개정될 때 제121조 제1항에서 "국가는 농지에 관하여 경자유전의 원칙이 달성될 수 있도록 노력하여야 하며, 농지의 소작제도는 금지된다.", 같은 조 제2항에서 "농업생산성의 제고와 농지의 합리적인 이용을 위하거나 불가피한 사정으로 발생하는 농지의 임대차와 위탁경영은 법률이 정하는 바에 의하여 인정된다."라고 규정되었다(헌법재판소 2020. 5. 27. 2018헌마362). 이처럼 헌법은 1948년 7월 17일 제정 시부터 현행 헌법에 이르기까지 경자유전의 원칙을 농지소유에 관한 헌법상 원칙으로 규정하고 있다.

그러함에도 불구하고 전체 농가 중 임차 농가가 51.4%로 자경농가를 초과하여 경자유전의 헌법정신은 사라지고 예외적이어야 할 임차농이 주류를 이루고 있는 게 현실이다. 이에 따라 경자유전의 원칙 폐지론이 제기되는데, 폐지론은 전근대적인 토지소유관계와 이를 바탕으로 한 신분관계를 금지하는 헌법 제121조의 경자유전원칙과 소작금지원칙은 오늘날 그 의미를 상실했고, 특히 1차 산업이 경제의 기초를 형성하는 구조에서 농업이 산업의 기초를 이루고 있을 때 그것이 실효성을 가지는 것인 바, 농산물의 국가간 유통이 활발히 이루어지는 상황에서 경자유전의 원칙을 고수한다면 입법자의 탄력적인 경제운용을 저해하고 산업의 구조를 왜곡하여 경제적 생산력을 저하시키는 결과를 가져올 수 있기 때문에, 오늘날 세계경제구조와 국내경제구조에 적합하지 않는 경자유전의 원칙은 폐지되는 것이 타당하다고 주장한다.[1]

---

1 정종섭, 「헌법학원론」, 박영사, 2008., 제208쪽

그러나 농업은 국민이 먹고 사는 문제와 직결되기 때문에 단순히 경제적 논리로 접근하여서는 아니 되며, 식량주권의 확보 내지 식량안보의 보장차원에서 최소한의 자급적인 농업은 유지되어야 한다. 사회 공익적인 측면에서 보더라도 그간 산업화의 과정에서 사회내부에 축적된 잉여자본이 부동산투기를 조장하였고, 이로써 부의 편중을 더욱 심화시켜왔던 우리사회의 상황을 고려한다면, 경자유전의 원칙은 적어도 투기자본으로부터 농지가 보전되고 국가경제의 건전성을 담보할 수 있는 제도적 장치이기도 하다.

게다가 헌법상 경자유전 원칙은 '경자(耕者)'와 '농지(農地)'의 정의와 범위에 관하여 농지법령 등을 통한 구체화 과정을 필요적으로 거쳐야 하기 때문에, 입법자의 탄력적인 경제운용에 방해된다고 볼 수 없다. 즉 경자유전의 원칙을 유지하는 가운데 국가적 노력으로 경제적 효율성을 꾀할 수 있음에도 불구하고, 이러한 가능성과 노력에 대한 제대로 된 시도조차 하지 않은 채 경제논리를 앞세워서 경자유전의 원칙을 폐기해야 한다는 주장은 타당하지 않다고 할 것이다.[2]

라. 농지법과 다른 법의 관계

1) 농지 관련 헌법 규정

농지법은 경자유전의 원칙, 자작농주의 등 헌법상 원칙을 구체적으로 실현하기 위하여 제정되었는바, 농지법을 이해하기 위해서는 농지 관련 헌법 규정에 대한 이해가 선행되어야 할 것이다. 아래에서는 농지와 관련된 헌법조문(제121조, 제122조, 제23조 제1항·제2항)에 대해 중점적으로 살펴보겠다.

① 헌법 제121조 제1항은 "국가는 농지에 관하여 경자유전의 원칙이 달성될 수 있도록 노력하여야 하며, 농지의 소작제도는 금지된다."라고 경자유전의 원칙 및 소작제도 금지를 농지에 관한 헌법상 원칙으로 규정하고 있다. 농지에 관한 원칙으로 경자유전의 원칙 및 소작제도 금지를 규정한 것은 전근대적인 토지소유관계를 청산하고, 투기자본의 유입으로 인하여 발생할 수 있는 농업경영 불안정과 같은 사회적 폐해를 방지

---

2 이종수, 「한국헌법상 경자유전의 원칙과 한계」, 한국토지법학회, 2008., 제11쪽, 김진곤, 「경자유전의 원칙과 소작제도금지의 헌법적 함의」, 한국토지법학회, 2007., 제113쪽

함으로써 건전한 국민경제의 발전을 이루기 위한 것이다(헌법재판소 2013. 6. 27. 2011헌바278).

② 헌법 제121조 제2항은 "농업생산성의 제고와 농지의 합리적인 이용을 위하거나 불가피한 사정으로 발생하는 농지의 임대차와 위탁경영은 법률이 정하는 바에 의하여 인정된다."라고 법률이 정하는 예외적인 경우에 한해 농지 임대차와 위탁경영이 허용된다고 밝히고 있다. 경자유전원칙의 취지가 몰각되지 않는 한도에서 임대차와 위탁경영을 예외적으로 허용함으로써 농지소유자로 하여금 그 농지를 합리적으로 사용·수익할 수 있도록 하는 길을 열어두고 있는 것이다. 다만 농지에 대한 임대차와 위탁경영을 널리 허용할 경우 농지가 이윤 극대화를 위한 투기의 수단으로 전락할 수 있고, 식량 생산의 기반으로서 농지의 공익적 기능이 저해될 수 있으므로, 임대차와 위탁경영의 광범위한 허용은 지양되어야 할 것이다(헌법재판소 2020. 5. 27. 2018헌마362).

③ 헌법 제122조는 "국가는 국민 모두의 생산 및 생활의 기반이 되는 국토의 효율적이고 균형있는 이용·개발과 보전을 위하여 법률이 정하는 바에 의하여 그에 관한 필요한 제한과 의무를 과할 수 있다."라고 규정함으로써 토지재산권에 대한 한층 더 강한 규제의 필요성과 그에 관한 입법자의 광범위한 형성권을 표현하고 있다. 농지를 비롯한 토지는 생산이나 대체가 불가능하여 공급이 제한되어 있고 우리나라의 가용토지면적이 인구에 비하여 절대적으로 부족한 반면 모든 국민이 생산 및 생활의 기반인 토지의 합리적인 이용에 의존하고 있으므로, 그 사회적 기능이나 국민경제의 측면에서 다른 재산권에 비해 더 강하게 공동체의 이익을 관철할 것이 요구되기 때문에 헌법 제122조는 이를 고려하여 토지재산권에 대한 광범위한 입법형성권을 부여하고 있는 것이다(헌법재판소 2010. 2. 25. 2008헌바116).

④ 헌법 제23조 제1항은 "모든 국민의 재산권은 보장된다. 그 내용과 한계는 법률로 정한다."라고 규정함으로써 재산권은 법률로써 규제될 수 있다는 것을 밝히고 있다. 이는 입법자에 의하여 기존에 성립된 재산권이 제한될 수도 있고 기존에 없던 것이 새롭게 형성되는 것일 수도 있다는 것을 뜻한다(헌법재판소 2005. 7. 21. 2004헌바57).

⑤ 헌법 제23조 제2항은 "재산권의 행사는 공공복리에 적합하도록 하여야 한다."라고 재산권의 사회적 제약을 규정하고 있다. 이는 사유재산제도의 보장이 타인과 더불어 살아가야 하는 공동체생활과의 조화와 균형을 흐트러뜨리지 않는 범위 내에서의 보장임을 천명한 것으로서 재산권의 악용 또는 남용으로 인한 사회공동체의 균열과 파괴를 방지하고 실질적인 사회정의를 구현하겠다는 국민적 합의의 표현이라고 할 수 있다(헌법재판소 1989. 12. 22. 88헌가13).

재산권의 사회적 제약 정도는 재산권 대상의 사회성과 공공성에 따라 달라진다. 농지의 경우 그 사회성과 공공성은 일반적인 토지의 경우보다 더 강하다고 할 수 있으므로, 농지 재산권을 제한하는 입법에 대한 헌법심사의 강도는 다른 토지재산권을 제한하는 입법에 대한 것보다 낮다고 봄이 상당하다(헌법재판소 2010. 2. 25. 2008헌바116).

> 토지재산권에 대하여는 강한 사회성 내지는 공공성으로 말미암아 다른 재산권에 비하여 더 강한 제한과 의무가 부과될 수 있으나, 그렇다고 하더라도 토지재산권에 대한 제한입법 역시 다른 기본권을 제한하는 입법과 마찬가지로 과잉금지의 원칙을 준수해야 하고, 재산권의 본질적 내용인 사용·수익권과 처분권을 부인해서는 아니 된다. 다만 농지의 경우 그 사회성과 공공성은 일반적인 토지의 경우보다 더 강하다고 할 수 있으므로, 농지 재산권을 제한하는 입법에 대한 헌법심사의 강도는 다른 토지 재산권을 제한하는 입법에 대한 것보다 낮다고 봄이 상당하다(헌법재판소 2010. 2. 25. 2008헌바116).

2) 농지법과 민법의 관계

농지와 관련해서 농지법은 민법에 대하여 특별법의 지위에 있다. 그래서 농지법이 민법에 우선하여 적용되고, 농지법의 규정이 없는 경우에 한해 민법이 보충적으로 적용된다. 예를 들어 농지법과 민법 모두 임대차 규정을 두고 있는데, 농지법상 임대차 규정(제23조 내지 제27조)은 민법상 임대차의 특별법 관계에 있으므로, 농지 임대에 관해서는 농지법 규정이 민법 규정에 우선하여 적용된다. 한편 농지 전세와 같이 농지법에 관련 규정이 없는 경우에는 민법이 보충적으로 적용되는데, 민법은 제303조 제2항에서 "농경지는 전세권의 목적으로 하지 못한다"고 규정하고 있는바, 농지에 관한 전세계약은 허용되지 않는다고 할 것이다.

제2장
총칙

가. 농지법의 목적 등
나. 농지법상 용어정리

제2장 총칙

가. 농지법의 목적 등

1) 농지법의 목적

농지법은 농지의 소유·이용 및 보전 등에 필요한 사항을 정함으로써 농지를 효율적으로 이용하고 관리하여 농업인의 경영 안정과 농업 생산성 향상을 바탕으로 농업 경쟁력 강화와 국민경제의 균형 있는 발전 및 국토 환경 보전에 기여하는 것을 목적으로 하며(농지법 제1조), 농지법의 이러한 목적은 국토의 효율적이고 균형 있는 이용·개발과 보전을 위하여 그에 관한 필요한 제한과 의무를 과할 수 있다는 헌법 제122조와 경자유전의 원칙을 규정한 헌법 제121조 제1항을 반영한 것이다.

2) 농지법의 기본이념

농지법 제3조는 '농지는 국민에게 식량을 공급하고 국토 환경을 보전하는 데에 필요한 기반이며 농업과 국민경제의 조화로운 발전에 영향을 미치는 한정된 귀중한 자원이므로, 농지에 관한 권리의 행사에는 필요한 제한과 의무가 따르고, 농지는 농업 생산성을 높이는 방향으로 소유·이용되어야 하며, 투기의 대상이 되어서는 아니 된다'고 규정하고 있다. 이를 고려할 때 농지법의 지향점은, 농지는 농민이 경작 목적으로 이용함으로써 농지로 보전될 수 있도록 하고, 투기 등 목적으로 농지를 취득할 유인을 제거하여 지가를 안정시킴으로써 농민이 농지를 취득하는 것을 용이하게 하여 궁극적으로 경자유전의 원칙과 자작농주의를 실현하는 것이다.

3) 국가와 국민의 의무

국가와 지방자치단체는 농지에 관한 기본이념이 구현되도록 농지에 관한 시책을 수립·시행하여야 하고, 농지에 관한 시책을 수립할 때 필요한 규제와 조정을 통하여 농지를 보전하고 합리적으로 이용할 수 있도록 함으로써 농업을 육성하고 국민경제를 균형 있게 발전시키는 데에 기여할 의무가 있다(농지법 제4조).

모든 국민은 농지에 관한 기본이념을 존중하고, 국가와 지방자치단체가 시행하는 농지에 관한 시책에 협력할 의무가 있다(농지법 제5조).

나. 농지법상 용어정리

1) 농지

"농지"란 다음 각 목의 어느 하나에 해당하는 토지를 말한다(농지법 제2조 제1호).

> 가. 전·답, 과수원, 그 밖에 법적 지목(地目)을 불문하고 실제로 농작물 경작지 또는 다년생식물
> 재배지로 이용되는 토지
> 나. 위 토지의 개량시설 및 위 토지에 설치하는 농축산물 생산시설의 부지

2) 농업인

"농업인"이란 농업에 종사하는 개인으로서 다음 각 호의 어느 하나에 해당하는 자를 말한다(농지법 제2조 제2호, 같은 법 시행령 제3조).

> 1. 1,000㎡ 이상의 농지에서 농작물 또는 다년생식물을 경작 또는 재배하는 자
> 2. 1년 중 90일 이상 농업에 종사하는 자
> 3. 농지에 330㎡ 이상의 고정식온실·버섯재배사·비닐하우스를 설치하여 농작물 또는 다년생식
>   물을 경작 또는 재배하는 자
> 4. 대가축 2두, 중가축 10두, 소가축 100두, 가금(家禽: 집에서 기르는 날짐승) 1천수 또는 꿀벌
>   10군 이상을 사육하거나 1년 중 120일 이상 축산업에 종사하는 자
> 5. 농업경영을 통한 농산물의 연간 판매액이 120만원 이상인 자

① 1,000㎡ 이상의 농지에서 농작물 또는 다년생식물을 경작·재배하는 자

경작·재배 농지 면적만을 농업인 자격으로 규정하고 있으므로, 농지소유자뿐만 아니라 농지를 소유하고 있지 아니한 임차인·사용차인도 경작하는 농지 면적에 따라 농업인이 될 수 있다.

② 1년 중 90일 이상 농업에 종사하는 자

"1년 중 90일 이상 농업에 종사하는 자"는 농업경영주와 사이에 1년 중 90일 이상 농업경영이나 농지경작활동의 고용인으로 종사한다는 고용계약을 체결한 농업종사자를 말한다(「농업인 확인서 발급규정」 제4조 제3호 나목).

③ 농지에 330㎡ 이상의 고정식온실·버섯재배사·비닐하우스를 설치하여 농작물 또는 다년
생식물을 경작 또는 재배하는 자

고정식온실·버섯재배사·비닐하우스만 농업인의 자격 요건으로 규정되어 있으므로,
330㎡ 이상의 스마트팜 또는 콩나물재배사를 설치하여 농작물 등을 재배한 경우 농업
인의 다른 요건을 충족하지 않는 한 농업인으로 인정되지 아니한다.

④ 대가축 2두, 중가축 10두, 소가축 100두, 가금 1천수 또는 꿀벌 10군 이상을 사육하거나
1년 중 120일 이상 축산업에 종사하는 자

대가축은 소, 말, 노새, 당나귀 등을, 중가축은 돼지, 양, 염소, 오소리, 사슴 등을 소
가축은 토끼 등을, 가금(집에서 기르는 날짐승)은 닭, 메추리, 꿩, 오리, 칠면조, 거위
등을 말한다(「농업인 확인서 발급규정」 별표 2).

다만 농지법상 축산농업인과 「농업인 확인서 발급규정」상 축산농업인의 요건이 상이
하므로, 농지법 소정의 축산농업인이 「농업인 확인서 발급규정」에 의하면 축산농업인
으로 인정되지 않을 수 있고, 그 반대의 경우도 발생한다. 예를 들어 염소 15마리를
사육하는 자는 농지법에서는 농업인으로 인정되나 「농업인 확인서 발급규정」에서는
인정되지 아니하고, 착유우 1마리를 사육하는 자는 농지법상 농업인이 아니나 「농업
인 확인서 발급규정」에서는 농업인으로 인정된다.

〈참고〉「농업인 확인서 발급규정」 별표 2(축산농업인의 가축사육기준)

가축의 종류		사육기준
대가축	소, 말, 노새, 당나귀	2마리 이상
	착유우	1마리 이상
중가축	돼지	10마리 이상
	면양, 염소, 개, 오소리	20마리 이상
	사슴	5마리 이상
소가축	토끼	100마리 이상
가금	육용(닭, 메추리, 꿩)	1,000마리 이상
	산란용(닭, 메추리, 꿩)	500마리 이상
	기타(오리, 칠면조, 거위)	200마리 이상
기타	꿀벌	10군 이상

⑤ 농업경영을 통한 농산물의 연간 판매액이 120만원 이상인 자

"농업경영을 통한 농산물의 연간 판매액이 120만원 이상인 자"는 다음 각 목의 어느 하나에 해당하는 자에게 연간 120만원 이상의 농축산물을 출하·판매한 자를 말한다 (「농업인 확인서 발급규정」 제4조 제2호 가목).

> 가. 「농수산물 유통 및 가격안정에 관한 법률」 제2조에 규정된 도매시장법인·시장도매인·중도매인·매매참가인·산지유통인 및 농수산물종합유통센터
> 나. 「축산물 위생관리법」 제22조·제24조 및 제26조에 따라 영업을 허가받거나 신고·승계한 자 (도축업·집유업·축산물가공업 또는 식용란선별포장업자)
> 다. 「축산법」 제34조에 따라 개설된 가축시장을 통하여 가축을 구매하는 자
> 라. 「농업·농촌 및 식품산업 기본법」 제3조 제4호의 생산자단체
> 마. 「유통산업발전법」 제8조 및 같은 법 시행규칙 제5조에 따라 등록하여 영업을 개시한 대규모점포등의 개설자
> 바. 「부가가치세법」 제8조에 따라 사업자등록을 한 자

3) 농업법인

"농업법인"이란 「농어업경영체 육성 및 지원에 관한 법률」 제16조에 따라 설립된 영농조합법인과 같은 법 제19조에 따라 설립되고 업무집행권을 가진 자 중 3분의 1 이상이 농업인으로 구성된 농업회사법인을 말한다(농지법 제2조 제3호).

① 영농조합법인(「농어업경영체 육성 및 지원에 관한 법률」 제16조)

영농조합법인은 협업적 농업경영을 통하여 생산성을 높이고 농산물의 출하·유통·가공·수출 및 농어촌 관광휴양사업 등을 공동으로 하려는 농업인 또는 농업 관련 생산자단체가 농업인(농업생산자단체) 5인 이상을 조합원으로 하여 설립된 조합법인을 의미한다. 비농업인은 영농조합법인에 총회 의결권이 없는 준조합원으로만 참여할 수 있다.

② 농업회사법인(「농어업경영체 육성 및 지원에 관한 법률」 제19조)

농업회사법인은 농업의 경영이나 농산물의 유통, 가공, 판매를 기업적으로 하거나 농업인의 농작업을 대행하기 위해 농업인 또는 농업생산자단체가 총 출자금의 10% 이상 출자하여 설립된 법인을 의미한다. 농업법인은 영농조합법인과 달리 비농업인이 대표

를 맡을 수 있으나, 업무집행권이 있는 자 또는 등기이사가 1/3 이상 농업인인 경우에만 농지를 소유할 수 있다. 위 등기이사에는 감사가 포함되지 아니므로, 농업회사법인이 농지를 소유할 자격이 있는지 여부를 판단하기 위하여 등기이사 중 농업인비율을 산정할 때 감사는 제외하여야 한다.

4) 농업경영

"농업경영"이란 농업인이나 농업법인이 자기의 계산과 책임으로 농업을 영위하는 것을 말한다(농지법 제2조 제4호).

※ 여기서 "자기의 계산"은 농업활동의 경제적 효과가 본인에게 귀속됨을, "자기의 책임"은 본인이 농업활동으로 인해 생긴 권리·의무가 법적으로 귀속되는 주체가 됨을 각 말한다.

5) 자경

"자경(自耕)"이란 농업인이 그 소유 농지에서 농작물 경작 또는 다년생식물 재배에 상시 종사하거나 농작업의 2분의 1 이상을 자기의 노동력으로 경작 또는 재배하는 것과 농업법인이 그 소유 농지에서 농작물을 경작하거나 다년생식물을 재배하는 것을 말한다(농지법 제2조 제5호).

※ 여기서의 "상시 종사"라 함은 다음 각 호의 어느 하나에 해당하는 경우를 말한다(농지법 시행규칙 제4조).

1. 농업인이 그 노동력의 2분의 1 이상으로써 농작물을 경작하거나 다년생식물을 재배하는 경우
2. 제1호에 준하는 경우로서 시장(구를 두지 아니한 시의 시장을 말하며 도농복합형태의 시에 있어서는 농지의 소재지가 동 지역인 경우만을 말한다)·구청장(도농복합형태의 시의 구에 있어서는 농지의 소재지가 동 지역인 경우만을 말한다)·읍장 또는 면장이 인정하는 경우

6) 위탁경영

"위탁경영"이란 농지소유자가 타인에게 일정한 보수를 지급하기로 약정하고 농작업의 전부 또는 일부를 위탁하여 행하는 농업경영을 말한다(농지법 제2조 제6호).

7) 농지개량

"농지개량"이란 농지 생산성을 높이기 위하여 농지의 형질을 변경하는 다음 각 호의 어느 하나에 해당하는 행위를 말한다(농지법 제2조 제6호의2[3]).

> 1. 농지의 이용가치를 높이기 위하여 농지의 구획을 정리하거나 개량시설을 설치하는 행위
> 2. 농지의 토양개량이나 관개, 배수, 농업기계 이용의 개선을 위하여 해당 농지에서 객토·성토 또는 절토하거나 암석을 채굴하는 행위

※ 객토(客土): 농지에 성질이 다른 흙을 넣어 섞는 일
　성토(盛土): 흙을 쌓아 땅을 돋우는 일
　절토(切土): 평지나 경사면을 만들기 위해 흙을 깎아내는 일

8) 농지전용

"농지의 전용"이란 농지를 농작물의 경작이나 다년생식물의 재배 등 농업생산 또는 농지개량 외의 용도로 사용하는 것을 말한다. 다만, 농지의 개량시설 또는 농지에 설치하는 농축산물 생산시설로 사용하는 경우에는 전용(轉用)으로 보지 아니한다(농지법 제2조 제7호).

9) 주말·체험영농

"주말·체험영농"이란 농업인이 아닌 개인이 주말 등을 이용하여 취미생활이나 여가활동으로 농작물을 경작하거나 다년생식물을 재배하는 것을 말한다(농지법 제2조 제8호).

※ "주말·체험영농"은 농업인이 아닌 개인에 대해서만 허용되므로, 개인은 주말·체험영농 목적으로 농지를 소유할 수 있으며, 법인은 주말·체험영농 목적 농지의 소유가 제한된다.

---

3 농지개량 정의 규정(농지법 제2조 제6호의2)은 2025년 1월 3일부터 시행 예정이다.

실무자를 위한 알기 쉬운 농지법 강의

제3장
농지의 의의 및 범위

가. 농지의 의의
나. 농지의 범위

제3장 농지의 의의 및 범위

농지법이 농지의 소유·이용 및 보전 등에 필요한 사항을 정함으로써 농지를 효율적으로 이용하고 관리하기 위하여 제정되었다는 점과 농지의 소유(제6조), 임대차(제23조), 전용(제34조) 등이 농지법상 농지를 대상으로 규율하고 있다는 점 등을 고려할 때 농지법상 농지의 의의 및 범위에 대한 명확한 이해는 농지법을 이해하는 데 필수라고 할 것이며, 본 장에서는 이를 자세히 살펴보겠다.

가. 농지의 의의

농지는 전·답, 과수원, 그 밖에 법적 지목에 관계없이 실제로 농작물이 경작되거나 다년생식물이 재배되는 토지와 위 토지에 설치된 개량시설과 농축산물 생산시설의 부지를 의미한다(농지법 제2조 제1호). 즉, 농작물 경작 또는 다년생식물 재배용도로 사용하거나 개량시설과 농축산물 생산시설이 설치된 토지는 농지에 해당하므로, 해당 토지를 농지전용절차 없이 다른 용도로 사용하는 것은 허용되지 아니한다.

나. 농지의 범위

농지의 범위에는 ① 전·답, 과수원, 그 밖에 법적 지목(地目)을 불문하고 실제로 농작물 경작지 또는 다년생식물 재배지로 이용되는 토지와 ② 위 토지의 개량시설 및 위 토지에 설치하는 농축산물 생산시설의 부지가 있다.

1) 전, 답, 과수원, 그 밖에 법적 지목을 불문하고 실제의 토지현상이 농작물 경작 또는 다년생식물 재배지로 이용되는 토지(다만 「초지법」에 따라 조성된 초지 등은 제외)

가) "실제의 토지현상이 농작물 경작지 또는 다년생식물 재배지로 이용되는 토지"의 의미

농지법은 현황주의에 따라 "법적 지목(地目)을 불문하고 실제로 농작물 경작지 또는 다년생식물 재배지로 이용되는 토지"를 농지로 규정하고 있다. 이는 토지의 이용형태가 다양하여 법적 지목을 나열하는 방식으로는 그 대상을 모두 특정할 수 없는 한계를 고려한 것이다.[4] 따라서 해당 토지가 농지인지 여부는 실제의 토지현상을 기초로 하여 객관적으로 판단하여야 하고 소유자·이용자의 주관적 의사 또는 법적 지목에 의할 것이 아니다.[5]

농지법상 '농지'인지 판단하는 기준

농지법 제2조 제1호 가목 전단은 "전·답, 과수원, 그 밖에 법적 지목을 불문하고 실제로 농작물 경작지 또는 다년생식물 재배지로 이용되는 토지"를 '농지'로 정의하고 있다. 이처럼 농지법에서 농지의 개념을 실제 농작물 경작지 등으로 이용되는 토지로 규율한 취지는, 농지개혁법, 농지법 등의 입법 취지와 연혁, 농지법의 목적(제1조)과 농지에 관한 기본이념(제3조), 농지법에 농지의 보전·관리·원상회복을 위하여 다양한 제도적 장치를 두고 있는 점(제34조, 제35조, 제42조, 제57조 내지 제59조) 등을 비추어 볼 때, 농지를 보전하고 그 이용을 증진하고자 하는 데 있는 것이지, 농지가 불법 전용되어 현실적으로 다른 용도로 이용된다고 하여 이를 곧바로 농지에서 제외하기 위한 것이 아니다.

따라서 어떤 토지가 농지법 제2조 제1호 가목 전단에서 정한 '농지'인지 여부는 공부상의 지목과 관계없이 그 토지의 실제 현상에 따라 판단하여야 하지만, 농지법상 '농지'였던 토지가 현실적으로 다른 용도로 이용되고 있더라도 그 토지가 농지전용허가 등의 절차를 거치지 아니한 채 불법 전용된 것이라면, 특별한 사정이 없는 한 농지로 원상회복되어야 하는 것으로서 그 변경 상태는 일시적인 것에 불과하므로 여전히 농지법상 '농지'에 해당한다고 보아야 한다 (대법원 2018. 10. 25. 2018두43095 등).

※ 지목이 잡종지인 토지도 농지법상 농지에 해당할 수 있다.

농지법 소정의 농지인지의 여부는 공부상의 지목 여하에 불구하고 당해 토지의 사실상의 현상에 따라 가려져야 할 것이고, 농지의 현상이 변경되었다고 하더라도 그 변경 상태가 일시적인 것에 불과하고 농지로서의 원상회복이 용이하게 이루어질 수 있다면 그 토지는 여전히 농지법에서 말하는 농지에 해당하며, 공부상 지목이 잡종지인 토지의 경우에도 이를 달리 볼 것은 아니다(대법원 2007. 5. 31. 2006두8235).

---

4 양경승, 「법률행위의 요건과 농지매매증명 및 농지취득자격증명의 성질」, 사법논집 제48집, 2009., 제476쪽

5 대법원 1973. 2. 26. 72다2346, 양형우, 「농지취득자격증명이 없는 농지거래행위와 소유권이전등기의 효력」, 홍익법학 제16권 제2호, 2015., 제139쪽

나) 농지로 인정되는 다년생식물 재배지

농지로 인정되는 "다년생식물 재배지"는 다음 각 호의 어느 하나에 해당하는 식물의 재배지를 말한다(농지법 시행령 제2조 제1항).

1. 목초·종묘·인삼·약초·잔디 및 조림용 묘목
2. 과수·뽕나무·유실수 그 밖의 생육기간이 2년 이상인 식물
3. 조경 또는 관상용 수목과 그 묘목(조경목적으로 식재한 것은 제외)

다) 농지의 범위에서 제외되는 토지

농지의 범위에서 제외되는 "「초지법」에 따라 조성된 토지 등"은 다음 각 호의 토지를 말한다(농지법 시행령 제2조 제2항).

1. 「공간정보의 구축 및 관리 등에 관한 법률」에 따른 지목이 전·답, 과수원이 아닌 토지(지목이 임야인 토지는 제외)로서 농작물 경작지 또는 다년생식물 재배지로 계속하여 이용되는 기간이 3년 미만인 토지
2. 「공간정보의 구축 및 관리 등에 관한 법률」에 따른 지목이 임야인 토지로서 「산지관리법」에 따른 산지전용허가(다른 법률에 따라 산지전용허가가 의제되는 인가·허가·승인 등을 포함한다)를 거치지 아니하고 농작물의 경작 또는 다년생식물의 재배에 이용되는 토지
3. 「초지법」에 따라 조성된 초지

2) 농지에 설치된 개량시설 부지

농지법 제2조 제1호 나목의 "농지의 개량시설"은 다음 각 목의 시설을 말한다(농지법 시행령 제2조 제3항 제1호, 같은 법 시행규칙 제2조).

가. 유지(溜池: 웅덩이), 양·배수시설, 수로, 농로, 제방
나. 토양의 침식이나 재해로 인한 농작물의 피해를 방지하기 위하여 설치한 계단·흙막이·방풍림과 그 밖에 이에 준하는 시설

3) 농지에 설치된 농축산물 생산시설 부지

농지법 제2조 제1호 나목의 "농축산물 생산시설"은 다음 각 목의 시설을 말한다(농지법 시행령 제2조 제3항 제2호).

> 가. 고정식온실·버섯재배사 및 비닐하우스와 그 부속시설
> 나. 축사·곤충사육사와 그 부속시설
> 다. 간이퇴비장
> 라. 농막·간이저온저장고 및 간이액비저장조 중 농림축산식품부령으로 정하는 시설

① 고정식온실·버섯재배사 및 비닐하우스의 부속시설

고정식온실·버섯재배사 및 비닐하우스의 부속시설은 고정식온실·버섯재배사 및 비닐하우스와 연접하여 설치된 시설로서 농작물 또는 다년생식물의 경작·재배·관리·출하 등 일련의 생산과정에 직접 이용되는 다음 각 호의 시설을 말한다(농지법 시행규칙 제3조 제1항).

> 1. 보일러, 양액탱크, 종균배양설비, 농자재 및 농산물보관실, 작업장 등 해당 고정식온실·버섯재배사 및 비닐하우스에서 농작물 또는 다년생식물을 재배하는 데 직접 필요한 시설
>
> 2. 해당 고정식온실·버섯재배사 및 비닐하우스에서 생산된 농작물 또는 다년생식물을 판매하기 위한 간이진열시설(연면적이 33㎡ 이하인 경우로 한정)
>
> 3. 시설 면적이 6,000㎡ 이상인 고정식온실·버섯재배사 및 비닐하우스에서 재배하는 농작물 또는 다년생식물의 관리를 위하여 설치하는 시설(연면적 33㎡ 이하이고, 주거 목적이 아닌 경우로 한정)

② 축사·곤충사육사의 부속시설

축사·곤충사육사의 부속시설은 축사 또는 곤충사육사와 연접하여 설치된 시설로서 가축 또는 곤충의 사육·관리·출하 등 일련의 생산과정에 직접 이용되는 다음 각 호의 시설을 말한다(농지법 시행규칙 제3조 제2항).

1. 축사의 부속시설

　가. 먹이공급시설, 착유시설, 위생시설(소독시설 및 방역시설을 포함한다), 가축분뇨처리시설, 농기계보관시설, 진입로 및 가축운동장

　나. 자가 소비용 사료의 간이처리시설 또는 보관시설

　다. 가목 및 나목의 시설 또는 해당 축사에서 사육하는 가축의 관리를 위하여 설치하는 시설(연면적 33㎡ 이하이고, 주거 목적이 아닌 경우로 한정)

2. 곤충사육사의 부속시설

　가. 사육용기 세척시설 및 진입로

　나. 자가 소비용 사료의 간이처리 또는 보관시설

　다. 가목 및 나목의 시설 또는 해당 곤충사육사에서 사육하는 곤충의 관리를 위하여 설치하는 시설(연면적 33㎡ 이하이고, 주거 목적이 아닌 경우로 한정)

③ 농막·간이저온저장고 및 간이액비저장조

농축산물 생산시설로서 인정되는 농막·간이저온저장고 및 간이액비저장조는 다음 각 호와 같다(농지법 시행규칙 제3조의2).

1. 농막: 농작업에 직접 필요한 농자재 및 농기계 보관, 수확 농산물 간이 처리 또는 농작업 중 일시 휴식을 위하여 설치하는 시설(연면적 20㎡ 이하이고, 주거 목적이 아닌 경우로 한정)

2. 간이저온저장고: 연면적 33㎡ 이하

3. 간이액비저장조: 저장 용량이 200톤 이하

4) 개별적인 사례 검토

가) 지목이 임야이나 농작물 경작 또는 다년생식물 재배지로 이용된 토지

(1) 지목이 임야인 토지가 농지로 인정된 사례(대법원 2014. 6. 26. 2013두25894)

1. 지목인 임야임에도 농지로 인정되는 기준

생육기간이 2년 이상인 과수, 유실수의 재배에 이용되는 법적 지목이 임야인 토지는 그 형질이 변경되지 아니할 경우에는 농지법 제2조 제1항 (가)목이 정하는 농지에 해당하지 아니하나, 과수, 유실수의 재배지로 적합하게 형질이 변경된 경우에는 지목이 임야임에도 불구하고 농지법 제2조 제1호 (가)목이 정하는 농지에 해당되게 된다.

여기서 토지의 형질변경이라 함은 절토, 성토 또는 정지 등으로 토지의 형상을 변경하는 행위와 공유수면의 매립을 뜻하는 것으로서, 토지의 형질을 외형상으로 사실상 변경시킬 것과 그 변경으로 말미암아 원상회복이 어려운 상태에 있을 것을 요한다.

2. 사안의 검토

토지 소유자(이하 "이 사건 소유자"라 한다)는 1998. 12. 19. 및 1999. 12. 8. 두 차례에 걸쳐 영림계획 인가를 받은 다음 사업신고 후 위 계획에 따라 지목이 임야인 토지 9,213㎡(이하 "이 사건 토지"라 한다)를 포함한 10,000㎡에 관하여 소나무 등을 벌채하고 감나무를 식재하였고, 그 후 계속하여 여러 과수, 유실수 및 일반나무를 식재하여 수용재결 당시 이 사건 토지에는 과수 및 유실수 1,367주(감나무 651주, 대추나무 22주, 매실 688주, 복숭아 6주)가 식재되어 있었던 사실, 이 사건 소유자는 1999년경부터 2012년경까지 감나무 등을 식재·관리하면서 과실을 수확하여 판매하는 등 이 사건 토지를 생육기간이 2년 이상인 위 과수 또는 유실수의 재배지로 이용하였던 사실, 한편 이 사건 소유자는 과수 등의 식재 및 재배를 위하여 기존의 소나무 등 일체의 입목을 벌채한 다음 포크레인 등을 이용하여 절토, 성토 등의 방법으로 이 사건 토지를 계단식으로 개간하고 0.32km 상당의 작업로를 개설하였으며 관개시설을 설치한 사실, 이 사건 토지에 관하여 실제 지목을 '과수원'으로 하여 농지원부에 등재된 사실을 알 수 있다.

위와 같은 사실에 의하면, 이 사건 토지는 과수, 유실수 등 생육기간이 2년 이상인 식물의 재배지로 이용되었고, 또 비록 지목이 임야이나 위와 같은 과수, 유실수의 재배지로 적합하게 그 형상이 사실상 변경됨으로써 원상회복이 어렵게 되었다고 할 것이다. 따라서 이 사건 토지는 농지법 제2조 제1호 (가)목이 정하는 다년생식물의 재배지로 이용되는 농지에 해당한다(대법원 2014. 6. 26. 2013두25894).

(2) 지목인 임야인 토지가 농지로 인정되지 아니한 사례

(가) 구 임산물 단속에 관한 법률이 제정·시행된 1961년 6월 27일 전에 농지로 개간 되거나 산지전용허가·신고 등의 절차를 거쳐 적법하게 농지로 전용된 경우가 아니 라면 농지법상 농지로 인정되지 아니한다(대법원 2018. 6. 28. 2015두55769).

1. 지목이 임야인 토지가 농지법상 농지로 인정되기 위한 기준

산지전용허가·신고 등의 절차를 거치지 아니한 채 불법으로 개간된 산지는, 비록 그것이 개간 후 농지로 이용되고 있다고 하더라도, 특별한 사정이 없는 한 산지관리법 제44조 제 1항에 따른 산지복구명령의 대상이 되는 '산지'에 해당할 뿐, 농지법상 '농지'에는 해당하지 않는다고 봄이 원칙이다.

그리고 지목이 '임야'인 토지가 농지법상 '농지'에 해당한다고 주장하는 행정청은, 그 토지 가 '1961. 6. 27. 이후에 산지전용허가·신고 등의 절차를 거쳐 적법하게 개간된 농지'라거 나, 또는 '1961. 6. 27. 전에 관련 법령에 저촉됨 없이 농지로 개간된 토지'임을 주장·증 명하여야 한다.

2. 사안의 검토

지목이 '임야'이지만 사실상 농지로 이용되고 있던 토지 합계 503,269㎡(이하 "이 사건 토 지"라 한다)가 구 임산물 단속에 관한 법률이 제정·시행된 1961. 6. 27. 전에 농지로 개 간된 것이라면 농지법상 '농지'에 해당할 가능성이 있으나, 그 이후 산지전용허가·신고 등 의 절차를 거치지 않고 농지로 불법 개간된 것이라면 산지관리법상 산지복구명령의 대상인 '산지'에 해당할 뿐 농지법상 '농지'로는 볼 수 없다. 이 사건 토지의 전부 또는 일부가 1961. 6. 27. 전에 관련 법령에 저촉됨 없이 농지로 개간되었음을 인정하거나 이에 해당 하는 일부를 특정하기 어렵다면, 이 사건 토지 전체가 농지임을 전제로 하여 부과된 이 사 건 농지보전부담금 부과처분은 증명책임의 법리에 따라 전부 위법하다고 볼 수밖에 없다(대 법원 2018. 6. 28. 2015두55769).

(나) 산지를 개간한 후 과수 등을 재배하였더라도 산지전용허가·신고를 누락하였다면, 해당 토지는 농지로 인정되지 아니한다(대법원 2022. 4. 14. 2021도84).

1. 지목이 '임야'인 토지를 농지법상 농지로 인정하기 위한 요건

산지관리법은 '산지전용이란, 산지를 조림, 숲 가꾸기, 입목의 벌채·굴취, 토석 등 임산물의 채취, 대통령령으로 정하는 임산물의 재배, 산지일시사용의 용도 외로 사용하거나 이를 위하여 산지의 형질을 변경하는 것을 말한다.'고 규정하고(제2조 제2호), 산지전용허가·신고 등의 절차를 거치지 아니하고 산지전용을 한 경우 산림청장 등이 그 행위를 한 자에게 형질변경한 산지를 복구하도록 명령할 수 있고(제44조 제1항 제2호), 산지전용허가·신고 등의 절차를 거치지 아니하고 산지전용을 한 자에 대하여 이를 처벌하는 규정(제53조 제1호, 제55조 제1호)을 두고 있다.

따라서 산지전용허가·신고 등의 절차를 거치지 아니한 채 불법으로 개간된 산지는, 비록 그것이 개간 후 농지로 이용되고 있다고 하더라도, 특별한 사정이 없는 한 산지관리법 제44조 제1항에 따른 산지복구명령의 대상이 되는 '산지'에 해당할 뿐, 농지법상 '농지'에는 해당하지 않는다고 봄이 원칙이다. 한편 구 임산물단속에관한법률이 제정·시행된 1961. 6. 27. 이후부터는 산지를 개간 또는 형질변경하려면 원칙적으로 관할 행정청 등의 허가 등이 필요하게 되었다. 따라서 지목이 '임야'인 토지를 농지법상 '농지'에 해당한다고 판단하려면 그 토지가 '1961. 6. 27. 전에 관련 법령에 저촉됨이 없이 농지로 개간된 토지'라거나 '1961. 6. 27. 이후에 산지전용허가·신고 등의 절차를 거쳐 적법하게 개간된 농지'라는 점을 인정할 수 있어야 한다.

2. 사안의 검토

원심판결 이유와 기록에 의하면, 이 사건 토지 등은 그 지목이 임야로서 산지관리법 제4조 제1항 제2호에 정한 '준보전산지'에 해당하고, 피고인이 2018. 5.경 농사용 창고로 사용할 컨테이너 설치를 위해 이 사건 토지 등에서 굴삭기를 이용하여 절토 및 성토작업을 하였지만 작업 전 산지전용허가나 신고절차를 거치지 않은 사실을 알 수 있다. 한편 피고인의 변호인은, 피고인의 부친이 1968년경 이 사건 토지를 매수하여 이를 개간한 다음 피고인의 가족들과 피고인이 과수 등을 재배한 적이 있다는 등의 이유로 이 사건 토지는 '산지'가 아니라 '농지'라고 주장하였다.

이러한 사실관계를 앞서 본 관련 규정들과 법리에 비추어 살펴보면, 이 사건 토지 등은 산지관리법상 '산지'로서 피고인의 위 절토 및 성토작업은 산지의 형질을 변경하는 행위로서 적어도 신고를 해야 하는 '산지일시사용'에 해당한다(대법원 2022. 4. 14. 2021도84).

나) 농지법상 농지에 해당하는지 여부는 농지로서의 원상회복이 가능한지에 따라 판단함

(1) 농지로서의 원상회복이 가능한 토지는 농지법상 농지에 해당한다.

토지가 농지법 제2조 제1호 소정의 농지인지의 여부는 공부상의 지목 여하에 불구하고 당해 토지의 사실상의 현상에 따라 가려져야 할 것이고, 농지의 현상이 변경되었다고 하더라도 그 변경 상태가 일시적인 것에 불과하고 농지로서의 원상회복이 용이하게 이루어질 수 있다면 그 토지는 여전히 농지법에서 말하는 농지에 해당하며, 공부상 지목이 잡종지인 토지의 경우에도 이를 달리 볼 것은 아니다.

또한, 농지법 소정의 농지가 현실적으로 다른 용도로 이용되고 있다고 하더라도 그 토지가 적법한 절차에 의하지 아니한 채 형질변경되거나 전용된 것이어서 어차피 복구되어야 할 상태이고 그 형태와 주변토지의 이용상황 등에 비추어 농지로 회복하는 것이 불가능한 상태가 아니라 농지로서의 성격을 일시적으로 상실한 데 불과한 경우라면 그 변경 상태가 일시적인 것에 불과하다고 보아야 할 것이다.

이 사건 각 토지상의 건물이나 주차장, 잔디 등은 농지전용허가나 농지전용협의 없이 설치 또는 식재된 것인 점, 위 건물의 면적은 이 사건 각 토지의 전체 면적인 16,747㎡ 중 극히 일부인 170㎡에 불과한 점, 주차장에 깔린 자갈이나 쌓여져 있는 흙 및 잔디도 이를 쉽게 걷어낼 수 있을 것으로 보이는 점, 원고는 1994년과 1997년에 이 사건 각 토지의 인근 잡종지에 공장을 설립할 당시에도 농지전용협의를 거쳐 농지전용에 따른 농지조성비를 부과 받았고, 그때로부터 불과 3년여가 지난 시점에서 이 사건 각 토지를 매수하고는 불법으로 형질을 변경한 점 등을 알 수 있는바, 사정이 이와 같다면 이 사건 각 토지는 농지로서의 성질을 완전히 상실하여 농지로 회복하는 것이 불가능한 상태에 있었던 것이 아니라, 농지로서의 성질을 일시적으로 상실한 상태에 있었고 그 원상회복이 비교적 용이하다고 보이므로, 여전히 농지법 소정의 농지에 해당한다고 할 것이다(대법원 2007. 5. 31. 2006두8235).

구 농지법(2021. 8. 17. 법률 제18401호로 개정되기 전의 것) 제2조 제1호의 농지에 해당하는지 여부는 공부상의 지목 여하에 불구하고 당해 토지의 사실상의 현상에 따라 가려져야 할 것이고, 공부상 지목이 답인 토지의 경우 그 농지로서의 현상이 변경되었다고 하더라도 그 변경 상태가 일시적인 것에 불과하고 농지로서의 원상회복이 용이하게 이루어질 수 있다면 그 토지는 여전히 농지법에서 말하는 농지에 해당한다고 할 것이다.

기록에서 알 수 있는 다음과 같은 사정들을 위에서 본 법리에 비추어 살펴보면, 쟁점 토지는 농지로서의 현상이 변경되었다고 하더라도 그 변경 상태가 일시적인 것에 불과하고 농지로서의 원상회복이 용이하게 이루어질 수 있는 경우로서 농지에 해당할 여지가 크다.

① 쟁점 토지의 지목은 '답'으로, 이 사건 처분이 있기 약 1년 전인 2018. 2.경만 해도 그 지상에 비닐하우스로 추정되는 공작물이 설치되어 있고, 일부분에는 농업용으로 보이는 검은색 비닐이 덮여 있는 등 쟁점 토지가 농지로서 관리되어 왔다고 볼만한 흔적이 있었던 것으로 보인다.

② 이 사건 처분 당시 쟁점 토지는 잡풀이 우거져 있는 등 방치된 상태였던 것으로 보이기는 하나, 잡풀을 걷어냄으로써 용이하게 원상회복이 이루어질 수 있을 것으로 보인다.

③ 원고는 농업경영계획서를 관련 행정청에 제출하는 등 농지법령상 필요한 절차를 거쳐 2018. 10. 30. 쟁점 토지를 취득하였다. 이를 보더라도 적어도 2018. 10. 30. 당시에는 쟁점 토지가 농지로서 충분히 활용될 수 있었던 것으로 보인다.

④ 설령 이 사건 처분 당시 쟁점 토지가 농지로 이용되고 있지 않은 현황을 보이고 있었더라도, 이러한 사정만으로 원고의 쟁점 토지 취득일부터 불과 4개월도 지나지 않은 이 사건 처분 무렵에 쟁점 토지가 농지로 회복하는 것이 불가능할 정도로 농지로서의 성질을 완전히 상실하였다고 보기도 어렵다(대법원 2023. 11. 9. 2022두36322).

(2) 토지의 형질변경이 이루어져 원상회복이 불가능한 농지는 농지법상 농지에 해당하지 아니한다.

이 사건 토지는 지적공부상 지목이 답으로 되어 있기는 하나, 이 사건 낙찰허가결정 훨씬 전에 인근 토지보다 약 1~2m나 성토되어 그 지상에 콘테이너박스와 창고가 설치되는 등 이미 타용도로 전용되어 상당 기간 동안 건축자재 하치장으로 사용되어 왔기 때문에 농지로서의 기능을 완전히 상실하였다고 할 것이고, 여기에 피고가 이 사건 낙찰허가결정 이전에 농지취득자격증명의 발급을 신청하였음에도 해당 관서에서 농지로 볼 수 없다는 이유로 신청 자체가 반려된 점이나 피고가 낙찰을 받은 직후에 적법한 절차를 거쳐 현황대로 농지전용허가가 이루어짐으로써 향후 원상회복명령이 발하여질 가능성이 소멸된 점을 고려하여 보면, 이 사건 낙찰허가결정 당시 이 사건 토지는 이미 농지법 제2조 소정의 농지에 해당한다고 볼 수 없다(대법원 1997. 12. 23. 97다42991).

이 사건 토지가 토지대장상 지목이 전으로 되어 있으나 1987.경부터 1988.경까지 사이에 공장부지공사로 인하여 이 사건 건축신고승인 이전에 이미 농지로서의 현상을 상실하였고, 이 사건 토지를 다시 농경지 또는 다년생식물재배지와 기타 농지의 보전이나 이용에 필요한 시설의 부지로 다시 이용한다는 것도 불가능하여 그 상실상태도 일시적이라고 볼 수 없으므로 이를 농지조성비 등의 부과대상인 농지에 해당하지 아니한다고 본 조치는 정당하다(대법원 1998. 5. 29. 97누2542).

다) 농지와 농지전용

(1) 농지전용허가를 받았으나 현상 변경이 일시적인 농지

지목이 답인 토지에 대하여 제3자 명의로 주택 부지로의 농지전용허가가 되었으나 그 농지의 현상 변경이 일시적인 것에 불과한 경우, 그 토지는 농지법상 농지에 해당한다(대법원 1999. 2. 23. 98마2604).

> 어떤 토지가 농지법 소정의 '농지'인지의 여부는 공부상의 지목 여하에 불구하고 당해 토지의 사실상의 현상에 따라 가려져야 할 것이고, 공부상 지목이 답인 토지의 경우 그 농지로서의 현상이 변경되었다고 하더라도 그 변경 상태가 일시적인 것에 불과하고 농지로서의 원상회복이 용이하게 이루어질 수 있다면 그 토지는 여전히 농지법에서 말하는 농지에 해당한다고 할 것이다.

> 별지목록 순번 2, 3번 토지는 지목이 답으로서 그에 대하여 소외 1 등 12인 명의로 주택 부지로의 농지전용허가가 되었다는 점만으로 이미 농지로서의 성질을 상실하고 사실상 대지화되었다고 보기 어렵고, 위 각 토지는 최근에 이르러 여름철에 야영장 등으로 이용되면서 사실상 잡종지로 활용될 뿐 농작물의 경작에 이용되지 않고 있다고 하여도, 그 토지에 별다른 견고한 구조물이 축조되어 있지 아니하고 터파기작업 등이 이루어져 현상이 크게 변동된 것도 아니어서 그 원상회복이 비교적 용이해 보이는 점 등에 비추어 그 현상 변경은 일시적인 것에 불과하다고 보이므로, 위 각 토지는 농지법상의 농지에 해당한다(대법원 1999. 2. 23. 98마2604).

(2) 일시사용허가를 받은 농지

일정 기간 사용 후 다시 농지로 복구한다는 조건으로 일시사용허가를 받은 토지는 농지법상 농지에 해당한다(대법원 2015. 3. 12. 2013도10544).

> 어떠한 토지가 농지법 제2조 제1호에서 정한 농지에 해당하는지 여부는 공부상의 지목 여하에 불구하고 해당 토지의 사실상의 현상에 따라 가려야 하고, 따라서 그 토지가 공부상 지목이 전으로 되어 있다고 하더라도 농지로서의 현상을 상실하고 그 상실 상태가 일시적인 것이 아니라면 그 토지는 더 이상 농지법에서 말하는 '농지'에 해당하지 않는다고 할 것이나, 농지의 현상을 상실한 상태가 일시적인 것에 불과하여 농지로서의 원상회복이 용이하게 이루어질 수 있다면 그 토지는 여전히 농지법에서 말하는 농지에 해당한다. 한편 농지가 형질변경이나 전용으로 현실적으로 다른 용도로 사용되고 있다고 하더라도, 그와 같이 형질변경되거나 전용된 것이 일정 기간 사용 후 농지로 복구한다는 조건으로 일시사용허가를 받아 이루어진 것으로서

그 허가기간 만료 후에는 농지로 복구하여야 하고, 그 현상변경의 정도와 주변토지의 이용상황 등에 비추어 농지로 회복하는 것이 불가능하지 않다면 그 변경 상태는 일시적인 것에 불과하다고 보아야 한다.

① 피고인 회사는 일정 기간 사용 후 다시 농지로 복구한다는 조건으로 일시사용허가를 받아 이 사건 토지를 진입로와 이 사건 시설물의 부지로 사용해 온 것으로, 위 토지는 허가기간 만료 후 농지로 복구하여야 할 상태이고, ② 위 진입로는 정지작업 등을 통해 평탄하게 되어 있기는 하나 콘크리트 등으로 포장되어 있지는 않으며, ③ 이 사건 시설물도 견고한 건축물이 아니라 컨테이너 가건물 등에 불과하여 그 철거가 어렵다고 보이지 않는 등의 사정을 알 수 있는바, 이러한 사정을 앞서 든 법리에 비추어 보면, 비록 허가기간 만료 당시에 이 사건 토지가 농지로서의 현상이 변경되어 있었으나 그 변경상태가 일시적인 것에 불과하고 농지로서의 원상회복이 용이하게 이루어질 수 있다고 보이므로, 위 토지는 여전히 농지법상 농지에 해당한다고 볼 수 있다(대법원 2015. 3. 12. 2013도10544).

라) 잔디밭

농지법 제2조 제1호 가목에 의하면, '전·답, 과수원, 그 밖에 법적 지목을 불문하고 실제로 농작물 경작지 또는 다년생식물 재배지로 이용되는 토지'는 대통령령으로 정하는 경우를 제외하고는 '농지'에 해당한다. 농지법 시행령 제2조 제1항은 농지법 제2조 제1호 가목의 "다년생식물"로서 목초·종묘·인삼·약초·잔디 및 조림용 묘목 등을 들고 있다. 한편, "재배"라 함은 사람이 일정 목적을 가지고 경지에 작물을 길러 수확을 올리는 경제적 영위체계를 말한다. 그렇다면 "다년생식물 재배"는 사람이 일정 목적을 가지고 경지에 목초·종묘·인삼·약초·잔디 및 조림용 묘목 등을 길러 수확을 올리는 경제적 행위라고 할 것이다.

이를 고려할 때 판매 목적으로 잔디를 농지에 심고 가꾸는 행위는 농지법 소정의 다년생식물 재배로서 허용되나, 조경목적으로 잔디를 농지에 식재하는 행위는 농지법상 다년생식물 재배로 볼 수 있는 경제적 행위가 아니므로 농지전용 없이는 허용되지 아니한다. 법원도 농지에 조경목적으로 잔디를 심은 행위를 농지불법전용이라고 보아 농지법 위반이라고 판단하였다.

마) 스마트팜·콩나물 재배사의 부지

농지법 제2조 제1호는 '농지'란 다음 각 목의 어느 하나에 해당하는 토지를 말한다고 규정하면서, 가목에서 '전·답, 과수원, 그 밖에 법적 지목(地目)을 불문하고 실제로 농작물 경작지 또는 다년생식물 재배지로 이용되는 토지'를 들고 있고, 나목은 '가목의 토지의 개량시설과 가목의 토지에 설치하는 농축산물 생산시설로서 대통령령으로 정하는 시설의 부지'를 들고 있으며, 농지법 시행령 제2조 제3항은 법 제2조 제1호 나목에서 말하는 '대통령령으로 정하는 시설'로서 법 제2조 제1호 가목의 토지에 설치하는 고정식온실·버섯재배사·비닐하우스, 축사·곤충사육사와 그 부속시설, 간이퇴비장, 농막·간이저온저장고·간이액비저장조를 규정하고 있다.

이와 같이 스마트팜과 콩나물 재배사는 농지법 제2조에서 규정한 농축산물 생산시설에 포함되지 아니하므로, 농지에 스마트팜과 콩나물 재배사를 설치하는 것은 농지전용 절차 없이 허용되지 아니한다.

바) 축사

(1) 농지법상 축사의 연혁

구 농지법 시행령(2007. 6. 29. 대통령령 제20136호로 개정되기 전의 것, "구 농지법 시행령"이라 한다) 제2조 제3항은 법 제2조 제1호 나목에서 말하는 '농지에 설치

---

6 농지법 위반 부분은 대법원(대법원 2013. 6. 27. 2012도4848)에서 확정되었고, 다만 다른 쟁점과 관련하여 일부 파기환송 되었다.

가 허용되는 농축산물 생산시설'로서 고정식온실·버섯재배사 및 비닐하우스와 그 부속시설, 간이퇴비장, 농막·간이저온저장고·간이액비저장조만을 규정하여 '농지에 설치가 허용되는 농축산물 생산시설'의 범위에 축사를 포함하지 아니하였다. 구 농지법 시행령 제34조 제5항 제2호, 제41조, [별표1] 제3호에 따라 농지에 축사를 설치하기 위해서는 농지전용허가 또는 신고 수리가 필요하였으며, 이러한 농지전용절차를 거치지 아니하고 축사를 설치한 경우에는 농지불법전용으로서 원상회복 대상이었다.

2007년 6월 29일 개정된 현행 농지법 시행령(대통령령 제20136호로 개정된 것, "현행 농지법 시행령"이라 한다) 제2조 제3항은 법 제2조 제1호 나목에서 말하는 '농지에 설치가 허용되는 농축산물 생산시설'의 범위에 '축사와 그 부속시설'을 포함하였고, 이를 2007년 7월 4일부터 시행하였다[부칙(대통령령 제20136호, 2007. 6. 29.) 제1조 단서]. 이에 따라 2007년 7월 4일부터는 농지전용절차를 거치지 아니하고 농지에 축사를 설치할 수 있게 되었다. 또한 2007년 7월 4일 전에 농지전용허가 또는 신고 수리 없이 축사를 농지에 설치한 경우에도 부진정소급적용[7]에 따라 양성화(陽性化)되었고, 축사 설치자는 원상회복의무를 부담하지 않게 되었다.

(2) 간이양축시설(간이축사)

법제처(회신일자 2022. 5. 27., 안건번호 22-0008)는 간이양축시설(간이축사)[8]이 농지법 시행령 제2조 제3항 제2호 나목에서 규정하는 '농지에 설치가 허용되는 농축산물 생산시설'로서의 축사에 간이양축시설(간이축사)이 포함되지 아니하며, 위 축사는 「건축법」에 따른 건축허가 또는 건축신고 대상시설로 한정된다고 해석하였다. 그러나 이러한 해석은 법 문언을 넘어선 자의적인 축소해석으로 타당하지 않다.

① 현행 농지법 시행령 제2조 제3항 제2호 나목에서 규정하는 농축산물 생산시설로서의 축사는 그 문언 자체에서 「건축법」상 건축허가 유무로 구별하지 않고 있어 「건축

---

7 '부진정소급적용'이라 함은 사실 또는 법률관계가 개정법령이 시행되기 이전에 이미 완성되거나 종결되지 않고, 계속되고 있는 경우에 법령개정 이전의 사실 또는 법률관계에 개정법령을 적용하는 것을 말한다(박균성, 「행정법 강의」, 박영사, 2016., 제270쪽).

8 양축시설의 연혁을 통해 간이양축시설의 의미부터 명확히 규정하자면, 농지법 제정에 따라 폐기된 구 농지의 보전 및 이용에 관한 법률 시행령 제4조 제4호에는 양축시설을 "우사·돈사·계사 및 싸이로 등"으로 명시되어 있는바, 양축시설이 현재의 「축산법」상 축사와 같은 말임을 확인할 수 있다. 그렇다면 간이양축시설은 간이축사와 동일한 용어라고 할 것이다.

법」상 건축허가 유무를 불문하고 모든 축사를 의미하므로, 간이축사를 뜻하는 간이양축시설도 당연히 포함된다고 할 것이다(서울고등법원 2010. 3. 18. 2009누22890).

② 축산에 관한 개념 및 기본방향을 규정한 「축산법」도 제2조 제8호의2에서 축사를 '가축을 사육하기 위한 우사·돈사·계사 등의 시설과 그 부속시설을 의미한다'고 규정할 뿐, 「건축법」상 건축허가 유무로 구별하지 않고 간이양축시설(간이축사)을 축사에서 제외하지 않고 있다. 이 점에 의하더라도 간이양축시설(간이축사)가 농지법상 축사의 개념 자체에 포함된다고 보는 것이 타당하다.

③ 농지에 간이양축시설(간이축사)의 설치가 허용되는지 여부에 따라 간이양축시설 설치자는 원상회복(농지법 제42조), 이행강제금(농지법 제63조)이 부과될 수 있을 뿐만 아니라 형사처벌 대상(농지법 제60조 제2호)이 될 수 있는바, 법제처 의견처럼 문언을 자의적으로 축소해석하게 되면 범죄의 구성요건이 지나치게 넓어지게 되고 임의적인 해석에 의존하여 처벌이 이루어진다는 점에서 범죄와 형벌이 법률로 정해져야 하는 죄형법정주의에 위반된다고 할 것이다.

이러한 사정을 종합하면 간이양축시설(간이축사)는 농지법 시행령 제2조 제3항 제2호 나목에서 규정하는 농축산물 생산시설로서의 축사에 포함된다고 보아야 할 것이다.

> 농지법 제2조 제1호 나목 및 동법 시행령 제2조 제3항 제2호 나목에서 규정하는 농축산물 생산시설로서의 축사는 그 문언 자체에서 건축법상 건축허가 유무로 구별하지 않고 있어 건축법상 건축허가 유무를 불문하고 모든 축사를 의미한다고 해석함이 상당하므로, 원고의 위 주장은 이유 없다(서울고등법원 2010. 3. 18. 2009누22890).[9]

---

9 원고인 축사 소유자는 판결에 불복하여 상고하였고, 대법원은 다른 쟁점과 관련하여 파기 환송하였다(대법원 2010. 6. 24. 선고 2010두6175).

사) 농막

농지법 시행령 제2조 제3항 제2호 라목은 농지법 소정의 농지에 설치가 허용되는 농축산물 생산시설로서 농막 등을 들고 있다. 농지법 시행규칙 제3조의2는 '법 시행령 제2조 제3항 제2호 라목의 농막은 농작업에 직접 필요한 농자재 및 농기계 보관, 수확 농산물 간이 처리 또는 농작업 중 일시 휴식을 위하여 설치하는 시설로서 연면적 20㎡ 이하이고 주거 목적이 아니어야 한다'고 규정하고 있다.

이를 비추어 볼 때 농지법상 농지에 설치가 허용되는 농막은 농작업과 관련이 있어야 하며, 전입신고[10] 등 주거용으로 농막을 이용하는 것을 허용되지 않는다고 할 것이다. 농막은 그 설치 자격을 농업인으로 제한하지 않고 있어 주말·체험 영농인 등 비농업인도 설치 가능하다고 보아야 할 것이다. 또한 1필지 농지에 1개의 농막만 허용한다는 제한규정이 없으므로, 1필지 농지에 여러 개의 농막을 설치하는 것은 허용된다. 다만 1필지 농지에 설치된 농막들의 바닥면적 합계가 20㎡를 초과할 수 없다.

한편, 현행 농지법령은 농막을 일시 휴식을 벗어난 주거용으로 이용할 수 없다고만 규정하고 있을 뿐, 주거와 일시 휴식을 구분하는 기준이 없어 농막에서의 체류가 어느 정도까지 적법한지, 농막 내부에 취사 및 휴식시설의 설치가 허용되는 범위가 어느 정도인지 등 농막의 설치 및 운용과 관련된 쟁점에 관한 판단이 어려운 상태이다. 농지법령의 개정을 통하여 주거와 일시 휴식의 구분 기준을 구체적으로 규정할 필요가 있어 보인다.

※ 농림축산식품부는 2023년 5월 12일 입법예고한 농지법 시행규칙 일부개정령안에서 농막이 주거가 아닌 일시휴식으로 보기 위한 요건으로 "① 「주민등록법」 제16조에 따른 전입신고를 하지 않을 것, ② 농작업 중 일시 휴식을 벗어나는 야간 취침, 숙박, 농작업을 수반하지 않는 여가 시설 활용 등의 행위를 하지 않을 것, ③ 농작업 중 일시 휴식을 위한 공간이 바닥면적의 100분의 25 이하인 시설일 것"을 제시하였으나, 위 개정안의 입법예고는 2023년 6월 19일 취소되며 농지법 시행규칙 개정이 중단되었고 이후 별도의 대안도 마련되지 않았다. 이러한 사정으로 농막 사용에 대한 주거와 일시휴식의 구분은 여전히 명확하지 않은 상태이다.

---

10 전입신고는 주거할 목적으로 거주지를 옮긴다는 의미이므로, 주거용으로서의 이용이 금지된 농막에 대하여 전입신고를 하는 것은 허용되지 아니한다.

제4장
농지의 소유

제4장 농지의 소유

가. 농지의 소유 자격

1) 원칙

농지법 제6조 제1항은 "농지는 자기의 농업경영에 이용하거나 이용할 자가 아니면 소유하지 못한다."라고 규정하고 있다. 농지법 제6조 제1항의 목적은 농지소유자로 하여금 농지를 계속 농업경영에 이용하도록 하고, 비자격농의 농지 소유를 제한하는 것이다. 즉 농지를 농업경영에 이용하지 아니하는 자는 농지를 소유할 자격 자체가 부정된다. 이는 국토의 효율적이고 균형 있는 이용·개발과 보전을 위하여 그에 관한 필요한 제한과 의무를 과할 수 있다는 헌법 제122조와 경자유전의 원칙 및 소작제도 금지를 규정한 헌법 제121조 제1항에 근거를 둔 것이다(헌법재판소 2010. 2. 25. 2008헌바116).

따라서 농지의 소유 자격은 원칙적으로 농업인과 농업법인, 향후 농업인이 되고자 하는 자로 제한된다.

2) 예외

농지법은 농지 소유 제한에 대한 일정한 예외를 허용하며, 다음 각 호의 어느 하나에 해당하는 경우에는 비농업인도 농지를 소유할 수 있다.

1. 농지법 시행일(1996. 1. 1.) 전부터 농지를 소유하고 있는 경우
2. 국가나 지방자치단체가 농지를 소유하는 경우
3. 「초·중등교육법」 및 「고등교육법」에 따른 학교, 공공단체·농업연구기관·농업생산자단체 또는 종묘나 그 밖의 농업 기자재 생산자가 그 목적사업을 수행하기 위하여 필요한 시험지·연구지·실습지·종묘생산지 또는 과수 인공수분용 꽃가루 생산지로 쓰기 위하여 농지를 취득하여 소유하는 경우
4. 주말·체험영농을 하려고 농업진흥지역 외의 농지를 소유하는 경우
5. 상속(상속인에게 한 유증을 포함)으로 농지를 취득하여 소유하는 경우

6. 8년 이상 농업경영을 하던 사람이 이농(離農)한 후에도 이농 당시 소유하고 있던 농지를 계속 소유하는 경우

7. 농·수·임협, 은행 등 농지 저당기관(자산유동화전문회사 포함)이 경매를 2회 이상 진행하여도 매수인이 없어 이후 경매에 참가해 담보 농지를 취득·소유하는 경우

8. 농지전용허가(다른 법률에 따라 농지전용허가가 의제되는 인가·허가·승인 등을 포함)를 받거나 농지전용신고를 한 자가 그 농지를 소유하는 경우

9. 농지법 제34조 제2항에 따른 농지전용협의를 마친 농지를 소유하는 경우

10. 「한국농어촌공사 및 농지관리기금법」 제24조 제2항에 따른 농지의 개발사업지구에 있는 농지로서 1,500㎡ 미만의 농지나 「농어촌정비법」 제98조 제3항에 따른 농지를 취득하여 소유하는 경우

11. 영농여건불리농지를 소유하는 경우

12. 「한국농어촌공사 및 농지관리기금법」에 따라 한국농어촌공사가 농지를 취득하여 소유하는 경우

13. 「농어촌정비법」에 따른 농업생산기반시설의 관리와 이관(제16조), 환지계획(제25조), 농지와 농업생산기반시설의 교환·분할·합병(제43조), 농어촌 관광휴양단지의 개발(제82조) 또는 한계농지등의 매매(제100조)에 따라 농지를 취득하여 소유하는 경우

14. 「공유수면 관리 및 매립에 관한 법률」에 따라 매립농지를 취득하여 소유하는 경우

15. 토지수용으로 농지를 취득하여 소유하는 경우

16. 농림축산식품부장관과 협의를 마치고 「공익사업을 위한 토지 등의 취득 및 보상에 관한 법률」에 따라 농지를 취득하여 소유하는 경우

17. 「공익사업을 위한 토지 등의 취득 및 보상에 관한 법률」 제4조에 따른 공익사업에 필요한 토지 중 국토교통부장관 소속 공공토지비축심의위원회가 비축이 필요하다고 인정하는 토지로서 「국토의 계획 및 이용에 관한 법률」 제36조에 따른 계획관리지역과 자연녹지지역 안의 농지를 한국토지주택공사가 취득하여 소유하는 경우

18. 농지법 제23조 제1항 제1호부터 제6호까지의 규정에 따라 농지를 임대하거나 무상사용하게 하는 경우

※ 농지법 외에는 농지 소유에 관한 특례를 정할 수 없으므로, 다른 법률에서 농지 소유에 관한 예외 규정을 둔 경우 해당 규정은 효력이 없다고 할 것이다(농지법 제6조 제4항).

① 농지법 시행일(1996. 1. 1.) 이전부터 농지를 소유하고 있는 경우(부칙 제8352호 제4조)

부칙 제8352호(2007. 4. 11.) 제4조는 '법률 제4817호 농지법 시행일인 1996년 1월 1일 당시 농지를 소유하고 있는 자에 대하여는 농지소유(제6조 제1항)·농업경영에 이용하지 아니하는 농지 등의 처분(제10조)·처분명령과 매수 청구(제11조)·농지의 임대

차 또는 사용대차(제23조) 및 이행강제금(제63조)에 관하여 이를 적용하지 아니한다'고 규정하고 있다. 즉, 농지법 시행일(1996. 1. 1.) 당시 농지를 소유하고 있는 자는 해당 농지를 계속 소유할 수 있고, 농업경영에 이용하지 않더라도 농지처분의무 또는 농지처분명령을 부과받지 않으며, 타인에게 임대·사용대할 수 있고, 이행강제금 규정을 적용받지 아니한다.

② 국가나 지방자치단체가 농지를 소유하는 경우(농지법 제6조 제2항 제1호)

다른 농지소유자와 마찬가지로 국가와 지방자치단체도 소유 농지를 농업경영에 이용하게 할 의무를 진다.

③ 「초·중등교육법」 및 「고등교육법」에 따른 학교, 공공단체·농업연구기관·농업생산자단체 또는 종묘나 그 밖의 농업 기자재 생산자가 그 목적사업을 수행하기 위하여 필요한 시험지·연구지·실습지·종묘생산지 또는 과수 인공수분용 꽃가루 생산지로 쓰기 위하여 농지를 취득하여 소유하는 경우(농지법 제6조 제2항 제2호)

시험지 등을 목적으로 농지를 소유할 수 있는 공공단체 등은 아래 표와 같다(농지법 시행규칙 별표 2).

구 분	범 위
공공단체	1. 「한국농어촌공사 및 농지관리기금법」에 따른 한국농어촌공사 2. 「한국농수산식품유통공사법」에 따른 한국농수산식품유통공사 3. 「과학기술분야 정부출연 연구기관 등의 설립·운영 및 육성에 관한 법률」에 따른 한국식품연구원 및 한국원자력연구원 4. 「사회복지사업법」 제2조 제4호에 따른 사회복지시설을 설치하고 운영하는 같은 조 제3호에 따른 사회복지법인 5. 「전통사찰의 보존 및 지원에 관한 법률」 제4조에 따라 지정·등록된 전통사찰 6. 「정신건강증진 및 정신질환자 복지서비스 지원에 관한 법률」 제3조 제5호에 따른 정신의료기관(의료법인에 한정한다) 7. 「문화재보호법」 제24조에 따라 중요무형문화재로 지정된 농요의 보존을 위한 비영리단체 8. 「문화유산과 자연환경자산에 관한 국민신탁법」 제3조에 따른 국민신탁법인(문화유산과 자연환경자산의 보전을 목적으로 하는 경우에만 해당한다)

구 분	범 위
농업생산자단체	1. 「농업협동조합법」에 따른 조합과 그 중앙회, 품목조합연합회 및 조합공동사업법인 2. 「산림조합법」에 따른 조합과 그 중앙회 3. 「엽연초생산협동조합법」에 따른 엽연초생산협동조합과 그 중앙회 4. 「축산법」 제6조에 따른 가축 등록기관 및 같은 법 제7조에 따른 가축 검정기관
농업연구기관	1. 비영리법인이 설립하거나 운영하는 농업생산기술·자재 등의 개발·개량을 위한 연구기관으로서 농림축산식품부장관이 인정하는 연구기관 2. 「벤처기업육성에 관한 특별법」에 따른 생명공학 분야 벤처기업이 농업에 관한 연구를 위하여 설립하거나 운영하는 부설 연구소로서 농림축산식품부장관이 인정하는 연구소
종자생산자	「종자산업법」 제14조 제1항에 따라 설립된 단체 및 같은 법 제37조 제1항에 따라 등록을 한 종자업자
농업기자재의 생산자	1. 「비료관리법」 제11조 제1항에 따라 등록한 비료생산업자 및 그 단체 2. 「농약관리법」 제3조에 따라 등록을 한 농약의 제조업자·수입업자 및 그 단체 3. 「농업기계화 촉진법」 제2조 제1호에 따른 농업기계를 생산하는 자 및 그 단체

④ 주말·체험영농을 하려고 농업진흥지역 외의 농지를 소유하는 경우(농지법 제6조 제2항 제3호)

주말·체험영농을 하려는 사람은 총 1,000㎡ 미만의 농지를 소유할 수 있다. 이 경우 면적 계산은 그 세대원 전부가 소유하는 총 면적으로 한다(농지법 제7조 제3항).

※ 2021년 8월 17일 전에 주말·체험영농 목적으로 농업진흥지역 내의 농지를 소유한 경우에는 해당 농지를 계속 소유할 수 있고, 농업진흥지역 내 주말·체험영농 목적 농지 소유 제한은 2021년 8월 17일 이후 농지를 취득하려는 자를 대상으로 한다[부칙 제18401호(2021. 8. 17.) 제2조].

⑤ 상속(상속인에게 한 유증을 포함)으로 농지를 취득하여 소유하는 경우(농지법 제6조 제2항 제4호)

상속으로 농지를 취득한 자로서 농업경영을 하지 아니하는 자는 그 상속 농지 중에서 총 10,000㎡까지만 소유할 수 있다(농지법 제7조 제1항). 다만 상속으로 농지를 취득한 사람이 한국농어촌공사에 위탁하여 농지를 임대하거나 사용대하는 경우에는 위탁기간 동안 소유 상한(10,000㎡)을 초과하는 농지를 계속 소유할 수 있다.

※ **증여가 포함되는지 여부**

상속은 사람의 사망으로 인한 재산상 법률관계의 포괄적 승계이고, 유증은 유언자가 유언에 의하여 재산을 타인에게 무상으로 증여하는 단독행위이다. 증여는 당사자의 일방이 재산을 무상으로 상대방에게 수여하는 의사를 표시하고 상대방이 이를 승낙하여 성립하는 낙성·무상·편무 계약이다. 증여는 상속·유증과 달리 계약으로서의 성격을 지니고 있으므로, 증여를 통한 비농업인의 농지 소유를 허용할 경우 계약 당사자들이 통정하여 비농업인이 농지를 취득하기로 하는 매매계약을 체결하고 행정청에는 증여로 신고하는 방식으로 농지법 제6조를 형해화시킬 우려가 있다. 이와 같이 농지법상의 규제를 잠탈하는 것을 방지하기 위하여 증여에 의한 농지소유를 허용하지 않은 것이다. 따라서 특별한 사정이 없는 한 비농업인은 증여를 원인으로 농지를 취득하여 소유할 수 없다.

⑥ 8년 이상 농업경영을 하던 사람이 이농(離農)한 후에도 이농 당시 소유하고 있던 농지를 계속 소유하는 경우(농지법 제6조 제2항 제5호)

8년 이상 농업경영을 한 후 이농한 자는 이농 당시의 소유 농지 중에서 총 10,000㎡까지만 소유할 수 있다(농지법 제7조 제2항, 같은 법 시행령 제4조). 다만 8년 이상 농업경영을 한 후 이농한 사람이 한국농어촌공사에 위탁하여 농지를 임대하거나 사용대하는 경우에는 위탁기간 동안 소유 상한(10,000㎡)을 초과하는 농지를 계속 소유할 수 있다.

⑦ 농·수·임협, 은행 등 농지 저당기관(자산유동화전문회사 포함)이 경매를 2회 이상 진행하여도 매수인이 없어 이후 경매에 참가해 담보 농지를 취득·소유하는 경우(농지법 제6조 제2항 제6호)

다음 각 목의 저당기관은 담보 농지를 취득하여 소유할 수 있다(농지법 제13조 제1항, 같은 법 시행령 제11조).

가. 「농업협동조합법」에 따른 지역농업협동조합, 지역축산업협동조합, 품목별·업종별협동조합 및 그 중앙회와 농협은행, 「수산업협동조합법」에 따른 지구별 수산업협동조합, 업종별 수산업협동조합, 수산물가공 수산업협동조합 및 그 중앙회와 수협은행, 「산림조합법」에 따른 지역산림조합, 품목별·업종별산림조합 및 그 중앙회

나. 한국농어촌공사

다. 「은행법」에 따라 설립된 은행이나 그 밖에 대통령령으로 정하는 금융기관

라. 「한국자산관리공사 설립 등에 관한 법률」에 따라 설립된 한국자산관리공사

마. 「자산유동화에 관한 법률」 제3조에 따른 유동화전문회사등

바. 「농업협동조합의 구조개선에 관한 법률」에 따라 설립된 농업협동조합자산관리회사

사. 「상호저축은행법」에 따른 상호저축은행

아. 「신용협동조합법」에 따른 신용협동조합

자. 「새마을금고법」에 따른 새마을금고 및 그 중앙회

차. 「한국농수산식품유통공사법」에 따른 한국농수산식품유통공사

위 가목 및 다목의 저당기관은 취득한 담보 농지의 처분을 한국농어촌공사에 위임할 수 있다(농지법 제13조 제2항).

⑧ 농지전용허가(다른 법률에 따라 농지전용허가가 의제되는 인가·허가·승인 등을 포함)를 받거나 농지전용신고를 한 자가 그 농지를 소유하는 경우(농지법 제6조 제2항 제7호)

⑨ 농지법 제34조 제2항에 따른 농지전용협의를 마친 농지를 소유하는 경우(농지법 제6조 제2항 제8호)

농지법 제34조 제2항에 따른 농지전용협의를 마친 농지는 다음 각 목과 같다.

가. 「국토의 계획 및 이용에 관한 법률」에 따른 도시지역에 주거지역·상업지역·공업지역을 지정하거나 같은 법에 따른 도시지역에 도시·군계획시설을 결정할 때에 해당 지역 예정지 또는 시설 예정지에 농지가 포함되어 있는 경우(다만, 이미 지정된 주거지역·상업지역·공업지역을 다른 지역으로 변경하거나 이미 지정된 주거지역·상업지역·공업지역에 도시·군계획시설을 결정하는 경우는 제외)

나. 「국토의 계획 및 이용에 관한 법률」에 따른 계획관리지역에 지구단위계획구역을 지정할 때에 해당 구역 예정지에 농지가 포함되어 있는 경우

다. 「국토의 계획 및 이용에 관한 법률」에 따른 도시지역의 녹지지역 및 개발제한구역의 농지에 대하여 같은 법 제56조(개발행위의 허가)에 따라 개발행위를 허가하거나 「개발제한구역의 지정 및 관리에 관한 특별조치법」 제12조 제1항 각 호 외의 부분 단서에 따라 토지의 형질변경허가를 하는 경우

⑩ 「한국농어촌공사 및 농지관리기금법」 제24조 제2항에 따른 농지의 개발사업지구에 있는 농지로서 1,500㎡ 미만의 농지나 「농어촌정비법」 제98조 제3항에 따른 농지를 취득하여 소유하는 경우(농지법 제6조 제2항 제9호)

㉠ 「한국농어촌공사 및 농지관리기금법」 제24조 제2항에 따른 농지의 개발사업지구에 있는 농지는 한국농어촌공사가 개발하여 매도하는 다음 각 목의 어느 하나에 해당하는 농지를 말한다(「한국농어촌공사 및 농지관리기금법」 제24조).

가. 도·농간의 교류촉진을 위한 1,500㎡ 미만의 농원부지
나. 농어촌관광휴양지에 포함된 1,500㎡ 미만의 농지

㉡ 「농어촌정비법」 제98조 제3항에 따른 농지는 한계농지등의 정비사업으로 조성되어 분양한 농지로서 농업인 및 어업인이 아닌 자는 1,500㎡ 미만으로 소유할 수 있다 (「농어촌정비법」 제98조).

⑪ 영농여건불리농지를 소유하는 경우(농지법 제6조 제2항 제9호의2)

"영농여건불리농지"는 다음 각 목의 요건을 모두 갖춘 농지로서 시장·군수가 조사하여 고시한 농지를 말한다(농지법 시행령 제5조의2).

가. 농업진흥지역 밖의 농지 중 최상단부부터 최하단부까지의 평균경사율이 15% 이상인 농지
나. 시·군의 읍·면 지역의 농지
다. 집단화된 농지의 규모가 20,000㎡ 미만인 농지
라. 시장·군수가 농업용수·농로 등 농업생산기반의 정비 정도, 농기계의 이용 및 접근 가능성, 통상적인 영농 관행을 고려하여 영농 여건이 불리하고 생산성이 낮다고 인정하는 농지
마. 시장·군수가 다음 각 목의 사항을 고려하여 영농 여건이 불리하고 생산성이 낮다고 인정하는 농지

※ 영농여건불리농지는 비농업인도 취득할 수 있으며, 임대·사용대가 허용된다. 농지취득자격증명 발급신청 시에는 농업경영계획서를 첨부하지 않아도 되며, 농지전용 시에는 시장·군수에게 신고만으로 가능하다(농지법 제6조 제2항 제9호의2, 제8조 제2항, 제23조 제1항 제1호, 제43조).

⑫ 「한국농어촌공사 및 농지관리기금법」에 따라 한국농어촌공사가 농지를 취득하여 소유하는 경우(농지법 제6조 제2항 제10호 가목)

⑬ 「농어촌정비법」에 따른 농업생산기반시설의 관리와 이관(제16조), 환지계획(제25조), 농지와 농업생산기반시설의 교환·분할·합병(제43조), 농어촌 관광휴양단지의 개발(제82조) 또는 한계농지등의 매매(제100조)에 따라 농지를 취득하여 소유하는 경우(농지법 제6조 제2항 제10호 나목)

⑭ 「공유수면 관리 및 매립에 관한 법률」에 따라 매립농지를 취득하여 소유하는 경우(농지법 제6조 제2항 제10호 다목)

⑮ 토지수용으로 농지를 취득하여 소유하는 경우(농지법 제6조 제2항 제10호 라목)

⑯ 농림축산식품부장관과 협의를 마치고 「공익사업을 위한 토지 등의 취득 및 보상에 관한 법률」에 따라 농지를 취득하여 소유하는 경우(농지법 제6조 제2항 제10호 마목)

⑰ 「공익사업을 위한 토지 등의 취득 및 보상에 관한 법률」 제4조에 따른 공익사업에 필요한 토지(공공토지) 중 국토교통부장관 소속 공공토지비축심의위원회가 비축이 필요하다고 인정하는 토지로서 「국토의 계획 및 이용에 관한 법률」 제36조에 따른 계획관리지역과 자연녹지지역 안의 농지를 한국토지주택공사가 취득하여 소유하는 경우(농지법 제6조 제2항 제10호 바목)

한국토지주택공사는 위 취득한 농지를 전용하기 전까지는 한국농어촌공사에 지체 없이 위탁하여 임대하거나 무상으로 사용하게 하여야 한다.

⑱ 농지법 제23조 제1항 제1호부터 제6호까지의 규정에 따라 농지를 임대하거나 무상사용하게 하는 경우(농지법 제6조 제3항)

농지법 제23조 제1항 제1호부터 제6호까지의 규정에 따라 농지를 임대하거나 무상으로 사용하는 경우 그 기간동안 농지를 계속 소유할 수 있다.

※ 농지법 제23조 제1항 제1호부터 제6호까지의 규정

1. 농지법 제6조 제2항 제1호·제4호부터 제9호까지·제9호의2 및 제10호의 규정에 해당하는 농지를 임대하거나 무상사용하게 하는 경우
2. 농지이용증진사업 시행계획(농지법 제17조)에 따라 농지를 임대하거나 무상사용하게 하는 경우
3. 질병, 징집, 취학, 선거에 따른 공직취임, 그 밖에 대통령령으로 정하는 부득이한 사유로 인하여 일시적으로 농업경영에 종사하지 아니하게 된 자가 소유하고 있는 농지를 임대하거나 무상사용하게 하는 경우
4. 60세 이상인 사람으로서, 농업인 또는 농업경영에 더 이상 종사하지 않게 된 사람이 소유하고 있는 농지 중에서 자기의 농업경영에 이용한 기간이 5년이 넘은 농지를 임대하거나 무상사용하게 하는 경우
5. 농업인이 소유하고 있는 농지 중 3년 이상 소유한 농지를 주말·체험영농을 하려는 자에게 임대하거나 무상사용하게 하는 경우, 또는 주말·체험영농을 하려는 자에게 임대하는 것을 업(業)으로 하는 자에게 임대하거나 무상사용하게 하는 경우
5의2. 농업법인이 소유하고 있는 농지를 주말·체험영농을 하려는 자에게 임대하거나 무상사용하게 하는 경우
6. 농업인이 소유하고 있는 농지 중 3년 이상 소유한 농지를 한국농어촌공사에게 위탁하여 임대하거나 무상사용하게 하는 경우

3) 형사책임

농지법 제6조에 따른 농지 소유 제한의 위반 사실을 알고도 농지를 소유하도록 권유하거나 중개하는 행위를 한 자(광고업자 포함)는 3년 이하의 징역 또는 3,000만원 이하의 벌금에 처할 수 있다(농지법 제7조의2 제1호, 제60조 제1호).

법인의 대표자나 법인 또는 개인의 대리인, 사용인, 그 밖의 종업원이 농지 소유 제한의 위반 사실을 알고도 농지를 소유하도록 권유하거나 중개하는 행위를 한 때에는 농지법 제62조(양벌규정)에 따라 그 행위자를 벌하는 외에 그 법인 또는 개인에게도 3,000만원의 벌금형이 과해질 수 있다. 다만, 법인 또는 개인이 그 위반행위를 방지하기 위하여 상당한 주의와 감독을 게을리하지 아니한 경우에는 그러하지 아니하다.

4) 개별적인 사례 검토

가) 종중

농업 경영에 이용하지 않는 경우에 농지소유를 원칙적으로 금지하고 있는 농지법 제6조 제1항에도 불구하고, 예외적인 경우에는 농지소유를 허용하면서, 그러한 예외에 종중은 포함하지 않고 있는 농지법 제6조 제2항이 종중의 재산권을 침해하는지 문제 된다.

농지법 제6조 제2항은 경자유전의 원칙을 선언한 헌법 제121조 제1항 및 국토의 효율적이고 균형 있는 이용·개발과 보전에 관한 헌법 제122조에 직접 근거를 두고 농지 소유 제한에 대한 예외를 제한적으로만 인정하고 있는 것으로 입법목적의 정당성 및 수단의 적절성이 인정된다. 만약, 종중에게 농지 소유를 허용하면 비농업인에 의한 농지법상의 규제를 잠탈할 우려 및 다른 단체와의 형평성 문제가 발생할 수 있어 헌법상 경자유전의 원칙이 형해화될 수 있고, 종중이 위토인 농지를 경작하여 그 수확물로 제사를 지내는 관습이 퇴조하고 있는 현실에서 종중이라는 이유로 농지 소유 제한에 대한 예외를 인정할 필요성도 크지 않다.

다만, 농업인인 제3자에게 농지를 처분할 수 있도록 종중 명의의 등기를 허용한 후에 농지법상의 처분명령이나 이행강제금 제도를 이용해 재산권 제한을 최소화할 수 있는 지가 문제되나, 비농업인에게 농지 처분을 위한 등기를 허용하게 되면, 농지법상의 처분명령이나 이행강제금 등의 사후적인 규제가 이루어지기 전에는 등기가 되어 있음을 기화로 탈법행위가 발생할 수 있고, 이 같은 방법이 농지법 제6조 제2항과 비교하여 헌법상 경자유전의 원칙을 실현하는 데 동등하거나 유사한 효과가 있다고 단정할 수도 없는 점 등에 비추어 최소침해성에 반하지도 않는다. 나아가 농지의 효율적인 이용과 관리를 통한 안정적인 식량생산기반의 유지 및 헌법상 경자유전의 원칙을 실현한다는 공익은, 종중이 제한받게 되는 농지에 대한 재산권 행사의 제한이라는 사익보다 현저히 크다고 할 것이다. 따라서 종중의 농지 소유를 허용하지 않는 농지법 제6조 제2항은 과잉금지원칙에 반하여 재산권을 침해한다고 볼 수 없다(헌법재판소 2013. 6. 27. 2011헌바278).

나) 공유

(1) 공유자 수 제한

2021년 8월 17일 개정되고 2022년 5월 18일 시행된 농지법(법률 제18401호)은 제22조 제3항에서 "시장·군수·구청장은 농지 1필지를 공유로 소유(상속의 경우는 제외)하려는 자의 최대인원수를 7인 이하의 범위에서 시·군·구의 조례로 정하는 바에 따라 제한할 수 있다", 제8조의3 제2항에서 "농지 1필지를 공유로 취득하려는 자가 제22조 제3항에 따른 시·군·구의 조례로 정한 수를 초과한 경우에는 농지취득자격증명을 발급하지 아니할 수 있다"라고 규정하였다. 이에 따라 2022년 5월 18일 이후 농지를 공유로 취득하는 경우 공유자의 수가 시·군·구의 조례에 의해 제한될 수 있다. 다만 농지법 제22조 제3항과 제8조의3 제2항의 공유자 수 제한은 소급효가 없으므로, 2022년 5월 18일 전에 공유관계를 형성한 경우에는 공유자 수가 제한되지 아니한다.

(2) 구분소유적 공유

농지법(2022. 5. 18. 법률 제18401호) 제8조 제2항 제1호와 같은 법 시행규칙(2022. 5. 18. 농림축산식품부령 제531호) 제7조 제2항 제1호 마목은 공유로 취득하려는 경우 공유 지분의 비율 및 각자가 취득하려는 농지의 위치와 면적을 특정하여 구분소유하기로 하는 약정서를 농업경영계획서에 첨부하여 제출할 것을 규정하였는바, 2022년 5월 18일 이후에는 구분소유적 공유관계만 허용된다고 할 것이다. 다만 구분소유적 공유 규정도 공유자 수 제한 규정과 마찬가지로 소급효가 없으므로, 2022년 5월 18일 전에 공유관계가 형성된 경우에는 구분소유적 공유뿐만 아니라 일반 공유도 허용된다고 할 것이다.

나. 농지 소유 상한

1) 농업경영목적의 농지 소유 상한

헌법 제121조 제1항은 "국가는 농지에 관하여 경자유전의 원칙이 달성될 수 있도록 노력하여야 한다."라고 경자유전의 원칙을 농지 소유에 관한 헌법상 원칙으로 규정하고 있다. 이러한 헌법 원칙에 따라 농지법은 경작자의 농지 소유를 장려하고자 농업경영목적의 농지에 대해서는 소유 상한 규정을 두고 있지 아니하므로, 농업인과 농업법인은 농업경영목적의 농지를 소유하는 데 면적 제한이 없다.

2) 비농업경영목적의 농지 소유 상한

비농업경영목적으로 농지를 소유하는 경우 일괄적으로 농지 소유 상한을 적용받는 것이 아니라 농지 소유 상한 적용대상자와 비대상자로 나뉜다.

가) 농지 소유 상한 대상자

농지 소유 상한의 대상자와 농지 소유 상한 면적은 다음과 같다(농지법 제7조).

---

1. 상속으로 농지를 취득한 사람으로서 농업경영을 하지 아니하는 사람[11]: 상속 농지 중에서 총 10,000㎡까지만 소유 허용

2. 8년 이상 농업경영을 한 후 이농한 사람: 이농 당시 소유 농지 중에서 총 10,000㎡까지만 소유 허용

3. 주말·체험영농을 하려는 사람: 총 1,000㎡ 미만의 농지 소유 허용(이 경우 면적 계산은 그 세대원 전부가 소유하는 총 면적으로 함)

※ 다만, 상속으로 농지를 취득한 사람 또는 8년 이상 농업경영을 한 후 이농한 사람이 한국농어촌공사에 위탁하여 농지를 임대하거나 사용대하는 경우에는 위탁기간 동안 소유 상한을 초과하는 농지를 계속 소유할 수 있다.

---

11 상속으로 농지를 취득한 사람으로서 농업경영을 하는 사람은 농업인으로서 농지 소유 면적의 제한이 없다.

나) 농지 소유 상한 비대상자

농지법 시행일(1996. 1. 1.) 당시 소유하고 있는 농지, 국가·지방자치단체가 소유하고 있는 농지 등 다른 비농업인 소유 농지에 대해서는 소유 상한 규정이 없으므로, 그 소유 면적에 제한이 없다고 보아야 할 것이다.

3) 형사책임

농지법 제7조에 따른 농지 소유 상한의 위반 사실을 알고도 농지를 소유하도록 권유하거나 중개하는 행위를 한 자(광고업자 포함)는 3년 이하의 징역 또는 3,000만원 이하의 벌금에 처할 수 있다(농지법 제7조의2 제1호, 제60조 제1호).

법인의 대표자나 법인 또는 개인의 대리인, 사용인, 그 밖의 종업원이 농지 소유 상한의 위반 사실을 알고도 농지를 소유하도록 권유하거나 중개하는 행위를 한 때에는 농지법 제62조(양벌규정)에 따라 그 행위자를 벌하는 외에 그 법인 또는 개인에게도 3,000만원의 벌금형이 과해질 수 있다. 다만, 법인 또는 개인이 그 위반행위를 방지하기 위하여 상당한 주의와 감독을 게을리하지 아니한 경우에는 그러하지 아니하다.

다. 농지취득자격증명 발급 제도

1) 농지취득자격증명 발급 제도의 취지

우리 헌법은 제헌헌법 제86조에서 "농지는 농민에게 분배하며 그 분배의 방법, 소유의 한도, 소유권의 내용과 한계는 법률로서 정한다."라고 규정한 이래 현재에 이르기까지 '경자유전의 원칙(헌법 제121조)'을 거듭 천명하고 있고, 이러한 헌법의 규정을 구체적으로 실천하기 위하여 농지법은 제8조 제1항에서 농지 취득시 농지 소재지관서에서 농지 취득자격증명을 발급받도록 규정한 것이다(대법원 2000. 8. 22. 99다62609, 62616).

2) 농지취득자격증명의 성격

농지법 제8조 제1항 소정의 농지취득자격증명은 농지를 취득하는 자가 그 소유권에 관한 등기를 신청할 때 첨부하여야 할 서류로서(농지법 제8조 제6항), 농지를 취득하는 자에게 농지취득의 자격이 있다는 것을 증명하는 것일 뿐 농지취득의 원인이 되는 법률행위의 효력을 발생시키는 요건은 아니다(대법원 1998. 2. 27. 97다49251 등). 즉 농지취득자격증명을 발급받았다는 자체만으로 해당 농지를 취득하였다고 볼 수 없다.

3) 농지취득자격증명의 발급권자

농지취득자격증명의 발급권자는 농지 소재지를 관할하는 시장(구를 두지 아니한 시의 시장을 말하며, 도농 복합 형태의 시는 농지 소재지가 동 지역인 경우만을 말한다), 구청장(도농 복합 형태의 시의 구에서는 농지 소재지가 동 지역인 경우만을 말한다), 읍장 또는 면장(이하 "시·구·읍·면의 장"이라 한다)이다(농지법 제8조 제1항 본문).

4) 농지취득자격증명 발급 대상자

가) 발급 대상자

다음 각 호의 어느 하나에 해당하면서 농지를 취득하려는 자는 농지 소재지를 관할하는 시·구·읍·면의 장에게서 농지취득자격증명을 발급받아야 한다(농지법 제8조 제1항 본문).

1. 농업인 또는 농업법인(농지법 제6조 제1항)
2. 향후 농업인이 되고자 하는 자(농지법 제6조 제1항)
3. 「초·중등교육법」 및 「고등교육법」에 따른 학교, 공공단체·농업연구기관·농업생산자단체 또는 종묘나 그 밖의 농업 기자재 생산자가 그 목적사업을 수행하기 위하여 필요한 시험지·연구지·실습지·종묘생산지 또는 과수 인공수분용 꽃가루 생산지로 쓰기 위하여 농지를 취득하여 소유하려는 경우(농지법 제6조 제2항 제2호)
4. 주말·체험영농을 하려고 농업진흥지역 외의 농지를 소유하는 경우(농지법 제6조 제2항 제3호)
5. 농지전용허가(다른 법률에 따라 농지전용허가가 의제되는 인가·허가·승인 등을 포함)를 받거나 농지전용신고를 한 자가 그 농지를 소유하는 경우(농지법 제6조 제2항 제7호)
6. 「한국농어촌공사 및 농지관리기금법」 제24조 제2항에 따른 농지의 개발사업지구에 있는 농지로서 1,500㎡ 미만의 농지[12]나 「농어촌정비법」 제98조 제3항에 따른 농지[13]를 취득하여 소유하는 경우(농지법 제6조 제2항 제9호)
7. 영농여건불리농지[14]를 소유하는 경우(농지법 제6조 제2항 제9호의2)
8. 「공익사업을 위한 토지 등의 취득 및 보상에 관한 법률」 제4조에 따른 공익사업에 필요한 토지 중 국토교통부장관 소속 공공토지비축심의위원회가 비축이 필요하다고 인정하는 토지로서 「국토의 계획 및 이용에 관한 법률」 제36조에 따른 계획관리지역과 자연녹지지역 안의 농지를 한국토지주택공사가 취득하여 소유하는 경우(농지법 제6조 제2항 제10호 바목)

나) 발급 제외대상

다음 각 호의 어느 하나에 해당하면 농지취득자격증명을 발급받지 아니하고 농지를 취득할 수 있다(농지법 제8조 제1항 단서).

1. 국가나 지방자치단체가 농지를 소유하는 경우(농지법 제8조 제1항 제1호, 제6조 제2항 제1호)
2. 상속(상속인에게 한 유증을 포함)으로 농지를 취득하여 소유하는 경우(농지법 제8조 제1항 제1호, 제6조 제2항 제4호)

---

12 「한국농어촌공사 및 농지관리기금법」 제24조 제2항에 따른 농지의 개발사업지구에 있는 농지는 한국농어촌공사가 개발하여 매도하는 다음 각 목의 어느 하나에 해당하는 농지를 말한다.
　　1. 도·농간의 교류촉진을 위한 1,500㎡ 미만의 농원부지
　　2. 농어촌관광휴양지에 포함된 1,500㎡ 미만의 농지
13 「농어촌정비법」 제98조 제3항에 따른 농지는 한계농지등의 정비사업으로 조성되어 분양한 농지로서 농업인 및 어업인이 아닌 자는 1,500㎡ 미만으로 소유할 수 있다(「농어촌정비법」 제98조).
14 영농여건불리농지는 시장·군수가 조사하여 고시한 농지로서 ①농업진흥지역 밖의 농지 중 최상단부부터 최하단부까지의 평균경사율이 15% 이상이고 ②시·군의 읍·면지역에 있으며 ③농지의 집단화 규모가 2ha 미만이고 ④시장·군수가 영농여건이 불리하고 생산성이 낮다고 인정한 농지를 말한다(농지법 시행령 제5조의2)

3. 농·수·임협, 은행 등 농지 저당기관(자산유동화전문회사 포함)이 경매를 2회 이상 진행하여도 매수인이 없어 이후 경매에 참가해 담보농지를 취득·소유하는 경우(농지법 제8조 제1항 제1호, 제6조 제2항 제6호)

4. 농지법 제34조 제2항에 따른 농지전용협의를 마친 다음 각 목의 어느 하나에 해당하는 농지를 소유하는 경우(농지법 제8조 제1항 제1호, 제6조 제2항 제8호)

　가.「국토의 계획 및 이용에 관한 법률」에 따른 도시지역에 주거지역·상업지역·공업지역을 지정하거나 같은 법에 따른 도시지역에 도시·군계획시설을 결정할 때에 해당 지역 예정지 또는 시설 예정지에 농지가 포함되어 있는 경우(다만, 이미 지정된 주거지역·상업지역·공업지역을 다른 지역으로 변경하거나 이미 지정된 주거지역·상업지역·공업지역에 도시·군계획시설을 결정하는 경우는 제외)

　나.「국토의 계획 및 이용에 관한 법률」에 따른 계획관리지역에 지구단위계획구역을 지정할 때에 해당 구역 예정지에 농지가 포함되어 있는 경우

　다.「국토의 계획 및 이용에 관한 법률」에 따른 도시지역의 녹지지역 및 개발제한구역의 농지에 대하여 같은 법 제56조(개발행위의 허가)에 따라 개발행위를 허가하거나「개발제한구역의 지정 및 관리에 관한 특별조치법」제12조 제1항 각 호 외의 부분 단서에 따라 토지의 형질변경허가를 하는 경우

5.「한국농어촌공사 및 농지관리기금법」에 따라 한국농어촌공사가 농지를 취득하여 소유하는 경우(농지법 제8조 제1항 제1호, 제6조 제2항 제10호 가목)

6.「농어촌정비법」에 따른 농업생산기반시설의 관리와 이관(제16조), 환지계획(제25조), 농지와 농업생산기반시설의 교환·분할·합병(제43조), 농어촌 관광휴양단지의 개발(제82조) 또는 한계농지등의 매매(제100조)에 따라 농지를 취득하여 소유하는 경우(농지법 제8조 제1항 제1호, 제6조 제2항 제10호 나목)

7.「공유수면 관리 및 매립에 관한 법률」에 따라 매립농지를 취득하여 소유하는 경우(농지법 제8조 제1항 제1호, 제6조 제2항 제10호 다목)

8. 토지수용으로 농지를 취득하여 소유하는 경우(농지법 제6조 제2항 제10호 라목)

9. 농림축산식품부장관과 협의를 마치고「공익사업을 위한 토지 등의 취득 및 보상에 관한 법률」에 따라 농지를 취득하여 소유하는 경우(농지법 제8조 제1항 제1호, 제6조 제2항 제10호 마목)

10. 농업법인의 합병으로 농지를 취득하는 경우(농지법 제8조 제1항 제2호)

11. 공유 농지의 분할을 원인으로 농지를 취득하는 경우(농지법 제8조 제1항 제3호)

12. 시효의 완성으로 농지를 취득하는 경우(농지법 제8조 제1항 제3호, 같은 법 시행령 제6조 제1호)

13. 「징발재산정리에 관한 특별조치법」 제20조, 「공익사업을 위한 토지 등의 취득 및 보상에 관한 법률」 제91조에 따른 환매권자가 환매권에 따라 농지를 취득하는 경우(농지법 제8조 제1항 제3호, 같은 법 시행령 제6조 제2호)

14. 「국가보위에 관한 특별조치법 제5조 제4항에 따른 동원대상지역 내의 토지의 수용·사용에 관한 특별조치령에 따라 수용·사용된 토지의 정리에 관한 특별조치법」 제2조 및 같은 법 제3조에 따른 환매권자 등이 환매권 등에 따라 농지를 취득하는 경우(농지법 제8조 제1항 제3호, 같은 법 시행령 제6조 제3호)

15. 농지이용증진사업 시행계획에 따라 농지를 취득하는 경우(농지법 제8조 제1항 제3호, 같은 법 시행령 제6조 제4호)

5) 농지취득자격증명 발급 절차

가) 농지취득자격증명 발급 절차 개요

농지취득자격증명 발급 절차는 아래 흐름도와 같이 농지취득자격증명 발급 신청인이 농지 소재지 시·구·읍·면의 장(발급기관)에게 신청서와 부속서류(농업경영계획서 등)를 제출하면, 이를 접수한 시·구·읍·면의 장이 위 제출 서류 검토와 현지 확인 등을 토대로 신청인의 영농여건·의지, 농지 상태 등을 종합적으로 심사하여 농지취득자격증명을 발급하거나 신청을 반려하게 된다.

나) 농지취득자격증명 발급신청

(1) 농지취득자격증명 발급 신청방법

농지취득자격증명 발급신청은 농지를 취득하려는 자가 직접 신청하거나 대리인을 통한 대리 신청 모두 가능하다. 또한 농지취득자격증명 발급신청권은 소유권이전등기를 실현하기 위하여 농지취득자격증명을 발급해 줄 것을 청구하는 재산권의 일종으로, 행사 여부가 농지취득자격증명 발급신청권자(채무자)의 자유로운 의사결정에 전적으로 맡겨진 행사상의 일신전속권이라고 볼 수 없으므로, 채권자는 채무자의 농지취득자격증명 발급신청권을 대위할 수 있다(대법원 2018. 7. 11. 2014두36518).

(2) 농지취득자격증명 신청시 제출 서류

농지취득자격증명 발급 신청인(이하 "신청인"이라 한다)은 농지취득자격증명신청서(농지법 시행규칙 별지 제3호 서식)를 작성한 후 다음 각 호의 서류를 첨부하여 해당 농지의 소재지를 관할하는 시·구·읍·면의 장에게 제출하여야 한다(농지법 제8조 제2항, 같은 법 시행규칙 제7조 제1항).

---

1. 농지취득인정서(시험·연구·실습지 등을 목적으로 농지취득)(농지법 시행규칙 별지 제2호 서식)
2. 농업경영계획서(농업경영 목적으로 농지취득)(농지법 시행규칙 별지 제4호 서식)
3. 주말·체험영농계획서(주말·체험영농 목적으로 농지취득)(농지법 시행규칙 별지 제4호의2 서식)
4. 농지임대차계약서 또는 사용대차계약서
5. 농지전용허가(농지전용 목적으로 농지취득)

---

① 농지취득인정서(농지법 시행규칙 제7조 제1항 제1호)

농지법 제6조 제2항 제2호에 해당하는 경우[15] 공공기관 등은 농지법 시행규칙 제6조 소정의 농지취득인정절차에 따라 농지취득인정서를 발급받은 후 농지취득자격증명 발급신청 시 농지취득인정서를 첨부하여야 한다.

② 농업경영계획서(농지법 시행규칙 제7조 제1항 제3호)

농지를 농업경영 목적으로 취득하는 경우 신청인은 농업경영계획서에 다음 각 목의 서류를 첨부하여야 한다.

---

15 농지법 제6조 제2항 제2호에 해당하는 경우는 「초·중등교육법」 및 「고등교육법」에 따른 학교, 공공단체·농업연구기관·농업생산자단체 또는 종묘나 그 밖의 농업 기자재 생산자가 그 목적사업을 수행하기 위하여 필요한 시험지·연구지·실습지·종묘생산지 또는 과수 인공수분용 꽃가루 생산지로 쓰기 위하여 농지를 취득하여 소유하는 경우를 말한다.

가. 「농업·농촌 및 식품산업 기본법 시행령」 제3조 제3항에 따라 발급된 농업인 확인서(신청인이 「농어업경영체 육성 및 지원에 관한 법률」 제4조 제1항 제1호에 따라 농업경영체로 등록하지 않은 농업인인 경우만 해당)

나. 정관(신청인이 농업법인인 경우만 해당)

다. 임원 명부와 업무집행권을 가진 자 중 3분의 1 이상이 농업인임을 확인할 수 있는 서류(신청인이 농업회사법인인 경우만 해당)

라. 재직증명서·재학증명서 등 직업을 확인할 수 있는 서류(신청인이 향후 농업인이 되고자 하는 자인 경우만 해당)

마. 신청인을 포함하여 각자가 취득하려는 농지의 위치와 면적을 특정하여 구분소유하기로 하는 약정서 및 도면자료(신청인이 1필지의 농지를 공유로 취득하려는 공유자인 경우만 해당)

③ 주말·체험영농계획서(농지법 시행규칙 제7조 제1항 제3호의2)

주말·체험영농을 목적으로 농업진흥지역 외의 농지를 취득하려는 경우 신청인은 주말·체험영농계획서에 다음 각 목의 서류를 첨부하여야 한다.

가. 재직증명서·재학증명서 등 직업을 확인할 수 있는 서류

나. 신청인을 포함하여 각자가 취득하려는 농지의 위치와 면적을 특정하여 구분소유하기로 하는 약정서 및 도면자료(신청인이 1필지의 농지를 공유로 취득하려는 공유자인 경우만 해당)

④ 농지임대차계약서 또는 농지사용대차계약서(농지법 시행규칙 제7조 제1항 제4호)

농업경영을 하지 아니하는 자가 취득하려는 농지를 임대하거나 사용대하여 농작물을 경작하거나 다년생식물 재배에 이용하거나 이용할 계획임을 입증하고자 하는 경우 농지임대차계약서 또는 농지사용대차계약서를 첨부하여야 한다.

한편, 농업경영을 하지 아니하는 자가 농지를 취득하려는 경우에는 해당 농지의 면적이 다음 각 목의 어느 하나에 해당하지 아니하여야 한다.

가. 고정식온실·버섯재배사·비닐하우스·축사가 설치되어 있거나 설치하려는 농지의 경우: 330㎡ 이상

나. 곤충사육사가 설치되어 있거나 곤충사육사를 설치하려는 농지의 경우: 165㎡ 이상

다. 가목 및 나목 외의 농지의 경우: 1,000㎡ 이상

⑤ 농지전용허가(다른 법률에 따라 농지전용허가가 의제되는 인가·허가·승인 등을 포함)를 받거나 농지전용신고를 한 사실을 입증하는 서류(농지법 시행규칙 제7조 제1항 제5호)

농지를 전용목적으로 취득하는 경우에는 사전에 농지전용허가·신고절차를 이행한 다음 농지취득자격증명 발급신청 시 농지전용허가·신고 관련 서류를 첨부하여야 한다.

※ 위 농업경영계획서와 주말·체험영농계획서에는 다음 각 호의 사항이 모두 포함되어야 한다(농지법 제8조 제2항).

1. 취득 대상 농지의 면적(공유로 취득하려는 경우 공유 지분의 비율 및 각자가 취득하려는 농지의 위치도 함께 표시)[16]
2. 취득 대상 농지에서 농업경영을 하는 데에 필요한 노동력 및 농업 기계·장비·시설의 확보 방안
3. 소유 농지의 이용 실태(농지소유자에게만 해당)
4. 농지취득자격증명을 발급받으려는 자의 직업·영농경력·영농거리

(3) 농업경영계획서 또는 주말·체험영농계획서 작성 제외 대상

다음 각 호의 어느 하나에 해당하는 자는 농업경영계획서 또는 주말·체험영농계획서와 그 첨부서류(농지법 시행규칙 제7조)를 작성하지 아니하여도 발급신청을 할 수 있다(농지법 제8조 제2항 단서).

1. 「초·중등교육법」 및 「고등교육법」에 따른 학교, 농림축산식품부령으로 정하는 공공단체·농업연구기관·농업생산자단체 또는 종묘나 그 밖의 농업 기자재 생산자가 그 목적사업을 수행하기 위하여 필요한 시험지·연구지·실습지·종묘생산지 또는 과수 인공수분용 꽃가루 생산지로 쓰기 위하여 농림축산식품부령으로 정하는 바에 따라 농지를 취득하여 소유하는 경우(농지법 제6조 제2항 제2호)[17]
2. 「한국농어촌공사 및 농지관리기금법」 제24조 제2항에 따른 농지의 개발사업지구에 있는 농지로서 1,500㎡ 미만의 농지[18]나 「농어촌정비법」 제98조 제3항에 따른 농지를 취득하여 소유하는 경우(농지법 제6조 제2항 제9호)
3. 영농여건불리농지를 소유하는 경우(농지법 제6조 제2항 제9호의2)

---

16 공유로 취득하려는 경우 농업경영계획서 등에 공유 지분의 비율 및 공유취득자의 농지 위치를 표시하게 되어 있는바, 공유취득은 구분소유적 공유방식만 허용된다고 할 것이다.

17 농지취득인정의 경우 농업경영계획서와 주말·체험영농계획서를 제출하지 않는 대신에 농지취득인정서를 첨부한다.

4. 「공익사업을 위한 토지 등의 취득 및 보상에 관한 법률」 제4조에 따른 공익사업에 필요한 토지 중 국토교통부장관 소속 공공토지비축심의위원회가 비축이 필요하다고 인정하는 토지로서 「국토의 계획 및 이용에 관한 법률」 제36조에 따른 계획관리지역과 자연녹지지역 안의 농지를 한국토지주택공사가 취득하여 소유하는 경우(농지법 제6조 제2항 제10호 바목)

다) 행정정보의 공동이용 등을 통한 확인

시·구·읍·면의 장은 농지취득자격증명 발급신청이 있는 경우에는 「전자정부법」 제36조 제1항에 따른 행정정보의 공동이용 및 농지법 제54조의2 제3항에 따른 농지정보시스템(이하 "농지정보시스템"이라 한다)을 통하여 다음 각 호의 구분에 따른 사항을 모두 확인하여야 한다(농지법 시행규칙 제8조 제4항, 「농지취득자격증명발급심사요령」 제7조 제4항).

① 농지취득자격증명신청서의 취득자에 따른 확인서류

가. 농업인인 경우: 농업경영체 증명서(「농어업경영체 육성 및 지원에 관한 법률」 제4조 제1항 제1호에 따라 농업경영체로 등록하여 법 제8조 제2항에 따른 증명서류 제출을 하지 아니한 경우에 해당)
나. 농업법인인 경우: 법인 등기사항증명서, 표준재무제표증명
다. 농업인이 아닌 개인인 경우: 사업자등록증(신청인이 사업자등록을 한 경우만 해당)
라. 법인 등인 경우: 법인 등기사항증명서
마. 「출입국관리법」 제31조에 따라 등록한 외국인인 경우인 경우: 외국인등록사실증명
바. 「재외동포의 출입국과 법적 지위에 관한 법률」 제6조에 따라 국내거소신고를 한 외국국적동포인 경우: 국내거소신고사실증명

시·구·읍·면의 장은 신청인이 위 서류 확인에 동의하지 않는 경우에는 해당 서류를 첨부하게 해야 한다. 다만 법인 등기사항증명서는 신청인이 서류확인에 동의하지 않더라도 확인 가능하므로 그 첨부를 요(要)하지 아니한다.

---

18 「한국농어촌공사 및 농지관리기금법」 제24조 제2항에 따른 농지의 개발사업지구에 있는 농지는 한국농어촌공사가 개발하여 매도하는 다음 각 목의 어느 하나에 해당하는 농지를 말한다.
　1. 도·농간의 교류촉진을 위한 1,500㎡ 미만의 농원부지
　2. 농어촌관광휴양지에 포함된 1,500㎡ 미만의 농지

② 농지취득자격증명신청서의 취득목적이 주말·체험영농인 경우 확인사항

농지취득자격증명 발급담당자는 다음 각 목의 순서로 확인한다.

가. 주민등록표 등본으로 신청인 및 신청인의 세대원을 확인한다.
나. 농지정보시스템 상 세대원 소유농지현황 조회(전국) 또는 토지(임야)대장으로 신청인 및 신청인의 세대원 전부가 소유하는 농지의 총면적을 확인한다.
다. 신청인 및 신청인의 세대원 전부가 소유하는 농지의 총 면적이 1,000㎡ 이상인 경우 취득목적은 농업경영으로 한다.
라. 신청당시 농업경영을 하지 아니하는 자가 자기의 농업경영에 이용하고자 하여 농지를 취득하는 경우에는 해당 농지의 취득 후 농업경영에 이용하려는 농지의 총 면적이 다음 각 목의 어느 하나에 해당해야 한다.
　　1) 고정식온실 · 버섯재배사 · 비닐하우스 · 축사 그 밖의 농업생산에 필요한 시설이 설치되어 있거나 설치하려는 농지의 경우 : 330㎡ 이상
　　2) 곤충사육사가 설치되어 있거나 곤충사육사를 설치하려는 농지의 경우: 165㎡ 이상
　　3) 가목 및 나목 외의 농지의 경우 : 1,000㎡ 이상

③ 신청 대상 농지에 따른 확인사항

가. 영농여건불리농지인 경우: 토지이용계획확인서
나. 「공익사업을 위한 토지 등의 취득 및 보상에 관한 법률」 제4조에 따른 공익사업에 필요한 토지 중 국토교통부장관 소속 공공토지비축심의위원회가 비축이 필요하다고 인정하는 토지로서 「국토의 계획 및 이용에 관한 법률」 제36조에 따른 계획관리지역과 자연녹지지역 안의 농지를 한국토지주택공사가 취득하여 소유하는 경우: 「국토의 계획 및 이용에 관한 법률」에 따른 계획관리지역 또는 자연녹지지역 안의 농지인지 여부 확인

④ 신청인이 농업경영계획서 또는 주말·체험영농계획서를 작성하여 제출한 경우

가. 신청인의 최근 3년간 농지취득자격증명 발급 이력(해당 농지를 소유한 경우 그 농지의 소유기간을 포함한다): 농지정보시스템, 농지의 소유기간을 확인하기 위하여 필요한 경우 토지 등기사항증명서
나. 신청인이 농지처분의무(농지법 제10조 제1항), 농지처분명령(농지법 제11조 제1항), 원상회복(농지법 제42조 제1항) 및 이행강제금(농지법 제63조 제1항) 등 행정처분 내용 및 이행여부

라) 농지취득자격증명 발급 심사

(1) 농지취득자격증명 발급 요건

농지취득자격증명신청서를 접수한 시·구·읍·면의 장은 농지취득자격증명신청서 및 농업경영계획서 또는 주말·체험영농계획서의 기재사항과 주민등록 및 농지대장 등에 따라 신청인이 다음 각 호의 요건에 적합한지 여부를 확인하여 이에 적합한 경우에는 신청인에게 농지취득자격증명을 발급하여야 한다. 시·구·읍·면의 장은 신청인이 농업경영계획서 또는 주말·체험영농계획서를 제출한 경우로서 필요하다고 판단하면 현지확인 등을 하여야 한다(농지법 제8조의3, 농지법 시행령 제7조 제2항, 농지법 시행규칙 제7조 제5항, 「농지취득자격증명발급심사요령」 제8조 제1항).

1. 농지취득자격증명 발급대상자에 적합자일 것(「농지취득자격증명발급심사요령」 제4조)
2. 다음 각 목에 따른 취득요건에 적합할 것
   가. 농지를 자기의 농업경영에 이용하거나 이용할 자가 해당 농지를 소유하는 경우(농지법 제6조 제1항)
   나. 「초·중등교육법」 및 「고등교육법」에 따른 학교, 농림축산식품부령으로 정하는 공공단체·농업연구기관·농업생산자단체 또는 종묘나 그 밖의 농업 기자재 생산자가 그 목적사업을 수행하기 위하여 필요한 시험지·연구지·실습지·종묘생산지 또는 과수 인공수분용 꽃가루 생산지로 쓰기 위하여 농림축산식품부령으로 정하는 바에 따라 농지를 취득하여 소유하는 경우(농지법 제6조 제2항 제2호)
   다. 주말·체험영농을 하려고 농업진흥지역 외의 농지를 소유하는 경우(농지법 제6조 제2항 제3호)
   라. 농지전용허가(다른 법률에 따라 농지전용허가가 의제되는 인가·허가·승인 등을 포함)를 받거나 농지전용신고를 한 자가 그 농지를 소유하는 경우(농지법 제6조 제2항 제7호)
   마. 「한국농어촌공사 및 농지관리기금법」 제24조 제2항에 따른 농지의 개발사업지구에 있는 농지로서 1,500㎡ 미만의 농지[19]나 「농어촌정비법」 제98조 제3항에 따른 농지를 취득하여 소유하는 경우(농지법 제6조 제2항 제9호)
   바. 영농여건불리농지를 소유하는 경우(농지법 제6조 제2항 제9호의2)
   사. 「공익사업을 위한 토지 등의 취득 및 보상에 관한 법률」 제4조에 따른 공익사업에 필요한 토지 중 국토교통부장관 소속 공공토지비축심의위원회가 비축이 필요하다고 인정하는 토지로서 「국토의 계획 및 이용에 관한 법률」 제36조에 따른 계획관리지역과 자연녹지지역 안의 농지를 한국토지주택공사가 취득하여 소유하는 경우(농지법 제6조 제2항 제10호 바목)
3. 농업인이 아닌 개인이 주말·체험영농에 이용하고자 농지를 취득하는 경우에는 신청 당시 소유하고 있는 농지의 면적에 취득하려는 농지의 면적을 합한 면적이 1,000㎡ 미만일 것 (이 경우 면적의 계산은 그 세대원 전부가 소유하는 총면적으로 한다)

4. 신청인이 작성한 농업경영계획서 또는 주말·체험영농계획서가 다음 각 목의 사항을 모두 포함하고 있을 것

  가. 취득대상 농지의 면적(공유로 취득하려는 경우 공유 지분의 비율 및 각자가 취득하려는 농지의 위치도 함께 표시)

  나. 취득대상 농지의 농업경영을 하는 데에 필요한 노동력 및 농업기계·장비·시설의 확보방안

  다. 소유농지의 이용실태(농지를 소유하고 있는 자의 경우에 한정)

  라. 농지취득자격증명을 발급받으려는 자의 직업·영농경력·영농거리

5. 농업경영계획서 또는 주말·체험영농계획서를 제출하여야 하는 경우에는 그 내용이 신청인의 농업경영능력 등을 참작할 때 실현가능하다고 인정될 것. 이 경우 다음 각 목의 사항을 종합적으로 고려하여야 하며, 농지취득자격 확인기준(신청인의 영농여건·의지, 소유농지의 실태, 취득 대상 농지의 상태, 소유요건 및 목적 외 사업 여부)에 부합하지 않는 경우 신청인의 농업경영계획 실현이 가능하지 않다고 판단할 수 있다.

  가. 취득대상 농지의 면적

  나. 취득대상 농지를 농업경영에 이용하기 위한 노동력 및 농업기계·장비·시설 등의 확보여부 또는 확보방안

  다. 소유농지의 이용실태(농지를 소유하고 있는 자의 경우에 한정) 및 임차 농지현황

  라. 경작 또는 재배하고자 하는 농작물 또는 다년생식물의 종류, 영농 착수시기, 수확시기, 작업일정 등이 포함된 영농 계획

  마. 농작물의 경작 또는 다년생식물의 재배지 등으로 이용되고 있지 아니하는 농지의 경우에는 농지의 복구가능성 등 취득대상 토지의 상태

  바. 신청인의 연령·직업·영농경력·영농거리 등 영농여건(세대원의 노동력을 활용하고 있거나 활용하려는 경우 세대원도 포함)

  사. 신청인의 영농의지

  아. 최근 3년간 농지취득자격증명 발급 이력(해당 농지를 소유한 경우 그 농지의 소유기간을 포함)

  자. 농지 취득자금 조달계획

  차. 신청인이 농지처분의무(농지법 제10조 제1항), 농지처분명령(농지법 제11조 제1항), 원상회복(농지법 제42조 제1항) 및 이행강제금(농지법 제63조 제1항) 등 행정처분의 내용 및 이행 여부

6. 신청인이 소유농지의 전부를 타인에게 임대 또는 무상사용하게 하거나 농작업의 전부를 위탁하여 경영하고 있지 아니할 것. 다만, 농지법 제6조 제2항 제9호에 따라 농지를 취득하는 경우에는 그러하지 아니하다.

7. 신청당시 농업경영을 하지 아니하는 자가 자기의 농업경영에 이용하고자 하여 농지를 취득하는 경우에는 해당 농지의 취득 후 농업경영에 이용하려는 농지의 총면적이 다음 각 목의 어느 하나에 해당할 것

가. 고정식온실·버섯재배사·비닐하우스·축사 그 밖의 농업생산에 필요한 시설이 설치되어 있거나 설치하려는 농지의 경우 : 330㎡ 이상

나. 곤충사육사가 설치되어 있거나 곤충사육사를 설치하려는 농지의 경우: 165㎡ 이상

다. 가목 및 나목 외의 농지의 경우 : 1,000㎡ 이상

8. 농작물의 경작지 또는 다년생식물의 재배지 등으로 이용되고 있지 아니하여 신청인이 농지로의 복구계획을 제출하는 경우에는 그 계획이 실현 가능할 것

9. 신청인이 「농지취득자격증명발급심사요령」 제7조 제2항에 따라 첨부하여야 할 증명서류를 제출하였을 것

10. 1필지를 공유로 취득하려는 자가 농지법 제22조 제3항[20]에 따른 시·군·구의 조례로 정한 수를 초과하지 아니할 것

11. 「농어업경영체 육성 및 지원에 관한 법률」 제20조의2에 따른 실태조사 등에 따라 영농조합법인 또는 농업회사법인이 같은 법 제20조의3 제2항[21]에 따른 해산명령 청구 요건에 해당하지 아니할 것

12. 「초·중등교육법」 및 「고등교육법」에 따른 학교에 재학 중인 학생이 아닐 것. 다만, 정보·통신매체를 통한 교육으로 학력을 인정받는 학교에 재학 중인 학생 또는 야간수업을 받는 학생 등 통상적인 농업경영 관행에 따라 농업경영을 할 수 있다고 인정되는 학생, 농업경영을 하고 있는 학생 또는 주말·체험영농의 목적으로 농지를 취득하려는 「고등교육법」에 따른 학교에 재학 중인 학생은 제외한다.

---

19 「한국농어촌공사 및 농지관리기금법」 제24조 제2항에 따른 농지의 개발사업지구에 있는 농지는 한국농어촌공사가 개발하여 매도하는 다음 각 목의 어느 하나에 해당하는 농지를 말한다.
  1. 도·농간의 교류촉진을 위한 1,500㎡ 미만의 농원부지
  2. 농어촌관광휴양지에 포함된 1,500㎡ 미만의 농지

20 **(농지법 제22조 제3항)** 시장·군수·구청장은 농지를 효율적으로 이용하고 농업생산성을 높이기 위하여 통상적인 영농 관행 등을 감안하여 농지 1필지를 공유로 소유(제6조 제2항 제4호의 경우는 제외한다)하려는 자의 최대인원수를 7인 이하의 범위에서 시·군·구의 조례로 정하는 바에 따라 제한할 수 있다.

21 **(「농어업경영체 육성 및 지원에 관한 법률」 제20조의3 제2항)** 시장·군수·구청장은 다음 각 호에 해당하는 농업법인 및 어업법인에 대하여 법원에 해산을 청구할 수 있다.
  1. 조합원이 5명 미만이 된 후 1년 이내에 5명 이상이 되지 아니한 영농조합법인 또는 영어조합법인
  2. 총 출자액 중 비농업인 또는 비어업인이 보유한 출자지분이 제19조 제2항 또는 제4항에서 정한 출자한도를 초과한 후 1년 이상 경과한 농업회사법인 또는 어업회사법인
  3. 제19조의4 제1항에 따른 사업범위에서 벗어난 사업을 하는 농업법인
  4. 제19조의4 제2항에 따른 사업범위에서 벗어난 사업을 하는 어업법인
  5. 제1항에 따라 준용되는 「상법」 제176조 제1항 각 호에 해당하는 농업법인 또는 어업법인
  6. 제20조의2 제8항에 따른 시장·군수·구청장의 시정명령에 3회 이상 불응한 농업법인 또는 어업법인

(2) 농지위원회 심의

시·구·읍·면의 장은 농지 투기가 성행하거나 성행할 우려가 있는 지역의 농지를 취득하려는 자 등 다음 각 호의 어느 하나에 해당하는 자가 농지취득자격증명 발급을 신청한 경우 농지위원회의 심의를 거쳐야 한다(농지법 제8조 제3항, 같은 법 시행규칙 제7조 제3항).

1. 「부동산 거래신고 등에 관한 법률」 제10조 제1항에 따라 지정된 허가구역에 있는 농지를 취득하려는 자
2. 취득대상 농지 소재지 관할 시·군·자치구 또는 연접한 시·군·자치구에 거주하지 않으면서 그 관할 시·군·자치구에 소재한 농지를 2022년 8월 18일 이후 처음[22]으로 취득하려는 자
3. 1필지의 농지를 3인 이상이 공유로 취득하려는 경우 해당 공유자
4. 농업법인
5. 「출입국관리법」 제31조에 따라 등록한 외국인
6. 「재외동포의 출입국과 법적 지위에 관한 법률」 제6조에 따라 국내거소신고를 한 외국국적 동포
7. 그 밖에 농업경영능력 등을 심사할 필요가 있다고 인정하여 시·군·자치구의 조례로 정하는 자

마) 농지취득자격증명 발급

(1) 농지취득자격증명 발급

시·구·읍·면의 장은 농지취득자격증명 발급 신청이 발급요건에 부합될 때는 신청서 접수일부터 7일 이내에 농지취득자격증명을 발급하여야 함이 원칙이다. 다만 예외적으로 농업경영계획서 또는 주말·체험영농계획서를 작성하지 아니하고 농지취득자격증명 발급을 신청하는 경우에는 4일, 농지위원회의 심의 대상인 경우에는 14일 이내에 농지취득자격증명을 발급하여야 한다(농지법 제8조 제4항, 「농지취득자격증명발급심사요령」 제9조 제1항).

시·구·읍·면의 장은 농지취득자격증명을 발급하는 경우에는 농지취득자격증명발급대장에 발급사실을 기재하여야 한다(농지법 시행규칙 제7조 제6항).

---

22 2회부터는 농지위원회 심의를 거치지 아니하여도 된다.

(2) 발급 반려처분

시·구·읍·면의 장은 농지취득자격증명 발급 신청이 발급요건에 부합되지 아니하는 경우에는 신청서 접수일부터 7일 이내(농업경영계획서 또는 주말·체험영농계획서를 작성하지 아니하고 농지취득자격증명 발급을 신청하는 경우에는 4일, 농지위원회의 심의 대상인 경우에는 14일 이내)에 미발급 사유를 다음 각 호의 예시와 같이 구체적으로 명시하여 신청인에게 문서로 통보하여야 한다(「농지취득자격증명발급심사요령」 제9조 제3항).

1. 신청대상 토지가 농지법 제2조 제1호에 따른 농지에 해당하지 아니하는 경우: 신청대상 토지가 「농지법」에 의한 농지에 해당되지 아니함(종전의 「농지의 보전 및 이용에 관한 법률」 시행일인 1973.1.1. 이전부터 농작물의 경작 또는 다년생식물 재배지 외의 용도로 이용되고 있는 토지 등 해당 사유를 기재)

2. 신청대상 농지가 농지취득자격증명을 발급받지 아니하고 취득할 수 있는 농지인 경우: 신청대상 농지는 농지취득자격증명을 발급받지 아니하고 취득할 수 있는 농지임(농지전용 협의를 마친 도시지역 안의 주거지역의 농지를 취득하는 경우 또는 농지법 제6조 제2항 제4호에 따른 상속으로 농지를 취득하는 경우 등 해당 사유를 기재)

3. 신청인이 농지법 제8조 제2항에 따라 농업경영계획서 또는 주말·체험영농계획서를 제출하여야하여 신청인의 농지취득자격을 확인한 결과 적합하지 아니한 경우: 신청인이 작성한 농업경영계획서 또는 주말·체험영농계획서의 내용이 신청인의 농업경영능력 등을 참작할 때 실현가능하다고 인정할 수 없음(농지법 시행규칙 제7조 제3항 각 호의 사항을 종합적으로 고려하여 농지취득자격증명 미발급한 사유를 구체적으로 기재)

4. 신청대상 농지가 「농지법」을 위반하여 불법으로 형질이 변경되었거나 불법건축물이 있는 농지인 경우: 신청대상 농지는 취득 시 농지취득자격증명을 발급받아야 하는 농지이나 불법으로 형질이 변경되었거나 불법건축물이 있는 부분에 대한 복구가 필요하며 현 상태에서는 농지취득자격증명을 발급할 수 없음

(3) 발급기관의 서류 보존 등

시·구·읍·면의 장은 농업경영계획서, 주말·체험영농계획서 및 기타 농지취득자격증명 신청서류를 10년간 보존하여야 한다(농지법 제8조의2, 같은 법 시행령 제7조의2).

6) 농지취득인정

가) 농지취득인정의 의의

「초·중등교육법」 및 「고등교육법」에 따른 학교, 공공단체 등이 시험지·연구지·실습지·종묘생산지 또는 과수 인공수분용 꽃가루 생산지로 농지를 취득하려는 경우에는 농지취득자격증명 발급신청 전에 소관 중앙행정기관의 장(소관 사무에 관한 권한을 위임받은 자를 포함한다)의 추천을 거쳐 농지소재지를 관할하는 특별시장·광역시장 또는 도지사(이하 "시·도지사"라 한다)의 농지취득인정을 받아야 한다(농지법 시행규칙 제6조 제1항).

나) 농지취득인정의 요건

(1) 농지취득인정 신청인 적격

농지취득인정을 신청할 수 있는 공공단체 등은 아래 표와 같다(농지법 시행규칙 별표 2).

구 분	범 위
공공단체	1. 「한국농어촌공사 및 농지관리기금법」에 따른 한국농어촌공사 2. 「한국농수산식품유통공사법」에 따른 한국농수산식품유통공사 3. 「과학기술분야 정부출연 연구기관 등의 설립·운영 및 육성에 관한 법률」에 따른 한국식품연구원 및 한국원자력연구원 4. 「사회복지사업법」 제2조 제4호에 따른 사회복지시설을 설치하고 운영하는 같은 조 제3호에 따른 사회복지법인 5. 「전통사찰의 보존 및 지원에 관한 법률」 제4조에 따라 지정·등록된 전통사찰 6. 「정신건강증진 및 정신질환자 복지서비스 지원에 관한 법률」 제3조 제5호에 따른 정신의료기관(의료법인에 한정한다) 7. 「문화재보호법」 제24조에 따라 중요무형문화재로 지정된 농요의 보존을 위한 비영리단체 8. 「문화유산과 자연환경자산에 관한 국민신탁법」 제3조에 따른 국민신탁법인(문화유산과 자연환경자산의 보전을 목적으로 하는 경우에만 해당한다)

구 분	범 위
농업생산자단체	1. 「농업협동조합법」에 따른 조합과 그 중앙회, 품목조합연합회 및 조합공동 사업법인 2. 「산림조합법」에 따른 조합과 그 중앙회 3. 「엽연초생산협동조합법」에 따른 엽연초생산협동조합과 그 중앙회 4. 「축산법」 제6조에 따른 가축 등록기관 및 같은 법 제7조에 따른 가축 검정기관
농업연구기관	1. 비영리법인이 설립하거나 운영하는 농업생산기술·자재 등의 개발·개량을 위한 연구기관으로서 농림축산식품부장관이 인정하는 연구기관 2. 「벤처기업육성에 관한 특별법」에 따른 생명공학 분야 벤처기업이 농업에 관한 연구를 위하여 설립하거나 운영하는 부설 연구소로서 농림축산식품부 장관이 인정하는 연구소
종자생산자	「종자산업법」 제14조 제1항에 따라 설립된 단체 및 같은 법 제37조 제1항에 따라 등록을 한 종자업자
농업기자재의 생산자	1. 「비료관리법」 제11조 제1항에 따라 등록한 비료생산업자 및 그 단체 2. 「농약관리법」 제3조에 따라 등록을 한 농약의 제조업자·수입업자 및 그 단체 3. 「농업기계화 촉진법」 제2조 제1호에 따른 농업기계를 생산하는 자 및 그 단체

※ 별표 2의 전통사찰이 취득인정을 받을 수 있는 농지는 해당 사찰이 있는 시(특별시 및 군의 지역을 제외한 광역시를 포함한다)·군 또는 이에 연접한 시·군에 소재한 농지에 한정한다(농지법 시행규칙 제6조 제6항).

(2) 농지취득인정의 신청목적

농지취득인정의 신청목적은 시험지·연구지·실습지·종묘생산지 또는 과수 인공수분용 꽃가루 생산지 사용으로 한정된다. 다른 목적으로 농지취득인정을 신청하는 것은 허용되지 아니한다(농지법 시행규칙 제6조 제1항).

다) 취득인정절차

농지취득인정절차는 아래 흐름도와 같다.

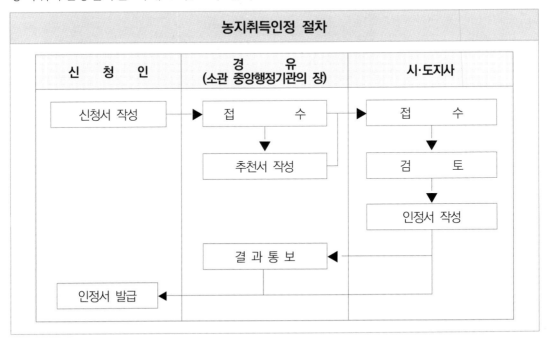

(1) 취득인정신청

농지취득인정을 받으려는 자는 농지취득인정신청서에 다음 각 호의 서류를 첨부하여 소관 중앙행정기관의 장에게 제출해야 한다(농지법 시행규칙 제6조 제2항).

1. 취득하려는 농지의 활용계획이 포함되어 있는 사업계획서
2. 신청당시 소유하고 있는 농지의 명세와 활용현황
3. 허가증·인가증·등록증 등 농지취득자격이 있음을 입증하는 서류
4. 주민등록표 등본(또는 법인의 경우 법인등기부등본, 다만 신청인이 행정정보의 공동이용에 동의하는 경우에는 생략가능)

(2) 중앙행정기관의 추천

소관 중앙행정기관의 장은 농지취득인정신청 서류를 제출받은 때에는 이를 검토한 후 농지취득인정의 추천을 할 필요가 있다고 인정하는 경우에 한하여 해당 신청 서류에 추천서를 첨부하여 시·도지사에게 보내야 한다(농지법 시행규칙 제6조 제4항).

(3) 시·도지사의 검토 및 농지취득인정서 발급

시·도지사는 소관 중앙행정기관으로부터 농지취득인정신청 서류를 접수한 때에는 그 신청내용이 농지취득인정 요건(농지취득인정 신청인 적격 및 신청 목적)에 적합한지 여부를 검토한 후 적합하다고 인정할 때는 농지취득인정서를 신청인에게 내주어야 하며, 적합하지 않다고 인정할 때는 그 사유를 구체적으로 밝혀 신청인에게 통보해야 한다. 이 경우 시·도지사는 농지취득인정신청의 처리결과를 그 추천을 한 소관 중앙행정기관의 장에게 통보해야 한다(농지법 시행규칙 제6조 제5항).

라) 취득인정 이후 절차

농지취득인정서 발급만으로 농지취득자격이 인정되지 아니하며, 농지취득자격증명 발급신청 시 농지취득인정서를 첨부하여 제출하여야 한다(농지법 시행규칙 제7조 제1항 제1호).

7) 농지전용사업이 시행 중인 경매 농지에 대한 자격증명의 발급

가) 최고가매수신고인이 농업경영 또는 주말·체험영농 목적으로 농지취득자격증명을 신청한 경우

시·구·읍·면의 장은 농지전용사업이 시행 중인 경매농지에 대하여 당해 농지의 최고가매수신고인이 농업경영 또는 주말·체험영농 목적으로 당해 경매농지에 대한 농지취득자격증명을 신청한 경우에는 당해 농지의 상태, 경작 또는 재배 가능성 등을 검토하여 미리 농지취득자격증명을 발급할 수 있다(「농지취득자격증명발급심사요령」 제9조의2 제1항).

나) 최고가매수신고인이 농지전용 목적으로 농지취득자격증명을 신청한 경우

시·구·읍·면의 장은 농지전용사업이 시행 중인 경매농지에 대하여 당해 농지의 최고가매수신고인이 전용 목적으로 당해 경매 농지에 대한 농지취득자격증명을 신청한 경우에는 전용사업계획의 실현 가능성[23] 등을 검토하여 미리 농지취득자격증명을 발급할 수 있다(「농지취득자격증명발급심사요령」 제9조의2 제2항).

---

23 시·구·읍·면의 장은 향후 기존 농지전용허가 취소 및 명의변경을 전제로 최고가매수신고인의 전용사업계획상 실현가능성을 검토하여 판단한다.

다) 시·구·읍·면의 장의 사후 조치

시·구·읍·면의 장은 최고가매수신고인에게 미리 농지취득자격증명을 발급해 준 경우 해당 농지에 대하여 다음 각 호와 같이 조치를 하여야 한다(「농지취득자격증명발급심사요령」 제9조의2 제3항).

1. 해당 농지를 농업경영 또는 주말·체험영농을 목적으로 취득한 경우: 해당농지에 대한 농지전용 허가 취소
2. 해당 농지를 농지전용 목적으로 취득한 경우: 해당 농지의 전용허가 사항을 신규 취득자 앞으로 변경하거나, 기존의 농지전용 허가를 취소하고 신규 취득자 명의로 농지전용 허가

8) 형사책임

농지법 제6조에 따른 농지 소유 제한이나 제7조에 따른 농지 소유 상한을 위반하여 농지를 소유할 목적으로 거짓이나 그 밖의 부정한 방법으로 제8조 제1항에 따른 농지취득자격증명을 발급받은 자는 5년 이하의 징역 또는 해당 토지의 개별공시지가에 따른 토지가액에 해당하는 금액 이하의 벌금에 처한다(농지법 제57조).

법인의 대표자나 법인 또는 개인의 대리인, 사용인, 그 밖의 종업원이 그 법인 또는 개인의 업무에 관하여 농지법 제57조의 위반행위를 하면 그 행위자를 벌하는 외에 그 법인 또는 개인에게도 해당 토지의 개별공시지가에 따른 토지가액에 해당하는 금액 이하의 벌금형을 과한다. 다만, 법인 또는 개인이 그 위반행위를 방지하기 위하여 해당 업무에 관하여 상당한 주의와 감독을 게을리하지 아니한 경우에는 그러하지 아니하다(농지법 제62조).

9) 개별적인 사례 검토

가) 농지취득자격증명을 발급받으면, 해당 농지를 취득하였다고 의제되는지 여부

농지법상 농지취득자격증명은 농지를 취득하는 자에게 농지취득의 자격이 있다는 것을 증명하는 것일 뿐, 농지취득의 원인이 법률행위의 효력을 발생시키는 요건이 아니므로, 농지취득자격증명을 발급받았다는 자체만으로 해당 농지를 취득하였다고 볼 수 없다(대법원 2005. 7. 29. 2003다14133).

> 농지법 제8조 제1항 소정의 농지취득자격증명은 농지를 취득하는 자가 그 소유권에 관한 등기를 신청할 때에 첨부하여야 할 서류로서(농지법 제8조 제6항), 농지를 취득하는 자에게 농지취득의 자격이 있다는 것을 증명하는 것일 뿐 농지취득의 원인이 되는 법률행위의 효력을 발생시키는 요건은 아니다(대법원 2005. 7. 29. 2003다14133).

나) 일반기업이 농지를 취득하기로 체결한 매매계약이 무효인지 여부

농업인 또는 농업법인이 아닌 자의 농지취득이 절대적으로 금지되는 것이 아니고 농지전용 등의 목적으로 농지를 취득하는 것도 허용된다. 즉 농업법인이 아닌 기업도 농지취득자격증명을 취득하기 전에 농지전용 등을 목적으로 농지 매매계약을 체결할 수 있으며, 이러한 농지 매매계약은 무효라고 할 수 없다(서울고등법원 2010. 5. 20. 2009나50522).

> 이 사건 매매계약은 이 사건 부동산 일대에 대한 도시개발구역 지정이 이루어져 이 사건 부동산의 지목이 개발사업이 가능한 토지로 변경될 것을 예상하고 그 개발사업을 추진하기 위해 체결되었다 할 것이고, 피고 매도인들 역시 원고의 개발사업에 적극 협조하기로 약정하였으므로, 원고가 변론종결일 현재 농지취득자격증명을 취득할 수 없음을 들어 이 사건 매매계약이 원시적 불능인 급부를 목적으로 하는 계약이라고 볼 수는 없다. 따라서 위 주장은 이유 없다(서울고등법원 2010. 5. 20. 2009나50522[24]).

---

24 피고는 상고하였으나, 대법원은 2013년 5월 23일 위 상고를 기각하여 판결이 확정되었다(2010다50014).

다) 농지취득자격증명을 발급받지 못한 상태에서의 농지소유자

농지에 관한 매매계약을 체결하고 매매대금 지급을 완료하였다고 하더라도 농지취득자격증명을 발급받지 못한 이상 매수인은 농지 소유권을 취득하지 못한 상태에 있으므로, 농지의 원소유자인 매도인이 농지 소유권자라고 보아야 할 것이다. 이는 공매절차 등에서도 마찬가지이다(대법원 2002. 7. 26. 2000다65147).

한편, 위 매수인이 농지취득자격증명을 발급받기 전에 농지의 원소유자가 제3자에게 농지를 매도하여 제3자 명의로 농지의 소유권이전등기가 마쳐진 경우, 제3자는 해당 농지의 소유권을 유효하게 취득하고, 위 매수인은 농지취득자격증명을 발급받더라도 해당 농지의 소유권을 취득할 수 없게 된다.

> 농지법 소정의 농지취득자격증명이 없는 농지매매계약은 채권계약으로서의 효력은 발생할 수 있을지언정 물권변동의 효과 즉, 소유권이전의 효과는 발생할 수 없고, 이와 같은 법리는 공매절차에 의한 매각의 경우에도 마찬가지라고 할 것인바, 공매절차에서 이 사건 부동산에 대한 매각결정과 대금납부가 이루어졌다고 할지라도 원고가 농지취득증명을 얻지 못한 이상 그 소유권을 취득하지 못하였고, 그 이후에도 농지취득자격증명을 발급받지 못한 이상 여전히 소유권을 취득하지 못한 상태에 있었다고 보아야 하므로, 원소유자가 사건 부동산에 관한 소유권자였다고 할 것이어서 그로부터 피고 앞으로 경료된 위 소유권이전등기는 무권리자로부터 경료받은 무효의 등기라고 볼 수 없다(대법원 2002. 7. 26. 2000다65147).

라) 토지거래허가구역 내의 농지를 취득하려는 경우 토지거래허가를 받는 것 외에 농지취득자격증명을 별도로 발급받아야 하는지 여부

허가구역에 있는 농지에 관한 소유권을 이전하는 계약(예약을 포함한다. 이하 "토지거래계약"이라 한다)을 체결하려는 당사자들은 공동으로 시장·군수·구청장의 허가를 받아야 하며, 허가신청 시 시장·군수 또는 구청장에게 허가신청서 외 농업경영계획서, 토지취득자금 조달계획서를 제출하여야 한다(부동산 거래신고 등에 관한 법률 제11조 제1항, 같은 법 시행령 제8조, 같은 법 시행규칙 제9조). 위 당사자들이 농지에 관한 토지거래계약 허가를 받은 경우 농지법 제8조에 따른 농지취득자격증명을 받은 것으로 의제된다(부동산 거래신고 등에 관한 법률 제20조 제1항). 따라서 토지거래허가구역 내의 농지를 취득하려는 경우 토지거래허가만 받으면 되고, 별도로 농지취득자격증명을 발급받지 않아도 된다.

마) 「국토의 계획 및 이용에 관한 법률」에 따라 지정된 도시지역 중 녹지지역의 농지로서 도시계획시설사업에 필요하지 아니한 농지에 대하여 농지법 제8조에 따른 농지취득자격증명에 관한 규정이 적용되는지 여부

「국토의 계획 및 이용에 관한 법률」에 따른 도시지역 안에 주거지역·상업지역·공업지역 또는 도시계획시설예정지로 지정 또는 결정된 농지는 농지취득자격증명 발급 제외 대상이나, 도시지역 중 녹지지역의 농지로서 도시계획시설사업에 필요하지 아니한 농지를 취득하기 위해서는 농지취득자격증명의 발급이 필요하다(대법원 2012. 7. 31. 2012마336).

구 국토의 계획 및 이용에 관한 법률(2011. 4. 14. 법률 제10599호로 개정되기 전의 것) 제83조 제3호에 의하면, 농지라고 하더라도 같은 법 제36조에 따라 지정된 용도지역 중 도시지역 내의 농지인 경우에는 농지법 제8조에 따른 농지취득자격증명에 관한 규정이 적용되지 아니하지만, 도시지역 중 녹지지역의 농지로서 도시계획시설사업에 필요하지 아니한 농지에 대하여는 여전히 농지법 제8조가 적용된다.

원심은 이 사건 각 부동산의 토지이용계획확인원에는 '국토의 계획 및 이용에 관한 법률에 따른 지역, 지구 등' 란에 '자연녹지지역' 또는 '자연녹지지역, 완충녹지(저촉)' 또는 '자연녹지지역, 대로1류(폭 35m~40m)(저촉)'으로 각 기재되어 있으므로 이 사건 각 부동산은 국토의 계획 및 이용에 관한 법률에서 정한 자연녹지지역에 해당하고, 이 사건 각 부동산의 전부 또는 대부분이 도시계획시설사업에 필요하다는 취지의 기재가 없으며 달리 이를 소명할 자료가 없어 이 사건 각 부동산은 도시계획시설사업에 필요하지 아니한 농지에 해당한다고 할 것이므로, 이 사건 각 부동산에는 농지법 제8조의 농지취득자격증명에 관한 규정이 여전히 적용된다고 판단하였다.

위 법리와 기록에 비추어 살펴보면, 원심의 이러한 판단에 재항고이유 주장과 같이 농지법 제8조의 적용에 관한 법리를 오해하여 심리를 다하지 아니하는 등의 위법이 없다(대법원 2012. 7. 31. 2012마336).

바) 농지전용과 농지취득발급증명

(1) 농지전용허가가 되었으나 그 농지의 현상 변경이 일시적인 것에 불과한 경우, 위 농지의 취득을 위해서는 농지취득자격증명이 필요하다고 본 사례(대법원 1999. 2. 23. 98마2604)

별지목록 순번 2, 3번 토지는 지목이 답으로서 그에 대하여 소외 1 등 12인 명의로 주택 부지로의 농지전용허가가 되었다는 점만으로 이미 농지로서의 성질을 상실하고 사실상 대지화되었다고 보기 어렵고, 위 각 토지는 최근에 이르러 여름철에 야영장 등으로 이용되면서 사실상 잡종지로 활용될 분 농작물의 경작에 이용되지 않고 있다고 하여도, 그 토지에 별다른 견고한 구조물이 축조되어 있지 아니하고 터파기작업 등이 이루어져 현상이 크게 변동된 것도 아니어서 그 원상회복이 비교적 용이해 보이는 점 등에 비추어 그 현상 변경은 일시적인 것에 불과하다고 보이므로, 위 각 토지는 농지법상의 농지로서 그 취득에 소재지 관서의 농지취득자격증명이 필요하다고 할 것이다(대법원 1999. 2. 23. 98마2604).

(2) 타용도로 상당 기간 사용되어 농지로서의 기능이 완전히 상실되었고 적법하게 농지전용허가가 이루어진 농지의 취득을 위해서는 농지취득자격증명이 필요 없다고 본 사례(대법원 1997. 12. 23. 97다42991)

이 사건 토지는 지적공부상 지목이 답으로 되어 있기는 하나, 이 사건 낙찰허가결정 훨씬 전에 인근 토지보다 약 1~2m나 성토되어 그 지상에 콘테이너박스와 창고가 설치되는 등 이미 타용도로 전용되어 상당 기간 동안 건축자재 하치장으로 사용되어 왔기 때문에 농지로서의 기능을 완전히 상실하였다고 할 것이고, 여기에 피고가 이 사건 낙찰허가결정 이전에 농지취득자격증명의 발급을 신청하였음에도 해당 관서에서 농지로 볼 수 없다는 이유로 신청 자체가 반려된 점이나 피고가 낙찰을 받은 직후에 적법한 절차를 거쳐 현황대로 농지전용허가가 이루어짐으로써 향후 원상회복명령이 발하여질 가능성이 소멸된 점을 고려하여 보면, 이 사건 낙찰허가결정 당시 이 사건 토지는 이미 농지법 제2조 소정의 농지에 해당한다고 볼 수 없으므로, 피고가 임의경매절차에서 최고가입찰자로서 이 사건 토지를 낙찰받음에 있어서 농지법 제8조 소정의 농지취득자격증명을 발급받을 필요는 없다고 판단하였음은 옳다(대법원 1997. 12. 23. 97다42991).

사) 농지취득자격증명과 소유권이전등기절차 이행의 소송(농지에 대한 소유권이전등기절차이행의 소송에서 농지취득자격증명이 없다는 이유로 그 청구를 배척할 수 있는지 여부)

농지에 대한 소유권이전등기절차 이행의 소송에서, 사실심 변론종결시까지 농지취득자격증명을 발급받지 못하였다고 하더라도 민사소송절차의 종료 후 얼마든지 농지취득자격증명을 발급받아 농지의 소유권을 취득할 수 있으므로, 농지취득자격증명을 발급받은 바 없다는 이유로 농지에 관한 소유권이전등기청구를 배척할 수 없다(대법원 1998. 2. 27. 97다49251).

> 농지법 제8조 제1항 소정의 농지취득자격증명은 농지를 취득하는 자가 그 소유권에 관한 등기를 신청할 때에 첨부하여야 할 서류로서(농지법 제8조 제6항), 농지를 취득하는 자에게 농지취득의 자격이 있다는 것을 증명하는 것일 뿐 농지취득의 원인이 되는 법률행위(매매 등)의 효력을 발생시키는 요건은 아니라고 할 것이다.
>
> 원심이, 같은 취지에서 비록 사실심 변론종결시까지 농지취득자격증명을 발급받지 못하였다고 하더라도 <u>민사소송절차의 종료 후 얼마든지 농지취득자격증명을 발급받아 농지의 소유권을 취득할 수 있는 길이 열려져 있는 것이라고 하여 이에 관한 피고의 주장(즉, 원고가 위 각 부동산에 대하여 농지취득자격증명을 발급받은 바 없으므로, 위 각 부동산의 소유권이전등기 절차의 이행을 구하는 원고의 이 사건 청구는 허용되어서는 아니 된다는 주장)을 배척한 조치는 옳다고 여겨지고,</u> 거기에 상고이유의 주장과 같은 농지법 제8조 소정의 농지취득자격증명에 관한 법리오해의 위법이 있다고 할 수 없다(대법원 1998. 2. 27. 97다49251).

아) 농지취득자격증명 발급에 대한 채권자 대위권

(1) 채권자대위권의 행사대상 여부

농지취득자격증명 발급신청권은 소유권이전등기를 실현하기 위하여 농지취득자격증명을 발급해 줄 것을 청구하는 재산권의 일종으로, 행사 여부가 채무자(농지취득자격증명 발급신청권자)의 자유로운 의사결정에 전적으로 맡겨진 행사상의 일신전속권이라고 볼 수 없으므로 채권자는 자신의 채권을 보전하기 위하여 스스로 농지취득자격증명 발급신청을 하지 않는 채무자의 농지취득자격증명 발급신청권을 대위행사할 수 있다(채권자는 채무자의 농지취득자격증명을 받급받아 채무자 명의로 농지에 관한 소유권이전등기를 마친 다음 위 농지에 관하여 강제집행을 실시하거나 자신 명의로 소유권

이전등기를 마침으로써 채권의 만족을 얻기 위하여 채권자 대위권을 행사하는 것이다,
대법원 2018. 7. 11. 2014두36518).

농지를 취득하려는 자가 농지에 대한 매매계약을 체결하는 등으로 농지에 관한 소유권이전등
기청구권을 취득하였다면, 농지취득자격증명 발급신청권을 보유하게 된다. 이러한 농지취득자
격증명 발급신청권은 채권자대위권의 행사대상이 될 수 있다고 보아야 한다. 그 이유는 다음과
같다.

가. 농지취득자격증명 발급신청권은 농지에 관한 소유권이전등기청구권 행사를 위하여 반드
시 필요하므로, 재산권으로서의 성격을 가진다. 반면 농지취득자격증명은 농지에 관한 소
유권이전등기를 신청할 때 첨부하여야 하는 서류에 지나지 않고, 농지취득자격증명의 발
급 자체로 농지를 취득하려는 자에게 의무를 발생시키는 등 법률관계를 형성하는 효력이
없으므로, 그 발급신청권을 권리자만 행사할 수 있는 행사상의 일신전속적 권리로 볼 수
는 없다.

나. 농지취득자격증명 발급신청권이 채권자대위권의 행사대상이 될 수 없다면, 발급신청권자가
발급신청을 하지 않는 경우, 그 채권자는 발급신청권자 명의로 농지를 이전하지 못하여,
발급신청권자에 대한 권리를 실현할 수 없게 된다. 따라서 발급신청권의 대위행사를 인정
함으로써 채권자의 권리실현을 보장하도록 함이 보다 타당하다. 발급신청권의 대위행사를
인정하더라도, 발급신청권자에게 그 농지를 자신의 농업경영에 이용할 의사가 있음이 인정
되어야 농지취득자격증명을 발급받을 수 있으므로, 농지법이 달성하고자 하는 경자유전의
원칙을 회피하는 탈법행위가 발생할 우려는 없다.

다. 채권자는 농지취득자격증명의 대위 발급을 통해 발급신청권자 앞으로 소유권이전등기를 마
친 농지에 관하여 강제집행을 실시하거나 자신 명의로 소유권이전등기를 마침으로써 채권
의 만족을 얻을 수 있다. 이때 강제집행 절차에서 농지를 매수하려는 제3자와 자신 명의
로 농지의 소유권을 넘겨받으려는 채권자 모두 그들 명의로 농지취득자격증명을 발급받아
야 농지에 관한 소유권을 취득할 수 있으므로, 경자유전의 원칙은 계속해서 실현된다.

라. 채권자가 농지취득자격증명을 대위 발급받아 발급신청권자 앞으로 소유권이전등기를 마칠
경우, 발급신청권자는 그 농지를 자기의 농업경영에 이용할 의무를 부담하게 된다(농지법
제10조 제1항 제1호). 농지를 자기의 농업경영에 이용하지 않을 경우 시장·군수·구청장으
로부터 처분명령을 받을 수 있고(농지법 제11조 제1항), 정당한 사유 없이 처분명령을 이
행하지 아니하면 이행강제금을 부과받게 된다(농지법 제63조 제1항). 이 경우에도 농지
처분명령, 이행강제금 부과 등을 통하여 경자유전의 원칙은 실현될 수 있다(대법원 2018.
7. 11. 2014두36518).

---

(2) 채권자대위권 행사 시 농업경영계획서가 없다는 이유로 발급신청을 반려할 수 있는지

채권자가 채무자의 농지취득자격증명 발급신청권을 대위할 경우 행정청은 발급신청권자가 작성한 농업경영계획서가 존재하지 않더라도, 시장, 구청장, 읍장 또는 면장은 채권자가 제출하는 농지취득자격증명신청서 등 다른 자료에 의하여 발급신청권자에게 농업경영의 의사가 있는지 여부를 객관적으로 심사하여 농지취득자격증명 발급 여부를 결정하여야 한다(서울고법 2014. 4. 11. 2013누47803).

> 채무자가 농지를 매수한 후 농업경영계획서를 작성하여 농지취득자격증명 발급신청을 하지 않는 경우에는, 채권자가 채무자 명의로 소유권이전등기를 마친 후 강제집행을 하기 위하여 채무자를 대위하여 농지취득자격증명 발급신청을 할 수 있다고 보아야 한다. 채권자가 채무자 명의로 농지 소유권이전등기를 마친 후 강제집행을 신청하지 않고 채무자도 농업경영을 하지 않는 경우에는, 시장·군수·구청장은 채무자에게 그 농지를 처분할 것을 명할 수 있고, 채무자는 한국농어촌공사에 그 농지의 매수를 청구할 수 있으므로(농지법 제10조, 제11조), 경자유전의 원칙이 훼손될 우려는 없다. 그리고 <u>이 경우에 시·구·읍·면의 장은 채무자 명의의 농업경영계획서가 존재하지 않더라도 채무자에게 농업경영의 의사가 있는지 여부를 다른 자료에 의하여 심사하여 농지취득자격증명 발급 여부를 결정하여야 하고, 단순히 채무자 작성의 농업경영계획서가 없다는 이유로 채권자의 농지취득자격증명 발급신청을 반려하여서는 안 된다</u>(서울고법 2014. 4. 11. 2013누47803[25]).

자) 농지취득자격증명과 등기신청

(1) 지목이 농지인 토지에 관한 등기신청서에 농지취득자격증명이 첨부되어 있지 않은 경우 등기관이 신청을 각하하여야 하는지 여부 및 토지의 실제 현황이 농지법 소정의 농지에 해당하지 않는 경우 등기신청방법

지목이 농지인 토지에 관한 등기신청서에 농지취득자격증명이 첨부되어 있지 않은 경우, 등기관은 등기신청을 원칙적으로 각하하여야 한다. 다만 위 토지의 실제 현황이 농지법 소정의 농지에 해당하지 아니한 경우에는 농지취득자격증명을 첨부하지 않고 그와 같은 사실을 증명하는 시·구·읍·면의 장이 발행한 서면을 첨부하여 등기신청을 할 수 있으나, 농지가 아님을 증명하는 서면에는 그 토지가 농지법이 규정한 농지에 해당하지 않는다는 사유가 구체적으로 기재되어 있어야 한다(대법원 2012. 7. 31. 2012마336).

---

25 처분청은 불복하여 상고하였으나, 대법원은 2018. 7. 11. 위 상고를 기각하여 판결이 확정되었다(대법원 2018. 7. 11. 2014두36518).

1. 지목이 농지인 토지에 관한 등기신청서에 농지취득자격증명이 첨부되어 있지 않은 경우, 등기관이 신청을 각하하여야 하는지 여부

농지법 제8조 제1항에 의하면, 농지를 취득하려는 자는 농지 소재지를 관할하는 시·구·읍·면의 장으로부터 농지취득자격증명을 받아야 하고, 구 부동산등기법(2011. 4. 12. 법률 제10580호로 전부 개정되기 전의 것) 제55조 제8호는 등기신청서에 필요한 서면 또는 도면이 첨부되지 아니한 경우 등기관은 당일 그 보정이 이루어지지 않는 한 신청을 각하하도록 규정하고 있으며, 등기관은 등기신청이 있는 경우 신청서 및 그 첨부서류와 등기부에 의하여 등기요건의 충족 여부를 형식적으로 심사할 권한만을 가지고 있으므로(대법원 2002. 10. 28. 2001마1235 등), 지목이 농지인 토지에 관한 등기신청서에 농지취득자격증명이 첨부되어 있지 않은 경우 등기관은 원칙적으로 신청을 각하하여야 한다.

2. 농지법에 규정한 농지에 해당하는지를 판단하는 기준 및 토지의 실제 현황이 농지법 제2조 제1호에 규정한 농지에 해당하지 않는 경우 등기신청방법

어떤 토지가 농지법이 규정한 농지인지의 여부는 그 토지의 사실상의 현상에 따라 가려져야 하지만, 공부상 지목이 전(田)이나 답(畓)인 토지가 농지로서의 현상이 변경되었다고 하더라도 그 변경 상태가 일시적인 것에 불과하고 농지로서의 원상회복이 용이하게 이루어질 수 있다면 그 토지는 여전히 농지법에서 말하는 농지에 해당한다(대법원 1999. 2. 23. 98마2604 등). 따라서 그 토지의 실제 현황이 농지법 제2조 제1호가 규정한 농지에 해당하지 않는 경우에는 농지취득자격증명을 첨부하지 않고 그와 같은 사실을 증명하는 시·구·읍·면의 장이 발행한 서면을 첨부하여 등기신청을 할 수 있으나, 농지가 아님을 증명하는 서면에는 그 토지가 농지법이 규정한 농지에 해당하지 않는다는 사유가 구체적으로 기재되어 있어야 한다.

3. 사안의 검토

기록에 의하면, 재항고인은 공부상 지목이 전(田)이나 답(畓)인 이 사건 각 부동산에 관한 소유권이전등기신청을 하면서 이 사건 각 부동산이 농지가 아니라는 취지에서 농지취득자격증명을 대신하여 경주시 외동읍장의 토지 현황 사실조회에 대한 회시를 제출하였는데, 그 회시에는 '이 사건 각 부동산의 현황이 잡종지로서 각 대형상가 앞 나대지 혹은 묵지'라고 기재되어 있을 뿐 이 사건 각 부동산이 지목에 불구하고 농지에 해당하지 아니한다는 점 및 그에 관한 구체적인 사유가 기재되어 있지 아니한 사실을 알 수 있으며, 이로 인하여 위와 같은 기재만으로는 이 사건 각 부동산에 관하여 농지로서의 현상이 변경된 상태가 일시적이거나 농지로서의 원상회복이 용이하게 이루어질 수 있는 경우가 아니어서 앞서 본 법리에 따라 농지법이 규정한 농지에 해당하지 아니하는지를 판단할 수 없으므로, 위 회시는 '농지가 아님을 증명하는 서면'에 해당한다고 볼 수 없다. 같은 취지로 판단한 원심결정에 재항고이유 주장과 같이 농지취득자격증명을 대신할 수 있는 '농지가 아님을 증명하는 서면'에 관한 법리를 오해하는 등의 위법이 없다(대법원 2012. 7. 31. 2012마336).

(2) 농지취득자격증명 없이 소유권이전등기가 마쳐진 경우 농지 소유권을 취득하였다고 볼 수 있는지 여부

농지취득자격증명은 농지를 취득하는 자에게 농지취득의 자격이 있다는 것을 증명하는 것으로, 농지를 취득하려는 자는 농지 소재지를 관할하는 시장, 구청장, 읍장 또는 면장에게서 농지취득자격증명을 발급받아야 하고, 농지취득자격증명을 발급받아 농지를 취득하는 자가 그 소유권에 관한 등기를 신청할 때에는 농지취득자격증명을 첨부하여야 한다.

따라서 농지를 취득하려는 자가 농지에 대하여 소유권이전등기를 마쳤다 하더라도 농지취득자격증명을 발급받지 못한 이상 그 소유권을 취득하지 못하고, 이는 공매절차에 의한 매각의 경우에도 마찬가지라 할 것이므로, 공매부동산이 농지법이 정한 농지인 경우에는 매각결정과 대금납부가 이루어졌다고 하더라도 농지취득자격증명을 발급받지 못한 이상 소유권을 취득할 수 없고, 설령 매수인 앞으로 소유권이전등기가 마쳤다고 하더라도 달라지지 않으며, 다만 매각결정과 대금납부 후에 농지취득자격증명을 제출하면 그때부터 소유권을 유효하게 취득한다(대법원 2012. 11. 29. 2010다68060).

차) 농지취득자격증명과 경매

(1) 최고가매수인의 농지취득자격증명 미제출에 따른 매각불허가

경매대상토지가 농지법상 농지에 해당하여 농지를 취득하는 자가 그 소유권에 관한 등기를 신청할 때 농지취득자격증명이 필요함에 따라 집행법원이 '최고가매수신고인은 매각결정기일까지 이 사건 경매대상토지에 관한 농지취득자격증명서를 제출할 것'을 특별매각조건으로 정한 경우 최고가매수신고인이 매각결정기일까지 농지취득자격증명을 제출하지 않았다면 이는 민사집행법 제123조, 제121조 제2호의 매각불허가사유에 해당한다. 최고가매수신고인이 농지취득자격증명서의 발급에 필요한 모든 요건을 갖추었음에도 행정청이 부당히 위 증명서의 발급을 거부하여 이를 제출하지 못한 경우에도 특별매각조건(농지취득자격증명 제출)을 충족하지 못하였으므로 매각불허가사유에 해당한다고 할 것이다(대법원 2014. 4. 3. 2014마62).

1. 최고가매수인이 농지취득자격증명 미제출에 따른 매각 허부

최고가매수인이 매가결정기일까지 농지취득자격증명서를 제출하지 않은 경우, 민사집행법 제121조 제2호의 매각불허가사유에 해당하는지 여부 및 행정청이 부당히 증명서 발급을 거부한 경우에도 증명서를 제출하지 않으면 매각불허가사유에 해당하는지

경매대상토지가 농지법 제2조 제1호의 농지에 해당하여 농지를 취득하는 자가 그 소유권에 관한 등기를 신청할 때에 농지취득자격증명이 필요함에 따라 <u>집행법원이 '최고가매수신고인은 매각결정기일까지 이 사건 경매대상토지에 관한 농지취득자격증명서를 제출할 것'을 특별매각조건으로 정한 경우 최고가매수신고인이 매각결정기일까지 농지취득자격증명을 제출하지 않았다면 이는 민사집행법 제121조 제2호의 매각불허가사유에 해당하고, 최고가매수신고인이 농지취득자격증명서의 발급에 필요한 모든 요건을 갖추었음에도 행정청이 부당히 위 증명서의 발급을 거부하여 이를 제출하지 못한 경우에도 마찬가지다 할 것이다.</u>

2. 사안의 검토

원심판결 이유와 기록에 의하면, 채권자의 신청에 의하여 재항고인 소유의 이 사건 토지에 관하여 부동산임의경매절차가 개시되자 집행법원은 2012. 5. 21. 이 사건 토지가 농지에 해당하여 그 매각에 있어서 농지취득자격증명이 필요하다는 특별매각조건을 정한 사실, 소외 1, 2(이하, '최고가매수신고인들'이라고 한다)는 2013. 9. 23. 매각기일에 이 사건 토지에 대하여 최고가매수신고를 하였고, 최고가매수신고인들은 익산시 팔봉동장에게 농지취득자격증명 발급신청을 한 사실, 그런데 팔봉동장은 2013. 9. 24. 최고가매수신고인들에게 '이 사건 토지 중 불법으로 형질변경된 부분에 대한 복구가 필요하고, 현상태에서는 농지취득자격증명을 발급할 수 없다'는 이유로 위 신청에 대한 반려처분을 한 사실, 최고가매수신고인들은 집행법원에 팔봉동장의 위 농지취득자격증명신청 반려통보서를 제출하였고, 집행법원은 2013. 9. 30. 매각결정기일에 최고가매수신고인들에게 이 사건 토지에 관한 매각허가결정을 한 사실 등을 알 수 있다.

위와 같은 사실관계를 앞서 본 법리에 비추어 보면, <u>집행법원이 이 사건 토지가 농지에 해당함을 전제로 그 매각에 있어서 농지취득자격증명이 필요하다는 특별매각조건을 정하였으나 최고가매수신고인들이 매각결정기일까지 농지취득자격증명서를 제출하지 못하였다면, 집행법원으로서는 민사집행법 제123조 제1항, 제121조 제2호에 의해 매각불허가결정을 하여야 하고, 이는, 비록 최고가매수신고인이 농지취득자격증명서의 발급에 필요한 모든 요건을 갖추었음에도 행정청이 부당히 위 증명서의 발급을 거부하여 이를 제출하지 못하였고, 행정청의 농지취득자격증명신청 반려처분이 위법한 처분으로서 이에 대한 행정소송이 제기될 경우 취소될 것이 충분히 예상된다 하더라도, 마찬가지다 할 것이다.</u>

그럼에도 원심이 이와 달리 농지취득자격증명신청 반려처분이 이 사건 토지의 불법형질변경을 이유로 한 이상 최고가매수신고인들에게 이 사건 토지에 대한 매각을 허가한 제1심의 결정은 정당하다고 판단한 데에는 매각불허가사유에 대한 법리를 오해한 위법이 있다(대법원 2014. 4. 3. 2014마62).

(2) 부동산경매사건의 최고가매수신고인이 경락기일에 경매법원에 제출할 목적으로 농지취득자격증명발급신청을 하였으나 행정청의 적극적인 처분 없이 경락기일이 도과한 경우, 위 신고인에게 부작위 위법확인을 구할 소의 이익이 있는지 여부

부동산강제경매사건의 최고가매수신고인이 당초 농지취득자격증명발급신청을 한 목적이 경락기일에서 경매법원에 이를 제출하기 위한 데에 있고 행정청이 적극적인 처분을 하지 않고 있는 사이 위 경락기일이 이미 도과하였다 하더라도, 위 사실만으로 위 신고인이 부동산을 취득할 가능성이 전혀 없게 되었다고 단정할 수는 없으므로 위 경락기일이 이미 도과함으로써 위 신고인이 농지취득자격증명을 발급받을 실익이 없게 되었다거나 행정청의 부작위에 대한 위법확인을 구할 소의 이익이 없게 되었다고 볼 수는 없다. 따라서 위 신고인은 농지취득자격증명 발급신청에 대해 처분을 하지 아니한 행정청을 상대로 부작위위법확인의 소를 제기할 수 있다(대법원 1999. 4. 9. 98두12437).

(3) 민사소송법이 적용되는 부동산경매사건에서 경락불허가결정에 대한 항고사건 계속 중에 농지취득자격증명이 제출된 경우, 항고법원이 취할 조치

농지취득자격증명을 제출하지 아니하였음을 이유로 경매법원이 매각불허가결정을 한 이후 그 결정에 대한 항고사건 계속 중에 농지취득자격증명이 제출된 경우에는 항고법원으로서는 이를 고려하여 경락불허가결정의 당부를 판단하여야 한다(대법원 2004. 2. 25. 2002마4061).

구 민사소송법(2002. 1. 26. 법률 제6626호로 전문 개정되기 전의 것, 이하 같다)이 적용되는 사건에서 경매법원에 의하여 경락불허가결정이 내려진 이후 그 결정에 대한 항고사건 계속 중에 농지취득자격증명이 제출된 경우에는 항고법원으로서는 이와 같은 사유까지 고려하여 경락불허가결정의 당부를 판단하여야 할 것이다.

기록에 의하면, 경매법원은 이 사건 부동산에 관하여 2002. 6. 3. 재항고인이 농지취득자격증명을 제출하지 아니하였음을 이유로 낙찰을 허가하지 아니하는 이 사건 낙찰불허가결정을 하였는바, 재항고인이 이 사건 낙찰불허가결정에 대한 항고를 제기하여 항고심 계속 중 이 사건 부동산에 대한 농지취득자격증명원을 제출한 사실을 알 수 있고, 사실이 그러하다면, 구 민사소송법이 적용되는 이 사건에 있어서 원심으로서는 위에서 설시한 법리에 의하여 이 사건 낙찰불허가결정을 그대로 유지하여서는 아니된다고 할 것이다.

그럼에도 불구하고, 원심이 위와 같이 판단한 것은 부동산경매사건에 있어서의 항고이유판단의 기준시에 관한 법리를 오해하여 결정에 영향을 미친 위법을 저지른 것이라고 할 것이므로 이 점을 지적하는 재항고이유는 이유 있다(대법원 2004. 2. 25. 2002마4061).

(4) 농지취득자격증명이 경매법원의 매각불허가결정에 대한 재항고심에서 비로소 제출된 경우, 이를 고려할 수 있는지 여부

농지취득자격증명을 제출하지 아니하였음을 이유로 경매법원이 매각불허가결정을 한 이후 재항고인이 그 결정에 대하여 항고를 하고 그 항고가 기각되자 재항고를 하여, 재항고사건이 계속 중에 비로소 농지취득자격증명을 제출한 경우에는 재항고심(대법원)은 법률심으로서 사후심이므로 그와 같은 사유는 재항고심의 고려사유가 될 수 없다(대법원 2007. 6. 29. 2007마258).

(5) 매수인 A가 공매절차에서 농지를 매수하여 대금을 납부하였으나 농지취득자격증명을 발급받지 못하여 소유권을 취득하지 못하던 중, 매수인 B가 원소유자에 대한 가압류채권에 근거한 민사집행절차에서 농지취득자격증명을 발급받고 대금을 완납하여 소유권을 취득한 경우, 공매절차의 매수인 A가 민법 제578조, 제576조(매도인 담보책임)에 따라 공매를 해제할 수 있는지 여부

농지법상 농지에 관한 공매절차에서 매각결정과 대금납부가 이루어졌다고 하더라도 매수인 A는 농지법에서 정한 농지취득자격증명을 발급받지 못하는 이상 소유권을 취득할 수 없고, 공매대상 농지의 원소유자가 여전히 농지의 소유자이므로, 공매절차의 매수인 A가 위와 같은 사유로 소유권을 취득하지 못하던 중 원소유자에 대한 가압류채권에 근거한 민사집행절차에서 농지를 매수한 매수인 B가 농지취득자격증명을 발급받고 대금을 완납한 때에는 적법하게 농지의 소유권을 취득하고, 공매절차의 매수인 A는 소유권을 취득할 수 없게 된다. 그러나 이러한 결론은 공매절차의 매수인 A가 가압류의 처분금지적 효력에 의하여 민사집행절차의 매수인 B에게 대항할 수 없어 발생하는 것이 아니라, 국세체납절차와 민사집행절차가 별개의 절차로 진행된 결과일 뿐이다. 그러므로, 공매절차의 매각결정 당시 이미 존재하였던 원인에 의하여 후발적으로 소유권을 취득할 수 없게 되는 경우에 해당하지 아니하고, 이러한 경우에까지 민법 제578조, 제576조(매도인 담보책임)가 준용된다고 볼 수는 없다(대법원 2014. 2. 13. 2012다45207). 따라서 공매절차의 매수인 A는 민법 제578조, 제576조 소정의 매도인 담보책임을 이유로 공매를 해제할 수 없다.

민법 제576조 제1항은 "매매의 목적이 된 부동산에 설정된 저당권 또는 전세권의 행사로 인하여 매수인이 그 소유권을 취득할 수 없거나 취득한 소유권을 잃은 때에는 매수인은 계약을 해제할 수 있다."라고 규정하고 있고, 가압류의 목적이 된 부동산을 매수한 사람이 그 후 가압류 채권에 근거한 강제집행으로 부동산의 소유권을 상실하게 되었다면 이는 매매의 목적 부동산에 설정된 저당권 또는 전세권의 행사로 인하여 매수인이 취득한 소유권을 상실한 경우와 유사하므로, 이러한 경우 매도인의 담보책임에 관한 민법 제576조의 규정이 준용된다(대법원 2011. 5. 13. 2011다1941). 즉, 가압류 결정의 기입등기 후 매매계약을 체결하여 가압류의 목적이 된 부동산을 매수한 사람은 가압류 결정의 처분금지적 효력에 의하여 그 가압류 채권에 근거한 강제집행절차에서 부동산의 소유권을 취득한 매수인에게 대항할 수 없으므로 소유권을 상실하게 되는데, 이러한 경우에 민법 제576조가 준용되는 이유는 매매계약 체결 당시 이미 존재하였던 원인에 의하여 후발적으로 소유권을 상실한다는 점에서 저당권 또는 전세권의 행사로 인하여 소유권을 상실하는 경우와 유사하기 때문이다.

한편 민법 제578조 제1항은 "경매의 경우에는 경락인은 전 8조의 규정에 의하여 채무자에게 계약의 해제 또는 대금감액의 청구를 할 수 있다."고 규정하고, 같은 조 제2항은 "전항의 경우에 채무자가 자력이 없는 때에는 경락인은 대금의 배당을 받은 채권자에 대하여 그 대금 전부나 일부의 반환을 청구할 수 있다."라고 규정하고 있는데, 위 조항에서 말하는 '경매'에는 국세징수법 제61조 제9항에 따라 한국자산관리공사가 대행하는 공매도 포함된다. 그런데 국세체납절차와 민사집행절차는 별개의 절차로서 그 절차 상호 간의 관계를 조정하는 법률의 규정이 없으므로 한쪽의 절차가 다른 쪽의 절차에 간섭할 수 없는 반면 쌍방절차에서의 각 채권자는 서로 다른 절차에서 정한 방법으로 그 다른 절차에 참여할 수밖에 없으므로, 부동산에 대한 가압류 집행이 있다고 하더라도 국세체납처분에 의한 공매처분이 종결되면 위 부동산 가압류의 효력은 상실된다(대법원 1989. 1. 31. 88다카42). 또한, 농지법상 농지에 관한 공매절차에서 매각결정과 대금납부가 이루어졌다고 하더라도 매수인은 농지법에서 정한 농지취득자격증명을 발급받지 못하는 이상 그 소유권을 취득할 수 없고, 공매대상 농지의 원소유자가 여전히 그 농지의 소유자이므로(대법원 2002. 7. 26. 2000다65147), 공매절차의 매수인이 위와 같은 사유로 소유권을 취득하지 못하던 중 원소유자에 대한 가압류 채권에 근거한 민사집행절차에서 그 농지를 매수한 매수인이 농지취득자격증명을 발급받고 대금을 완납한 때에는 적법하게 그 농지의 소유권을 취득하고, 공매절차의 매수인은 소유권을 취득할 수 없게 된다. 그러나 이러한 결론은 공매절차의 매수인이 가압류의 처분금지적 효력에 의하여 민사집행절차의 매수인에게 대항할 수 없어 발생하는 것이 아니라, 국세체납절차와 민사집행절차가 별개의 절차로 진행된 결과일 뿐이므로, 공매절차의 매각결정 당시 이미 존재하였던 원인에 의하여 후발적으로 소유권을 취득할 수 없게 되는 경우에 해당하지 아니하고, 이러한 경우에까지 민법 제578조, 제576조가 준용된다고 볼 수는 없다(대법원 2014. 2. 13. 2012다45207).

(가) 사실관계

① 원소유자 C가 소유하고 있던 이 사건 농지에 주식회사 서울은행이 채권자인 가압류 등기가 마쳐져 있었는데, 그 후 서대문세무서가 원소유자 C의 국세 체납을 이유로 이 사건 농지에 2001. 10. 27. 압류등기를 마치고, 2005. 6. 27. 국세징수법 제61조 제1항에 기하여 한국자산관리공사에 위 농지의 공매대행(이하 "이 사건 공매"라 한다)을 의뢰하였다.

② 원고(매수인 A)는 이 사건 공매절차에 입찰하여 2005. 9. 21. 이 사건 농지를 4,130만원에 매수하는 매각결정을 받고 2005. 11. 21. 그 대금을 완납하였으나 농지 취득자격증명을 발급받지 못하여 이 사건 농지에 관한 소유권이전등기를 마치지 못하였다.

③ 한국자산관리공사는 2005. 12. 13. 매각대금에서 공매행정비 1,126,870원을 공제하고, 피고 대한민국과 서울특별시에 34,906,520원과 5,266,610원을 각 배분 하였다. 한편, 원고는 이 사건 농지 취득과 관련하여 경기도의 취득세부과처분에 따라 취득세 826,000원을 납부하였다.

④ 한국자산관리공사는 가압류권자인 주식회사 서울은행으로부터 원소유자 C에 대한 채권을 양수한 다음 집행권원을 받아 이 사건 농지에 대한 강제경매를 신청하여 2008. 5. 23. 강제경매개시결정을 받았고, 위 경매절차에서 매수인 B가 이 사건 부동산을 매각받아 2009. 3. 2. 매각대금을 완납한 다음 매수인 B 명의로 이 사건 농지에 관한 소유권이전등기 소유권이전등기를 경료하였다.

(나) 원고의 주장 및 법원의 판결

원고는 "이 사건 공매 후 원소유자 C에 대한 가압류 채권에 근거한 강제집행절차가 개시되어 매수인 B가 소유권을 취득하고 결국 원고(매수인 A)는 소유권을 취득할 수 없게 되었으므로, 이 사건 공매는 무효이다. 따라서 피고들(대한민국, 서울)은 원고에게 배분금 상당액을 부당이득으로 반환하여야 한다. 그렇지 않더라도 원고가 민법 제578조, 제576조에서 정한 매도인의 담보책임에 의하여 이 사건 공매를 해제하였고, 원소유자는 무자력이므로 배분 채권자인 피고들은 민법 제578조 제2항에 따라 원고에게 배분금을 부당이득 반환할 의무가 있다"고 주장하였으나, 법원은 ① 농지법상 농지에 관한 공매절차에서 매각결정과 대금납부가 이루어졌다고 하더라도 매수인은 농지법에서 정한 농지취득자격증명을 발급받지 못하는 이상 그 소유권을 취득할 수 없고, 국세체납절차와 민사집행절차가 별개의 절차로 진행되므로, 이 사건에서 원고가 농지법상 농지취득자격증명을 발급받지 못하여 소유권을 취득하지 못하던 중 원소유자에 대한 가압류 채권에 근거한 강제집행절차에서 이 사건 농지를 매수한 제3자가 농지취득자격증명을 발급받고 대금을 완납함으로써 소유권을 취득하였다고 하여 이 사건 공매가 무효라고 볼 수 없고, ② 위 대법원 판례(대법원 2014. 2. 13. 2012다45207)와 같이 원고가 민법 제578조, 제576조에 따른 해제권을 행사하여 피고들에게 배분금 반환을 청구할 수도 없다고 판시하였다. 이에 따라 원고는 피고들로부터 배분금을 반환받지 못하게 되었다(대법원 2014. 2. 13. 2012다45207, 의정부지방법원 2015. 1. 8. 2014나2816, 대법원 2015. 5. 28. 2015다11793 등).

카) 농지 전매와 부동산등기 특별조치법 위반

농지취득자격증명을 발급받지 못하여 소유권이전등기를 신청할 수 없는데도 불구하고, 농지 취득자가 순전히 전매이익을 취득할 목적으로 매수한 농지를 제3자에게 전매하였다면, 부동산등기 특별조치법 제2조 위반죄가 성립한다(대법원 2008. 3. 27. 2007도7393).

1. 농지매매계약의 효력 등에 대하여

부동산의 소유권을 이전받을 것을 내용으로 하는 계약을 체결한 자가 부동산등기 특별조치법 제2조 제1항 각 호에 정하여진 날 이전에 그 부동산에 대하여 다시 제3자와 소유권이전을 내용으로 하는 계약을 체결한 경우 소정 기간 내에 먼저 체결된 계약에 따른 소유권이전등기를 신청하여야 한다고 규정한 부동산등기 특별조치법 제2조 제3항은 부동산 소유권이전을 내용으로 하는 계약 자체가 유효함을 전제로 한 규정이라고 할 것이나, 농지법 제8조 제1항 소정의 농지취득자격증명은 농지를 취득하는 자가 그 소유권에 관한 등기를 신청할 때에 첨부하여야 할 서류로서(농지법 제8조 제6항), 농지를 취득하는 자에게 농지취득의 자격이 있다는 것을 증명하는 것일 뿐 농지취득의 원인이 되는 법률행위의 효력을 발생시키는 요건은 아니다.

2. 사안의 검토

원심은 그 채택 증거들을 종합하여, 피고인이 당초부터 자신이나 모(母) 공소외 1 중 어느 누구도 이 사건 부동산에 관한 농지취득자격증명을 발급받지 못하여 결국, 자신들 명의로 소유권이전등기를 경료할 수 없음을 알면서, 이 사건 부동산을 매수한 후 미등기 전매하여 이로 인한 이득을 나누기로 원심 공동피고인 원심 공동피고인과 공모하고, 공소외 2로부터 이 사건 부동산을 매수한 후 원심 공동피고인에게 이 사건 부동산에 대한 매도권한을 위임하여 공소외 3에게 전매하였고, 피고인이 원심 공동피고인에게 이 사건 부동산의 매도를 위임한 후 원심 공동피고인을 통하여 2004. 9. 13. 내지 같은 달 20.경 공소외 2에게 이 사건 계약에 따른 중도금 및 잔금을 모두 지급하였다고 인정하고, 농지자격증명을 발급받지 아니하였다 하더라도 매매계약이 무효로 되는 것은 아니라고 판단하였는바, 앞서 본 법리와 기록에 비추어 살펴보면, 위와 같은 원심의 판단은 옳은 것으로 수긍이 가고, 거기에 상고이유의 주장과 같은 채증법칙 위배나 공모공동정범 및 부동산등기 특별조치법 제2조 제1항 단서, 제3항에 관한 법리오해의 위법이 있다고 할 수 없다(대법원 2008. 3. 27. 2007도7393).

타) 농지취득자격증명과 명의신탁

'3자간 명의신탁' 또는 '중간생략등기형 명의신탁'에서 농지의 명의신탁 당시에는 명의신탁자가 농지취득자격증명을 발급받을 수 없었으나 그 후 사정변경으로 명의신탁자가 명의신탁을 해지하고 그 반환을 구할 수 있게 된 경우, 그 시점부터 명의수탁자는 횡령죄의 주체인 위 농지를 '보관하는 자'가 된다. 따라서 명의수탁자가 그 농지를 임의처분한 경우 횡령죄가 성립한다(대법원 2008. 2. 29. 2007도11029).

구 농지개혁법(1994. 12. 22. 법률 제4817호 농지법 부칙 제2조에 의하여 1996. 1. 1.자로 폐지된 것 이하 '구 농지개혁법'이라 한다)상 농지를 매수할 수 있는 자는 농가이거나 농가가 되려는 자에 한하므로, 농지를 명의신탁하는 경우에도 수탁자가 구 농지개혁법에 의하여 그 농지를 매수할 수 없는 경우라면 그 명의신탁은 무효이지만, 수탁자가 적법하게 그 농지를 매수할 수 있는 경우에는 비록 그 명의신탁 시점에 신탁자가 농지매매증명을 발급 받을 수 없어 위 농지를 매수할 수 없었다고 하더라도, 그 후 사정변경으로 인하여 신탁자가 수탁자에 대하여 위 농지에 관한 명의신탁을 해지하고 그 반환을 구할 수 있게 된 이상, 그 시점부터는 수탁자가 신탁자를 위하여 위 농지를 보관하는 자의 지위에 서게 되고, 신탁자와 수탁자 사이에 별도의 법률행위가 없었다고 하여 달리 볼 것은 아니다.

한편, 농지법 제8조 제1항 소정의 농지취득자격증명은 농지를 취득하는 자가 그 소유권에 관한 등기를 신청할 때에 첨부하여야 할 서류로서, 농지를 취득하는 자에게 농지취득의 자격이 있다는 것을 증명하는 것일 뿐 농지취득의 원인이 되는 법률행위의 효력을 발생시키는 요건은 아니므로, 농지에 관한 명의신탁자가 명의신탁을 해지하고 그 반환을 구하는 청구를 하는 경우 수탁자는 신탁자 명의의 농지취득자격증명이 발급되지 아니하였다는 사정을 내세워서 그 청구를 거부할 수 없다.

앞서 본 법리와 기록에 의하여 원심판결 이유를 살펴보면, 구 농지개혁법의 시행 당시 <u>이 사건 농지의 매도인으로부터 명의수탁자인 공소외인 앞으로 이전된 등기는 적법하게 경료된 것이고, 그 후 농지법이 시행됨에 따라서 명의신탁자인 피해자는 그 명의의 농지취득자격증명 발급 여부와 관계없이 이 사건 농지에 관한 명의신탁을 해지하고 공소외인에 대하여 그 반환을 청구할 수 있게 되었으므로, 최소한 그 시점부터는 공소외인이 피해자를 위하여 이 사건 농지를 보관하는 자의 지위에 서게 되었고, 따라서 농지법 시행 이후인 2004. 7. 23.경 피고인이 공소외인과 공모하여 이 사건 농지를 임의로 처분하는 행위는 횡령죄에 해당한다고 할 것이다.</u> 같은 취지의 원심판결은 정당한 것으로 수긍이 가고, 거기에 상고이유의 주장과 같은 농지에 관한 매매계약의 효력, 구 농지개혁법 및 농지법의 해석에 관한 법리오해 등의 위법이 없다(대법원 2008. 2. 29. 2007도11029).

파) 거짓이나 그 밖의 부정한 방법으로 농지취득자격증명을 발급받은 경우(농지법 제57조)

(1) 농지법 제57조 소정의 "거짓이나 그 밖의 부정한 방법으로 농지취득자격증명을 발급받은 자"의 의미

농지법 제2조, 제6조, 제8조, 제9조 및 같은 법 시행령의 규정에 비추어 보면, 농지법 제9조 소정의 예외적인 경우를 제외하고 자신의 노동력을 투입하지 아니한 채 농작업의 전부 또는 일부를 위탁경영하는 것은 허용되지 아니하고, 농지법 제57조 소정의 거짓이나 그 밖의 부정한 방법으로 농지취득자격증명을 발급받은 자란 '정상적인 절차에 의하여는 농지취득자격증명을 받을 수 없는 경우임에도 불구하고 위계 기타 사회통념상 부정이라고 인정되는 행위로써 농지취득자격증명을 받은 자'를 의미한다.

농지 취득자가 처음부터 농지를 자신이 자경하지 아니하고 현지인에게 위탁경영할 목적으로 매입하였고, 이 과정에서 자경을 하지 아니하면 농지의 소유가 불가능하다는 규정을 회피하기 위하여 농지취득자격증명 신청서에 첨부된 농업경영계획서의 노동력 확보방안란에 '자기노동력' 또는 '자기노동력과 일부 고용'이라고 허위의 사실을 기재하여 농지취득자격증명을 발급받은 경우, 이는 농지법 제57조에서 정하는 거짓이나 그 밖의 부정한 방법으로 농지취득자격증명을 발급받은 경우에 해당한다(대법원 2006. 2. 24. 2005도8080).

(2) 농지를 실제 경작할 의사가 없음에도 농지취득자격증명 발급에 관한 일체의 사무를 부동산회사에게 일임한 것이 농지법 위반을 용인 또는 묵인한 것이라고 볼 수 있는지 여부

농지 취득자가 농지를 실제 경작할 의사가 없음에도 해당 농지 취득에 필요한 농업경영계획서 제출이나 농지취득자격증명 발급에 관한 일체의 사무를 부동산회사에게 일임한 것은 결국 법령에 위반된 방법으로 농지취득자격증명을 발급받게 될 것이라는 사정을 알면서도 이를 용인 내지 묵인한 것이며, 이는 농지법 제57조에서 정하는 거짓이나 그 밖의 부정한 방법으로 농지취득자격증명을 발급받은 경우에 해당한다(대법원 2006. 2. 24. 2005도8802).

1. 원심의 판단

원심은 이 사건 농지 매입 당시 그 지상에 두충나무가 식재되어 있었고, 두충나무는 그 재배·관리에 비교적 소량의 노동력만이 필요한데, 피고인들이 이 사건 농지를 취득한 이후인 2003. 경 실제 3~4회 가량 이 사건 농지에 가서 가지치기를 하거나 풀을 베는 등 직접 관리를 했던 점 등에 비추어 보면, 피고인들은 이 사건 농지의 시가가 단기간 내에 상승하지 않을 경우에 대비하여 부수적으로나마 위 두충나무를 재배·판매함으로써 수익을 창출하려는 의사도 일부 갖고 있었던 것으로 보인다고 판단하였다.

2. 대법원의 판단

원심이 들고 있는 증거들만으로는 원심이 인정한 바와 같이 피고인들이 수시로 이 사건 농지에 가서 관리를 했다고 인정하기에는 부족하다고 보일 뿐만 아니라[가장 직접적인 증거로는 공소외 6 작성의 확인서(공판기록 80쪽)와 동인의 제1심법정에서의 진술이 있으나, 공소외 6은 피고인들이 2003. 초순경부터 1년에 3~4회 가량 내려와 관리를 했다고 하면서도, 검사의 반대신문에 대하여는 피고인들이 가지치기 등을 하는 것을 한 번 보았을 뿐이고, 나머지는 피고인들로부터 들어서 아는 것이라고 진술하는 등 그 진술이 일관되지 아니하여 신빙성이 없다], 두충나무의 재배·관리에 많은 노동력이 소요되는 것은 아니라는 점을 감안하더라도 1년에 3~4회 가량 내려와 가지치기를 하거나 풀을 베는 정도만으로는 사회통념상 묘목을 재배하거나 농작물을 경작하였다고 평가하기는 어렵다고 할 것이다. 여기에다가 이 사건 농지에 두충나무가 식재되어 있다는 사실이 이 사건 농지를 매입함에 있어 중요한 동기가 되었다거나 매매가격을 결정함에 있어 참작요소로 작용했다고 볼 만한 자료가 없으며, 위 두충나무는 예전부터 식재된 채로 사실상 방치되어 있었던 것으로만 보여질 뿐 실제 묘목으로 판매된 적이 있다거나 경제성이 있다고 볼만한 자료도 찾아볼 수 없는 점, 이 사건 농지를 매수하기 전에는 서로 알지도 못했던 피고인들이 공동으로 두충나무를 경작하기로 했다는 것도 경험칙상 선뜻 받아들일 수 없는 점 등을 종합하여 보면, 피고인들이 위 두충나무를 재배·판매할 의사가 있었다고 보기도 어렵다고 할 것이고, 결국 이 사건 농업경영계획서의 내용은 허위로 볼 수밖에 없다 할 것이다.

나아가, 우리나라의 부동산 투기 실태와 정부 수립 이래 경자유전(耕者有田)의 원칙에 따라 비농업인의 농지 소유를 계속적으로 제한하여 온 규제 연혁 등에 비추어 볼 때, 실제로 농사를 짓지 않는 사람이 농지를 취득하는 경우에는 법령상 제한이 있을 것이라는 점은 경험칙상 쉽게 알 수 있을 것임에도 피고인들이 이 사건 농지를 자경할 의사 없이 매수하기 위하여 그 취득에 필요한 농업경영계획서 제출이나 농지취득자격증명 발급에 관한 일체의 사무를 남광 직원에게 일임한 것은, 결국 법령에 위반된 방법으로 농지취득자격증명을 발급받게 될 것이라는 사정을 알면서도 이를 용인 내지 묵인한 것으로 볼 수밖에 없다 할 것이므로, 피고인들에게 농지법 위반에 대한 고의가 없었다고 볼 수도 없다고 할 것이다(대법원 2006. 2. 24. 2005도8802).

하) 농지취득자격증명통보서 작성에 따른 허위공문서작성죄 성립

농지법 제8조 제1항 소정의 농지취득자격증명은 농지를 취득하는 자가 그 소유권에 관한 등기를 신청할 때에 첨부하여야 할 서류로서(농지법 제8조 제6항), 농지를 취득하는 자에게 농지취득의 자격이 있다는 것을 증명하는 것이다. 담당공무원이 농지취득자격증명 발급 신청인에게 농업경영능력이나 영농의사가 없음을 알거나 이를 제대로 알지 못하면서도 농지취득자격에 아무런 문제가 없다는 내용으로 농지취득자격증명통보서를 작성하였다면, 허위공문서작성죄를 구성한다(대법원 2007. 1. 25. 2006도3996).

1. 농지취득자격증명통보서 작성에 따른 허위공문서작성죄 성립

농지법 제8조 제1항 소정의 농지취득자격증명은 농지를 취득하는 자가 그 소유권에 관한 등기를 신청할 때에 첨부하여야 할 서류로서(농지법 제8조 제6항), 농지를 취득하는 자에게 농지취득의 자격이 있다는 것을 증명하는 것이므로, 신청인에게 농업경영능력이나 영농의사가 없음을 알거나 이를 제대로 알지 못하면서도 농지취득자격에 아무런 문제가 없다는 내용으로 농지취득자격증명통보서를 작성하였다면, 허위공문서작성죄가 성립한다.

2. 사안의 검토

원심은, 그 채택 증거들을 종합하여 판시와 같은 사실을 인정한 다음, 신청인들이 제출한 농업경영계획서에는 필수적 기재사항인 농업기계 장비의 확보방안, 영농거리, 직업, 영농경력 등에 대해서 기재되어 있지 않아서 농업경영계획서의 형식적 요건도 갖추지 못하고 있고, 신청인들의 주소지도 서울, 경기, 대구, 울산, 부산, 강원 등으로 신청인들에게 농업경영 의사나 능력이 있다고 보기 어려운 상황이었음에도, 피고인들은 농업경영계획서의 보완을 명하거나 신청인들과의 면담이나 전화통화 등을 통해 이를 확인한 적이 없는 점, 피고인 3은 주소지가 서울로 되어 있는 공소외인에 대하여 2004. 8. 27. 원거리 거주자로 농업경영 목적을 달성할 수 없다는 이유로 농지취득자격증명신청서를 반려한 점, 2004. 6.경부터 일명 전라남도의 제이(J) 프로젝트 사업계획이 구체화되기 시작하였고, 영암군 삼호읍이 제이(J) 프로젝트의 핵심지역으로 각광을 받게 되면서 일반에 널리 알려지게 된 점 등에 비추어 보면, 피고인 1, 2는 신청인들이 투기목적으로 농지를 취득하려는 것이고 농업경영능력이나 영농의사가 없다는 점을 알았던 것으로 보이므로, 허위공문서작성 및 허위공문서행사의 점에 대한 범의를 넉넉히 인정할 수 있다고 판단하였는바, 기록에 의하여 살펴보면, 이러한 원심의 사실인정과 판단은 옳은 것으로 수긍이 가고, 거기에 채증법칙 위배로 인한 사실오인 등의 위법이 있다고 할 수 없다.

기록에 의하면, 농업경영능력이나 영농의사가 없더라도 일단 농지취득자격증명을 발급해 주는 것이 관행이었음을 인정할 증거가 부족하고, 설사 그것이 관행이었다고 하더라도 위와 같이 위 피고인들이 신청인들에게 농업경영능력이나 의사가 없다는 점을 알았던 이상 허위공문서작성 및 허위공문서행사의 죄책을 면할 수 없다고 할 것이므로, 이 점에 관한 상고이유의 주장은 이유 없다(대법원 2007. 1. 25. 2006도3996).

라. 위탁경영 제도

1) 위탁경영의 의의

위탁경영은 농지소유자가 타인에게 일정한 보수를 지급하기로 약정하고 농작업의 전부 또는 일부를 위탁하여 행하는 농업경영을 의미한다(농지법 제2조 제6호). 우리 헌법과 농지법은 농지 소유자로 하여금 원칙적으로 그 소유농지를 위탁경영할 수 없도록 규정하고, 예외적인 경우에만 위탁경영을 허용한다.

2) 위탁경영 금지조항의 연혁

법률 차원에서 농지의 위탁경영에 관한 첫 번째 규율은 1949년 6월 21일 법률 제31호로 제정된 농지개혁법에서 찾아볼 수 있다. 같은 법은 제17조에서 "일체의 농지는 소작, 임대차, 위탁경영 등 행위를 금지한다. 단, 제5조 제1항 제2호 단서의 경우 정부가 본법 기타 법령에 의하여 인허한 경우에는 예외로 한다."라고 규정하고 있었다. 이 규정은 농지개혁법이 1994년 12월 22일 법률 제4817호로 폐지될 때까지 일부 자구수정을 거친 것을 제외하고는 그대로 유지되었다.

1986년 12월 31일 법률 제3888호로 제정된 농지임대차관리법에서도 농지의 위탁경영에 관한 규율을 두고 있었다. 같은 법 제14조는 농지의 소유자로 하여금 원칙적으로 그 소유농지를 위탁경영하거나 타인을 고용하여 영농할 수 없도록 하였고, 다만 농지의 소유자가 농지가 소재하는 시(서울특별시 및 직할시를 포함한다)·읍 또는 면의 관할구역안에 거주하는 경우(제1호), 통작거리·영농여건 등을 고려하여 대통령령이 정하는 기준에 해당하는 경우(제2호), 다른 법령에 특별한 규정이 있는 경우(제3호)에는 위탁경영이나 타인을 고용한 영농이 허용되었다. 이 조항 또한 농지임대차관리법이 1994년 12월 22일 법률 제4817호로 폐지될 때까지 그대로 존속하였다.

농지법이 1994년 12월 22일 법률 제4817호로 제정되면서 농지의 위탁경영은 농지법이 규율하게 된다. 같은 법은 제9조에서 농지의 소유자는 원칙적으로 소유농지를 위탁경영할 수 없다고 규정하였고, 다만 병역법에 의하여 징집 또는 소집된 경우(제1호), 6월 이상의 국외 여행 중인 경우(제2호), 농업법인이 청산 중인 경우(제3호), 질병, 취학, 선거에 의한 공직취임 기타 대통령령이 정하는 사유로 자경할 수 없는 경우

(제4호), 제16조의 규정에 의한 농지이용증진사업 시행계획에 의하여 위탁경영하는 경우(제5호), 농업인이 자기노동력이 부족한 경우에 농작업의 일부를 위탁하는 경우(제6호)에는 위탁경영이 허용된다고 규정하였다. 이 조항은 농지법이 2007년 4월 11일 법률 제8352호로 전부개정될 때 위 제2호가 '3개월 이상 국외 여행 중인 경우'로 바뀌고, 일부 자구수정이 있었던 것을 제외하고는 현재까지 그대로 유지되고 있다(헌법재판소 2020. 5. 27. 2018헌마362).

3) 위탁경영의 금지 및 예외적 허용

가) 위탁경영에 관한 헌법규정(원칙적 금지, 예외적 허용)

헌법은 제121조 제1항에서 "국가는 농지에 관하여 경자유전의 원칙이 달성될 수 있도록 노력하여야 한다.", 제121조 제2항에서 "농업 생산성의 제고와 농지의 합리적인 이용을 위하거나 불가피한 사정으로 발생하는 농지의 위탁경영은 법률이 정하는 바에 의하여 인정된다."라고 규정하여, 위탁경영을 원칙적으로 금지하고 법률(농지법 등)이 정하는 경우에 한해 예외적으로 허용하고 있다.

나) 위탁경영의 허용범위

(1) 전부 위탁경영 허용범위

농지법은 다음 각 호의 어느 하나에 해당하면 예외적으로 소유농지를 전부 위탁경영할 수 있다(농지법 제9조, 같은 법 시행령 제8조 제1항).

1. 「병역법」에 따라 징집 또는 소집된 경우
2. 3개월 이상 국외 여행 중인 경우
3. 농업법인이 청산 중인 경우
4. 질병, 취학, 선거에 따른 공직취임인 경우
5. 부상으로 3월 이상의 치료가 필요한 경우
6. 교도소·구치소 또는 보호감호시설에 수용 중인 경우
7. 임신 중이거나 분만 후 6개월 미만인 경우

(2) 일부 위탁경영 허용범위

농업인이 통상적인 농업경영관행에 따라 농업경영을 함에 있어 자기 또는 세대원의 노동력으로는 해당 농지의 농업경영에 관련된 농작업 전부를 할 수 없을 때에는 농작업 일부를 위탁할 수 있다(농지법 제9조, 같은 법 시행령 제8조 제2항). 일부위탁 허용은 농업인에 한정하므로, 농업법인은 일부위탁이 허용되지 아니한다.

농작업 일부를 다른 사람에게 위탁하려면 자기와 세대원이 재배작물 별로 주요 농작업의 1/3 이상을 하거나 자기가 주요 농작업에 1년 중 30일 이상 직접 종사하여야 한다(농지법 시행령 제8조 제2항).

※ 재배작물 종류별 주요 농작업

> ① 벼: 이식 또는 파종, 재배관리 및 수확
> ② 과수: 가지치기 또는 열매솎기, 재배관리 및 수확
> ③ 기타 재배작물: 파종 또는 육묘, 이식, 재배관리 및 수확

다) 위탁경영 금지(농지법 제9조) 위반

(1) 처분의무 부과

농지소유자가 위탁경영의 예외적 허용사유(농지법 제9조 등)에 해당하지 않음에도 정당한 사유 없이 농지를 위탁경영한다면, 이는 소유농지를 정당한 사유 없이 자기의 농업경영에 이용하지 아니한 것으로서 그 사유가 발생한 날부터 1년 이내에 해당 농지를 그 사유가 발생한 날 당시 세대를 같이 하는 세대원이 아닌 자에게, 농지소유자가 법인인 경우에는 해당 법인의 특수관계인(「상법 시행령」 제34조 제4항 제2호에 따른 특수관계인을 말한다)에 해당하지 않는 자에게 처분하여야 한다(농지법 제10조 제1항 제1호, 같은 법 시행규칙 제8조 제1항).

(2) 형사책임

(가) 위탁자에 대한 처벌

농지소유자가 농지법 제9조를 위반하여 타인에게 소유 농지를 위탁한다면, 2,000만원 이하의 벌금에 처할 수 있다(농지법 제61조 제1호).

법인의 대표자나 법인 또는 개인의 대리인, 사용인, 그 밖의 종업원이 제9조를 위반하여 농지를 위탁경영한 때에는 농지법 제62조(양벌규정)에 따라 그 행위자를 벌하는 외에 그 법인 또는 개인에게도 2,000만원의 벌금형이 과해질 수 있다. 다만, 법인 또는 개인이 그 위반행위를 방지하기 위하여 상당한 주의와 감독을 게을리하지 아니한 경우에는 그러하지 아니하다.

(나) 위탁경영을 권유 또는 중개한 자에 대한 처벌

위탁경영의 예외적 허용사유(농지법 제9조)에 해당하지 않음을 알고도 위탁경영을 권유하거나 중개하는 행위를 한 자(광고업자 포함)는 3년 이하의 징역 또는 3,000만원 이하의 벌금에 처할 수 있다(농지법 제7조의2 제2호).

위탁경영을 권유 또는 중개한 경우(광고 포함)에도 법인의 대표자나 법인 또는 개인의 대리인, 사용인, 그 밖의 종업원이 본 행위를 한 때에는 농지법 제62조(양벌규정)에 따라 그 행위자를 벌하는 외에 그 법인 또는 개인에게도 3,000만원의 벌금형이 과해질 수 있다. 다만, 법인 또는 개인이 그 위반행위를 방지하기 위하여 상당한 주의와 감독을 게을리하지 아니한 경우에는 그러하지 아니하다.

마. 농지의 사후관리

농지의 사후관리와 관련된 행정청의 업무처리단계 및 담당기관은 아래 표와 같다(「농업경영에 이용하지 않는 농지 등의 처분관련 업무처리요령」).

업 무 처 리 단 계	담 당 기 관
1. 농지소유 등 실태조사 - 처분대상농지조사.	총괄: 시·군·구 실사: 읍·면·동 협조: 한국농어촌공사
2. 처분대상농지의 결정 - 처분대상농지의 구분 - 처분대상농지의 결정	 읍·면·동 시·군·구
3. 농지의 처분의무 통지	시·군·구
4. 농지처분명령의 유예 결정	시·군·구
5. 처분명령 - 처분의무 이행여부 조사 - 처분명령서 송부	총괄: 시·군·구 실사: 읍·면·동 시·군·구
6. 이행강제금 부과·징수	시·군·구

1) 농지소유 등 실태조사

가) 실태조사권자

농림축산식품부장관, 시장·군수·자치구구청장은 농지의 소유·거래·이용 또는 전용 등에 관한 사실을 확인하기 위하여 소속 공무원에게 그 실태를 정기적으로 조사하게 하여야 한다(농지법 제54조 제1항).

나) 실태조사대상

실태조사는 다음 각 호의 어느 하나에 해당하는 농지에 대하여 매년 1회 이상 실시한다(농지법 제54조 제3항, 같은 법 시행규칙 제63조 제1항, 「농지의 소유 등에 관한 조사의 범위」 제2조). 다만 농지법 제23조 제1항 제6호[26] 또는 제7호[27]에 따라 한국농어촌공사에 위탁하여 임대하거나 무상으로 사용하게 한 농지는 제외한다.

---

26 **(농지법 제23조 제1항 제6호)** 농업인이 농업경영목적으로 소유하고 있는 농지 중 3년 이상 소유한 농지를 한국농어촌공사에 위탁하여 임대하거나 무상사용하게 하는 경우

27 **(농지법 제23조 제1항 제7호)** 다음 각 목의 어느 하나에 해당하는 농지를 한국농어촌공사에게 위탁하여 임대하거나 무상사용하게 하는 경우
　　가. 상속으로 농지를 취득한 사람으로서 농업경영을 하지 아니하는 사람이 10,000㎡을 초과하여 소유하고 있는 농지
　　나. 8년 이상 농업경영한 후 이농한 사람이 10,000㎡을 초과하여 소유하고 있는 농지

1. 조사가 실시되는 해의 1월 1일을 기준으로 최근 5년 이내에 농지취득자격증명이 발급된 농지
2. 조사가 실시되는 해의 1월 1일을 기준으로 최근 5년 이내에 농지 소재지 관할 시·군·자치구 또는 연접한 시·군·자치구 내에 주소를 두지 않은 자가 취득한 농지
3. 조사가 실시되는 해의 1월 1일을 기준으로 최근 5년 이내에 1필지의 농지를 공유로 취득한 경우 해당 농지
4. 「부동산 거래신고 등에 관한 법률」 제10조 제1항에 따라 지정된 허가구역에 있는 농지
5. 농업법인이 소유한 농지
6. 「출입국관리법」 제31조에 따라 등록한 외국인이 소유한 농지
7. 「재외동포의 출입국과 법적 지위에 관한 법률」 제6조에 따라 국내거소신고를 한 외국국적동포가 소유한 농지
8. 「한국농어촌공사 및 농지관리기금법」 제5조의2에 따른 농지은행관리원이 실태조사한 농지 중 추가 조사가 필요하다고 판단하여 농림축산식품부장관이 시장·군수·자치구구청장에 통지한 농지
9. 조사가 실시되는 해의 1월 1일을 기준으로 최근 1년 이내에 「지방세특례제한법」 제6조에 따라 취득세가 추징된 농지
10. 조사가 실시되는 해의 1월 1일을 기준으로 최근 1년 이내에 「농지법」 제42조 제1항에 따른 원상회복명령을 이행한 농지
11. 그 밖에 조사의 필요성 등을 고려하여 시장·군수·자치구구청장이 인정한 농지

다) 조사방법

농림축산식품부장관, 시장·군수·자치구구청장은 조사 과정에서 농지의 소유·거래·이용 또는 전용 등에 관한 사실을 확인하기 위하여 농지소유자, 임차인 또는 사용차인에게 필요한 자료의 제출 또는 의견의 진술을 요청할 수 있고, 소속 공무원으로 하여금 토지 또는 건물 등(이하 "토지등"이라 한다)에 출입하게 할 수 있다. 이 경우 자료의 제출이나 의견의 진술, 토지등의 출입을 요청받은 농지소유자, 임차인 또는 사용차인은 특별한 사유가 없으면 이에 협조하여야 한다(농지법 제54조 제3항, 제54조의4 제1항·제2항).

토지등에의 출입

1. 타인의 토지등에의 출입

농림축산식품부장관, 시장·군수·자치구구청장 또는 시·구·읍·면의 장은 다음 각 호의 조사를 위하여 필요한 경우에는 소속 공무원[28]으로 하여금 타인의 토지 또는 건물 등(이하 "토지등"이라 한다)에 출입하게 할 수 있다(농지법 제54조의4 제1항).

> 1. 유휴농지 실태조사
> 2. 농지대장 작성·정리 또는 농지 이용 실태 파악을 위한 조사
> 3. 농지의 소유·거래·이용 또는 전용 등에 관한 사실 확인을 위한 정기조사

2. 통지

타인의 토지등에 출입하려는 사람은 해당 토지등의 소유자·점유자 또는 관리인(이하 "이해관계인"이라 한다)에게 그 일시와 장소를 우편, 전화, 전자메일 또는 문자전송 등을 통하여 통지하여야 한다. 다만, 이해관계인을 알 수 없는 때에는 그러하지 아니하다(농지법 제54조의4 제2항).

3. 출입제한

해 뜨기 전이나 해가 진 후에는 이해관계인의 승낙 없이 택지나 담장 또는 울타리로 둘러싸인 해당 토지등에 출입할 수 없다(농지법 제54조의4 제3항).

4. 수인의무

이해관계인은 정당한 사유 없이 타인의 토지등에 출입하려는 사람의 출입을 거부하거나 방해하지 못한다. 정당한 이유 없이 출입을 방해하거나 거부한 자는 300만원 이하의 과태료가 부과된다(농지법 제54조의4 제4항, 제64조 제2항 제4호).

5. 증표

타인의 토지등에 출입하려는 사람은 권한을 표시하는 증표를 지니고 이를 이해관계인에게 내보여야 한다(농지법 제54조의4 제5항).

---

28 실태조사(농지법 제31조의3 제1항) 및 농지정보 관리·운영(농지법 제54조의2 제3항)을 한국농어촌공사, 농업 관련 기관 또는 농업 관련 단체에 위탁한 경우에는 그 기관 등의 임직원을 포함한다.

라) 보고

시장·군수·구청장은 실태조사를 실시하고 그 결과를 다음연도 3월 31일까지 시·도지사를 거쳐 농림축산식품부장관에게 보고하고, 조사결과는 농림축산식품부의 인터넷 홈페이지에 게시되는 방법으로 공개된다(농지법 제54조 제4항·제5항, 같은 법 시행규칙 제63조 제2항).

마) 예산지원

농림축산식품부장관은 시장·군수·구청장이 실태조사를 실시하는 데 필요한 경비를 예산의 범위에서 지원할 수 있다(농지법 제54조 제8항).

2) 농지처분제도

가) 농지처분제도의 의의

농지처분제도는 농지소유자에게 농지를 소유함과 동시에 농지를 농업경영에 이용할 의무를 부과하고, 농업경영에 이용하지 아니하는 자는 농지를 소유할 자격 자체를 부정하는 제도이다.

이러한 농지처분제도는 국토의 효율적이고 균형 있는 이용·개발과 보전을 위하여 그에 관한 필요한 제한과 의무를 과할 수 있다는 헌법 제122조 및 경자유전의 원칙 및 소작제도 금지를 규정한 헌법 제121조 제1항에 근거를 두고 있는 것으로서, 그 목적은 단순히 농지소유자의 농지 이용방법에 관한 제한 위반을 시정하는 데 그치는 것이 아니라, 농지소유자로 하여금 농지를 계속 농업경영에 이용하도록 함과 동시에, 비자경농이 농지를 소유하는 것 자체를 제한하는 것이다(헌법재판소 2010헌바39, 2010. 2. 25.).

나) 농지처분의무통지

(1) 농지처분의무통지의 의의

시장·군수·구청장은 농지소유자가 농지를 농업경영에 이용하지 아니하는 등 농지 소유 자격을 부정할 사유가 발생한 경우 농지소유자에게 해당 농지를 처분할 의무가 있음을 통지할 수 있다(농지법 제10조).

(2) 농지처분의무통지의 처분성

농지처분의무통지가 농지법 제10조 제1항 각 호의 어느 하나에 해당하는 사유가 발생할 경우 농지소유자에게 1년 이내에 해당 농지를 처분할 의무가 발생하였음을 고지해 주는 사실 또는 관념의 통지에 불과할 뿐, 위 통지에 의하여 비로소 농지처분의무가 생기는 것은 아니어서 항고소송의 대상이 되는 처분이라고 할 수 없다는 견해도 있으나,

농지법 제10조 제1항·제2항, 제11조에 의하면, 농지소유자에게 농지 소유 자격을 부정할 사유가 발생할 경우에는 그 사유가 발생한 날부터 1년 이내에 당해 농지를 처분하여야 하고, 시장 등은 농지의 처분의무가 생긴 농지의 소유자에게 농림축산식품부령이 정하는 바에 의하여 처분대상농지·처분의무기간 등을 명시하여 해당 농지를 처분하여야 함을 통지하여야 하며, 위 통지에서 정한 처분의무기간 내에 처분대상농지를 처분하지 아니한 농지의 소유자에 대하여는 6개월 이내에 당해 농지를 처분할 것을 명할 수 있는바, 시장 등 행정청은 농지법 제10조 제1항 각 호의 어느 하나에 해당하는 사유의 유무 및 같은 법 시행령 제9조의 정당한 사유가 있는지 여부를 판단하여 처분사유를 인정한 때에는 반드시 농지처분의무통지를 하여야 하는 점, 위 통지를 전제로 농지처분명령, 농지법 제63조에 의한 이행강제금부과 등의 일련의 절차가 진행되는 점 등을 종합하여 보면, 농지처분의무통지는 단순한 관념의 통지에 불과하다고 볼 수는 없고, 농지소유자의 의무에 직접 관계되는 독립한 행정처분으로서 항고소송의 대상이 된다고 보아야 한다(대법원 2003. 11. 14. 2001두8742).

(3) 농지처분사유

농지소유자는 다음 각 호의 어느 하나에 해당하게 되면 그 사유가 발생한 날부터 1년 이내에 해당 농지를 처분할 의무를 부과 받을 수 있다.

1. 소유 농지를 자연재해·농지개량·질병 등 정당한 사유 없이 자기의 농업경영에 이용하지 아니하거나 이용하지 아니하게 되었다고 시장(구를 두지 아니한 시의 시장을 말한다)·군수·구청장이 인정한 경우(농지법 제10조 제1항 제1호)

2. 농지를 소유하고 있는 농업회사법인이 업무집행권을 가진 자 중 농업인 비율이 3분의1 미만이 된 후 3개월이 지난 경우(농지법 제10조 제1항 제2호)

3. 학교, 공공단체·농업연구기관·농업생산자단체 또는 종묘나 그 밖의 농업 기자재 생산자가 그 목적사업을 수행하기 위하여 필요한 시험지·연구지·실습지·종묘생산지 또는 과수 인공

수분용 꽃가루 생산지로 쓰기 위하여 농지를 취득하였으나 그 농지를 해당 목적사업에 이용하지 아니하게 되었다고 시장·군수·구청장이 인정한 경우(농지법 제10조 제1항 제3호, 제6조 제2항 제2호)

4. 주말·체험영농을 목적으로 농지를 취득한 자가 자연재해·농지개량·질병 등 정당한 사유 없이 그 농지를 주말·체험영농에 이용하지 아니하게 되었다고 시장·군수·구청장이 인정한 경우(농지법 제10조 제1항 제4호, 제6조 제2항 제3호)

5. 상속(상속인에게 한 유증을 포함)으로 농지를 취득하여 소유한 자가 농지를 임대하거나 한국농어촌공사에 위탁하여 임대하는 등 정당한 사유 없이 자기의 농업경영에 이용하지 아니하거나 이용하지 아니하게 되었다고 시장·군수·구청장이 인정한 경우(농지법 제10조 제1항 제4호의2, 제6조 제2항 제4호)

6. 8년 이상 농업경영을 하였으나 이농한 자가 이농 당시 소유한 농지를 임대하거나 한국농어촌공사에 위탁하여 임대하는 등 정당한 사유 없이 자기의 농업경영에 이용하지 아니하거나, 이용하지 아니하게 되었다고 시장·군수·구청장이 인정한 경우(농지법 제10조 제1항 제4호의3, 제6조 제2항 제5호)

7. 농지전용허가(다른 법률에 따라 농지전용허가가 의제되는 인가·허가·승인 등을 포함)를 받거나 농지전용신고를 한 자가 그 농지를 취득한 날부터 2년 이내에 그 목적사업에 착수하지 아니한 경우(농지법 제10조 제1항 제5호, 제6조 제2항 제7호)

8. 농림축산식품부장관과의 협의를 마치지 아니하고 「공익사업을 위한 토지 등의 취득 및 보상에 관한 법률」에 따른 농지를 소유한 경우(농지법 제10조 제1항 제5호의2, 제6조 제2항 제10호 마목)

9. 공공토지 중 공공토지비축심의위원회가 비축이 필요하다고 인정하는 토지로서 계획관리지역과 자연녹지지역 안의 농지를 한국토지주택공사가 취득하여 소유하였으나 한국농어촌공사에 지체 없이 위탁하지 아니한 경우(농지법 제10조 제1항 제5호의3, 제6조 제2항 제10호 바목)

10. 농지 소유 상한(농지법 제7조)을 초과하여 농지를 소유한 것이 판명된 경우(이 경우 농지 소유 상한을 초과하는 면적에 해당하는 농지에 대하여 농지처분의무를 부담함)(농지법 제10조 제1항 제6호)

11. 자연재해·농지개량·질병 등 정당한 사유 없이 농업경영계획서 또는 주말·체험영농계획서 내용을 이행하지 아니하였다고 시장·군수·구청장이 인정한 경우(농지법 제10조 제1항 제7호, 제8조 제2항)

(4) 농지처분 면제사유

농지소유자는 다음 각 호의 어느 하나에 해당하게 되면 농지를 농업경영에 이용하지 않는 등 농지처분사유가 발생하더라도 처분의무를 면제받을 수 있다(농지법 제10조 제1항, 같은 법 시행령 제9조).

1. 정당한 사유로 농지를 농업경영에 이용하지 않는 경우(농지법 시행령 제9조 제1항)
   가. 농지법 제23조 제1항에 따라 소유농지를 임대 또는 무상사용하게 하는 경우
   나. 농지법 제26조에 따라 임대인의 지위를 승계한 양수인이 그 임대차 잔여기간 동안 계속하여 임대하는 경우
   다. 자연재해 등으로 인하여 영농이 불가능하게 되어 휴경하는 경우
   라. 농지개량 또는 영농준비를 위하여 휴경하는 경우
   마. 「병역법」에 따라 징집 또는 소집되어 휴경하는 경우
   바. 질병 또는 취학으로 인하여 휴경하는 경우
   사. 선거에 따른 공직취임으로 휴경하는 경우
   아. 부상으로 3월 이상의 치료가 필요한 경우
   자. 교도소·구치소 또는 보호감호시설에 수용 중인 경우
   차. 3월 이상 국외여행을 하는 경우
   카. 농업법인이 청산 중인 경우
   타. 임신 중이거나 분만 후 6개월 미만인 경우
   파. 농산물의 생산조정 또는 출하조절을 위하여 휴경하는 경우
   하. 연작으로 인한 피해가 예상되는 재배작물의 경작이나 재배 전후에 피해예방을 위하여 필요한 기간 동안 휴경하는 경우
   거. 「가축전염병예방법」 제19조에 따라 가축사육시설이 폐쇄되거나 가축의 사육이 제한되어 해당 축사에서 가축을 사육하지 못하게 된 경우
   너. 「곤충산업의 육성 및 지원에 관한 법률」 제10조 제2항에 따라 곤충의 사육 및 유통이 제한되거나 폐기 명령을 받은 경우
   더. 소유농지가 「자연공원법」 제18조 제1항 제1호에 따른 공원자연보존지구로 지정된 경우
2. 제1호 각 목의 어느 하나에 해당하는 사유로 주말·체험영농 목적 농지를 주말·체험영농에 이용하지 않는 경우(농지법 시행령 제9조 제1항)
3. 한국토지주택공사가 공공토지 중 공공토지비축심의위원회가 비축이 필요하다고 인정하는 토지로서 계획관리지역과 자연녹지지역 안의 농지를 취득·소유하고 제1호 각 목의 어느 하나에 해당하는 사유로 한국농어촌공사에 위탁하지 아니한 경우(농지법 시행령 제9조 제2항)
4. 정당한 사유로 농업경영계획서 또는 주말·체험영농계획서 내용을 이행하지 않은 경우(농지법 시행령 제9조 제3항)
   가. 제1호 각 목의 어느 하나에 해당하는 경우
   나. 농지법 제9조에 따라 위탁경영을 하는 경우

(5) 농지처분의무통지 절차

(가) 절차 개요

농지처분의무통지 절차는 아래 흐름도와 같다.

(나) 처분대상농지의 결정

시장·구청장·읍장·면장은 농지법 제54조에 따른 농지 조사 및 농업법인 운영 실태조사 결과를 면밀히 검토하여 농지법 제10조 제1항 각 호의 어느 하나에 해당하는 농지를 구별·확인한다. 읍장·면장은 처분대상농지 및 그 소유자에 관한 사항을 시장(도농복합형태의 시의 시장에 한정한다, 이하 같다)·군수에게 송부한다. 시장·군수는 읍장·면장으로부터 관련 자료를 송부 받은 자료를 검토하여 처분대상농지를 결정한다(「농업경영에 이용하지 않는 농지 등의 처분관련 업무처리요령」 제Ⅲ장 제3조).

(다) 청문

시장·군수·구청장은 농지처분의무통지를 하기 전에 청문을 하여야 한다(농지법 제55조 제1호). 농지법령에는 청문절차 등에 관한 규정이 없으므로, 본 청문은 행정절차법에 의한다.

(라) 농지처분의무통지

시장·군수·구청장은 농지의 처분의무가 생긴 농지의 소유자에게 처분 대상 농지 및 그 면적, 처분의무 발생사유, 처분의무 기간 및 기한, 후속조치, 이의제기 및 불복절차 등을 구체적으로 밝혀 그 농지를 처분하여야 함을 알려야 한다(농지법 제10조 제2항, 같은 법 시행규칙 제8조 제2항).

시장·군수·구청장은 주소불명의 사유로 농지의 소유자에게 농지처분의무통지를 할 수 없는 때에는 그 내용을 시청·군청·구청의 게시판 및 인터넷 홈페이지에 14일 이상 공고함으로써 처분통지를 대신할 수 있다(농지법 시행규칙 제8조 제3항).

(마) 이의제기 및 그 처리

① 이의제기

농지처분의무통지에 이의가 있는 농지소유자는 통지일로부터 60일 내에 처분을 통지한 시장·군수·구청장에게 서면으로 이의를 제기하여야 한다(농지법 시행규칙 별지 제7호서식).

② 이의제기의 성격

농지법 시행규칙 별지 제7호서식, 행정심판법 제3조 제1항의 규정 내용 및 취지와 아울러 농지법령에 행정심판의 제기를 배제하는 명시적인 규정이 없고 농지처분의무통지에 대한 이의제기와 행정심판은 그 절차와 담당 기관에 차이가 있는 점을 종합하면, 농지처분의무통지에 대한 이의제기는 행정심판이 아닌 이의제기라고 보아야 할 것이다.

농지처분의무통지에 대한 이의제기에 따른 처분청의 인용결정통지는 농지처분의무통지에 대한 직권취소로서의 성격을 지닌다. 반면에 기각하는 결정통지(농지처분의무 확정통보)는 종전의 처분을 단순히 확인하는 행위로 독립된 처분의 성질을 갖지 않게 된다.

③ 이의제기에 대한 재조사

시장·군수·구청장은 처분통지에 대한 이의제기가 있는 경우에는 지체 없이 그 이의사항에 대한 조사를 하여야 하며, 이의사항에 대한 조사는 당초 조사를 담당하지 아니한 자가 한다(「농업경영에 이용하지 않는 농지 등의 처분관련 업무처리요령」 제Ⅲ장 제5조 제가항).

④ 이의제기 처리

시장·군수·구청장은 이의제기 사항에 대한 조사결과 그 내용이 타당하다고 인정되는 경우에는 처분대상농지의 결정을 취소하고 그 소유자에 대한 처분의무통지를 서면으로 철회하여야 한다. 시장·군수·구청장은 이의제기 사항에 대한 조사결과 이의내용이 타당하지 않다고 인정되는 경우에는 그 사실을 이의 신청자에게 서면으로 통지하여야 한다(「농업경영에 이용하지 않는 농지 등의 처분관련 업무처리요령」 제Ⅲ장 제5조 제 나항).

(바) 농지처분의무 확정통보

① 농지처분의무 확정 및 효력유지

시장·군수·구청장으로부터 처분의무통지를 받은 자가 이의제기 기간 내에 이의제기를 하지 않거나, 이의제기를 하였어도 이의내용이 타당하지 않아 처분의무통지가 철회되지 않은 경우에는 처분의무가 확정된다. 처분의무가 확정된 후에는 시장·군수·구청장이 해당 농지에 대한 처분의무를 취소(처분명령유예 후 처분의무가 소멸된 경우 포함)하지 않는 한 그 효력이 유지된다(「농업경영에 이용하지 않는 농지 등의 처분관련 업무처리요령」 제Ⅲ장 제5조 제다항).

② 농지처분의무 확정통보의 처분성

확정통보는 처분청이 업무처리의 적정 및 농지소유자의 편의를 위하여 한 조치에 불과하고, 이로 인하여 농지소유자에게 권리를 제한하거나 의무를 부담시키는 것은 아니어서, 항고소송의 대상이 되는 처분이라고 할 수 없다(대법원 2003. 11. 14. 2001두8742). 농지처분의무 확정통보 취소를 목적으로 항고소송을 제기할 경우 법원은 소송요건 흠결로 이를 각하하게 된다(행정쟁송은 농지처분의무통지를 대상으로 하여야 한다).

(6) 농지처분의무통지의 효력

농지소유자는 그 사유가 발생한 날부터 1년 이내에 해당 농지를 그 사유가 발생한 날 당시 세대를 같이 하는 세대원이 아닌 자에게, 농지소유자가 법인인 경우에는 해당 법인의 특수관계인(「상법 시행령」 제34조 제4항 제2호에 따른 특수관계인을 말한다)에 해당하지 않은 자에게 처분하여야 한다(농지법 제10조 제1항).

(7) 개별적인 사례 검토

(가) 농지처분의무가 면제되는 "정당한 사유"와 관련된 대법원 판례와 판례적용거부 행정입법

1. 농지 소유의 제한을 규정한 농지법 제6조는 제1항에서 "농지는 자기의 농업경영에 이용하거나 이용할 자가 아니면 소유하지 못한다."라고 규정하고 있으나, 제2항에서 "다음 각 호의 어느 하나에 해당하는 경우에는 제1항에도 불구하고 자기의 농업경영에 이용하지 아니할지라도 농지를 소유할 수 있다."라고 규정하면서 제4호에서 '상속[상속인에게 한 유증(遺贈)을 포함한다. 이하 같다]으로 농지를 취득하여 소유하는 경우'를 열거하고 있다.

   그리고 농지 소유의 상한을 규정한 농지법 제7조 제1항은, 상속으로 농지를 취득한 자로서 농업경영을 하지 아니하는 자는 그 상속 농지 중에서 총 1만㎡까지만 소유할 수 있도록 규정하고 있다.

   한편 농업경영에 이용하지 아니하는 농지 등의 처분을 규정한 농지법 제10조 제1항은 "농지소유자는 다음 각 호의 어느 하나에 해당하게 되면 그 사유가 발생한 날부터 1년 이내에 해당 농지를 처분하여야 한다."라고 규정하면서, '소유 농지를 자연재해·농지개량·질병 등 대통령령으로 정하는 정당한 사유 없이 자기의 농업경영에 이용하지 아니하거나 이용하지 아니하게 되었다고 시장·군수·구청장이 인정한 경우(제1호)', '제7조에 따른 농지 소유 상한을 초과하여 농지를 소유한 것이 판명된 경우(제6호)' 등을 열거하고 있다.

2. 위와 같은 관계 법령의 문언, 체계, 연혁, 입법 취지 등을 종합하면, <u>상속으로 취득한 1만㎡ 이하의 농지에 대해서는 농지법 제10조 제1항 제1호가 적용되지 않으므로 대통령령으로 정하는 정당한 사유 없이 자기의 농업경영에 이용하지 아니하더라도 처분의무가 있다고 볼 수 없다.</u> 그 이유는 다음과 같다.

   가. 농지법은 제2장에서 '비자경 농지에 대한 소유금지'라는 원칙을 규정하고(제6조 제1항), 그에 대한 예외로 소유가 허용되는 경우를 규정하면서(제6조 제2항), 예외적으로 소유가 허용되더라도 일정한 경우에 대해서는 소유 상한을 정하는(제7조) 등 농지 소유에 관하여 규정하고 있다. 아울러 농지법은 농지 소유에 관한 농지법 제6조, 제7조에 대응하여 제10조 제1항 제1호에서 비자경 농지에 대한 일반적 처분의무를 규정하고, 제3호 내지 제6호에서 비자경 농지의 예외적 소유를 허용하는 근거의 존속 여부에 따른 처분의무를 규정하는 등 농업경영에 이용하지 않는 농지의 처분의무를 규정하고 있다. 따라서 처분의무에 관한 제10조 제1항의 적용 범위를 해석할 때에는 농지의 소유에 관한 제6조, 제7조의 내용을 함께 고려하여야 한다.

   나. 농지법 제6조 제2항 제4호, 제7조는 별다른 조건 없이 상속한 비자경 농지의 소유를 허용하면서 면적 상한을 두고 있을 뿐이고, 이에 대응하여 제10조 제1항 제6호는 소유

상한을 초과한 농지에 대한 처분의무를 인정하는 규정을 두고 있다. 일정한 면적 범위 내에서 상속한 비자경 농지의 소유를 인정하는 근거는 재산권을 보장하기 위함인데, 상속 농지를 농업경영에 이용하지 않는다고 하여 소유 상한 범위 내의 농지를 소유할 근거가 사라진다고 보기 어렵다.

다. 농지법 제6조 제2항, 제7조 제1항은 농지의 '취득'과 '소유'를 구별하여 사용하고 있는 등 농지법 제6조, 제7조는 농지 취득분만 아니라 농지 취득 이후의 계속 소유까지 규율하는 조항으로 해석된다.

라. 상속 농지의 소유 상한을 정한 농지법 제7조 제1항은, 자기의 농업경영, 임대를 통한 경영을 구분하지 않고 '농업경영을 하지 아니하는 자'에게 1만㎡까지 소유할 수 있도록 허용하고 있다. 또한 제7조 제4항은 '제23조 제1항 제7호에 따라 농지를 임대하거나 사용대(使用貸)하는 경우에는 제1항 또는 제2항에도 불구하고 소유 상한을 초과할지라도 그 기간에는 그 농지를 계속 소유할 수 있다'고 규정하고 있다. 따라서 상속 농지 중 1만㎡까지는 농업경영을 하지 않더라도 소유할 수 있고, 이를 초과하는 면적은 제23조 제1항 제7호의 요건을 갖춘 경우 계속 소유가 허용된다고 보아야 한다.

마. 상속 농지의 경우 제6조 제2항 제4호에 따라 면적과 무관하게 취득하여 소유하는 것이 가능하다. 농업경영에 이용하지 않을 경우 모든 상속 농지가 처분의무의 대상이 된다고 본다면 굳이 제7조 제1항에서 소유 상한을 둘 필요가 없을 것이다. 제7조 제1항에서 농업경영을 하지 아니하는 자에 대하여 1만㎡의 소유 상한을 두는 취지는 1만㎡까지는 농업경영에 이용하지 않더라도 계속 소유할 수 있고, 처분의무의 대상도 되지 않기 때문으로 보는 것이 합리적이다.

바. 농지법 제10조 제1항 제1호가 그 대상 농지를 문언상 제한하지 않고 있다는 이유로 모든 농지를 그 적용 대상으로 삼을 수 있다면, 비자경 농지 소유를 허용하는 농지법 제6조 제2항 각 호의 요건을 갖추었으나 자기의 농업경영에 이용하지 않는 정당한 사유에 관한 농지법 시행령 제9조에 해당하지 않는 경우에는 처분의무가 발생한다고 보게 되어 농지법 제6조 제2항을 둔 의의가 사라질 수 있다.

사. 농지법 시행령 제9조 제1항 제1호는 농지법 제10조 제1항 제1호의 자기의 농업경영에 이용하지 않는 정당한 사유 중 하나로 농지법 제23조 제1항에 따라 소유 농지를 임대 또는 사용대(使用貸)하는 경우를 열거하고 있다. 그러나 농지법 제23조는 농지법 중 농지 소유에 관한 제2장이 아닌 '농지의 이용'에 관한 제3장에 위치하고, 상속으로 취득한 농지에 대한 적법한 임대 등 권한을 규정한 것일 뿐, 임대 등을 강제하는 규정이 아니다. 위와 같은 '정당한 사유'를 규정한 농지법 시행령 제9조는 농지처분의무 규정이 도입된 이후인 2002. 3. 30. 농지법 개정 당시 비로소 도입된 점을 고려하면, 상속으로 취득한 농지에 대하여 자경하지 않고 농지법 제23조 제1항에 따른 임대 등을 하지 않는다는 이유로 처분의무가 발생한다는 해석의 근거가 될 수는 없다.

아. 현행 농지법상 농지에 대한 상속이 계속되면 비자경 농지가 향후 점차 늘어나게 되는 문제가 생길 수 있다. 그러나 이러한 문제는 재산권 보장과 경자유전의 원칙이 조화되도록 입법적으로 해결할 문제이다. 농업생산성을 높인다거나 경자유전의 원칙을 관철하기 위하여 상속으로 취득하는 1만㎡ 이하의 농지에 대해서도 농업경영을 하지 않으면 농지처분의무가 있다고 새기는 것은 입법론은 별론으로 하더라도 현행 농지법의 해석론을 벗어나는 것이다. 게다가 농업인이 아닌 자가 상속으로 취득하게 된 비자경 농지는 그 지목이 여전히 '농지'이므로, 농업인이 아닌 자가 계속하여 보유하더라도 그 농지로서의 성격을 잃게 되는 것도 아니다(대법원 2019. 2. 14. 2017두65357 판결).

대법원은 2019년 2월 14일 선고한 2017두65357 판결에서 "상속으로 취득한 1만㎡ 이하의 농지에 대해서는 농지법 제10조 제1항 제1호가 적용되지 않으므로 대통령령으로 정하는 정당한 사유 없이 자기의 농업경영에 이용하지 아니하더라도 처분의무가 있다고 볼 수 없다"라고 판시하며, "상속으로 취득하는 1만㎡ 이하의 농지에 대해서도 농업경영을 하지 않으면 농지처분의무가 있다고 새기는 것은 현행 농지법의 해석론을 벗어나는 것이다"라고 하였다. 이에 따라 상속으로 취득한 1만㎡ 이하의 농지에 대해서는 직접 농업경영을 하거나 타인에게 임대·사용대를 하지 않더라도 처분의무를 부담하지 않게 되었다.

농림축산식품부는 위 판례에 따른 법리를 다른 유사사건에 적용하는 것을 방지하고 상속으로 취득한 1만㎡ 이하의 농지도 다른 농지와 마찬가지로 농업경영에 이용할 의무를 부과하기 위하여 2022년 5월 9일 농지법 시행령(대통령령 제32635호)을 개정하며 종전의 제9조 제2항을 제3항으로 하고 같은 조에 제2항을 아래와 같이 신설하는 판례적용거부 행정입법[29]을 하였다(2022년 5월 18일 시행).

제9조(농지처분의무가 면제되는 정당한 사유) ② 법 제10조 제1항 제4호의2 및 제4호의3에서 "농지를 제23조 제1항 제1호에 따라 임대하거나 제23조 제1항 제6호에 따라 한국농어촌공사에 위탁하여 임대하는 등 대통령령으로 정하는 정당한 사유"란 각각 제1항 각 호의 어느 하나에 해당하는 경우를 말한다.

위와 같이 개정된 농지법 시행령이 시행되는 2022년 5월 18일 이후에는 상속으로 취득한 1만㎡ 이하의 농지도 농업경영에 이용하지 않을 시 농지처분의무가 부과된다.

---

29 "판례적용거부입법"은 법령의 해석에 관한 판례 또는 변경된 판례를 행정부가 명시적 또는 묵시적으로 다른 유사한 사건에 적용하지 아니하겠다는 법규명령을 말한다.

(나) 농지처분명령의 취소소송과 농지처분의무통지의 취소소송의 관계

농지처분의무통지와 농지처분명령은 동일한 행정목적을 달성하기 위하여 단계적인 일련의 절차로 연속하여 행하여지는 것으로서 서로 결합하여 농지소유자에게 농지처분의무를 부과하는 법률효과를 발생시키는데, 농지처분의무통지 취소소송 계속 중 해당 농지소유자가 종국처분인 농지처분명령의 취소를 구하는 소를 별도로 제기하여 그 패소판결이 확정되면, 그 전단계인 농지처분의무통지 취소소송은 더 이상 유지할 이익이 없으므로 각하될 수밖에 없다(대법원 2003. 11. 14. 2001두8742).

(다) 농지전용과 처분의무(농지처분의무가 부과되어 있다는 이유만으로 농지전용을 불허한 것이 적법한지 여부)

농지전용허가는 금지요건·허가기준 등이 불확정개념으로 규정된 부분이 많아 그 요건에 해당하는지는 행정청의 재량판단 영역에 속한다. 「농업경영에 이용하지 않는 농지 등의 처분관련 업무처리요령(농림축산식품부 예규)」는 행정기관 내부적인 재량행사의 기준과 방향을 정한 재량준칙에 불과하여 대외적 구속력이 없으므로, 위 행정규칙만을 근거로 처분의무가 부과된 농지전용허가가 불가능하다고 할 것은 아니다. 위 행정규칙이 처분의무가 부과된 농지전용을 불허하도록 한 취지는 해당 농지를 농지로 유지하기 위함인데, 농지전용을 목적으로 하는 훼손지 정비사업의 부지 내 농지는 특별한 사정이 없는 한 다시 농지로 활용될 가능성이 매우 낮으므로, 추가적인 다른 고려 없이 위 행정규칙을 기계적으로 적용하여 농지전용을 불허하는 것은 타당하지 않다.

따라서 단지 농지처분의무가 부과되어 있다는 이유만으로 농지전용허가가 불가능하다고 일률적으로 보아서는 아니 된다(서울고등법원 2023. 7. 6. 2022누49924).

---

1. 농지처분의무가 부과된 농지에 대하여는 일반적으로 농지전용허가가 불가함

구 개발제한구역법 제4조의2에 의하면 훼손지 정비사업이란 개발제한구역 내의 축사 등 동물·식물 관련 시설이 밀집된 훼손지를 정비하는 사업인 점, 농지가 포함되어 있는 부지에 관하여 훼손지 정비사업을 시행하기 위하여는 그것이 농지를 농업 외의 목적으로 전용하는 것인 이상 농지법 제34조에 따른 농지전용허가를 받아야 하는 점, 「농업경영에 이용하지 않는 농지 등의 처분관련 업무처리요령(농림축산식품부 예규 제40호)」 VI. 1. 가.항에 의하면 농지처분의무가 부과된 농지에 대하여는 일반적으로 농지전용허가가 불가능한 점 등은 인정된다.

---

2. 예외적인 경우에는 농지처분의무가 부과된 농지의 농지전용을 허용

갑 제12, 14, 15호증, 을 제16호증(가지번호 포함)의 각 기재와 항소심 법원의 L시에 대한 사실조회결과에 변론 전체의 취지를 종합하여 알 수 있는 다음과 같은 사정을 고려하면, 단순히 '농지처분의무가 부과되어 있다'는 사정만으로 훼손지 정비사업을 불허한 이 사건 처분은 위법하다 할 것이고, 따라서 취소되어야 한다.

① 훼손지 정비사업은 개발제한구역 내의 난립된 훼손시설을 체계적으로 정비하여 도시공원과 녹지를 확보함으로써 녹지기능을 회복하고 도시환경을 개선하기 위한 사업인바, 이는 단지 해당 훼손지 소유자 등의 사익만을 위한 것이 아니라 국민 전체의 공익을 위한 것이기도 하다.

② 이를 위하여 2015. 12. 29. 개발제한구역법의 개정으로 훼손지 정비사업 제도를 신설하였으나 그 참여가 저조하였고, 이에 국토교통부장관은 사업참여율을 높이고 정비사업이 조속히 추진될 수 있도록 하기 위하여 2019. 10. 7. 「개발제한구역 훼손지 복구 및 정비사업 업무처리규정」을 개정하였다(훼손지 판정기준 완화, 정비사업 구역 내 임야 포함 허용, 정비사업 주체 다양화, 정비사업 절차 간소화 등). 그러나 위와 같은 조치에도 불구하고 여전히 훼손지 정비사업은 활성화되지 않았는바, 이에 국토교통부장관은 2021. 1. 20. 경기도지사 등을 수신자로 하여 '기 신청된 훼손지 정비사업 부지에 대하여 농지법 제34조에 따른 농지전용허가가 원활하게 추진될 수 있도록 협조하여 달라'는 공문을 시행하기도 하였다.

③ 농지법 제34조에 따른 농지전용허가는 금지요건·허가기준 등이 불확정개념으로 규정된 부분이 많아 그 요건·기준에 부합하는지의 판단에 관하여 행정청에 재량권이 부여되어 있으므로, 그 요건에 해당하는지 여부는 행정청의 재량판단의 영역에 속한다(대법원 2017. 10. 12. 2017두48956). 즉 <u>농지전용허가 자체가 재량행위인바, 위 농림축산식품부 예규는 행정기관 내부적으로 재량행사의 일반적 기준과 방향을 정한 재량준칙에 불과하여 대외적 구속력이 없으므로, 단지 위 예규만에 근거하여 이 사건 농지전용허가가 절대적으로 불가능하다고 할 것은 아니다.</u> 한편 위 예규에서 처분의무가 부과된 농지에 관하여 농지전용을 불허하도록 한 것은 해당 농지를 농지로서 유지하기 위한 취지인데, 훼손지 정비사업 부지 내의 농지는 특별한 사정이 없는 한 다시 농지로 활용할 가능성이 매우 낮다 할 것인바, 정비사업 대상인 훼손지 내의 처분대상 농지에 관하여 추가적인 다른 고려 없이 위 예규를 기계적으로 적용하는 것은 타당하지도 않다.

④ 위와 같은 사정을 감안하면, <u>단지 '농지처분의무가 부과되어 있다'는 이유만으로 농지전용허가가 원천적으로 불가능하다고 보아 정비사업 요건에 적합하지 않다고 판단할 것은 아니다.</u> 실제로 K시 인근의 L시 등에서는 다른 사정을 들어 정비요건에 적합하지 않다고 판단하는 경우는 있으나, 적어도 농지처분의무가 부과되어 있다는 사정만으로 훼손지

정비사업 신청을 불허하고 있지는 않은바, 이러한 태도가 훼손지 정비사업의 취지는 물론 적극행정의 원리에 부합한다 할 것이다.

3. 결론

원고들의 청구는 이유 있으므로 모두 인용하여야 한다. 제1심 판결은 이와 결론이 달라 부당하므로, 제1심 판결을 취소하고, 이 사건 처분을 취소한다(서울고등법원 2023. 7. 6. 2022누49924[30]).

다) 농지처분명령

(1) 농지처분명령의 의의

시장·군수·구청장은 농지소유자가 농지처분의무통지를 받고 농지를 처분하지 않는 등의 사유가 발생한 경우 농지소유자에게 6개월 이내에 해당 농지를 처분할 것을 명할 수 있다(농지법 제11조).

(2) 농지처분명령대상

시장·군수·구청장은 다음 각 호의 어느 하나에 해당하는 농지소유자에게 그 농지를 처분할 것을 명할 수 있다(농지법 제11조 제1항).

1. 거짓이나 그 밖의 부정한 방법으로 농지취득자격증명을 발급받아 농지를 소유한 것으로 시장·군수·구청장이 인정한 경우
2. 농지법 제10조에 따른 처분의무 기간 내에 처분 대상 농지를 처분하지 아니한 경우
3. 농업법인이 「농어업경영체 육성 및 지원에 관한 법률」 제19조의5를 위반하여 부동산업을 영위한 것으로 시장·군수·구청장이 인정한 경우

※ 농지처분의무통지 없이 농지처분명령을 하는 경우(농지법 제11조 제1항 제1호·제3호) 시장·군수·구청장은 행정절차법 제22조 제1항 제3호 나목에 따라 청문을 하여야 한다(농지법 제55조는 농지처분의무통지와 농지전용허가의 취소에 대해서만 청문의무를 규정하고 있으므로, 그 외의 경우에는 행정절차법 제22조 제1항 제3호 나목에 따라 청문의무가 부과된다).

---

30 피고인 구리시청(K시)이 상고를 포기하여 서울고등법원의 판결이 확정되었다.

(3) 농지처분명령의 유예

(가) 처분명령의 유예 사유

시장·군수·구청장은 농지처분의무통지에 따른 처분의무 기간에 처분 대상 농지를 처분하지 아니한 농지소유자가 다음 각 호의 어느 하나에 해당하면 처분의무 기간이 지난 날부터 3년간 농지처분명령을 직권으로 유예할 수 있다(농지법 제12조 제1항).

> 1. 해당 농지를 자기의 농업경영에 이용하는 경우
> 2. 한국농어촌공사와 해당 농지의 매도위탁계약을 체결한 경우

농지처분명령을 유예 받은 농지소유자가 처분명령 유예 기간에 위 직권유예사유 중 어느 하나에도 해당하지 아니하게 되면, 시장·군수·구청장은 지체 없이 그 유예하였던 처분명령을 하여야 한다(농지법 제12조 제2항).

(나) 처분명령유예의 효력

농지소유자가 처분명령을 유예 받은 후 농지처분명령을 받지 아니하고 그 유예 기간이 지난 경우 처분명령이 유예된 농지의 처분의무는 소멸된 것으로 본다(농지법 제12조 제3항).

(4) 매수청구

(가) 청구인

농지소유자는 농지법 제11조 소정의 농지처분명령을 받으면 한국농어촌공사에 그 농지의 매수를 청구할 수 있다(농지법 제11조 제2항).

(나) 청구방법

농지매수 청구인은 다음 각 호의 사항을 기재한 농지매수청구서에 농지의 처분명령서 사본, 해당 농지의 토지 등기사항증명서를 첨부하여 한국농어촌공사에 제출하여야 한다(농지법 시행령 제10조, 같은 법 시행규칙 제9조).

1. 농지소유자의 성명(법인인 경우에는 그 명칭 및 대표자의 성명) 및 주소
2. 농지의 표시 및 이용현황
3. 해당 농지에 소유권 외의 권리가 설정된 때에는 그 종류·내용과 권리자의 성명(법인인 경우에는 그 명칭 및 대표자의 성명) 및 주소
4. 농지에 설치한 농업용시설 등에 관한 사항

(다) 매수가격

한국농어촌공사가 처분명령을 받은 농지소유자의 청구에 의하여 농지를 매수하는 경우 매수가격은 「부동산 가격공시 및 감정평가에 관한 법률」에 따른 공시지가(해당 농지의 공시지가가 없는 경우에는 같은 법 제9조에 따라 산정한 개별토지가격을 말한다)에 의하여 산정한다. 이 경우 인근지역의 실제거래가격이 공시지가보다 낮은 때에는 실제거래가격을 기준으로 산정한다(농지법 제11조 제3항).

(라) 매수자금 융자

한국농어촌공사가 농지를 매수하는 데에 필요한 자금은 「한국농어촌공사 및 농지관리기금법」 제35조 제1항에 따른 농지관리기금에서 융자한다(농지법 제11조 제4항).

가) 이행강제금 부과 제도

(1) 이행강제금 부과대상자

시장·군수·구청장은 농지처분명령을 받은 후 정당한 사유 없이 농지처분명령기간 내에 처분명령을 이행하지 아니한 자에게 이행강제금을 부과한다(농지법 제63조 제1항 제1호).

(2) 이행강제금 면제사유

시장·군수·구청장은 다음 각 호의 어느 하나에 해당하는 사유가 있는 경우 이행강제금을 부과하지 아니한다(농지법 시행령 제75조 제3항).

1. 한국농어촌공사에 농지매수를 청구하여 협의 중인 경우
2. 법률 또는 법원의 판결 등에 따라 처분이 제한되는 경우

(3) 이행강제금 산정

이행강제금은 다음의 산식에 따라 산정한다(농지법 제63조 제1항).

> 이행강제금 = 해당 농지의 「감정평가 및 감정평가사에 관한 법률」에 따른 감정평가법인등이 감
> 정평가한 감정가격 또는 「부동산 가격공시에 관한 법률」 제10조에 따른 개별공
> 시지가(해당 토지의 개별공시지가가 없는 경우에는 같은 법 제8조에 따른 표준지
> 공시지가를 기준으로 산정한 금액을 말한다) 중 더 높은 가액의 100분의 25

다만 2021년 8월 17일 전에 종전의 규정에 따라 부과되고 있던 이행강제금에 대하여
는 2021년 8월 17일 이후에도 종전의 규정에 따른다(부칙 제18401호 제5조)

〈참고〉 종전 규정(2021년 8월 17일 전의 규정)에 따른 이행강제금

> 이행강제금 = 해당 농지의 토지가액의 100분의 20

(4) 이행강제금 부과절차

농지법상 이행강제금의 부과절차는 다음과 같다.

(가) 계고처분 및 의견청취

시장·군수·구청장은 이행강제금을 부과하기 전에 이행강제금을 부과·징수한다는 뜻을
미리 문서로써 계고(戒告)[31]하여야 한다(농지법 제63조 제2항). 시장·군수·구청장은 이
행강제금을 부과하는 때에는 10일 이상의 기간을 정하여 이행강제금 처분대상자에게
의견제출의 기회를 주어야 한다(농지법 시행령 제75조 제1항).

(나) 이행강제금의 부과

시장·군수·구청장은 농지처분명령 이행기간이 만료한 다음 날을 기준으로 하여 그 처
분명령이 이행될 때까지 이행강제금을 매년 1회 부과·징수할 수 있다(농지법 제63조
제4항). 농지법은 이행강제금의 통산부과횟수나 통산부과상한액의 제한을 두지 않고
있으므로 처분명령이 이행될 때까지 이행강제금이 계속 부과된다.

---

31 "계고"란 행정청이 행정객체(농지처분명령 미이행자)에 대하여 행정대집행(이행강제금 부과)에 앞서 의무의
이행(농지처분명령 이행)을 최고하는 행위를 말한다.

(5) 이행강제금의 징수

시장·군수·구청장은 농지처분명령을 받은 자가 처분명령을 이행하면 새로운 이행강제금의 부과는 즉시 중지하되, 이미 부과된 이행강제금은 징수하여야 한다(농지법 제63조 제5항). 시장·군수·구청장은 이행강제금을 납부기한까지 내지 아니하면 「지방행정제재·부과금의 징수 등에 관한 법률」에 따라 징수한다(농지법 제63조 제8항).

(6) 이행강제금의 이의제기

농지법은 농지 처분명령에 대한 이행강제금 부과처분에 불복하는 자가 그 처분을 고지받은 날부터 30일 이내에 부과권자(시장·군수·구청장)에게 이의를 제기할 수 있고, 이의를 받은 부과권자는 지체 없이 관할 법원에 그 사실을 통보하여야 하며, 그 통보를 받은 관할 법원은 「비송사건절차법」에 따른 과태료 재판에 준하여 재판을 하도록 정하고 있다(농지법 제63조 제1항, 제6항, 제7항). 따라서 농지법 제63조 제1항에 따른 이행강제금 부과처분에 불복하는 경우에는 「비송사건절차법」에 따른 재판절차가 적용되어야 하고, 「행정소송법」상 항고소송의 대상은 될 수 없다(대법원 2019. 4. 11. 2018두42955).

(7) 개별적인 사례 검토

(가) 농지법 제63조 제1항에 따라 이행강제금을 부과할 때마다 이를 부과·징수한다는 뜻을 미리 문서로 알려야 하는지 및 이러한 절차 없이 이행강제금을 부과하는 것이 위법한지 여부

이행강제금은 행정법상의 부작위의무 또는 비대체적 작위의무를 이행하지 않은 경우에 '일정한 기한까지 의무를 이행하지 않을 때에는 일정한 금전적 부담을 과할 뜻'을 미리 알림으로써 의무자에게 심리적 압박을 주어 장래를 향하여 그 의무의 이행을 확보하려는 간접적인 행정상 강제집행 수단이므로, 농지법 제63조 제1항에 따른 이행강제금을 부과할 때에는 그때마다 이행강제금을 부과·징수한다는 뜻을 미리 문서로 알려야 하고, 이와 같은 절차를 거치지 아니한 채 이행강제금을 부과하는 것은 이행강제금 제도의 취지에 반하는 것으로서 위법하다(대법원 2018. 11. 2. 2018마5608).

(나) 이행강제금에 통산부과횟수 또는 통산부과상한액의 제한이 없는 것이 위헌인지 여부

농지처분명령을 이행하지 않는 경우 반복된 이행강제금 부과로 종국에는 이행강제금 총액이 그 농지 자체의 객관적 가치를 넘어서는 경우도 있을 수 있다. 하지만 이행강제금은 농지를 농업 경영에 이용하게 하는 데에 궁극적인 목적이 있고, 그 궁극적인 목적을 달성하기 위해서는 농지가 농업 경영에 이용되지 않는 한 계속하여 이행강제금을 부과할 수밖에 없다. 만약 통산부과횟수나 통산부과상한액의 제한을 둔다면 농지의 소유자 등에게 농지를 농업 경영에 이용하지 않는 현상을 고착할 수 있는 길을 열어주어 이행강제금의 본래의 취지를 달성하지 못하게 될 수도 있다. 따라서 이행강제금의 부과에 통산횟수의 제한이 없다고 하여 헌법에 위반된다고 할 수 없다(헌법재판소 2010. 2. 25. 2008헌바98).

(다) 이행강제금을 감액할 수 있는지 여부

농지법 제63조 제1항은 이행강제금 산정방법을 명시하고 있으므로, 처분청 또는 법원이 이행강제금을 임의로 감액할 수 없다(대법원 2005. 11. 30. 2005마1031).

> 농지법 제63조 제1항이 처분명령을 정당한 사유 없이 이행하지 아니한 자에 대하여 당해 농지의 토지가액의 100분의 25에 상당하는 이행강제금을 부과한다고 정하고 있으므로, 처분명령이 효력이 없거나 그 불이행에 같은 항 소정의 정당한 사유가 있어 이행강제금에 처하지 아니하는 결정을 하지 않는 한, 법원으로서는 그보다 적은 이행강제금을 부과할 수도 없다.

헌법재판소도 이행강제금 산정방법이 법에 명시되어 처분청, 법원 등이 이행강제금 산정의 재량권을 행사할 수 없게 되었다고 하더라도 헌법에 위반된다고 볼 수 없다고 선언하였다(헌법재판소 2010. 2. 25. 2008헌바98).

> 재판청구권과 같은 절차적 기본권은 자유권적 기본권 등 다른 기본권의 경우와 비교하여 볼 때 상대적으로 입법자의 광범위한 입법형성권이 인정된다(헌법재판소 2005. 5. 26. 2003헌가7, 판례집 17-1, 558, 567). 이 사건 이행강제금 부과의 전제가 되는 위반행위의 태양이 농지처분명령의 불이행으로 정형화되어 있어 재판에서 법원이 재량권을 행사할 여지가 거의 없는 점, 그 위반에 정당한 사유가 있는 경우 이행강제금에 처하지 않는 결정을 할 수도 있는 점 등에 비추어보면, 비록 구체적인 이행강제금 금액 산정의 재량권을 법원에 부여하지 않았다 하더라도 그것이 입법형성권의 한계를 벗어나 청구인의 재판받을 권리를 침해하거나 법관독립의 원칙에 위배된다고 보기 어렵다(헌법재판소 2010. 2. 25. 2008헌바98).

(라) 처분명령의 대상이 된 농지에 채권최고액이 매우 큰 저당권과 존속기간이 매우 긴 지상권이 각 설정되어 있는 것이 처분명령을 이행하지 아니할 수 있는 정당한 사유에 해당하는지 여부

농지법 제63조 제1항과 같은 법 시행령 제75조에 규정된 이행강제금 부과 면제사유는 특혜규정이므로, 이를 해석할 때에는 공평의 원칙에 어긋나지 않도록 엄격하게 해석하여야 한다. 그렇다면 농지처분명령의 대상이 된 농지에 채권최고액이 매우 큰 저당권과 존속기간이 매우 긴 지상권이 설정되어 있더라도, 이는 농지법 제63조 제1항, 같은 법 시행령 제75조에 규정된 정당한 사유에 해당하지 아니하므로, 농지 소유자는 농지처분명령을 이행하여야 하며 저당권과 지상권 설정을 이유로 이행강제금 납부를 면제받을 수 없다(대법원 2005. 11. 30. 2005마1031).

(마) 관할청이 이행강제금 부과처분을 하면서 재결청에 행정심판을 청구하거나 관할 행정법원에 행정소송을 할 수 있다고 잘못 안내한 경우, 행정법원에 항고소송을 제기하는 것이 적법한지 여부

농지법은 농지 처분명령에 대한 이행강제금 부과처분에 불복하는 자가 그 처분을 고지받은 날부터 30일 이내에 부과권자에게 이의를 제기할 수 있고, 이의를 받은 부과권자는 지체 없이 관할 법원에 그 사실을 통보하여야 하며, 그 통보를 받은 관할 법원은 「비송사건절차법」에 따른 과태료 재판에 준하여 재판을 하도록 정하고 있다(제63조 제1항, 제6항, 제7항). 따라서 농지법 제63조 제1항에 따른 이행강제금 부과처분에 불복하는 경우에는 「비송사건절차법」에 따른 재판절차가 적용되어야 하고, 「행정소송법」상 항고소송의 대상은 될 수 없다.

농지법 제63조 제6항, 제7항이 위와 같이 이행강제금 부과처분에 대한 불복절차를 분명하게 규정하고 있으므로, 이와 다른 불복절차를 허용할 수는 없다. 설령 처분청이 이행강제금 부과처분을 하면서 재결청에 행정심판을 청구하거나 관할 행정법원에 행정소송을 할 수 있다고 잘못 안내하거나 행정심판위원회가 각하재결이 아닌 기각재결을 하면서 관할 법원에 행정소송을 할 수 있다고 잘못 안내하였다고 하더라도, 그러한 잘못된 안내로 행정법원의 항고소송 재판관할이 생긴다고 볼 수도 없다(대법원 2019. 4. 11. 2018두42955).

(바) 다른 실효성 확보수단과의 관계

① 이행강제금과 대집행의 관계

전통적으로 행정대집행은 대체적 작위의무에 대한 강제집행수단으로, 이행강제금은 부작위의무나 비대체적 작위의무에 대한 강제집행수단으로 이해되어 왔으나, 이는 이행강제금제도의 본질에서 오는 제약은 아니며, 이행강제금은 대체적 작위의무의 위반에 대하여도 부과될 수 있다. 현행 농지법상 원상회복을 위한 이행강제수단으로 대집행과 이행강제금이 인정되고 있는데, 양 제도는 각각의 장·단점이 있으므로 행정청은 개별사건에 있어서 위반내용, 위반자의 시정의지 등을 감안하여 대집행과 이행강제금을 선택적으로 활용할 수 있으며, 이처럼 그 합리적인 재량에 의해 선택하여 활용하는 이상 중첩적인 제재에 해당한다고 볼 수 없다(헌법재판소 2004. 2. 26. 2001헌바80, 84, 102, 103, 2002헌바26).

② 이행강제금과 형사처벌의 관계

이행강제금은 일정한 기한까지 의무를 이행하지 않을 때에는 일정한 금전적 부담을 과할 뜻을 미리 계고함으로써 의무자에게 심리적 압박을 주어 장래에 그 의무를 이행하게 하려는 행정상 간접적인 강제집행 수단의 하나로서 과거의 일정한 법률위반 행위에 대한 제재로서의 형벌이 아니라 장래의 의무이행의 확보를 위한 강제수단일 뿐이어서 범죄에 대하여 국가가 형벌권을 실행한다고 하는 과벌에 해당하지 아니하므로 헌법 제13조 제1항이 금지하는 이중처벌금지의 원칙이 적용될 여지가 없다고 보아야 한다(헌법재판소 2011. 10. 25. 2009헌바140).

제5장
농지의 이용

제5장 농지의 이용

가. 농지이용계획(농지법 제14조, 2025. 1. 24. 폐지 예정)

1) 농지이용계획의 의의

농지이용계획은 지방자치단체의 장이 농지의 효율적인 이용과 체계적인 보전을 도모하기 위해 관할 구역의 농지를 대상으로 장기적이고 종합적으로 수립한 계획을 말한다(농지법 제14조).

2) 계획수립권자

시장, 군수·자치구구청장이 시·군·구 단위로 농지이용계획을 수립한다(농지법 제14조 제1항).

3) 계획수립의무대상

농지이용계획은 군 지역과 관할 구역의 농지 면적이 3,000만㎡ 이상인 시·자치구 지역 내 모든 농지를 수립 대상으로 한다. 다만, 관할 구역의 농지 면적이 3,000만㎡ 이하인 시·자치구도 지역 여건을 고려하여 수립 필요성을 인정한다면 농지이용계획을 수립할 수 있다(농지법 제14조 제1항, 같은 법 시행령 제13조).

4) 계획 내용

농지이용계획에는 다음 각 호의 사항이 포함되어야 한다(농지법 제14조 제2항, 같은 법 시행규칙 제12조 제1항).

1. 농지이용계획의 목표와 기본방향에 관한 사항
2. 농지의 지대구분 및 용도구분에 관한 사항
   (농업진흥지역 안팎의 농지를 지형·수리·영농조건에 따라 용도를 구분)
3. 농업생산기반의 정비방향 및 계획에 관한 사항
4. 농업경영규모확대 목표 및 계획에 관한 사항
5. 농지의 농업환경보전에 관한 사항
6. 농지의 농업 외 용도로의 이용에 관한 사항
7. 농지이용계획의 집행 및 관리에 관한 사항
8. 그 밖에 농림축산식품부장관이 정하는 사항

5) 계획 수립·변경절차

농지이용계획 수립·변경절차는 아래 흐름도와 같다.

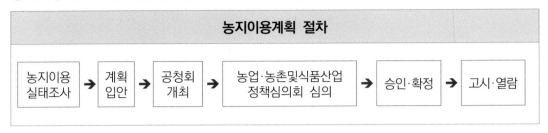

① 농지이용실태조사

시장·군수·자치구구청장은 농지이용계획을 수립하고자 할 때에는 미리 농지이용실태를 조사한다(농지법 시행규칙 제13조).

② 계획 입안

시장·군수·자치구구청장은 농지이용실태조사를 반영하여 농지이용계획(변경한 경우를 포함)을 입안한다. 시장·군수·자치구구청장은 농지이용계획 수립 시 농지이용계획이 「농업·농촌 및 식품산업 기본법」에 따른 농업·농촌 및 식품산업 발전계획, 「농어촌정비법」에 따른 농업생산기반 정비사업 기본계획, 「국토의 계획 및 이용에 관한 법률」에 따른 도시기본계획, 그 밖에 다른 법률에 따른 토지 등의 이용에 관한 계획과 조화를 이루도록 하여야 한다(농지법 시행규칙 제12조 제2항).

③ 공청회 개최

시장·군수·자치구구청장은 농지이용계획에 관한 지역주민의 의견을 듣기 위하여 공청회를 개최하여야 하며, 공청회 개최예정일 14일 전까지 다음 각 호의 사항을 공고하고 일반인이 열람할 수 있도록 하여야 한다(농지법 제14조 제1항, 같은 법 시행령 제14조).

1. 공청회의 개최목적
2. 공청회의 개최예정일시 및 장소
3. 농지이용계획안의 개요
4. 그 밖에 공청회의 개최에 필요한 사항

④ 농업·농촌및식품산업정책심의회 심의

「농업·농촌 및 식품산업 기본법」 제15조에 따른 시·군·구의 농업·농촌및식품산업정책심의회가 농촌이용계획을 심의한다(농지법 제14조 제1항).

⑤ 계획 승인·확정

시장·군수·자치구구청장은 특별시장·광역시장 또는 도지사의 승인을 받아 농지이용계획을 확정한다(농지법 제14조 제3항).

⑥ 고시·열람

시장·군수·자치구구청장은 확정된 농지이용계획을 고시하여 일반인이 열람할 수 있도록 한다(농지법 제14조 제3항).

6) 농지이용계획 지원

시·도지사, 시장·군수·자치구구청장은 농지이용계획이 확정되면 농지이용계획대로 농지가 적정하게 이용되고 개발되도록 노력하여야 하고, 필요한 투자와 지원을 하여야 한다(농지법 제14조 제4항).

나. 농지 관리 기본방침 등(2025. 1. 23. 시행 예정)

1) 도입 취지

농지이용계획 등 현행 제도의 운영상 나타난 미비점을 개선·보완하고 농지관리의 통일성을 도모하기 위하여 2025년 1월 23일부터 농림축산식품부장관이 수립·시행하는 농지 관리 기본방침과 그에 따라 지방자치단체의 장이 수립·시행하는 농지 관리 기본계획과 세부 실천계획 제도가 도입될 예정이다.

2) 농지 관리 기본방침

가) 기본방침 수립

농림축산식품부장관은 10년마다 농지의 관리에 관한 기본방침(이하 "기본방침"이라 한다)을 수립·시행하여야 하며, 필요한 경우 5년마다 그 내용을 재검토하여 정비할 수 있다(농지법 제47조 제1항).

나) 기본방침 주요 내용

기본방침에는 다음 각 호의 사항이 포함되어야 한다(농지법 제47조 제2항).

1. 농지 관리에 관한 시책의 방향
2. 농지 면적의 현황 및 장래예측
3. 관리하여야 하는 농지의 목표 면적
4. 특별시·광역시·특별자치시·도 또는 특별자치도에서 관리하여야 하는 농지의 목표 면적 설정 기준
5. 농업진흥지역의 지정 기준
6. 농지의 전용 등으로 인한 농지 면적 감소의 방지에 관한 사항
7. 그 밖에 관할구역의 농지 관리를 위하여 필요한 사항으로서 대통령령으로 정하는 사항

다) 기본방침의 수립 및 변경절차

기본방침의 수립 및 변경 절차는 아래 흐름도와 같다(농지법 제47조 제3항 본문).

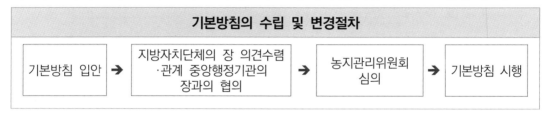

* 경미한 사항을 변경하는 경우에는 지방자치단체의 장 의견수렴·관계 중앙행정기관의 장과의 협의 및 농지관리위원회 심의를 생략할 수 있다(농지법 제47조 제3항 단서).

라) 자료 제출

농림축산식품부장관은 기본방침의 수립을 위하여 관계 중앙행정기관의 장 및 지방자치단체의 장에게 필요한 자료의 제출을 요청할 수 있다. 이 경우 자료제출을 요청받은 중앙행정기관의 장 등은 특별한 사유가 없으면 자료를 제출하여야 한다(농지법 제47조 제4항).

3) 농지 관리 기본계획

가) 기본계획 수립

시·도지사는 기본방침에 따라 관할구역의 농지의 관리에 관한 기본계획(이하 "기본계획"이라 한다)을 10년마다 수립하여 농림축산식품부장관의 승인을 받아 시행하고, 필요한 경우 5년마다 그 내용을 재검토하여 정비할 수 있다. 기본계획 중 중요한 사항을 변경할 때에도 또한 같다(농지법 제48조 제1항).

나) 기본계획 주요 내용

기본계획에는 다음 각 호의 사항이 포함되어야 한다(농지법 제48조 제3항).

1. 관할구역의 농지 관리에 관한 시책의 방향
2. 관할구역의 농지 면적 현황 및 장래예측
3. 관할구역별로 관리하여야 하는 농지의 목표 면적
4. 관할구역 내 농업진흥지역 지정 및 관리
5. 관할구역 내 농업진흥지역 지정이 타당한 지역의 위치 및 규모
6. 관할구역의 농지전용 등으로 인한 농지 면적 감소의 방지에 관한 사항

다) 기본계획의 수립 및 변경 절차

기본계획의 수립 및 변경절차는 아래 흐름도와 같다(농지법 제48조 제4항 본문).

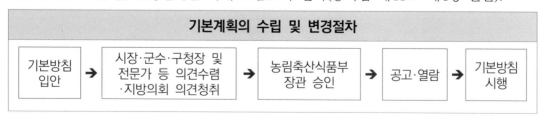

* 경미한 사항을 변경하는 경우에는 시장·군수·구청장 및 전문가 등 의견수렴·지방의회 의견청취를 생략할 수 있다(농지법 제48조 제4항 단서).

라) 자료 제출

시·도지사는 기본계획의 수립을 위하여 시장·군수·자치구구청장에게 필요한 자료의 제출을 요청할 수 있다. 자료제출을 요청받은 시장·군수·자치구구청장은 특별한 사유가 없으면 이에 따라야 한다(농지법 제48조 제5항).

4) 농지 관리 실천계획

가) 실천계획 수립

시장·군수 또는 자치구구청장(그 관할구역에 농지가 없는 자치구구청장은 제외한다)은 기본계획에 따라 관할구역의 농지의 관리에 관한 세부 실천계획(이하 "실천계획"이라 한다)을 5년마다 수립하여 시·도지사의 승인을 받아 시행하여야 한다. 실천계획 중 대통령령으로 정하는 중요한 사항을 변경할 때에도 또한 같다(농지법 제48조 제2항).

나) 실천계획 주요 내용

실천계획에는 다음 각 호의 사항이 포함되어야 한다(농지법 제48조 제3항).

1. 관할구역의 농지 관리에 관한 시책의 방향
2. 관할구역의 농지 면적 현황 및 장래예측
3. 관할구역별로 관리하여야 하는 농지의 목표 면적
4. 관할구역 내 농업진흥지역 지정 및 관리
5. 관할구역 내 농업진흥지역 지정이 타당한 지역의 위치 및 규모
6. 관할구역의 농지전용 등으로 인한 농지 면적 감소의 방지에 관한 사항

다) 실천계획의 수립 및 변경 절차

실천계획의 수립 및 변경절차는 아래 흐름도와 같다(농지법 제48조 제6항 본문).

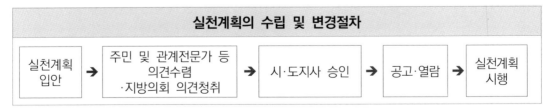

* 경미한 사항을 변경하는 경우에는 주민 및 관계전문가 등 의견수렴·지방의회 의견청취를 생략할 수 있다(농지법 제48조 제6항 단서).

다. 농지이용증진사업

1) 농지이용증진사업의 의의

농지이용증진사업은 농업경영규모의 확대, 농지의 집단화, 공동작업의 확대 등을 통하여 농업경영을 개선하고 농지 이용을 증진하기 위한 사업이다(농지법 제15조).

2) 사업시행자

시장·군수·자치구구청장, 한국농어촌공사, 농협, 엽연초생산협동조합, 농지의 공동이용·집단이용 단체는 농지이용증진사업을 시행할 수 있다(농지법 제15조, 같은 법 시행령 제16조). "농지의 공동이용·집단이용 단체"가 농지이용증진사업 시행자가 되기 위해서는 농지의 공동이용 또는 집단이용에 관한 사항이 규약으로 정하여 지고, 단체 구성원인 농업인·농업법인의 수가 10명(개) 이상이어야 한다.

3) 사업의 범위

사업시행자는 농지 이용을 증진하기 위하여 다음 각 호의 어느 하나에 해당하는 농지이용증진사업을 시행할 수 있다(농지법 제15조).

1. 농지의 매매·교환·분합 등에 의한 농지 소유권 이전을 촉진하는 사업
2. 농지의 장기 임대차, 장기 사용대차에 따른 농지 임차권(사용대차에 따른 권리를 포함한다. 이하 같다) 설정을 촉진하는 사업
3. 위탁경영을 촉진하는 사업
4. 농업인이나 농업법인이 농지를 공동으로 이용하거나 집단으로 이용하여 농업경영을 개선하는 농업 경영체 육성사업

4) 사업의 요건

농지이용증진사업은 다음 각 호의 요건을 갖추어야 한다(농지법 제16조).

1. 농업경영을 목적으로 농지를 이용할 것
2. 농지 임차권 설정, 농지 소유권 이전, 농업경영의 수탁·위탁이 농업인 또는 농업법인의 경영규모를 확대하거나 농지이용을 집단화하는 데에 기여할 것
3. 기계화·시설자동화 등으로 농산물 생산 비용과 유통 비용을 포함한 농업경영 비용을 절감하는 등 농업경영 효율화에 기여할 것

5) 사업 시행계획의 수립

가) 시행계획 수립·변경절차

농지이용계획 절차(지방자치단체의 장과 기타 사업시행자가 시행하는 경우)는 아래 흐름도와 같다.

① **시장·군수·자치구구청장이 시행하는 경우**

㉠ **계획 입안**

시장·군수·자치구구청장은 농지이용증진사업의 시행구역, 농지 소유권·임차권 등을 포함하여 농지이용증진사업 시행계획을 입안한다(농지법 제17조).

㉡ **농업·농촌및식품산업정책심의회 심의**

「농업·농촌 및 식품산업 기본법」 제15조에 따른 시·군·구의 농업·농촌및식품산업정책심의회가 농지이용증진사업 시행계획을 심의한다(농지법 제17조 제1항).

㉢ **계획 확정**

시장·군수·자치구구청장은 농지이용증진사업 시행계획을 확정한다.

㉣ **고시·열람**

시장·군수·자치구구청장은 확정된 농지이용증진사업 시행계획을 지체 없이 고시하고, 농지이용증진사업 시행계획과 이에 관련되는 농림축산식품부장관이 정하는 서식에 의한 도표 등을 읍·면 또는 동에 송부하여 관계인이 이를 열람할 수 있도록 하여야 한다(농지법 제18조 제1항 같은 법 시행규칙 제15조 제2항).

② 기타 사업시행자가 시행하는 경우

㉠ 계획 작성

시장·군수·자치구구청장 외의 사업시행자(이하 "기타 사업시행자"라 한다)는 농지이용증진사업의 시행구역, 농지 소유권·임차권 등을 포함하여 농지이용증진사업 시행계획을 작성한다(농지법 제17조).

㉡ 시장·군수·구청장에 계획 제출

기타 사업시행자가 농지이용증진사업 시행계획을 시장·군수·자치구구청장에게 제출한다(농지법 제17조 제2항).

㉢ (보완 필요 시)보완요청

시장·군수·자치구구청장은 기타 사업시행자가 제출한 농지이용증진사업 시행계획이 보완될 필요가 있다고 인정하면 그 사유와 기간을 구체적으로 밝혀 사업시행자에게 그 계획을 보완하도록 요구할 수 있다(농지법 제17조 제3항).

㉣ 고시·열람

시장·군수·자치구구청장이 농지이용증진사업 시행계획을 제출받은 경우(보완을 요구한 경우에는 그 보완이 끝난 때)에는 지체 없이 이를 고시하고 관계인에게 열람하게 하여야 한다(농지법 제18조 제1항).

㉤ 농업·농촌및식품산업정책심의회 심의

「농업·농촌 및 식품산업 기본법」 제15조에 따른 시·군·구의 농업·농촌및식품산업정책심의회가 농지이용증진사업 시행계획을 심의한다(농지법 제17조).

㉥ 계획 확정

기타 사업시행자가 제출한 농지이용증진사업 시행계획이 확정되고, 이에 따라 농지이용증진사업이 시행된다.

나) 시행계획의 내용

농지이용증진사업 시행계획에는 다음 각 호의 사항이 포함되어야 한다(농지법 제17조 제4항, 같은 법 시행규칙 제14조 제2항).

1. 농지이용증진사업의 시행 구역
2. 사업참여자: 농지소유자·임차권자, 임차권을 설정받을 자, 소유권을 이전받을 자, 농업경영 위탁자·수탁자
3. 대상농지: 임차권이 설정되는 농지, 소유권이 이전되는 농지 또는 농업경영을 위탁하거나 수탁하는 농지
4. 권리사항: 소유권(이전 시기, 이전 대가 및 그 지불방법, 제한물권·가등기 등), 임차권(임차 기간, 임차료 및 그 지불방법), 위탁경영(위탁수수료 및 그 지불방법)

다) 시행계획의 고시와 등기촉탁

① 시행계획의 고시

시장·군수·자치구구청장은 농지이용증진사업 시행계획을 확정하거나 기타 사업시행 희망자로부터 시행계획을 제출받은 경우(보완이 필요한 때에는 그 보완이 끝난 때)에는 지체 없이 고시하고 관계인에게 열람하게 하여야 한다. 농지이용증진사업 시행계획의 고시에 포함되어야 할 사항은 다음 각 호와 같다(농지법 제18조 제1항, 같은 법 시행 규칙 제15조 제1항).

1. 농지이용증진사업을 시행하는 목적
2. 농지이용증진사업 시행계획의 내용

② 등기촉탁

사업시행자는 시행계획이 고시되면 농지이용증진사업 시행계획에 포함된 농지소유자· 임차권자로부터 동의받아 해당 농지에 관한 등기를 촉탁하여야 한다. 사업시행자가 등 기를 촉탁하는 경우 농지이용증진사업 시행계획을 확정한 문서(사업시행자가 시장·군 수·자치구구청장인 경우), 농지이용증진사업 시행계획이 고시된 문서(사업시행자가 기 타 사업시행자인 경우), 동의서(공통)를 첨부하여야 한다(농지법 제18조, 같은 법 시행 령 제17조, 같은 법 시행규칙 제16조).

사업시행자 등기촉탁 시 농지이용증진사업 시행계획을 확정한 문서, 농지이용증진사업 시행계획이 고시된 문서, 동의서를 「부동산등기법」에 따른 등기원인을 증명하는 서면으로 보며(농지법 제18조 제3항), 농지이용증진사업 시행계획에 따른 등기촉탁에 대하여는 「부동산등기 특별조치법」 제3조(계약서등의 검인에 관한 특례)를 적용하지 아니한다(농지법 제18조 제4항).

6) 농지처분의무에 관한 특례

농지이용증진사업 시행계획에 따라 소유농지를 임대·사용대하거나 위탁경영한 때에는 농지처분의무가 면제되는 정당한 사유로 인정된다(농지법 제9조 제5호, 제23조 제1항 제2호, 제10조 제1항 제1호·제7호 및 같은 법 시행령 제9조 제1항 제1호, 제3조 제1호·제2호).

7) 지원

국가와 지방자치단체는 농지이용증진사업을 원활히 실시하기 위하여 필요한 지도와 주선을 하며, 예산의 범위에서 사업에 드는 자금 일부를 지원할 수 있다(농지법 제19조).

라. 대리경작제도

1) 대리경작제도의 의의

대리경작제도는 시장(구를 두지 아니한 시의 시장을 말한다)·군수·구청장이 유휴농지에 대하여 소유자 또는 임차권자를 대신하여 농작물을 경작할 자를 직권으로 지정하거나 유휴농지 경작 희망자의 신청을 받아 대리경작자를 지정하는 제도이다(농지법 제20조).

2) 대리경작 대상

대리경작 대상은 "유휴농지"이며, "유휴농지"라 함은 농작물 경작이나 다년생식물 재배에 이용되지 아니하는 농지를 말한다. 다만 다음 각 호의 어느 하나에 해당하는 경우에는 농작물 경작이나 다년생식물 재배에 이용되지 아니하더라도 대리경작 대상에서 제외한다(농지법 제20조 제1항, 같은 법 시행령 제18조).

1. 지력의 증진이나 토양의 개량·보전을 위하여 필요한 기간 동안 휴경하는 농지
2. 연작으로 인하여 피해가 예상되는 재배작물의 경작 또는 재배 전후에 지력의 증진 또는 회복을 위하여 필요한 기간 동안 휴경하는 농지
3. 농지전용허가를 받거나 농지전용협의(다른 법률에 따라 농지전용허가가 의제되는 협의를 포함한다)를 거친 농지
4. 농지전용신고를 한 농지
5. 농지의 타용도 일시사용허가를 받거나 협의를 거친 농지
6. 농지의 타용도 일시사용신고를 하거나 협의를 거친 농지
7. 그 밖에 농림축산식품부장관이 정하는 제1호부터 제6호까지의 농지에 준하는 농지

3) 대리경작자 지정절차

가) 지정 신청

유휴농지 경작희망자는 시장·군수·구청장에게 대리경작자로 지정해 줄 것을 신청할 수 있다. 신청서를 받은 시장·군수·구청장은 신청받은 날로부터 21일 이내에 검토하여 처리결과를 신청인에게 통보하여야 한다(농지법 제20조, 같은 법 시행규칙 제16조의2).

나) 직권 지정

시장·군수·구청장은 대리경작자를 직권으로 지정하려는 경우에는 다음 각 호의 어느 하나에 해당하지 않는 농업인 또는 농업법인으로서 대리경작을 하려는 자 중에서 지정해야 한다(농지법 시행령 제19조 제1항).

1. 농지 처분의무를 통지받고 그 처분 대상 농지를 처분하지 아니한 자(처분명령을 받지 아니하고 유예 기간이 경과하여 처분의무가 없어진 자는 제외)
2. 처분명령을 받고 그 처분명령 대상 농지를 처분하지 아니한 자
3. 농지법 제57조부터 제60조까지의 규정에 따라 징역형의 실형을 선고받고 그 집행이 끝나거나 집행이 면제된 날부터 1년이 지나지 않은 자
4. 농지법 제57조부터 제60조까지의 규정에 따라 징역형의 집행유예를 선고받고 그 유예기간 중에 있는 자
5. 농지법 제57조부터 제60조까지의 규정에 따라 징역형의 선고유예를 받고 그 유예기간 중에 있는 자
6. 농지법 제57조부터 제61조까지의 규정에 따라 벌금형을 선고받고 1년이 지나지 않은 자

대리경작자를 직권으로 지정하기 곤란한 경우에는 농업생산자단체 또는 「초·중등교육법」 및 「고등교육법」에 따른 학교나 그 밖의 해당 농지를 경작하려는 자를 대리경작자로 지정할 수 있다(농지법 시행령 제19조 제2항).

다) 지정 예고

시장·군수·구청장은 대리경작자를 지정하려면 소유자·임차권자에게 예고하여야 한다. 소유자 또는 임차권자가 불분명하거나 주소불명 등으로 지정 예고를 할 수 없을 때에는 그 내용을 시청·군청·구청의 게시판에 14일 이상 공고함으로써 그 예고에 대신할 수 있다(농지법 제20조 제2항, 같은 법 시행규칙 제17조).

라) 이의 신청

농지소유자 또는 임차권자가 대리경작자 지정 예고에 이의가 있을 때는 지정 예고서를 받은 날부터 10일 이내에 시장·군수·구청장에게 이의를 신청할 수 있다. 시장·군수·구청장은 이의 신청을 받은 날부터 7일 이내에 이를 심사하여 그 결과를 신청인에게 알려야 한다(농지법 시행령 제20조).

마) 지정 통지

대리경작자를 지정하면 그 농지의 대리경작자와 소유자·임차권자에게 지정 통지서를 보내야 한다(농지법 제20조 제2항).

4) 대리경작 기간

대리경작 기간은 소유자·임차권자와 대리경작자가 합의하여 정할 수 있으며, 따로 정하지 아니한 경우에는 3년으로 한다(농지법 제20조 제3항).

5) 토지사용료

① 토지사용료 지급시기

대리경작자는 대리경작농지에서 경작한 농작물의 수확일부터 2월 이내에 토지사용료를 해당 농지의 소유자 또는 임차권자에게 지급한다. 소유자 또는 임차권자가 토지사용료의 수령을 거부하거나 지급이 곤란한 경우에는 토지사용료를 공탁할 수 있다(농지법 시행규칙 제18조 제1항).

② 토지사용료 지급액

토지사용료를 현물로 지급하는 경우 수확량의 100분의 10으로 한다. 토지사용료를 현금으로 지급하는 경우 그 금액은 지급 당시 해당 농작물의 농가판매가격(국가·지방자치단체 및 농업생산자단체에서 매입하는 작물의 경우에는 2등품의 매입 가격을 말한다)을 기준으로 산정한 금액으로 한다. 대리경작자가 특별한 사유 없이 농작물 수확일로부터 2개월 이내에 토지사용료를 지급하지 아니한 때에는 토지사용료에 그 기간 만료일의 다음 날부터 토지사용료를 지급하는 날까지의 기간에 연 12%로 계산한 금액을 가산하여 지급한다(농지법 제20조 제4항, 같은 법 시행규칙 제18조).

③ 합의에 의한 변경

소유자·임차권자와 대리경작자가 토지사용료의 지급 방법에 관하여 따로 합의한 때에는 그에 따른다(농지법 시행규칙 제18조 제3항).

6) 대리경작자 지정 중지·해지

가) 대리경작자 지정 중지

① 중지 신청

대리경작 농지의 소유권자 또는 임차권자가 그 농지를 스스로 경작하려면 대리경작 기간이 끝나기 3개월 전까지, 그 대리경작 기간이 끝난 후에는 대리경작자 지정을 중지할 것을 시장·군수·구청장에게 신청하여야 한다(농지법 제20조 제5항, 같은 법 시행규칙 제19조).

② 중지 통지

시장·군수·구청장은 중지 신청을 받은 날부터 1개월 이내에 대리경작자 지정 중지를 그 대리경작자와 농지소유자·임차권자에게 알려야 한다(농지법 제20조 제5항).

나) 대리경작자 지정 해지

시장·군수·구청장은 다음 각 호의 어느 하나에 해당하면 대리경작 기간이 끝나기 전이라도 대리경작자 지정을 해지할 수 있다(농지법 제20조 제6조, 같은 법 시행령 제21조).

1. 대리경작 농지의 소유권자나 임차권자가 정당한 사유를 밝히고 지정 해지신청을 하는 경우
2. 대리경작자가 경작을 게을리하는 경우
3. 대리경작자가 토지사용료를 지급 또는 공탁하지 아니하는 경우
4. 대리경작자가 지정해지를 신청하는 경우

마. 토지의 개량·보전 제도

1) 토지개량·보전 제도의 의의

"토지개량·보전 제도"라 함은 국가와 지방자치단체로 하여금 농업인이나 농업법인이 환경보전적인 농업경영을 지속하고 농지의 생산성을 제고하기 위하여 토양을 개량·보전 사업을 시행하고 토양의 개량·보전에 관한 시험·연구·조사 등에 관한 시책을 마련 하도록 하는 제도를 말한다(농지법 제21조).

2) 토양개량·보전사업

토양을 개량·보전하는 사업의 범위는 다음 각 호와 같다(농지법 시행령 제22조 제1항).

> 1. 객토(客土), 깊이갈이 및 경사지토양보전
> 2. 농림축산식품부장관이 정하는 퇴비 또는 토양개량제의 사용
> 3. 화학비료의 합리적인 사용
> 4. 중금속등으로 오염된 농지의 토양개량
> 5. 유기농법 등을 이용한 환경보전적인 농업경영 그 밖에 농림축산식품부장관이 정하는 토양의 개량·보전

3) 토양개량·보전사업시행지역

시장·군수·자치구구청장은 토양을 개량·보전하는 사업을 시행할 필요가 있다고 인정 할 때는 다음 각 호의 기준에 적합한 지역을 토양개량·보전사업시행지역으로 지정할 수 있다(농지법 시행령 제22조 제2항).

> 1. 해당 지역에 대한 토양의 개량·보전사업의 시행이 기술적으로 가능하고 경제성이 있을 것
> 2. 농림축산식품부장관이 정하는 규모 이상으로 토양의 이화학적(理化學的) 성질이 불량한 농지가 집단화되어 있을 것
> 3. 농지의 토양이 중금속 등으로 오염되어 개량이 필요하다고 인정될 것
> 4. 유기농법 등 환경보전적인 농업경영의 육성이 필요하다고 인정될 것

시장·군수·자치구구청장은 토양개량·보전사업시행지역을 지정한 때에는 해당 지역에 적 합한 토양개량·보전사업시행계획을 수립·시행하여야 한다(농지법 시행령 제22조 제3항).

4) 자금 지원

국가는 토양을 개량·보전하는 사업 등을 시행하는 지방자치단체, 농업생산자단체(농 협·엽연초생산협동조합), 농업인 또는 농업법인에 대하여 예산의 범위에서 필요한 자 금 일부를 지원할 수 있다(농지법 제21조 제2항).

바. 농지 소유의 세분화 방지

1) 일괄 상속 등 지원

국가와 지방자치단체는 농업인이나 농업법인의 농지소유가 세분되는 것을 막기 위하여 농지를 어느 한 농업인 또는 하나의 농업법인이 일괄적으로 상속·증여 또는 양도받도록 필요한 지원을 할 수 있다(농지법 제22조 제1항).

2) 필지분할 제한

「농어촌정비법」에 따른 농업생산기반 정비사업이 시행된 농지는 다음 각 호의 어느 하나에 해당하는 경우 외에는 분할할 수 없다(농지법 제22조 제2항).

1. 도시지역의 주거지역·상업지역·공업지역 또는 도시·군계획시설부지에 포함된 농지를 분할하는 경우
2. 농지전용허가(다른 법률에 따라 농지전용허가가 의제되는 인가·허가·승인 등을 포함한다)를 받거나 농지전용신고를 하고 전용한 농지를 분할하는 경우
3. 분할 후의 각 필지의 면적이 2,000㎡를 넘도록 분할하는 경우
4. 농지의 개량, 농지의 교환·분합, 인접 농지와의 불합리한 경계 시정, 농업생산기반 정비사업, 농지이용증진사업 등의 사유로 분할하는 경우

3) 공유자 수 제한

시장·군수·구청장은 농지 1필지를 공유로 소유(상속의 경우는 제외)하려는 자의 최대인원수를 7인 이하의 범위에서 시·군·구의 조례로 정하는 바에 따라 제한할 수 있다(농지법 제22조 제3항). 따라서 조례에 공유자 제한 규정이 있는 때에는 공유자의 최대인원수를 7인 이하로 제한할 수 있으나, 조례에 규정이 없는 때에는 공유자의 최대인원수를 제한할 수 없다.

※ 공유자 수 제한은 2022년 5월 18일 이후 공유관계가 형성된 경우에만 적용되며, 그 전에 맺어진 공유관계에는 적용하지 아니한다.

사. 농지의 임대차 등

1) 농지 임대차 등의 의의

가) 농지 임대차

농지 임대차는 농지의 소유자가 당해 농지를 이용하여 농업경영을 하고자 하는 상대방에게 그 농지를 사용·수익하게 하고, 그 상대방이 이에 대하여 임대료를 지급한 것을 약정함으로써 성립하는 계약을 말한다[구 농지법(2003. 1. 1. 법률 제6793호로 개정되기 전의 것) 제2조 제7호].

나) 농지 사용대차

농지 사용대차는 농지의 소유자가 당해 농지를 이용하여 농업경영을 하고자 하는 상대방에게 그 농지를 무상으로 사용·수익하게 하고, 그 상대방은 당해 농지를 사용·수익한 후 반환할 것을 약정함으로써 성립하는 계약을 말한다[구 농지법(2003. 1. 1. 법률 제6793호로 개정되기 전의 것) 제2조 제8호].

2) 민법상 임대차와의 관계

농지법상 임대차 규정은 민법상 임대차의 특별법 관계에 있으므로, 농지법이 민법에 우선하여 적용되고, 농지법의 규정이 없는 경우에 한해 민법이 보충적으로 적용된다.

3) 농지 임대(사용대) 금지 및 예외적 허용

가) 농지 임대(사용대)에 관한 헌법규정(원칙적 금지, 예외적 허용)

헌법은, "국가는 농지에 관하여 경자유전의 원칙이 달성될 수 있도록 노력하여야 한다."(제121조 제1항), "농업 생산성의 제고와 농지의 합리적인 이용을 위하거나 불가피한 사정으로 발생하는 농지의 임대차는 법률이 정하는 바에 의하여 인정된다."라고 규정하여(제121조 제2항), 농지 임대차·사용대차를 원칙적으로 금지하고 법률(농지법 등)이 정하는 경우에 한하여 예외적으로 허용하고 있다.

나) 농지 임대(사용대)의 허용범위

농지법은 다음 각 호의 어느 하나에 해당하면 예외적으로 농지 임대(사용대)를 허용한다(농지법 제23조, 같은 법 시행령 제24조).

1. 농지법 시행일(1996. 1. 1.) 전부터 소유한 농지
2. 국가나 지방자치단체가 소유한 농지
3. 상속(유증 포함)받은 농지 및 8년 이상 영농한 사람이 이농 당시 소유하던 농지(단, 10,000㎡ 초과하는 면적을 개인에게 임대할 경우 초과면적은 처분대상이 될 수 있음[32])
4. 농·수·임협, 은행 등 농지 저당기관(자산유동화전문회사[33] 포함)이 경매를 2회 이상 진행하여도 매수인이 없어 이후 경매에 참여하여 취득한 담보농지
5. 농지전용허가(다른 법률 등에 따라 농지전용허가가 의제되는 인가·허가·승인 등을 포함)를 받거나 농지전용신고 된 농지
6. 도시지역 내 주거지역·상업지역·공업지역, 도시·군계획시설 예정지에 포함된 농지, 계획관리지역 내 지구단위계획구역 예정지에 포함된 농지, 개발행위가 허가되거나 토지의 형질변경허가된 도시지역 내 녹지지역 및 개발제한구역 내 농지로서 농림축산식품부와 농지전용 협의를 마친 농지
7. 「한국농어촌공사 및 농지관리기금법」 제24조 제2항에 따른 농지의 개발사업지구 안에서 한국농어촌공사가 개발하여 매도하는 ①도·농간의 교류촉진을 위한 1,500㎡ 미만의 농원부지 ②농어촌관광휴양지에 포함된 1,500㎡ 미만의 농지
8. 영농여건불리농지[34]
9. 「한국농어촌공사 및 농지관리기금법」에 따라 한국농어촌공사가 취득하여 소유한 농지
10. 「농어촌정비법」 제16조(농업생산기반 정비사업)·제25조(환지계획)·제43조(교환·분할·합병)·제82조(농어촌 관광휴양단지) 또는 제100조(한계농지 등의 매매)에 따라 취득하여 소유한 농지
11. 「공유수면 관리 및 매립에 관한 법률」에 따라 취득하여 소유한 농지
12. 토지수용으로 취득한 농지
13. 농림축산식품부장관과 협의를 마치고 「공익사업을 위한 토지 등의 취득 및 보상에 관한 법률」에 따라 취득하여 소유한 농지
14. 「공공토지의 비축에 관한 법률」 제2조 제1호 가목에 해당하는 토지(공공토지)[35] 중 국토교통부장관 소속 공공토지비축심의위원회(같은 법 제7조 제1항)가 비축이 필요하다고 인정하는 토지로서 에 따른 계획관리지역과 자연녹지지역 안의 농지를 한국토지주택공사가 취득하여 소유한 농지
15. 농지이용증진사업 시행계획에 따라 임대(사용대)가 허용된 농지
16. 질병, 징집, 취학, 선거에 따른 공직취임, 3월 이상의 치료가 필요한 부상, 교도소·구치소 또는 보호감호시설 수용, 3개월 이상 국외여행, 임신 중이거나 분만 후 6개월 미만인 자 또는 청산 중인 농업법인이 소유한 농지

17. 60세 이상인 사람으로서 자기의 농업경영에 이용한 기간이 5년이 넘은 농지[거주하는 시 (특별시·광역시 포함)·군 또는 이에 연접한 시·군에 있는 소유 농지에 한함]
18. 개인이 3년 이상 소유하고 있는 농지를 주말·체험영농 희망자 또는 주말·체험영농 임대업 자에게 임대(사용대)하는 경우
19. 농업법인이 소유하고 있는 농지를 주말·체험영농 희망자에게 임대(사용대)하는 경우[36]
20. 개인이 3년 이상 소유하고 있는 농지를 한국농어촌공사에게 위탁 임대(사용대)하는 경우
21. 자경 농지를 이모작을 위하여 8개월(당해 10월부터 다음해 5월까지) 이내로 임대하는 경우
22. 농산물의 생산·가공·유통 및 수출 시설 단지를 조성·지원하는 사업(친환경농업기반구축사 업·농산물전문생산단지사업)을 추진하는 데 필요한 자경 농지를 임대(사용대)하는 경우
23. 농지법 제26조에 따라 임대 농지의 양수인으로 기존 농지 임대차계약의 임대인 지위를 승계하여 임대차 잔여기간 동안 계속하여 임대하는 경우[37]

다) 농지임대 금지 위반

(1) 처분의무 부과

농지소유자가 농지 임대의 예외적 사유(농지법 제23조 제1항 등)에 해당하지 않음에 도 정당한 사유 없이 농지를 임대(사용대)한다면, 그 사유가 발생한 날부터 1년 이내 에 해당 농지를 그 사유가 발생한 날 당시 세대를 같이 하는 세대원이 아닌 자에게, 농지소유자가 법인인 경우에는 해당 법인의 특수관계인(「상법 시행령」 제34조 제4항 제2호에 따른 특수관계인을 말한다)에 해당하지 않은 자에게 처분하여야 한다(농지법 제10조 제1항).

---

32 상속농지 등을 한국농어촌공사에 위탁 임대(사용대)할 경우에는 면적이 제한되지 아니한다.

33 「자산유동화에 관한 법률」 제3조에 따른 유동화전문회사 등을 의미한다.

34 영농여건불리농지는 시장·군수가 조사하여 고시한 농지로서 ①농업진흥지역 밖의 농지 중 최상단부부터 최하단 부까지의 평균경사율이 15% 이상이고 ②시·군의 읍·면지역에 있으며 ③농지의 집단화 규모가 2ha 미만이고 ④시장·군수가 영농여건이 불리하고 생산성이 낮다고 인정한 농지를 말한다(농지법 시행령 제5조의2).

35 「공공토지의 비축에 관한 법률」 제2조 제1호 가목의 "공공토지"란 「공익사업을 위한 토지 등의 취득 및 보상에 관한 법률」 제4조에 따른 공익사업에 필요한 토지를 말한다.

36 농업법인은 주말·체험영농 임대업자에게 임대(사용대)할 수 없다

37 임대차계약을 체결한 농지의 양수인만 계약 잔여기간 동안 임대할 수 있으며, 사용대차계약을 체결한 경우에는 사용대인의 지위가 승계되지 않아 양수인이 계약 잔여기간 동안 사용대할 수 없다(농지법 제26조).

(2) 형사책임

(가) 농지소유자에 대한 처벌

농지소유자가 농지법 제23조 제1항을 위반하여 소유 농지를 임대(사용대)한다면, 2,000만원 이하의 벌금에 처할 수 있다(농지법 제61조 제2호).

법인의 대표자나 법인 또는 개인의 대리인, 사용인, 그 밖의 종업원이 제23조 제1항을 위반하여 농지를 임대(사용대)한 때에는 농지법 제62조 양벌규정에 따라 그 행위자를 벌하는 외에 그 법인 또는 개인에게도 2,000만원의 벌금형이 과해질 수 있다. 다만, 법인 또는 개인이 그 위반행위를 방지하기 위하여 상당한 주의와 감독을 게을리하지 아니한 경우에는 그러하지 아니하다.

(나) 임대차를 권유 또는 중개한 자에 대한 처벌

농지 임대차 또는 사용대차의 예외적 사유(농지법 제23조 제1항)에 해당하지 않음을 알고도 농지의 임대차나 사용대차하도록 권유하거나 중개하는 행위를 한 자(광고업자 포함)는 3년 이하의 징역 또는 3,000만원 이하의 벌금에 처할 수 있다(농지법 제7조의2 제3호·제4호).

농지 임대차 또는 사용대차의 예외적 사유에 해당하지 않음을 알고도 농지의 임대차나 사용대차하도록 권유 또는 중개한 경우(광고 포함)에도 법인의 대표자나 법인 또는 개인의 대리인, 사용인, 그 밖의 종업원이 본 행위를 한 때에는 농지법 제62조(양벌규정)에 따라 그 행위자를 벌하는 외에 그 법인 또는 개인에게도 3,000만원의 벌금형이 과해질 수 있다. 다만, 법인 또는 개인이 그 위반행위를 방지하기 위하여 상당한 주의와 감독을 게을리하지 아니한 경우에는 그러하지 아니하다.

(3) 농지법 제23조 제1항을 위반한 임대차계약 당사자들 사이의 법률관계

(가) 농지법 제23조 제1항의 법적 성격

농지는 농민이 경작 목적으로 이용함으로써 농지로 보전될 수 있도록 하고, 또한 외부자본이 투기 등 목적으로 농지를 취득할 유인을 제거하여 지가를 안정시킴으로써 농민이 농지를 취득하는 것을 용이하게 하여 궁극적으로 경자유전의 원칙을 실현하려는 농지법의 입법취지를 고려할 때, 농지법 제23조 제1항 위반행위에 대하여는 농지

임대차계약의 효력 자체를 부정하여 그 계약 내용에 따른 경제적 이익을 실현하지는 못하도록 하여야 하므로, 농지의 임대를 금지한 농지법 제23조 제1항의 규정은 강행규정으로 보는 것이 타당하다(대법원 2017. 3. 15. 2013다79887 등).

(나) 임대차계약의 효력

농지법 제23조 제1항에 따른 농지임대 예외사유에 해당하지 아니함에도 불구하고 이를 위반하는 농지 임대차계약은 강행법규 위반으로 무효이다(대법원 2017. 3. 15. 2013다79887 등).

(다) 임대인의 임료 반환책임

임대차계약의 약정기간에 대하여 임대인이 임차인으로부터 지급받은 임료는 농지법 제23조 제1항 규정 위반으로 무효인 계약에 의한 것이고, 임대인은 악의의 수익자로서 임차인에게 지급받은 임료 및 그 이자액을 반환하여야 한다(민법 제748조 제2항[38]).

(라) 임차인의 부당이득·손해배상 책임

임대차계약이 농지법 제23조 제1항 위반으로 무효라면 약정 임대차기간 동안 임차인이 농지를 권원 없이 점유·사용한 것이므로, 임대인이 임차인에게 토지사용료 상당의 점용이익을 부당이득반환이나 손해배상으로 청구할 수 있는지 문제 된다.

임대인이 강행규정을 위반하여 임차인에게 농지를 임대한 것은 선량한 풍속 기타 사회질서에 위배되는 불법원인급여(민법 제746조[39])에 해당한다고 보아 임차인이 농지를 점유·사용한 데 대한 이익 상당 손해의 배상을 청구할 수 없다고 보는 견해도 있으나,

농지의 임대차가 그 대상이 농지라는 특수성이 있지만 목적물을 사용·수익하게 하고 차임을 지급받기로 하는 약정이라는 점에서 일반적인 임대차와 본질적인 차이가 없어 농지법 제23조 제1항을 위반하는 임대차계약이 특별한 사정이 없는 한 그 계약 내용이나 성격 자체로 반윤리성·반도덕성·반사회성이 현저하다고 단정할 수 없다.

---

38 **(민법 제748조 제2항)** 악의의 수익자는 그 받은 이익에 이자를 붙여 반환하고 손해가 있으면 이를 배상하여야 한다.

39 **(민법 제746조)** 불법의 원인으로 인하여 재산을 급여하거나 노무를 제공한 때에는 그 이익의 반환을 청구하지 못한다.

또한 임대차 계약기간 동안 임차인이 당해 농지를 사용·수익함으로써 얻은 토지사용료 상당의 점용이익에 대하여 임대인이 부당이득반환이나 손해배상을 청구하는 것마저 배척하여 임차인으로 하여금 사실상 무상사용을 하는 반사이익을 누릴 수 있도록 하여야만 농지법의 규범 목적인 농지 보전과 투기 방지가 달성된다고 볼 수 없다.

따라서 농지임대차가 구 농지법에 위반되어 계약의 효력을 인정받을 수 없다고 하더라도, 헌법 제121조 제2항이 농지 임대의 정당한 목적으로 규정한 농업생산성의 제고 및 농지의 합리적 이용과 전혀 관련성이 없고 농지법의 이념에 정면으로 배치되어 반사회성이 현저하다고 볼 수 있는 특별한 사정이 있는 경우가 아니라면, 농지 임대인이 임대차기간 동안 임차인의 권원 없는 점용을 이유로 손해배상을 청구한 데 대하여 임차인이 불법원인급여의 법리를 이유로 반환을 거부할 수는 없다고 할 것이다(대법원 2017. 3. 15. 2013다79887, 79894 등).

(마) 임차인의 손해배상·부당이득 금액 산정방법

농지에 관한 임대차계약이 강행법규인 농지법 제23조에 위반되어 무효가 되는 경우, 임차인이 법률상 권원 없이 농지를 점유·사용함에 따라 얻게 된 이득은 특별한 사정이 없는 한 그 농지의 임료 상당액이고, 이때의 '임료 상당액'은 해당 농지가 다른 용도로 불법으로 전용되어 이용되는 상태임을 전제로 산정하여서는 안 됨은 물론, 임대차보증금이 없는 경우를 전제로 객관적으로 산정된 금액을 의미하는 것이 원칙이며, 임대차계약의 약정차임이 객관적으로 산정된 '임료 상당액'과 동일하다는 등의 특별한 사정이 없다면 점유·사용에 따른 부당이득 금액으로 보아서는 아니 된다(대법원 2022. 5. 26. 2021다216421, 216438 등).

따라서 임차인은 임대인에게 임대차계약의 약정차임이 아닌 해당 농지가 불법으로 전용되는 상태가 아니고 임대차보증금이 없는 경우임을 전제로 객관적으로 산정된 '임료 상당액'을 지급하여야 한다.

4) 농지의 임차 제한

헌법 및 농지법 규정은 농지 임차인의 자격을 제한하지 않고 있으므로, 임대가 허용되는 농지는 누구나 임차할 수 있다.

5) 임차농 보호제도

임차인의 안정적인 농업경영을 보호하기 위하여 농지법상 임차농 보호 규정(제24조~제26조의2)이 있다.[40] 이 규정은 농지의 임대차에 관하여 민법에 대한 특례에 해당하며, 아래에서는 임차농 보호규정에 대해 살펴보겠다.

가) 임대차계약 확인제도

임대차계약 당사자는 농지임대차계약의 확인 신청을 하여 농지소유자가 변경되더라도 임대차계약증서 상 임대차기간 등을 보장받을 수 있다(농지법 제24조).

(1) 적용범위

① 임대목적

임대차계약 확인제도는 농업경영을 목적으로 농지를 임대하는 경우에만 적용되며, 그 외의 목적으로 농지를 임대하는 경우에는 적용되지 아니한다.

② 신청자격

임대차계약의 확인제도는 대상을 개인에 한정하지 않고 있기 때문에, 농업인과 농업법인 모두 임대차계약 확인 신청을 할 수 있다.

③ 등기

임대차계약은 그 등기가 없는 경우에도 임차인이 대항력 요건을 갖추면, 제3자에 대해 효력이 생긴다.

(2) 확인절차

① 임대차계약의 확인을 받으려는 계약 당사자는 임대차 계약서를 시·구·읍·면의 장에게 제출한다(농지법 시행규칙 제21조의2 제1항).

② 시·구·읍·면의 장은 제출받은 계약증서가 다음 각 호의 요건을 갖추었는지를 확인한다(농지법 시행규칙 제21조의2 제2항).

---

40 사용대차는 임대차와 달리 대항력을 가질 수 없다.

1. 임대인과 임차인의 인적사항, 임대차계약 농지의 소재지 및 면적, 임대차계약 기간, 임차료 등이 적혀 있는 완성된 문서일 것
2. 계약당사자의 서명 또는 기명날인이 있을 것
3. 계약증서에 정정한 부분이 있는 경우에는 계약당사자가 그 부분에 서명하거나 날인 하였을 것

③ 시·구·읍·면의 장은 신청인이 제시한 계약서의 내용을 농지임대차계약 확인대장에 등재하고, 계약서 여백에 확인일자인을 찍고, 인영(印影) 안에 확인일자와 농지임대차 계약 확인대장의 등재번호를 부여한다(농지법 시행규칙 제21조의2 제3항).

④ 농지임대차는 시·구·읍·면의 장으로부터 확인을 받고 농지를 인도받으면 그 다음 날부터 대항력을 가진다(농지법 제24조 제2항).

(3) 대항력의 요건

농지임대차는 그 등기가 없는 경우에도 임차인이 농지소재지를 관할하는 시·구·읍·면의 장으로부터 임대차계약의 확인을 받고, 해당 농지를 인도받은 때에는 그 다음 날부터 제3자에 대하여 효력이 생긴다(농지법 제24조). 특기할 사항은 다음과 같다.

① 목적물

농지임차인이 임차권을 가지고 제3자에게 대항할 수 있으려면 그 당연한 전제로서 농지법 제23조 제1항에 해당하는 농지를 임대차한 것이어야 한다. 농지법 제23조 제1항을 위반하는 임대차계약은 강행법규 위반으로 무효이므로, 임차인은 유효한 임차권을 획득할 수 없다. 이러한 경우에는 임차인은 제3자에 대해 대항력을 가질 수 없다.

② 임대차계약서

계약서는 임대인·임차인의 인적사항, 농지의 소재지, 면적, 임대차기간, 임차료 등이 적혀 있어야 하며, 계약당사자의 서명 또는 기명날인이 있는 완성된 문서여야 한다. 다만 계약서에 정정한 부분이 있는 경우에는 계약당사자가 그 부분에 서명하거나 날인을 하여야 계약서가 유효하다고 본다(농지법 시행규칙 제21조의2 제2항).

③ 농지 인도

농지의 인도는 임차목적물인 농지에 대한 점유의 이전을 말한다. 이때 점유는 사회통념상 어떤 사람의 사실적 지배에 있다고 할 수 있는 객관적 관계를 가리키는 것으로서, 사실상의 지배가 있다고 하기 위해서는 반드시 물건을 물리적·현실적으로 지배할 필요는 없고, 물건과 사람의 시간적·공간적 관계, 본권관계, 타인의 간섭 가능성 등을 고려해서 사회통념에 따라 합목적적으로 판단하여야 한다(대법원 2017. 8. 29. 2017다212194 등).

④ 임대차계약 확인

계약 확인은 거래의 안전을 위해 임차권의 존재를 제3자가 명백하게 인식할 수 있기 위하여 마련된 것이다. 계약 확인을 통하여 임대차계약 사실이 농지임대차 확인대장에 등재되고, 제3자는 농지임대차 확인대장을 열람하여 임차권의 존재를 확인할 수 있게 된다(농지법 시행규칙 제21조의2 제5항).

(4) 대항력의 내용

① 대항력의 범위

농지 임차인이 임대차계약의 확인과 농지 인도를 마친 때에는 그 다음 날부터 제3자에 대하여 효력이 발생한다. 그리하여 대항력이 생긴 이후에 이해관계를 맺은 자가 농지 인도를 요구하여도 임차인은 그것을 거절하고 사용·수익을 계속할 수 있다. 다만 대항력이 생기기 전에 이해관계를 맺은 자에 대해서는 대항하지 못한다. 즉 농지에 저당권·가압류 등이 설정된 다음에는 임차인은 저당권 실행 또는 가압류 사건의 본안 판결의 집행으로 그 농지를 취득한 매수인에게 임대차의 효력을 주장할 수 없다.

저당권이 여러 개 존재할 때는 최우선순위의 저당권과 임차권을 비교하여 판단한다. 농지에 선순위 저당권이 설정된 후 임차인이 대항요건을 갖추었고 그 뒤에 후순위 저당권이 성립한 경우 후순위 저당권이 실행되면 임차인은 농지를 취득한 경락인에게 임차권을 주장하지 못한다. 선순위 저당권 설정 후 임차인이 대항력을 갖추고, 다른 자에 의해 강제경매가 실행된 경우에도 같다. 임차농지가 양도담보가 된 후에 대항요건을 갖춘다면, 임차인은 그 담보권에 기하여 해당 농지의 소유권을 취득하는 자에게 대항하지 못한다.[41]

---

41 송덕수, 「신민법강의」, 박영사, 2022., 제1264쪽

② 임대인의 지위 승계

임차인이 대항력을 가지는 경우, 농지가 양도된 때에는 양수인은 임대인의 지위를 승계한 것으로 본다(농지법 제26조). 이는 농지가 양도되는 경우에 임차인을 보호하기 위하여 법률이 임대인의 지위 승계를 의제한 것이다. 따라서 임대인의 지위 승계에 임차인의 동의는 필요하지 않다.

다만 임대 농지의 양수인에게 대항할 수 있는 임차인이라도 임대차관계의 승계를 원하지 않을 때에는 승계되는 임대차 관계의 구속을 면할 수 있다. 임차인은 임대차기간 만료 전에 일방적인 해지통지 또는 임대인과의 합의에 의하여 임대차계약을 해지하고 임대인으로부터 임대차보증금을 반환받을 수 있다. 이러한 경우에는 양수인은 임대인의 지위를 승계하지 않는다고 할 것이다.

한편, 임대 농지의 양수인이 임대인의 지위를 승계하는 경우 임대차보증금반환채무도 농지의 소유권과 함께 일체로서 이전하며, 양도인의 임대인 지위나 임대차보증금 반환채무는 소멸한다. 즉, 양수인은 임대차보증금 반환채무를 면책적으로 인수하고, 양도인은 임대차 관계에서 탈퇴하여 임차인에 대한 임대차보증금 반환채무를 면하게 된다. 이러한 경우 임차인은 임대차계약 만료 시 양수인으로부터 임대차보증금을 반환받아야 할 것이다.[42]

나) 임대차기간

임차인은 계획적이고 안정적인 농업경영을 위하여 3년 또는 5년 이상의 임차기간을 보장받을 수 있다(농지법 제24조의2).

(1) 임대차 존속기간

임대차계약 당사자는 농지에 관한 임대차계약 기간을 3년 이상으로 하여야 한다. 당사자가 임대차기간을 정하지 아니하거나 3년 미만으로 정한 때에는, 존속기간은 3년으로 의제된다(농지법 제24조의2 제1항·제2항). 다년생식물의 재배지로 이용하거나 농작물의 재배시설로서 고정식온실 또는 비닐하우스를 설치한 농지는 임대차 최소기간을 5년으로 한다. 이 경우 당사자가 임대차기간을 정하지 아니하거나 5년 미만으로

---

42 송덕수, 「신민법강의」, 박영사, 2022., 제1265쪽·제1266쪽

정한 때에는, 임대차기간은 5년으로 의제된다(농지법 제24조의2 제1항·제2항, 같은 법 시행령 제24조의2 제1항). 임대차의 최소 존속기간은 임대차계약을 연장 또는 갱신하거나 재계약을 체결하는 경우에도 동일하게 적용된다(농지법 제24조의2 제4항). 다만 임차인은 최소 존속기간 미만으로 정한 임대차기간이 유효함을 주장할 수 있다(농지법 제24조의2 제2항).

(2) 예외적 단축사유

임대인은 다음 각 호의 어느 하나에 해당하는 경우에는 예외적으로 임대차기간을 최소 존속기간(3년 또는 5년) 미만으로 정할 수 있다(농지법 제24조의2 제3항, 같은 법 시행령 제24조의2 제2항).

1. 질병, 징집, 취학, 선거에 따른 공직취임, 3월 이상의 치료가 필요한 부상, 교도소·구치소 또는 보호감호시설 수용 중인 경우
2. 농업법인이 청산 중인 경우
3. 농지전용허가(다른 법률에 따라 농지전용허가 의제되는 인가·허가·승인 등을 포함)를 받았거나 농지전용신고를 하였으나 농지전용목적에 착수하지 않은 경우
4. 자경 농지를 이모작을 위하여 8개월(당해 10월부터 다음해 5월까지) 이내로 임대하는 경우

다) 묵시의 갱신

(1) 농지법 제25조 규정

농지법은 묵시의 갱신에 관한 특별규정을 두고 있다. 임대인이 임대차기간이 끝나기 3개월 전까지 갱신하지 않는다는 뜻의 통지하지 아니하면 그 임대차 기간이 끝난 때에 이전의 임대차와 같은 조건으로 다시 임대차한 것으로 본다(농지법 제25조).

(2) 농지법 제25조에 규정된 '임대차 기간이 끝난 때에 이전의 임대차와 같은 조건으로 다시 임대차한 것'으로 보는 같은 조건에 '임대차 기간'이 포함되는지 여부

민법상 임대차의 특별법 관계에 있는 농지 임대차에 관한 농지법 제25조 규정의 형식, 내용 및 입법 취지, '임대차 조건'이라는 문언은 통상적으로 임대차 계약관계에서 계약 내용을 이루는 사항을 의미하는데, 이러한 계약 내용으로는 일반적으로 임차인이 사용대가로 지급하는 차임과 임대차의 기간이 핵심적 사항이 되는 점, 농지법상 묵시

적 갱신과 유사한 취지의 규정을 두고 있는 민법, 주택임대차보호법, 상가건물 임대차
보호법상 관련 규정에서 해당 임대차의 기간에 관하여 그 임대차의 다른 조건과 달리
특별한 규정을 두고 있는 점 등과 같은 여러 사정을 종합하면, 농지법 제25조에 규정
된 '임대차 기간이 끝난 때에 이전의 임대차와 같은 조건으로 다시 임대차한 것'으로
보는 같은 조건에는 임대차 기간도 포함된다고 보아야 한다(대법원 2010. 12. 23.
2010다81254 등).

라) 강행규정

농지법에 위반된 약정으로서 임차인에게 불리한 것은 그 효력이 없다(농지법 제26조
의2). 즉 임차인에게 유리한 것은 농지법에 위반되더라도 유효하다고 볼 수 있다.

마) 농지 임대차계약의 조정

(1) 조정제도의 의의

임대차계약 당사자는 임대차 기간, 임차료 등 임대차 계약에 관하여 서로 협의가 이루
어지지 않는 때에는 조정을 통하여 분쟁의 해결을 도모할 수 있다(농지법 제24조의3).

(2) 조정절차

조정절차는 아래 흐름도와 같다.

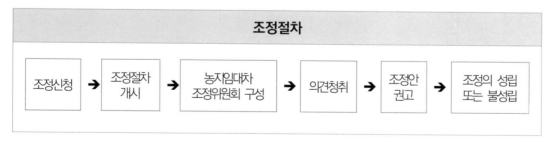

① 조정신청

임대차계약의 당사자는 농지소재지를 관할하는 시장·군수·자치구구청장에게 조정을 신
청할 수 있다(농지법 제24조의3 제1항).

② **조정절차 개시**

시장·군수·자치구구청장은 조정의 신청이 있으면 지체 없이 농지임대차조정위원회를 구성하여 조정절차를 개시한다(농지법 제24조의3 제2항).

③ **농지임대차조정위원회 구성**

농지임대차조정위원회는 위원장 1명을 포함한 3명의 위원으로 구성하며, 위원장은 부시장·부군수 또는 자치구의 부구청장이 되고, 위원은 시·군·구 농업·농촌 및 식품산업 정책심의회의 위원으로서 조정의 이해당사자와 관련이 없는 사람 중에서 시장·군수·자치구구청장이 위촉한다(농지법 제24조의3 제4항).

④ **의견청취**

농지임대차조정위원회가 임대차계약에 관한 조정을 하는 때에는 조정 신청자 등 임대차계약의 당사자 및 이해관계인의 의견을 청취한다(농지법 시행령 제24조의3 제1항).

⑤ **조정안 권고**

농지임대차조정위원회는 조정안을 작성하여 임대차계약의 당사자에게 제시하고 2일 이상의 기간을 정하여 그 수락을 권고한다(농지법 시행령 제24조의3 제2항).

⑥ **조정의 성립 또는 불성립**

임대차계약 당사자가 농지임대차조정위원회가 제시한 조정안을 수락한 때에는 농지임대차조정위원회는 조정서를 작성하고, 농지임대차조정위원회의 위원장 및 위원 전원과 임대차계약의 당사자는 위 조정서에 서명 또는 날인한다(농지법 시행령 제24조의3 제3항·제4항).

농지임대차조정위원회는 임대차계약의 당사자가 수락을 거부하여 더 이상 임대차계약에 관한 조정이 이루어질 여지가 없다고 판단되는 때에는 임대차계약에 관한 조정의 종료를 결정하고 이를 임대차계약의 당사자에게 통보한다(농지법 시행령 제24조의3 제5항).

(3) 조정기간

농지임대차조정위원회는 조정 신청이 있은 날부터 10일 이내에 임대차계약에 관한 조정을 종료한다. 다만, 사실 확인이 필요한 경우 등 불가피한 사유가 있는 경우에는 10일의 범위에서 그 기간을 연장할 수 있다(농지법 시행령 제24조의3 제6항).

(4) 조정의 효력

농지임대차조정위원회에서 작성한 조정안을 임대차계약 당사자가 수락한 때에는 이를 해당 임대차의 당사자 간에 체결된 계약의 내용으로 본다(농지법 제24조의3 제3항).

6) 임대차(사용대차) 종료명령 제도

가) 임대차(사용대차) 종료명령 제도의 의의

본 제도가 도입되기 전에는 농지임대차가 적법한 경우 임차인이 농지를 무단으로 휴경하더라도 임차인에 대한 처벌규정이 없어 무단 휴경농지를 단속할 수 없었고, 자기 책임의 원칙에 따라 농지임대인도 처벌할 수 없었기 때문에 임대농지의 휴경을 제재하는 데 한계가 있었다. 2015년 7월 20일 본 제도를 도입함으로써 임차인이 무단 휴경하는 경우 등 정당한 사유 없이 임차농지를 농업경영에 이용하지 아니한 때에는 시장·군수·구청장이 그 계약의 종료를 명할 수 있어 농지의 합리적 이용을 제고할 수 있게 되었다(농지법 제23조 제2항).

나) 종료명령

농지의 임차인 또는 사용차인이 그 농지를 정당한 사유 없이 농업경영에 사용하지 아니할 때는 시장·군수·구청장은 농지 임대차(사용대차) 종료명령서로 임대차 또는 사용대차의 종료를 명할 수 있다(농지법 제23조 제2항, 같은 법 시행규칙 제20조의2). 임대차(사용대차) 종료명령을 받은 임차인 또는 사용차인은 그 종료명령을 받은 날로부터 3개월 이내에 해당 계약을 종료하여야 한다(농지법 시행규칙 제20조의2 제2항).

다) 형사책임

임대차 또는 사용대차의 종료명령을 따르지 아니한 자는 2,000만원 이하의 벌금에 처할 수 있다(농지법 제61조 제3호).

법인의 대표자나 법인 또는 개인의 대리인, 사용인, 그 밖의 종업원이 임대차 또는 사용대차의 종료 명령을 따르지 아니한 때에는 농지법 제62조 양벌규정에 따라 그 행위자를 벌하는 외에 그 법인 또는 개인에게도 2,000만원의 벌금형이 과해질 수 있다. 다만, 법인 또는 개인이 그 위반행위를 방지하기 위하여 상당한 주의와 감독을 게을리하지 아니한 경우에는 그러하지 아니하다.

7) 국유농지와 공유농지의 임대차 특례

「국유재산법」과 「공유재산 및 물품 관리법」에 따른 국유재산과 공유재산인 농지에 대하여는 농지법 제24조(임대차·사용대차 계약 방법과 확인), 제24조의2(임대차 기간), 제24조의3(임대차계약에 관한 조정), 제25조(묵시의 갱신), 제26조(임대인의 지위 승계) 및 제26조의2(강행규정)를 적용하지 아니한다(농지법 제27조).

8) 개별적인 사례 검토

○ 농지법 제23조 제1항을 위반한 임대차계약의 임차인이 농업손실보상금을 보상받을 수 있는지 여부

농지법 제23조 제1항에 따른 농지임대 예외사유에 해당하지 아니함에도 불구하고 이를 위반하는 농지 임대차계약은 강행법규 위반으로 무효이다(대법원 2017. 3. 15. 2013다79887 등). 이에 따라 임차인은 농지를 권원 없이 불법 점유·사용한 것이므로, 해당 농지가 공익사업 등의 목적으로 수용되더라도 사업시행자에게 농업손실보상을 주장할 수 없다.

농지법은 농지의 소유·이용 및 보전 등에 필요한 사항을 정함으로써 농지를 효율적으로 이용하고 관리하며 농업인의 경영안정과 농업생산성향상을 바탕으로 농업경쟁력강화와 국민경제의 균형 있는 발전 및 국토환경보전에 이바지하는 것을 목적으로 하고 있고(농지법 제1조), 농지는 식량공급과 환경보전의 기반이며 농업과 국민경제발전에 영향을 미치는 한정된 귀중한 자

원으로서 소중히 보전되어야 하고, 공공복리에 적합하게 관리되어야 하며, 농지에 관한 권리의 행사에는 제한과 의무가 따른다고 선언하고 있는 점(농지법 제3조 제1항) 등 농지법의 공공적인 성격과, 농지법 제23조에서는 열거적으로 허용되는 경우에 해당하지 아니하는 한 농지의 임대나 사용대를 할 수 없다고 규정하고 있고 이를 위반하면 농지법 제60조 제2호에 의거하여 형사처벌을 받도록 한 점 등에 비추어 위 조항은 강행법규이다. 따라서 <u>농지법 제23조에서 규정하는 예외적으로 허용된다고 볼 만한 사정이 없는 이 사건 각 부동산을 점용수허가들로부터 각 임차하여 원고들이 농지로 점용하고 있다는 주장 자체로 그 임대차의 효력을 피고에게 주장할 수 없다.</u>

<u>결국 이 사건 각 부동산은 불법으로 점유하여 경작하고 있는 토지로서 「공익사업을 위한 토지 등의 취득 및 보상에 관한 법률 시행규칙」 제48조 제3항 제3호에 해당하여 농업손실보상 대상토지가 아니다(부산고등법원 2009. 5. 27. 2008나20010[43]).</u>

아. 농지개량제도[44]

1) 농지개량의 의의

농지개량은 농지의 생산성을 높이기 위하여 농지의 형질을 변경하는 ① 농지의 이용 가치를 높이기 위하여 농지의 구획을 정리하거나 개량시설을 설치하는 행위 또는 ② 농지의 토양개량이나 관개, 배수, 농업기계 이용의 개선을 위하여 해당 농지에서 객토·성토 또는 절토하거나 암석을 채굴하는 행위를 말한다(농지법 제2조 제6호의2, 같은 법 시행령 제3조의2).

※ 현재 시행 중인 농지개량의 의의 및 범위 등과 달리 농지개량의 기준, 신고절차, 행정제재, 처벌 규정 등은 2024년 1월 2일 신설되어 2025년 1월 3일부터 시행될 예정이다.

2) 농지개량의 기준

가) 기준 내용

농지개량 기준에는 다음 각 호의 사항이 포함되어야 한다(농지법 제41조의 2 제2항).

---

43 원고인 농지 임차인들은 상고하였고, 대법원은 다른 쟁점과 관련하여 파기 환송하였다(대법원 2011. 10. 13. 2009다43461).

44 농지개량은 농지법 제4장 제2절 농지의 전용에 기재되어 있으나, 농지개량은 농지를 농업경영 목적으로 이용하기 위하여 행하는 것이므로 그 성격 상 "농지의 전용"보다 "농지의 이용"이라고 보는 것이 타당하여 본 장에 기술한다.

1. 농지개량에 적합한 토양의 범위
2. 농지개량 시 인근 농지 또는 시설 등의 피해 발생 방지 조치
3. 그 밖에 농지의 객토, 성토, 절토와 관련된 세부 기준

※ 객토(客土): 농지에 성질이 다른 흙을 넣어 섞는 일
　성토(盛土): 흙을 쌓아 땅을 돋우는 일
　절토(切土): 평지나 경사면을 만들기 위해 흙을 깎아내는 일

나) 기준 준수의무

농지를 개량하려는 자는 농지의 생산성 향상 등 농지개량의 목적을 달성하고 농지개량행위로 인하여 주변 농업환경(인근 농지의 관개·배수·통풍 및 농작업을 포함한다)에 부정적인 영향을 미치지 아니하도록 농지개량 기준을 준수하여야 한다(농지법 제41조의2 제1항).

※ (참고) 농지의 객토, 성토, 절토의 기준(농지법 시행규칙 별표 1)

구 분	기 준
1. 공통사항	가. 농작물의 경작 등에 적합한 흙을 사용할 것[45] 나. 농작물을 경작하거나 다년생식물을 재배하는 데 필요한 범위 이내 일 것 다. 농지개량시설의 폐지·변경, 토사의 유출 등 인근 농지의 농업경영에 피해를 주지 않을 것
2. 객토	가. 객토원의 흙의 성분과 그 양이 객토대상 농지의 토양개량 목적에 적합할 것 나. 해당 농지에 경작 중인 농작물 또는 재배 중인 다년생식물을 수확한 후에 시행할 것
3. 성토	가. 관개 용수로의 이용을 방해하는 등 인근 농지의 농업경영에 피해를 주지 아니할 것 나. 농작물의 경작 등에 부적합한 토석 또는 재활용골재 등을 사용하여 성토하지 아니할 것(「건설폐기물의 재활용 촉진에 관한 법률」 제2조 제7호에 따른 순환골재 중 순환토사는 사용할 수 있으며, 순환토사를 사용하여 성토하려는 경우에는 지표면으로부터 1미터 이내에는 사용하지 아니할 것)
4. 절토	가. 토사의 유출·붕괴 등 인근 농지의 피해발생이 우려되지 아니할 것 나. 비탈면 또는 절개면에 대하여 토양의 유실 등을 방지할 수 있는 안전조치가 되어 있을 것

---

45 농작물의 경작 등에 적합한 흙과 관련하여 국립농업과학원장은 '농작물의 성장에 가장 적절한 pH 농도는 6 내지 7이다.'고 하였고, 울산광역시 농업기술센터장은 '농작물이 성장하기 위해 가장 적절한 pH 농도는 6 내지 7이다. pH 농도가 8.5 이상인 토사는 투수 속도가 느리고, 시간의 경과에 따라 토사의 아래 부분에 경반층이 형성되어 뿌리의 성장을 저해한다.'고 밝혔는바(대법원 2020. 2. 6. 2019두43474), 이를 고려할 때 객토, 성토, 절토의 기준인 "농작물의 경작 등에 적합한 흙"은 pH 농도 6 내지 7에 해당하는 흙이라고 보아야 할 것이다. 이보다 pH 농도가 상당히 높거나 낮은 흙을 사용한다면, 농지법상 '객토·성토·절토의 기준'을 준수하지 않은 것이라고 봄이 타당하다.

○ '객토·성토·절토의 기준'과 관련된 사법심사 범위 및 판단 기준

농지법 시행규칙 제4조의2 별표 1은 '객토·성토·절토의 기준(농작물의 경작 등에 적합한 흙 등)'을 구체적으로 정하지 아니한 채 불확정개념으로 규정하였으므로, 그에 대한 사법심사는 행정청의 공익판단에 관한 재량의 여지를 감안하여 법원은 해당 처분에 재량권 일탈·남용이 있는지 여부만을 심사하게 되고, 사실오인과 비례·평등의 원칙 위반 여부 등이 그 판단 기준이 된다(대법원 2020. 2. 6. 2019두43474).

3) 농지개량의 특혜

농지개량을 위하여 농지를 농업경영 또는 주말·체험영농에 이용하지 아니하거나 농업경영계획서 또는 주말·체험영농계획서 내용을 미이행하더라도, 농지처분의무가 면제되며(농지법 제10조 제1항 제1호, 제7호), 농지를 개량하는 경우 분할이 금지된 "「농어촌정비법」에 따른 농업생산기반정비사업이 시행된 농지"의 분할이 예외적으로 허용된다(농지법 제22조 제2항 제4호).

4) 농지개량 신고

① 신고의무

농지를 개량하려는 자 중 성토 또는 절토를 하려는 자는 시장·군수·자치구구청장에게 신고하여야 한다(신고사항 변경도 동일하다)(농지법 제41조의3 제1항 본문).

② 신고의무 면제사유

다음 각 호의 어느 하나에 해당하는 경우 신고의무가 면제된다(농지법 제41조의3 제1항 단서).

1. 「국토의 계획 및 이용에 관한 법률」 제56조(개발행위 허가)에 따라 개발행위의 허가를 받은 경우
2. 국가 또는 지방자치단체가 공익상의 필요에 따라 직접 시행하는 사업을 위하여 성토 또는 절토하는 경우
3. 재해복구나 재난수습에 필요한 응급조치를 위한 경우
4. 대통령령으로 정하는 경미한 행위인 경우

③ 신고 수리

시장·군수·자치구구청장은 신고 받은 경우 그 내용을 검토하여 농지법(농지개량 기준 등)에 적합하면 신고를 수리하여야 한다(농지법 제41조의3 제2항 본문).

5) 농지개량행위의 신고 취소 등

농림축산식품부장관, 시장·군수·자치구구청장은 농지개량행위의 신고를 한 자가 다음 각 호의 어느 하나에 해당하면 신고를 취소하거나 관계 공사의 중지, 조업의 정지, 사업규모의 축소 또는 사업계획의 변경, 그 밖에 필요한 조치를 명할 수 있다. 다만 제5호(신고를 한 자가 관계 공사의 중지 등 이 조 본문에 따른 조치명령을 위반한 경우)에 해당하면 그 신고를 취소하여야 한다(농지법 제39조 제1항).

1. 거짓이나 그 밖의 부정한 방법으로 신고한 것이 판명된 경우(농지법 제39조 제1항 제1호)
2. 신고하지 아니하고 사업계획 또는 사업 규모를 변경하는 경우(농지법 제39조 제1항 제3호)
3. 신고를 한 후 사업계획의 변경 등 대통령령으로 정하는 정당한 사유 없이 신고를 한 날부터 2년 이상 대지의 조성, 시설물의 설치 등 사업에 착수하지 아니하거나 사업에 착수한 후 1년 이상 공사를 중단한 경우(농지법 제39조 제1항 제4호)
4. 신고를 한 자가 신고를 철회하는 경우(농지법 제39조 제1항 제6호)
5. 신고를 한 자가 관계 공사의 중지 등 이 조 본문에 따른 조치명령을 위반한 경우(농지법 제39조 제1항 제7호)

6) 원상회복명령 등[46]

가) 원상회복명령

농림축산식품부장관·시장·군수·자치구구청장은 ① 농지개량 기준을 준수하지 아니하고 농지를 개량하거나 ② 농지개량 (변경)신고를 하지 아니하고 농지를 성토 또는 절토 행위를 한 경우 그 행위를 한 자, 해당 농지의 소유자, 점유자 또는 관리자에게 기간을 정하여 원상회복을 명할 수 있다(농지법 제42조 제1항 제5호·제6호).

---

46 농지개량과 관련된 원상회복명령 등의 규정(농지법 제42조 제1항 제5호·제6호, 농지법 제42조 제2항·제3항, 제63조 제2항 제3호)은 2025년 1월 3일부터 시행 예정이다.

나) 대집행

농림축산식품부장관·시장·군수·자치구구청장은 원상회복명령을 위반하여 원상회복을 하지 아니하면 대집행(代執行)으로 원상회복을 할 수 있다. 대집행 절차는 「행정대집행법」을 적용한다(농지법 제42조 제2항·제3항).

다) 이행강제금

시장(구를 두지 아니한 시의 시장을 말한다)·군수·구청장은 원상회복명령을 받은 후 그 기간 내에 원상회복명령을 이행하지 아니하여 그 원상회복명령의 이행에 필요한 상당한 기간을 정하였음에도 그 기한까지 원상회복을 아니한 자에 대해 이행강제금을 부과한다(제63조 제1항 제2호).

7) 형사책임

농지개량 기준을 준수하지 아니하고 농지를 개량하거나 농지개량 (변경)신고를 하지 아니하고 농지를 성토 또는 절토 행위를 한다면, 3년 이하의 징역 또는 3,000만원 이하의 벌금에 처할 수 있다(농지법 제60조 제4호·제5호).

법인의 대표자나 법인 또는 개인의 대리인, 사용인, 그 밖의 종업원이 농지개량 기준을 준수하지 아니하고 농지를 개량하거나 농지개량 (변경)신고를 하지 아니하고 농지를 성토 또는 절토 행위를 한 때에는 농지법 제62조(양벌규정)에 따라 그 행위자를 벌하는 외에 그 법인 또는 개인에게도 3,000만원의 벌금형이 과해질 수 있다. 다만, 법인 또는 개인이 그 위반행위를 방지하기 위하여 상당한 주의와 감독을 게을리하지 아니한 경우에는 그러하지 아니하다.

제6장
농업진흥지역

가. 농업진흥지역 제도
나. 농업진흥지역 내 행위제한

제6장 농업진흥지역

가. 농업진흥지역 제도

1) 제도의 도입 취지

농업진흥지역 지정제도는 농지를 효율적으로 이용·보전함으로써 농업의 생산성을 향상하고 우량농지를 확보하기 위하여 종전의 필지별 보전방식인 절대·상대농지 제도를 권역별 보전방식으로 전환하고자 1990년 4월 7일 도입되었다(「농어촌발전특별조치법」 제정이유).

2) 용어 정의

가) 농업진흥지역 신규지정

"농업진흥지역 신규지정"이란 경지정리·간척농지 조성·개간 등으로 집단화된 농지가 조성된 지역 또는 기존 농업진흥지역이 없는 지역에 농업진흥지역을 지정하는 것을 말한다(「농업진흥지역관리규정」 제2조 제1호).

나) 농업진흥지역 변경

"농업진흥지역 변경"이란 당해 지역의 농지·영농형태, 용도별 지정요건 등이 변경된 농지로 농업진흥구역을 농업보호구역으로 변경하거나 농업보호구역을 농업진흥구역으로 변경하는 경우를 말한다(「농업진흥지역관리규정」 제2조 제2호).

다) 농업진흥지역 해제

"농업진흥지역 해제"란 도시·군관리계획 결정, 택지·산업단지 지정 등 지역·지구·구역·단지·특구의 지정을 위해 관련법에 의하여 미리 농림축산식품부장관(그 권한을 위임받을 자를 포함한다)과 농지전용허가를 전제로 협의가 완료하거나 여건변화로 농업진흥지역 지정요건에 적합하지 않아 농업진흥지역을 농업진흥지역 밖으로 변경하는 경우를 말한다(「농업진흥지역관리규정」 제2조 제3호).

3) 농업진흥지역의 지정

가) 지정권자

특별시장·광역시장·특별자치시장·도지사 또는 특별자치도지사(이하 "시·도지사"라 한다)는 농지를 효율적으로 이용하고 보전하기 위하여 농업진흥지역을 지정한다(농지법 제28조 제1항).

나) 용도구역의 구분

농업진흥지역은 다음과 같이 농업진흥구역과 농업보호구역으로 구분된다.

(1) 농업진흥구역

농업진흥구역은 농업의 진흥을 도모하여야 하는 다음 각 목의 어느 하나에 해당하는 지역으로서 농지가 집단화되어 농업 목적으로 이용할 필요가 있는 지역을 지정한다(농지법 제28조 제2항 제1호).

> 가. 농지조성사업 또는 농업기반정비사업이 시행되었거나 시행 중인 지역으로서 농업용으로 이용하고 있거나 이용할 토지가 집단화되어 있는 지역
> 나. 가목에 해당하는 지역 외의 지역으로서 농업용으로 이용하고 있는 토지가 집단화되어 있는 지역

(2) 농업보호구역

농업보호구역은 농업진흥구역의 용수원 확보, 수질 보전 등 농업 환경을 보호하기 위하여 필요한 지역을 지정한다(농지법 제28조 제2항 제2호).

다) 지정대상

농업진흥지역 지정은 「국토의 계획 및 이용에 관한 법률」에 따른 녹지지역(특별시의 녹지지역은 제외한다)·관리지역·농림지역 및 자연환경보전지역을 대상으로 한다. 다만 다음 각 호의 어느 하나에 해당하는 지역은 농업진흥지역 지정대상에서 제외한다(농지법 제29조, 「농업진흥지역관리규정」 제4조).

1. 「국토의 계획 및 이용에 관한 법률」·「산업입지 및 개발에 관한 법률」·「관광진흥법」 등 토지이용 관련법률에 의하여 다른 용도로 이미 지정된 용도구역 등으로서 지정목적에 이용될 것이 확실한 지역
2. 1ha(10,000㎡) 미만의 구역 내에 10호 이상 밀집된 자연부락
3. 인근 지역의 개발 등으로 인하여 농업환경이 열악하여 농지로서 보존가치가 현저히 떨어지는 등 농업목적으로 계속하여 보전하는 것이 불합리한 지역

※ 시·도지사는 경지정리·간척지내부 개답·개간 등으로 집단화된 농지를 조성할 경우에는 지체 없이 「국토의 계획 및 이용에 관한 법률」 제6조에서 규정하고 있는 용도지역 지정 등 필요한 조치를 하여 당해 지역을 조속히 농업진흥지역으로 지정하여야 한다(「농업진흥지역관리규정」 제6조).

라) 지정 기준

(1) 농업지대 구분기준(「농업진흥지역관리규정」 별표 1)

(가) 농업지대구분 목적

농업지대구분의 목적은 농업진흥지역을 지정할 때 지역의 자연적, 경제·사회적 특성을 충분히 반영함으로써 농업진흥지역의 합리적인 보전·이용을 도모하기 위하여 농지분포비율·영농유형에 따라 농업지대를 구분하고 농업지대별로 지정기준을 달리 적용하기 위한 것이다.

(나) 농업지대구분 방법

① 농업지역·관리지역·자연환경보전지역

농업지대는 읍·면단위의 행정구역을 세분하여 영농권을 설정하고 영농권별로 농지가 분포하는 비율에 따라 아래 표와 같이 평야지·중간지·산간지로 구분한다. 영농권은 영농유형(답작지대, 전작지대, 혼작지대[47]로 구분), 작목반 등의 생산유통조직 등을 감안

하여 설정하되, 읍·면 또는 법정 리를 영농권의 경계가 되도록 한다(행정통계자료 이용편의성을 고려한 것이다).

[농업지대 구분 기준]

구 분	기 준	비 고
평야지	영농권내 전체 농경지의 평탄지 분포비율이 25%이상인 지역	농지분포비율은 농촌진흥청에서 발행한 토양도를 기준으로 산정
중간지	영농권내 전체 농경지의 평탄지 분포비율이 25%이하이고 곡간선상지 분포비율이 45%이상인 지역	
산간지	영농권내 전체 농경지의 평탄지 분포비율이 25%이하이고 곡간선상지 분포비율이 45%이하인 지역	

② 녹지지역

녹지지역은 도시화의 진전속도 등을 감안하여 개발제한구역은 중간지, 개발제한구역 이외는 평야지로 구분한다.

(2) 농업진흥구역의 지정 기준(「농업진흥지역관리규정」 별표 2)

(가) 지정기준설정 방향

농업진흥구역의 지정기준은 생산성이 높은 농지로서 영농기계화로 노동력과 비용을 절감할 수 있고 경지정리·용수개발 등 생산기반투자의 효율이 높은 농지집단지역이 지정될 수 있도록 하는 데 그 목표를 두고 설정한다.

(나) 지정기준의 구분

농업진흥구역 지정기준은 농지집단화도의 기준과 토지생산성 기준으로 구분하며, 신규지정·편입 또는 대체지정시와 주민희망지역지정시의 기준을 다음과 같이 달리 적용한다.

---

47 답작지대: 논비율 70%이상, 전작지대: 논비율 40%이하, 혼작지대: 논비율 40~70%

① 신규지정·편입·대체지정시의 적용기준

○ 농지집단화도의 기준

농지집단화도에 따른 농업진흥구역 지정기준은 아래와 같다.

[농지집단화도의 기준]

구 분	기 준
평야지	영농유형이 수도작(논농사) 위주로 대형농기계 투입이 가능하므로 집단화 규모 10ha 이상인 지역
중간지	영농유형이 대부분 수도작(논농사) + 전작(밭농사) 형태로서 7ha의 경우 기계화 연면적은 10ha의 효과가 있으므로 집단화 규모 7ha이상인 지역
산간지	영농유형이 수도작(논농사) + 전작(밭농사) 형태를 이루고 있으나 지형여건상 전작의 기계화는 어려우므로 수도작의 기계화를 중심으로 하여 집단화 규모 3ha이상인 지역

* 기준이하의 소규모 농지집단지역이라도 인접농지와 종합하여 집단화도를 측정한다.
** 여건변화로 농업진흥구역에 연접된 비농업진흥지역을 농업진흥지역으로 편입하는 경우에는 기존 농업진흥지역과 종합하여 집단화도를 측정한다.

○ 토지생산성의 기준

농촌진흥청에서 분류한 우리나라 토양의 지목별 토지적성등급과 경사도에 따르는 아래 기준을 농업지대별로 적용하되, 농지개량사업으로 토양개량이 가능한 지역은 기준 이하라도 농업진흥구역에 포함한다.

[토지생산성의 기준]

지대별	논		밭		과 수 원	
	경사도	토지적성등급	경사도	토지적성등급	경사도	토지적성등급
평야지	5%이하	2급지이상	7%이하	2급지이상	15%이하	3급지이상
중간지	5%이하	3급지이상	7%이하	2급지이상	15%이하	3급지이상
산간지	7%이하	3급지이상	7%이하	2급지이상	15%이하	3급지이상

② 주민희망지역의 지정기준

지역주민이 농업진흥지역 편입을 희망하는 지역은 농업지대구분, 도시계획구역 안·밖 구분없이 아래 기준을 적용한다.

[주민희망지역의 지정기준]

농지 집단화도	논		밭		과 수 원	
	경사도	토지적성등급	경사도	토지적성등급	경사도	토지적성등급
3ha이상	7%이하	3급지이상	15%이하	3급지이상	15%이하	3급지이상

지역주민이 농업진흥지역 편입을 희망하는 지역으로서 다음 각 호에 모두 해당하는 경우에는 경사도 기준과 관계없이 농업진흥구역으로 지정할 수 있다.

1. 농지가 대규모로 집단화되어 있고 장차 농업목적으로 장기간 활용가능하며 투기목적의 소유가 우려되지 아니할 것
2. 해당지역의 재배작목과 영농형태를 감안할 때 경영규모 확대가 필요한 지역일 것
3. 경지정리·농업용수개발 기타 생산기반투자가 가능하고 상당수준의 농업기계화가 가능할 것

(3) 농업보호구역의 지정 기준(「농업진흥지역관리규정」 별표 3)

(가) 농림지역·관리지역 및 자연환경보전지역

농림지역·관리지역 및 자연환경보전지역 중 다음 각 호의 어느 하나에 해당하는 지역은 농업보호구역으로 지정할 수 있다.

1. 농업진흥구역의 용수원 확보와 수질보전을 위하여 필요한 다음 각 목의 어느 하나에 해당하는 지역
   가. 농업진흥구역에 필요한 수원공(저수지등)의 직접유역안에 있는 모든 토지
   나. 직접유역밖에서는 농업진흥구역의 농지를 오·폐수의 오염으로부터 보호하여야 할 필요성이 있는 지역의 농지
2. 기타 농업진흥구역의 농업환경을 보호하기 위하여 필요한 지역(농업진흥구역으로 둘러싸인 잡종지 또는 임야)

(나) 녹지지역의 농업보호구역

도시계획상 시가화(주거·상업·공업지역, 도시계획시설)로 지정되지 아니한 녹지지역으로서 다음 각 호의 어느 하나에 해당하는 지역은 농업보호구역으로 지정할 수 있다.

1. 농업진흥구역에 필요한 수원공의 직접유역안에 있는 녹지지역
2. 녹지지역 주변의 공단폐수 또는 도시생활하수로부터 농업진흥구역의 농업환경을 보호할 필요가 있는 지역

마) 지정절차

농업진흥지역 지정절차는 아래 흐름도와 같다.

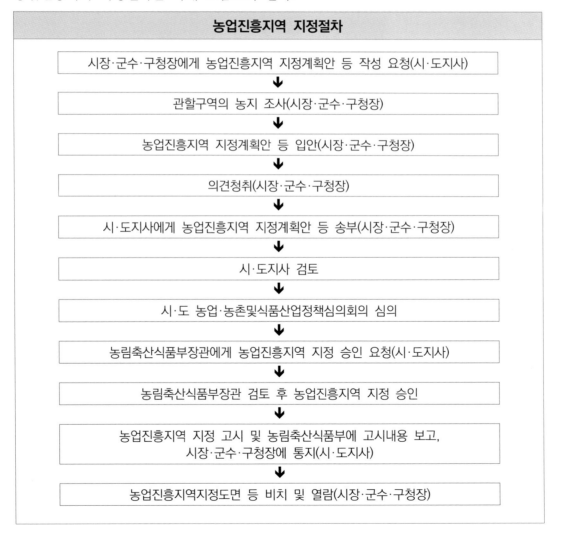

농업진흥지역 지정절차

시장·군수·구청장에게 농업진흥지역 지정계획안 등 작성 요청(시·도지사)

↓

관할구역의 농지 조사(시장·군수·구청장)

↓

농업진흥지역 지정계획안 등 입안(시장·군수·구청장)

↓

의견청취(시장·군수·구청장)

↓

시·도지사에게 농업진흥지역 지정계획안 등 송부(시장·군수·구청장)

↓

시·도지사 검토

↓

시·도 농업·농촌및식품산업정책심의회의 심의

↓

농림축산식품부장관에게 농업진흥지역 지정 승인 요청(시·도지사)

↓

농림축산식품부장관 검토 후 농업진흥지역 지정 승인

↓

농업진흥지역 지정 고시 및 농림축산식품부에 고시내용 보고,
시장·군수·구청장에 통지(시·도지사)

↓

농업진흥지역지정도면 등 비치 및 열람(시장·군수·구청장)

(1) 시·도지사는 시장·군수·자치구구청장으로 하여금 농업진흥지역 지정계획안과 농업진흥지역 지정계획도를 작성하게 한다(농지법 시행령 제25조 제1항).

(2) 시장·군수·자치구구청장은 관할구역의 농지를 조사하여 농업진흥지역 지정계획안(농업진흥지역 지정계획도 포함)을 입안한다(농지법 시행령 제25조 제1항).

(3) 시장·군수·자치구구청장은 농업진흥지역 지정계획안에 대하여 다음 각 호의 구분에 따른 방법 및 절차에 적합하게 해당 토지의 소유자와 해당 지역주민의 의견을 청취해야 한다(농지법 제31조의2, 같은 법 시행령 제28조의2).

[주민의견 청취절차]

구분	절차
1. 해당 토지의 소유자에 대한 의견청취	가. 시장·군수·자치구구청장은 농업진흥지역 지정계획안의 주요내용을 서면으로 토지의 소유자에게 개별통지하여야 한다. 나. 개별통지 내용에 대하여 의견이 있는 해당 토지의 소유자는 서면으로 통보를 받은 날부터 14일 이내에 시장·군수·자치구구청장에게 의견서를 제출하여야 한다. 다. 시장·군수·자치구구청장은 소유자가 제출된 의견을 검토하여 그 결과를 해당 의견을 받은 날부터 60일 이내에 의견을 제출한 소유자에게 서면으로 통보하여야 한다.
2. 해당 지역주민에 대한 의견 청취	가. 시장·군수·자치구구청장은 농업진흥지역 지정계획안의 주요내용을 해당 시·군·자치구를 주된 보급지역으로 하는 둘 이상의 일반일간신문 및 해당 시·군·자치구의 인터넷 홈페이지에 각각 공고하고, 계획안을 14일 이상 열람할 수 있도록 해야 한다. 나. 공고된 농업진흥지역 지정계획안에 대하여 의견이 있는 자는 열람기간 내에 시장·군수·자치구청장에게 의견서를 제출하여야 한다. 다. 시장·군수·자치구구청장은 제출된 의견을 농업진흥지역 지정 계획안에 반영할 것인지를 검토하여 그 결과를 열람기간이 종료된 날부터 60일 이내에 해당 의견을 제출한 자에게 서면으로 통보하여야 한다.

다만, 다음 각 호의 어느 하나에 해당하는 경우에는 토지의 소유자와 해당 지역주민의 의견을 청취하지 아니한다(농지법 제31조의2 단서).

1. 다른 법률에 따라 토지소유자에게 개별 통지한 경우
2. 통지를 받을 자를 알 수 없거나 그 주소·거소, 그 밖에 통지할 장소를 알 수 없는 경우

한편, 시장·군수·자치구구청장은 해당 토지의 소유자와 지역주민이 제출한 의견이 타당하다고 인정되는 때에는 이를 농업진흥지역 지정계획안에 반영하여야 한다(농지법 시행령 제28조의2 제2항).

(4) 시장·군수·자치구구청장은 시·도지사에게 농업진흥지역 지정계획안과 다음 각 호의 서류를 송부한다(농지법 시행규칙 제23조).

---

1. 농업진흥지역 지정계획안에 대한 주민의견의 청취 결과
2. 농업진흥지역의 용도구역별 토지의 지번·지목 및 면적을 표시한 토지조서
3. 지적이 표시된 지형도에 농업진흥지역의 용도구역을 표시한 도면(전자도면 포함)
4. 그 밖에 농업진흥지역지정에 필요한 서류로서 농림축산식품부장관이 정하는 서류

---

(5) 시·도지사는 농업진흥지역 지정계획안 등을 검토한 후 시·도 농업·농촌및식품산업 정책심의회의 심의를 거쳐, 농림축산식품부장관에게 농업진흥지역 지정 승인을 요청한다. 시·도지사는 농업진흥지역 지정 승인 요청시 농림축산식품부장관에게 다음 각 호의 서류를 송부한다(농지법 시행령 제26조).

---

1. 농업진흥지역 지정계획서
2. 농업진흥지역의 용도구역별 토지의 지번·지목 및 면적을 표시한 토지조서
3. 지적이 표시된 지형도에 농업진흥지역의 용도구역을 표시한 도면(전자도면 포함)
4. 그 밖에 농업진흥지역 지정승인에 참고가 될 사항을 기재한 서류

---

(6) 농림축산식품부장관은 농업진흥지역 지정계획안 등을 검토한 후 농업진흥지역 지정을 승인한다(농지법 제30조 제1항).

「국토의 계획 및 이용에 관한 법률」에 따른 녹지지역이나 계획관리지역이 농업진흥지역에 포함된 경우 농림축산식품부장관은 농업진흥지역 지정을 승인하기 전에 국토교통부장관과 협의하여야 한다(농지법 제30조 제3항).

(7) 시·도지사는 농업진흥지역 지정을 고시하고 농림축산식품부장관에게 고시내용을 보고하고 시장·군수·자치구구청장에게 통지하여야 한다(농지법 시행령 제27조 제2항).

(8) 시장·군수·자치구구청장은 농업진흥지역 지정도면과 토지조서를 읍·면·동에 비치하고 20일 이상 일반인이 열람하도록 한다(농지법 시행령 제27조 제3항).

4) 농업진흥지역의 변경·해제

가) 농업진흥지역의 해제

(1) 해제권자

시·도지사는 지역여건 등을 감안하여 농업진흥지역을 해제할 수 있다(농지법 제31조 제1항).

(2) 해제 요건

다음 각 목의 어느 하나에 해당하는 경우 시·도지사는 농업진흥지역을 해제할 수 있다(농지법 시행령 제28조 제1항 제1호).

> 가. 「국토의 계획 및 이용에 관한 법률」 제6조에 따른 용도지역을 변경하는 경우(농지의 전용을 수반하는 경우에 한한다)
> 나. 도시지역에 주거지역·상업지역·공업지역을 지정하거나 도시·군계획시설을 결정하고자 미리 농지의 전용에 관한 협의를 하는 경우
> 다. 해당 지역의 여건변화로 농업진흥지역의 지정요건에 적합하지 않게 된 경우(농업진흥지역 안의 토지의 면적이 30,000㎡ 이하인 경우로 한정)

※ 위 다목의 "해당 지역의 여건변화"라 함은 다음 각 호의 어느 하나에 의해 도로, 철도 등이 설치되거나 택지, 산업단지 준공 등으로 인하여 집단화된 농지와 분리된 자투리 토지로서 농업진흥구역은 농로 및 용·배수로가 차단되는 등 실제로 영농에 지장을 주는 경우를, 농업보호구역은 농업진흥구역의 농업환경을 보호하기 위한 본연의 기능이 상실된 경우를 말한다(「농업진흥지역관리규정」 제8조).

> 1. 「도로법」 제10조에 따른 도로
> 2. 「국토의 계획 및 이용에 관한 법률」 제2조 제7호에 따른 도로(폭 8m 미만인 소로는 제외한다)
> 3. 「철도산업발전기본법」 제3조 제1호에 따른 철도
> 4. 「하천법」 제2조 제1호에 따른 하천[48]

---

48 「소하천정비법」에 따른 소하천은 포함되지 아니한다.

(3) 해제의 검토기준

시·도지사는 농업진흥구역 해제 시 다음 각 호의 구분에 따라 검토하여야 한다(「농업진흥지역관리규정」제9조).

구분	검토 사항
1. 국토계획법 제6조에 따른 용도지역을 변경하는 경우 2. 도시지역에 주거지역 등을 지정하거나 도시·군계획시설을 결정하는 경우로서 미리 농지의 전용에 관한 협의를 하는 경우	1. 농업생산기반이 정비되어 있거나 정비사업예정지구에 편입된 농지로서 계속 보전할 필요성이 있는지의 여부 2. 농업생산기반이 정비된 경우에는 도로(교차로)·하천 등과 연접된 변두리 지역에 위치하고 있거나 토질이 척박하여 보전가치가 낮다고 인정되는 농지인지의 여부 3. 해당 시설의 기능·용도 등을 감안한 입지가능 지역에 농업진흥지역외의 활용가능한 다른 토지가 있는지의 여부 4. 사업시행으로 인하여 농로·수로가 차단되어 인근농지의 영농에 지장을 초래하거나 오폐수가 유출되어 농업용수 등 기타 농업환경을 오염시킬 우려가 있는지의 여부
3. 해당 지역의 여건변화로 농업진흥지역의 지정요건에 적합하지 않게 된 경우(농업진흥지역 안의 토지의 면적이 30,000㎡ 이하인 경우로 한정)	1. 농지로의 출입, 농기계 통행 등 영농에 불편함이 발생하였는지 여부 2. 용·배수로가 차단되는 등 농지의 보전가치가 현저히 낮아졌는지 여부 3. 집단화된 농지와 분리됨으로써 권역별 영농활동에 지장을 초래하는지 여부

(4) 해제 절차

(가) 절차

농업진흥지역 해제절차는 농업진흥지역 지정절차와 동일하다. 다만 10,000㎡ 이하[49]의 농업진흥지역을 해제하는 경우 시·도지사는 농림축산식품부장관의 승인 없이 농업진흥지역을 해제할 수 있다(농지법 시행령 제28조 제3항 제2호).

※ "① 국토계획법 제6조에 따른 용도지역을 변경하는 경우로서 농림축산식품부장관과의 협의를 거쳐 지정되거나 결정된 지역·지구·구역·단지·특구 등(농지법 시행령 별표 3) 안에서 농업진흥지역을 해제하는 경우"와 "② 도시지역에 주거지역등을 지정하거나 도시·군계획시설을 결정하고자 미리 농지의 전용에 관한 협의를 하는 경우"로서 미리 농림축산식품부장관과 전용협의를 거친 지역에서 농업진흥지역을 해제하는 경우에는 시·도지사가 농림축산식품부장관의 승인 없이 해제할 수 있는 농업진흥지역의 면적에 제한이 없다.

---

49 농업진흥지역 해제 면적을 적용함에 있어 동시 또는 수차에 걸쳐 같은 목적으로 농업진흥지역을 해제하는 경우에는 해제하려는 농업진흥지역의 면적과 그 농업진흥지역 변경 신청일 이전 5년간 연접하여 해제한 농업진흥지역 면적을 합산한 면적을 농업진흥지역 해제면적으로 본다(「농업진흥지역관리규정」제10조 제5항).

한편, 시·도지사는 농림축산식품부장관의 승인 없이 농업진흥지역을 해제한 경우에는 그 결과를 농림축산식품부장관에게 보고하여야 한다(농지법 시행령 제28조 제4항).

(나) 해제요청시기

시·도지사는 도시·군관리계획변경 또는 도시·군관리계획변경이 의제되는 각종 지구·구역 등의 지정(이하 "도시·군관리계획변경 등"이라 한다)을 위한 협의를 완료한 후 농지전용허가에 대한 협의(이하 "농지전용허가협의"라 한다) 요청이 있는 경우에 농업진흥지역 해제승인을 요청할 수 있다. 다만, 도시·군관리계획변경 등을 위한 협의와 실시계획·조성계획 등의 승인을 위한 농지전용허가협의(실시계획·조성계획 등이 수립되어 첨부되는 경우를 포함한다)의 요청이 동시에 있는 경우에는 시·도 농업·농촌및식품산업정책심의회의 심의 등의 절차를 거쳐 도시·군관리계획변경 등 협의와 농업진흥지역 해제승인을 동시에 요청할 수 있다(「농업진흥지역관리규정」 제10조 제1항).

나) 농업진흥지역의 편입

시·도지사는 지역의 여건변화에 따라 농업진흥지역 밖의 지역을 농업진흥지역으로 편입할 수 있다. 이 경우 편입의 기준 및 절차는 농업진흥지역 지정과 동일하다(농지법 제31조 제2항, 같은 법 시행령 제28조 제1항 제2호).

다) 농업진흥지역의 변경(용도구역 변경)

(1) 용도구역 변경대상

시·도지사는 다음 각 목의 어느 하나에 해당하는 경우 농업진흥지역의 용도구역을 변경할 수 있다(농지법 시행령 제28조 제1항 제3호).

가. 해당 지역의 여건변화로 농업보호구역의 전부 또는 일부를 농업진흥구역으로 변경하는 경우
나. 해당 지역의 여건변화로 농업진흥구역 안의 30,000㎡ 이하의 토지를 농업보호구역으로 변경하는 경우
다. 다음의 어느 하나에 해당하는 농업진흥구역 안의 토지를 농업보호구역으로 변경하는 경우
  1) 저수지의 계획홍수위선(계획홍수위선이 없는 경우 상시만수위선을 말한다)으로부터 상류 반경 500m 이내의 지역으로서 「농어촌정비법」에 따른 농업생산기반 정비사업이 시행되지 않은 지역
  2) 저수지 부지

---

(2) 용도구역 변경요건

(가) 농업보호구역을 농업진흥구역으로 변경할 수 있는 경우

다음 각 호의 어느 하나에 해당하는 경우에는 농업보호구역을 농업진흥구역으로 변경할 수 있다(「농업진흥지역관리규정」 제7조 제1항).

1. 해당 지역이 생산기반정비 등으로 농업진흥구역 지정기준에 적합하게 된 경우
2. 당초 농업진흥구역으로 지정되어야 할 지역이 농업보호구역으로 지정된 경우
3. 한 필지에 농업진흥구역과 농업보호구역이 중복지정된 경우(단, 제1호 또는 제2호 요건에 부합하는 경우에 한함)

(나) 농업진흥구역을 농업보호구역으로 변경할 수 있는 경우

다음 각 호의 어느 하나에 해당하는 경우에는 30,000㎡ 이하의 농업진흥구역을 농업보호구역으로 변경할 수 있다(「농업진흥지역관리규정」 제7조 제2항).

1. 농업진흥구역 내 농지가 저수지 개발 등으로 농업용수 확보를 위해 활용되는 경우
2. 도로·철도 등 공공시설의 설치로 인하여 농로와 용·배수로가 차단되는 등 영농이 곤란하다고 인정되는 경우
3. 농업기반투자와 기계화 영농이 불가능한 지역으로서 농업진흥구역으로 계속 관리하는 것은 불합리하나 농업보호구역으로 관리할 필요가 있다고 인정되는 경우
4. 한 필지에 농업진흥구역과 농업보호구역이 중복지정된 경우(단, 제1호 내지 제3호 요건에 부합하는 경우에 한함)

(3) 용도구역 변경절차

용도구역 변경절차는 농업진흥구역 지정절차와 동일하다. 다만 농업보호구역을 농업진흥구역으로 변경하거나 농업진흥구역 안의 10,000㎡ 이하의 토지를 농업보호구역으로 변경하는 경우에는 시·도 농업·농촌및식품산업정책심의회의 심의와 농림축산식품부장관의 승인절차를 생략할 수 있다. 10,000㎡ 초과 30,000㎡ 이하의 농업진흥구역을 농업보호구역으로 변경하는 경우에는 시·도 농업·농촌및식품산업정책심의회의 심의만 생략할 수 있고, 농림축산식품부장관의 승인절차를 생략할 수 없다(「농업진흥지역관리규정」 제7조 제2항, 제10조 제4항). 이 때 용도구역 변경면적을 적용함에 있어 동시 또는 수차에 걸쳐 같은 목적으로 용도구역을 변경하는 경우에는 변경하려는 농업진흥

지역의 면적과 그 농업진흥지역 변경 신청일 이전 5년간 연접하여 변경한 농업진흥지역 면적을 합산한 면적을 용도구역 변경면적으로 본다(「농업진흥지역관리규정」 제10조 제5항).

한편, 시·도지사는 농림축산식품부장관의 승인 없이 용도구역을 변경한 경우에는 그 결과를 농림축산식품부장관에게 보고하여야 한다(농지법 시행령 제28조 제4항).

(4) 토지 소유자 등 이해관계인이 용도구역 변경을 구할 신청권이 있는지

(가) 법규상 신청권 인정 여부

농지법은 농업진흥지역 용도구역의 지정·해제 또는 변경에 관한 구체적인 권한 범위와 절차를 농림축산식품부장관, 시·도지사, 시장·군수·자치구구청장에게 순차로 나누어 맡기고 있을 뿐, 농업진흥지역 용도구역의 변경에 관한 해당 토지 소유자 또는 지역주민의 신청권을 규정하고 있지 아니하므로, 토지 소유자 등은 용도구역의 변경에 대해 법규상 신청권이 없다고 할 것이다.

(나) 조리상 신청권 인정 여부

법규상 신청권이 없는 토지 소유자 등이 조리상 신청권을 가질 수 있는지 살펴본다면, 농업진흥지역 용도구역 변경에 관한 농지법령의 입법취지는 농지의 효율적인 이용 및 보전을 위하여 가급적 용도구역 지정 당시의 현황대로 해당 토지를 보존·이용하도록 하면서 농지의 보존·관리에 더 적합한 경우에만 용도구역 변경을 허용하겠다는 것으로 보이고, 농지법령에서 농업진흥지역 내의 토지 소유자 등 이해관계인에게 용도구역 변경에 관한 신청권을 부여하고 있지 아니한 취지는 시·도지사로 하여금 토지 소유자 등 이해관계인의 신청에 구애되지 아니하고 농지의 집단적·장기적·종합적 보존 및 관리라는 공익적 관점에서 용도구역 지정의 타당성 내지 변경의 필요성 유무를 판단하도록 한 것으로 볼 수 있다.

따라서 어느 토지가 농업진흥지역으로 지정된 후에 어떠한 사정의 변경이 있다고 하더라도 해당 토지의 소유자나 지역주민 등 이해관계인에게 일일이 그 용도구역 변경을 구할 조리상 신청권이 인정된다고 보기 어렵다(헌법재판소 2020. 12. 23. 2018헌마930).

라) 환원

시·도지사는 농업진흥지역 또는 용도구역을 변경·해제할 수 있는 사유가 없어진 경우에는 원래의 농업진흥구역 또는 용도구역으로 환원하여야 한다(농지법 제31조 제1항 단서).

5) 실태조사

가) 계획 수립

농림축산식품부장관은 실태조사를 실시하기 위하여 조사기간, 방법 및 대상 등을 포함한 실태조사 계획을 수립해야 한다(농지법 제31조의3).

나) 조사 범위

농림축산식품부장관은 효율적인 농지 관리를 위하여 매년 다음 각 호의 조사를 하여야 한다(농지법 제31조의3 제2항, 같은 법 시행규칙 제23조의2 제1항).

1. 대리경작자 지정을 위한 유휴농지 조사(유휴농지의 지역별·유형별 현황 포함)
2. 농업진흥지역의 실태조사(지목, 농업생산기반의 정비 여부 등 농업진흥지역의 현황, 농업진흥지역의 변경 및 해제 사유가 발생한 지역 현황 등 포함)
3. 농지정보시스템에 등록된 농지의 현황에 대한 조사(농지의 소유 및 이용 현황 등 포함)
4. 농지전용 및 농지거래에 관한 사항에 대한 조사(농지전용허가·협의 및 농지전용신고 현황, 농지의 실거래가격 및 거래량 포함)

다) 조사방법

실태조사의 방법은 서면 또는 도면 조사를 원칙으로 하되, 서면 또는 도면과 현장의 일치 여부 등을 확인하기 위하여 현장 조사를 병행할 수 있다(농지법 시행령 제28조의3 제3항).

라) 조사 결과 반영

농림축산식품부장관이 농업진흥지역 실태조사 결과 농업진흥지역 등의 변경 및 해제 사유가 발생했다고 인정하는 경우 시·도지사는 해당 농업진흥지역 또는 용도구역을 변경하거나 해제할 수 있다(농지법 제31조의3 제2항).

6) 농업진흥지역에 대한 개발투자 확대 및 우선 지원

가) 국가와 지방자치단체의 우선적인 투자 및 자금지원사업대상

국가와 지방자치단체가 농업진흥지역 및 해당 지역의 농업인 등에 대하여 우선적으로 투자하고 자금지원 등 필요한 지원을 하여야 하는 사업은 다음 각 호와 같다(농지법 제33조 제1항, 같은 법 시행령 제31조).

1. 농지 및 농업시설을 개량·정비하기 위한 사업
2. 농업용수를 개발하기 위한 사업
3. 농어촌도로를 확충하기 위한 사업
4. 농업기계화를 촉진하는 사업
5. 농업인 또는 농업법인의 경영규모 확대를 지원하는 사업
6. 농어업경영체법에 따른 후계농업경영인과 농업식품기본법에 따른 전업농업인을 육성하는 사업
7. 농산물의 집하장·선과장(選果場), 그 밖의 농산물유통시설을 확충하기 위한 사업
8. 농업인의 생활환경을 개선하기 위한 사업

나) 농업인·농업법인의 지원 의무

국가와 지방자치단체는 농업진흥지역의 농지에 농작물을 경작하거나 다년생식물을 재배하는 농업인 또는 농업법인에게 자금 지원이나 「조세특례제한법」에 따른 조세 경감 등 필요한 지원을 우선 실시하여야 한다(농지법 제33조 제2항).

7) 농업진흥지역의 농지매수청구 등

가) 매수청구자

농업진흥지역의 농지를 소유하고 있는 농업인 또는 농업법인은 한국농어촌공사에 해당 농지의 매수를 청구할 수 있다(농지법 제33조의2 제1항).

나) 매수청구방법

농지매수청구자는 한국농어촌공사에 농지매수청구서와 농업인 또는 농업법인임을 확인할 수 있는 서류, 해당 농지의 토지 등기사항증명서를 제출하여야 한다(농지법 시행령 제31조의2, 같은 법 시행규칙 제25조의3 제2항).

다) 한국농어촌공사의 확인

농지매수청구서를 제출받은 한국농어촌공사 사장은 행정정보의 공동이용을 통하여 다음 각 호의 사항을 확인하여야 한다. 다만, 청구인이 주민등록표 등본 확인에 동의하지 아니하는 경우에는 청구인으로 하여금 주민등록표 등본을 첨부하도록 하여야 한다(농지법 시행규칙 제25조의3 제3항).

1. 청구인의 주민등록표 등본(법인인 경우에는 법인 등기사항 증명서를 말한다)
2. 해당 농지의 토지등기부 등본
3. 해당 농지의 토지이용계획확인서
4. 해당 농지의 지적도 등본

라) 매수방법

한국농어촌공사는 매수 청구를 받으면 감정평가법에 따른 감정평가법인등이 평가한 금액(감정가격)을 기준으로 해당 농지를 매수할 수 있다(농지법 제33조의2 제2항).

마) 농지관리기금 지원

한국농어촌공사가 농지를 매수하는 데에 필요한 자금은 농지관리기금에서 융자한다(농지법 제33조의2 제3항).

나. 농업진흥지역 내 행위제한

1) 행위제한제도

가) 행위제한대상

농업진흥지역 내 행위제한은 농업진흥지역으로 지정된 지역 내의 모든 토지를 대상으로 한다. 행위제한이 적용되는 토지이용행위에는, 건축물·공작물 등 시설의 설치와 같이 토지의 현상 변경을 수반하는 행위뿐만 아니라, 건축물의 용도변경 등 널리 토지를 이용하는 행위도 포함된다. 또한, 농업진흥지역 내에서는 농지가 전용되었더라도 그 이용행위는 여전히 농지법 제32조에 따른 제한을 받는다.

나) 행위제한 면적 산정

농업진흥지역 내 행위제한 면적은 농지와 비농지를 모두 합산하여 산정하며, 농업진흥지역 안·밖에 걸치는 경우 농업진흥지역 내 토지 면적에 대해서만 행위제한이 적용된다.

다) 행위제한의 특례

(1) 농업진흥구역과 농업보호구역에 걸치는 경우

한 필지의 토지가 농업진흥구역과 농업보호구역에 걸쳐 있으면서 농업진흥구역에 속하는 토지 부분이 330㎡ 이하이면 그 토지 부분에 대하여는 행위 제한을 적용할 때 농업보호구역에 관한 행위제한 규정을 적용한다(농지법 제53조 제1항, 같은 법 시행령 제73조).

(2) 농업진흥지역 안·밖에 걸치는 경우

한 필지의 토지 일부가 농업진흥지역에 걸쳐 있으면서 농업진흥지역에 속하는 토지 부분의 면적이 330㎡ 이하이면 그 토지 부분에 대하여는 농업진흥지역(농업진흥구역·농업보호구역)에 관한 행위제한 규정을 적용하지 아니한다(농지법 제53조 제2항, 같은 법 시행령 제73조).

라) 기득권 보호

(1) 기존의 건축물 등

농업진흥지역 지정 당시 관계 법령에 따라 인가·허가 또는 승인 등을 받거나 신고하고 설치한 기존의 건축물·공작물과 그 밖의 시설에 대해서는 행위제한 규정을 적용하지 아니한다(농지법 제32조 제3항).

(2) 시행 중인 공사 등

농업진흥지역 지정 당시 관계 법령에 따라 다음 각 호의 행위에 대하여 인가·허가·승인 등을 받거나 신고하고 공사 또는 사업을 시행 중인 자(관계 법령에 따라 인가·허가·승인 등을 받거나 신고할 필요가 없는 경우에는 시행 중인 공사 또는 사업에 착수한 자를 말한다)는 그 공사 또는 사업에 대하여만 행위제한 규정을 적용하지 아니한다(농지법 제32조 제4항).

1. 건축물의 건축
2. 공작물이나 그 밖의 시설 설치
3. 토지의 형질변경
4. 그 밖에 제1호부터 제3호까지의 행위에 준하는 행위

(3) 기존 시설의 용도변경 등

농업진흥지역 지정 당시 기존 시설을 용도변경·증축하거나 잔여부지에 새로운 시설을 설치하는 경우 행위제한 규정을 적용하지 아니한다[농림수산식품부 농지과-540(2010. 2. 1.)호 지침[50]].

2) 농업진흥구역 내 행위제한

농업진흥구역에서는 농업 생산 또는 농지 개량과 직접적으로 관련된 토지이용행위만 허용되는 것이 원칙이나, 예외적으로 농수산물의 가공·처리시설 설치 등이 일부 허용된다(농지법 제32조).

---

50 농림축산식품부, 「농지민원 사례집」, 2023., 제121쪽

다음 각 호의 토지이용행위는 농업진흥구역에서 허용된다.

---

1. 농업생산 또는 농지개량과 직접적으로 관련된 토지이용행위
2. 농수산물(농산물·임산물·축산물·수산물)의 가공·처리시설 및 농수산업(농업·임업·축산업·수산업) 관련 시험·연구시설의 설치
3. 농업인의 공동생활에 필요한 편의시설 및 이용시설의 설치
4. 농업인 주택, 어업인 주택(농어업인 주택)의 설치
5. 농업용 시설, 축산업용 시설 또는 어업용 시설의 설치
6. 국방·군사 시설의 설치
7. 하천, 제방, 그 밖에 이와 비슷한 국토보존시설의 설치
8. 문화재의 보수·복원·이전, 매장 문화재의 발굴, 비석이나 기념탑, 그 밖에 이와 비슷한 공작물의 설치
9. 공공시설의 설치
10. 지하자원 개발을 위한 탐사 또는 지하광물 채광(採鑛)과 광석의 선별 및 적치(積置)를 위한 장소로 사용하는 행위
11. 농어촌 소득원 개발 등 농어촌 발전에 필요한 시설의 설치

가) 농업생산 또는 농지개량과 직접적으로 관련된 토지이용행위

① 농작물의 경작(농지법 시행령 제29조 제1항 제1호)

② 다년생식물의 재배(농지법 시행령 제29조 제1항 제2호)

③ 고정식온실·버섯재배사 및 비닐하우스와 그 부속시설의 설치(농지법 시행령 제29조 제1항 제3호)

위 부속시설이란 해당 고정식온실·버섯재배사 및 비닐하우스와 연접하여 설치된 시설로서 농작물 또는 다년생식물의 경작·재배·관리·출하 등 일련의 생산과정에 직접 이용되는 다음 각 호의 시설을 말한다.

---

1. 보일러, 양액탱크, 종균배양설비, 농자재 및 농산물보관실, 작업장 등 해당 고정식온실·버섯재배사 및 비닐하우스에서 농작물 또는 다년생식물을 재배하는 데 직접 필요한 시설
2. 해당 고정식온실·버섯재배사 및 비닐하우스에서 생산된 농산물 또는 다년생식물을 판매하기 위한 간이진열시설
3. 해당 고정식온실·버섯재배사 및 비닐하우스에서 재배하는 농작물 또는 다년생식물의 관리를 위하여 설치하는 시설(주거 목적이 아닌 경우로 한정)

---

④ 축사·곤충사육사와 그 부속시설의 설치(농지법 시행령 제29조 제1항 제4호)

위 부속시설이란 해당 축사 또는 곤충사육사와 연접하여 설치된 시설로서 가축 또는 곤충의 사육·관리·출하 등 일련의 생산과정에 직접 이용되는 다음 각 호의 시설을 말한다.

---

1. 축사의 부속시설: 다음 각 목의 어느 하나에 해당하는 시설
   가. 먹이공급시설, 착유시설, 위생시설, 가축분뇨처리시설, 농기계보관시설, 진입로 및 가축운동장
   나. 자가 소비용 사료의 간이처리시설 또는 보관시설
   다. 가목·나목의 시설 또는 해당 축사에서 사육하는 가축의 관리를 위하여 설치하는 시설(주거 목적이 아닌 경우로 한정)
2. 곤충사육사의 부속시설: 다음 각 목의 어느 하나에 해당하는 시설
   가. 사육용기 세척시설 및 진입로
   나. 자가 소비용 사료의 간이처리 또는 보관시설
   다. 가목·나목의 시설 또는 해당 곤충사육사에서 사육하는 곤충의 관리를 위하여 설치하는 시설(주거 목적이 아닌 경우로 한정)

---

⑤ 간이퇴비장의 설치(농지법 시행령 제29조 제1항 제5호)

⑥ 농지개량사업 또는 농업용수개발사업의 시행(농지법 시행령 제29조 제1항 제6호)

⑦ 농막·간이저온저장고 및 간이액비저장조의 설치(농지법 시행령 제29조 제1항 제7호)

농막·간이저온저장고 및 간이액비 저장조

1. 농막: 농작업에 직접 필요한 농자재 및 농기계 보관, 수확 농산물 간이 처리 또는 농작업 중 일시 휴식을 위하여 설치하는 시설(연면적 20㎡ 이하이고, 주거 목적이 아닌 경우로 한정)
2. 간이저온저장고: 연면적 33㎡ 이하일 것
3. 간이액비저장조: 저장 용량이 200t 이하일 것

나) 농수산물(농산물·임산물·축산물·수산물)의 가공·처리시설 및 농수산업(농업·임업·축산업·수산업) 관련 시험·연구시설의 설치

① 다음 각 목의 요건을 모두 갖춘 농수산물의 가공·처리 시설[제조·가공·수리 용도로 쓰는 바닥면적의 합계가 500㎡ 미만인 제조업소(「건축법 시행령」 별표 1 제4호 너목)

또는 물품 제조·가공·수리 공장(「건축법 시행령」 별표 1 제17호)에 해당하는 시설을 말하며, 그 시설에서 생산된 제품을 판매하는 시설을 포함한다)(농지법 시행령 제29조 제2항 제1호)

가. 국내에서 생산된 농수산물(「농업·농촌 및 식품산업 기본법 시행령」 제5조 제1항 및 제2항에 따른 농수산물을 말하며, 임산물 중 목재와 그 가공품 및 토석은 제외한다) 및 쌀가루, 밀가루, 고춧가루를 주된 원료로 하여 가공하거나 건조·절단 등 처리를 거쳐 식품을 생산하기 위한 시설일 것
나. 농업진흥구역 안의 부지 면적이 15,000㎡[미곡종합처리장(미곡의 건조·선별·보관 및 가공시설)의 경우에는 30,000㎡] 미만인 시설(판매시설이 포함된 시설의 경우에는 그 판매시설의 면적이 전체 시설 면적의 100분의 20 미만인 시설에 한정)일 것

※ 국산 과일을 주된 원료로 하는 주스가공공장은 본 시설에 포함되어 농업진흥구역에 설치가능하나, 수입산 과일을 주된 원료로 하는 주스가공공장은 본 시설에서 제외되어 농업진흥구역에 설치가 제한된다.

② 「양곡관리법」에 따른 양곡가공업자가 농림축산식품부장관 또는 지방자치단체의 장과 계약을 체결해 「양곡관리법」에 따른 정부관리양곡을 가공·처리하는 시설로서 그 부지 면적이 15,000㎡ 미만인 시설(농지법 시행령 제29조 제2항 제2호)

③ 농수산업 관련 시험·연구 시설: 육종연구를 위한 농수산업에 관한 시험·연구 시설로서 그 부지의 총면적이 3,000㎡ 미만인 시설(농지법 시행령 제29조 제2항 제3호)

다) 농업인의 공동생활에 필요한 편의시설 및 이용시설의 설치

① 어린이놀이터, 마을회관(농지법 제32조 제1항 제2호)

② 농업인이 공동으로 운영하고 사용하는 창고·작업장·농기계수리시설·퇴비장(농지법 시행령 제29조 제3항 제1호)

③ 경로당, 어린이집, 유치원, 정자, 보건지소, 보건진료소, 「응급의료에 관한 법률」 제2조 제6호에 따른 응급의료 목적에 이용되는 항공기의 이착륙장 및 「민방위기본법」 제15조 제1항 제1호에 따른 비상대피시설(농지법 시행령 제29조 제3항 제2호)

④ 농업인이 공동으로 운영하고 사용하는 일반목욕장·화장실·구판장·운동시설·마을공동주차장 및 마을공동취수장(농지법 시행령 제29조 제3항 제3호)

'농업인이 공동으로 운영하고 사용한다'고 함은 시설의 운영에 필요한 경비를 공동으로 부담하고 해당 시설에서 발생하는 수익도 공동으로 처리하는 것을 말한다.

⑤ 국가·지방자치단체 또는 농업생산자단체가 농업인으로 하여금 사용하게 할 목적으로 설치하는 일반목욕장, 화장실, 운동시설, 구판장, 농기계 보관시설 및 농업인 복지회관(농지법 시행령 제29조 제3항 제4호)

라) 농업인 주택, 어업인 주택(농어업인 주택)의 설치

농업진흥구역 내 설치가 허용되는 "농업인 주택, 어업인 주택"이란 다음 각 호의 요건을 모두 갖춘 건축물 및 시설물을 말한다.

① 농업인 또는 어업인 1명 이상으로 구성되는 농업·임업·축산업·어업을 영위하는 세대로서 다음 각 목의 어느 하나에 해당하는 세대의 세대주가 설치하는 것일 것(농지법 시행령 제29조 제4항 제1호)

> 가. 해당 세대의 농업·임업·축산업·어업에 따른 수입액이 연간 총수입액의 2분의 1을 초과하는 세대
> 나. 해당 세대원의 노동력의 2분의 1 이상으로 농업·임업·축산업·어업을 영위하는 세대

② 제1항 각 목의 어느 하나에 해당하는 세대의 세대원이 장기간 독립된 주거생활을 영위할 수 있는 구조로 된 건축물(「지방세법 시행령」 제28조에 따른 별장 또는 고급주택[51]을 제외한다) 및 해당 건축물에 부속한 창고·축사 등 농업·임업·축산업 또는 어

---

51 (「지방세법 시행령」 제28조 제4항) 법 제13조 제5항 제3호에 따라 고급주택으로 보는 주거용 건축물과 그 부속토지는 다음 각 호의 어느 하나에 해당하는 것으로 한다. 다만, 제1호·제2호·제2호의2 및 제4호에서 정하는 주거용 건축물과 그 부속토지 또는 공동주택과 그 부속토지는 법 제4조 제1항에 따른 취득 당시의 시가표준액이 9억원을 초과하는 경우만 해당한다.

  1. 1구(1세대가 독립하여 구분 사용할 수 있도록 구획된 부분을 말한다. 이하 같다)의 건축물의 연면적(주차장 면적은 제외한다)이 331㎡를 초과하는 주거용 건축물과 그 부속토지
  2. 1구의 건축물의 대지면적이 662㎡를 초과하는 주거용 건축물과 그 부속토지
  2의2. 1구의 건축물에 엘리베이터(적재하중 200킬로그램 이하의 소형엘리베이터는 제외한다)가 설치된 주거용 건축물과 그 부속토지(공동주택과 그 부속토지는 제외한다)
  3. 1구의 건축물에 에스컬레이터 또는 67㎡ 이상의 수영장 중 1개 이상의 시설이 설치된 주거용 건축물과 그 부속토지(공동주택과 그 부속토지는 제외한다)
  4. 1구의 공동주택(여러 가구가 한 건축물에 거주할 수 있도록 건축된 다가구용 주택을 포함하되, 이 경우 한 가구가 독립하여 거주할 수 있도록 구획된 부분을 각각 1구의 건축물로 본다)의 건축물 연면적(공용면적은 제외한다)이 245㎡(복층형은 274㎡로 하되, 한 층의 면적이 245㎡를 초과하는 것은 제외한다)를 초과하는 공동주택과 그 부속토지

업을 영위하는 데 필요한 시설로서 그 부지의 총면적이 1세대당 660㎡ 이하일 것. 다만, 제1호 각 목의 어느 하나에 해당하는 세대의 세대원이 자기가 경영하는 농업·임업·축산업 또는 어업을 영위하기 위해 다음 각 목의 어느 하나에 해당하는 사람을 고용하여 거주하게 할 목적인 경우에는 1,000㎡ 이하로 한다(농지법 시행령 제29조 제4항 제2호).

가. 내국인 근로자
나. 「출입국관리법」 제18조 제1항에 따라 취업활동을 할 수 있는 체류자격을 받은 외국인 근로자

※ 부지면적 적용과 관련하여 농지를 전용하여 농어업인 주택을 설치하는 경우에는 그 전용하려는 면적에 해당 세대주가 그 전용허가신청일 또는 협의신청일 이전 5년간 농어업인 주택의 설치를 위하여 부지로 전용한 농지면적을 합산한 면적(공공사업으로 인하여 철거된 농어업인 주택의 설치를 위하여 전용하였거나 전용하려는 농지면적을 제외한다)을 해당 농어업인 주택의 부지면적으로 본다(농지법 시행령 제29조 제4항 단서).

③ 위 제1항 각 목의 어느 하나에 해당하는 세대의 농업·임업·축산업 또는 어업의 경영의 근거가 되는 농지·산림·축사 또는 어장 등이 있는 시(구를 두지 아니한 시를 말하며, 도농복합형태의 시에 있어서는 동 지역에 한한다)·구(도농복합형태의 시의 구에 있어서는 동 지역에 한한다)·읍·면 또는 이에 연접한 시·구·읍·면 지역에 설치하는 것일 것(농지법 시행령 제29조 제4항 제3호)

마) 농업용 시설, 축산업용 시설 또는 어업용 시설의 설치

① 농업인 또는 농업법인이 자기가 생산한 농산물을 건조·보관하기 위하여 설치하는 시설(농지법 시행령 제29조 제5항 제1호)

② 야생동물의 인공사육시설(농지법 시행령 제29조 제5항 제2호)

다음 각 목의 어느 하나에 해당하는 야생동물의 인공사육시설은 농업용 시설, 축산업용 시설 또는 어업용 시설로 보지 아니한다(농지법 시행령 제29조 제5항 제2호 단서).

가. 「야생생물 보호 및 관리에 관한 법률」 제14조 제1항 각 호 외의 부분 본문에 따라 포획 등이 금지된 야생동물(같은 항 각 호 외의 부분 단서에 따라 허가를 받은 경우는 제외한다)
나. 「야생생물 보호 및 관리에 관한 법률」 제19조 제1항 각 호 외의 부분 본문에 따라 포획이 금지된 야생동물(같은 항 각 호 외의 부분 단서에 따라 허가를 받은 경우는 제외한다)
다. 「생물다양성 보전 및 이용에 관한 법률」 제24조 제1항 각 호 외의 부분 본문에 따라 수입등이 금지된 생태계교란 생물(같은 항 각 호 외의 부분 단서에 따라 허가를 받은 경우는 제외한다)

③ 「건축법」에 따른 건축허가 또는 건축신고의 대상 시설이 아닌 간이양축시설(농지법 시행령 제29조 제5항 제3호)[52]

④ 농업인 또는 농업법인이 농업 또는 축산업을 영위하거나 자기가 생산한 농산물을 처리하는 데 필요한 농업용 또는 축산업용시설(농지법 시행령 제29조 제5항 제4호, 같은 법 시행규칙 제24조)

농업용 또는 축산업용시설

가. 탈곡장 및 잎담배건조실
나. 농업인 또는 농업법인이 자기의 농업경영에 사용하는 비료·종자·농약·농기구·사료 등의 농업자재를 생산 또는 보관하기 위하여 설치하는 시설
다. 농업용·축산업용 관리사(주거목적이 아닌 경우에 한정)
라. 부지의 총면적이 1,500㎡ 이하인 콩나물재배사

---

⑤ 부지의 총면적이 30,000㎡ 미만인 양어장·양식장, 그 밖에 농림축산식품부령으로 정하는 어업용 시설(농지법 시행령 제29조 제5항 제5호, 같은 법 시행규칙 제25조)

어업용시설

가. 수산종묘 배양시설
나. 어업인이 자기가 생산한 수산물을 건조·보관하기 위하여 설치하는 시설
다. 어업인이 자기의 어업경영에 사용하는 사료·어구 등의 어업자재를 보관하거나 수리하기 위하여 설치하는 시설

---

⑥ 「가축분뇨의 관리 및 이용에 관한 법률」 제2조 제8호의 처리시설(가축분뇨를 처리하는 자원화시설 또는 정화시설)(농지법 시행령 제29조 제5항 제6호)

⑦ 시·도지사, 시장·군수·구청장 또는 「농업협동조합법」 제2조 제1호에 따른 조합이 설치하는 가축 방역을 위한 소독시설(농지법 시행령 제29조 제5항 제7호)

---

52 간이양축시설은 제3장에서 전술한 바와 같이 축사에 포함되므로, "축사"가 아닌 "농업용 시설, 축산업용 시설, 어업용 시설" 항목에 기재하는 것은 타당하지 않다.

바) 국방·군사 시설의 설치(농지법 제32조 제1항 제4호)

사) 하천, 제방, 그 밖에 이와 비슷한 국토보존시설의 설치(농지법 제32조 제1항 제5호)

아) 국가유산의 보수·복원·이전, 매장유산의 발굴, 비석이나 기념탑, 그 밖에 이와 비슷한 공작물의 설치(농지법 제32조 제1항 제6호)

자) 도로, 철도 등 공공시설의 설치(농지법 제32조 제1항 제7호, 농지법 시행령 제29조 제6항)

공공시설은 다음 각 목의 어느 하나에 해당하는 시설을 말한다.

가. 도로, 철도(도로변휴게소, 철도차량기지 등은 제외한다)
나. 「사도법」 제4조에 따른 사도(私道)
다. 상하수도(하수종말처리시설 및 정수시설을 포함한다), 운하, 공동구(共同溝), 가스공급설비, 전주(유·무선송신탑을 포함한다), 통신선로, 전선로(電線路), 변전소, 소수력(小水力)[53]·풍력 발전설비, 송유설비, 방수설비, 유수지(遊水池)시설, 하천부속물 및 기상관측을 위한 무인(無人)의 관측시설

※ 위 다목의 "상하수도"의 범위는 다음 각 호와 같다.[54]

---

1. 수도시설 중 정수시설, 상수도 관거와 이 시설의 필수적 부대시설
2. 하수도시설 중 하수도 관거, 공공하수처리시설 및 공공처리수재이용시설과 이 시설의 필수적 부대시설
3. 가축 분뇨의 관리 및 이용에 관한 법률에 따른 자원화시설 및 정화시설
4. 비점오염저감시설

차) 지하자원 개발을 위한 탐사 또는 지하광물 채광과 광석의 선별 및 적치를 위한 장소로 사용하는 행위(농지법 제32조 제1항 제8호)

---

53 소수력발전은 물의 낙하차를 이용한 시설용량 10,000㎾이하의 수력발전을 말한다.
54 농림축산식품부, 「2023년 농지업무편람」, 2023., 제224쪽

카) 농어촌 소득원 개발 등 농어촌 발전에 필요한 시설

① 국내에서 생산되는 농수산물을 집하·예냉·저장·선별 또는 포장하는 산지유통시설(농수산물을 저장만 하는 시설은 제외한다)로서 그 부지의 총면적이 30,000㎡ 미만인 시설(농지법 시행령 제29조 제7항 제2호)

② 부지의 총면적이 3,000㎡ 미만인 농업기계수리시설(농지법 시행령 제29조 제7항 제3호)

③ 부지의 총면적이 3,000㎡(지방자치단체 또는 농업생산자단체가 설치하는 경우에는 10,000㎡) 미만인 남은 음식물이나 농수산물의 부산물을 이용한 유기질비료 제조시설[55](농지법 시행령 제29조 제7항 제4호)

④ 부지의 총면적이 3,000㎡(지방자치단체 또는 농업생산자단체가 설치하는 경우에는 30,000㎡) 미만인 사료 제조시설(해당 시설에서 생산된 제품을 유통·판매하는 시설로서 그 유통·판매시설의 면적이 전체 시설 면적의 100분의 20 미만인 시설을 포함)(농지법 시행령 제29조 제7항 제4호의2)

⑤ 농지의 타용도 일시사용 및 이에 필요한 시설(농지법 시행령 제29조 제7항 제5호)

⑥ 국내에서 생산된 농수산물과 농수산물의 가공·처리 시설에서 생산한 농수산물의 가공품을 판매하는 시설로서 농업생산자단체 또는 「수산업·어촌 발전 기본법」 제3조 제5호에 따른 생산자단체(수협 등)가 설치하여 운영하는 시설 중 그 부지의 총면적이 10,000㎡ 미만인 시설(농지법 시행령 제29조 제7항 제6호)

본 시설은 공산품 판매시설 및 「건축법 시행령」 별표 1 제3호 자목에 따른 금융업소[56]를 포함하며, 공산품 판매시설 및 금융업소가 포함된 시설의 경우에는 공산품 판매시설 및 금융업소의 면적이 전체 시설 면적의 100분의 30 미만이어야 한다.

---

55 「비료 공정규격 설정(농촌진흥청 고시)」은 유기질비료(유기질을 주원료로 사용하여 제조한 비료)와 부숙유기질비료(농·림·축·수산업 및 제조·판매업과정에서 발생하는 부산물, 인분뇨 또는 음식물류폐기물을 원료로 하여 부숙 과정을 통하여 제조한 비료)를 명확히 구분하고 있는바, 유기질 비료가 아닌 부숙유기질비료를 생산하는 시설은 농업진흥구역에서 제한된다고 보아야 할 것이다.

56 「건축법 시행령」 별표 1 제3호 자목에 따른 금융업소는 금융업소, 사무소, 부동산중개사무소, 결혼상담소 등 소개소, 출판사 등 일반업무시설로서 같은 건축물에 해당 용도로 쓰는 바닥면적의 합계가 500㎡ 미만인 것(제1종 근린생활시설에 해당하는 것은 제외한다)을 말한다.

⑦ 전기사업[57]을 영위하기 위한 목적으로 설치하는 태양에너지 발전설비(농지법 시행령 제29조 제7항 제7호)

전기사업을 영위하기 위한 목적으로 설치하는 태양에너지 발전설비는 다음 각 목의 어느 하나에 해당하는 발전설비를 말한다.

가. 건축물(「건축법」상 건축허가를 받거나 건축신고를 한 건축물) 지붕에 설치하는 태양에너지 발전설비(해당 설비에서 생산한 전기를 처리하기 위하여 인근 부지에 설치하는 부속설비를 포함)
나. 국가, 지방자치단체 또는 공공기관이 소유한 건축물 지붕 또는 시설물에 설치하는 태양에너지 발전설비

⑧ 농산어촌 체험시설(농지법 시행령 제29조 제7항 제8호)

농산어촌 체험시설은 다음 각 목의 어느 하나에 해당하는 시설을 말한다.

가. 「도시와 농어촌 간의 교류촉진에 관한 법률」 제2조 제5호(농어촌체험·휴양마을사업)에 따른 농어촌체험·휴양마을사업의 시설로서 다음 요건에 모두 적합하고 그 부지의 총면적이 10,000㎡ 미만인 시설
 1) 숙박서비스시설을 운영하는 경우에는 「도시와 농어촌 간의 교류촉진에 관한 법률」 제8조에 따른 규모 이하일 것
 2) 승마장을 운영하는 경우에는 「도시와 농어촌 간의 교류촉진에 관한 법률」 제9조에 따른 규모 이하일 것
 3) 음식을 제공하거나 즉석식품을 제조·판매·가공하는 경우에는 「도시와 농어촌 간의 교류촉진에 관한 법률」 제10조에 따른 영업시설기준을 준수한 시설일 것
나. 농업인·어업인 또는 농업법인·어업법인이 자기가 경영하는 농지·산림·축사·어장 또는 농수산물 가공·처리시설을 체험하려는 자를 대상으로 설치하는 교육·홍보시설 또는 자기가 생산한 농수산물과 그 가공품을 판매하는 시설로서 그 부지의 총면적이 1,000㎡ 미만인 시설

⑨ 농기자재(농기구, 농기계, 농기계 부품, 농약, 미생물제제, 비료, 사료, 비닐 및 파이프 등 농업생산에 필요한 기자재) 제조시설로서 농지법 제44조 제1항 및 제2항에 해당하지 아니하는 시설(2006년 6월 30일 이전에 지목이 공장용지로 변경된 부지에 설치하는 경우로 한정)(농지법 시행령 제29조 제7항 제9호)

---

57 전기사업은 발전사업·송전사업·배전사업·전기판매사업 및 구역전기사업을 포함한다(「전기사업법」 제2조 제1호).

⑩ 농작물의 경작, 다년생식품의 재배, 고정식온실·버섯재배사, 비닐하우스, 축사와 그 부속시설 설치행위와 정보통신기술을 결합한 농업을 육성하기 위한 시설(농지법 시행령 제29조 제7항 제10호)

농작물의 경작, 다년생식품의 재배, 고정식온실·버섯재배사, 비닐하우스, 축사와 그 부속시설 설치행위와 정보통신기술을 결합한 농업을 육성하기 위한 시설은 다음 각 목의 요건을 모두 갖추어야 한다.

가. 농림축산식품부장관이 고시한 지역(「스마트농업 지역 지정에 관한 고시(농림축산식품부고시 제2021-91호)」)에 설치하는 시설일 것
나. 시·도지사가 농림축산식품부장관과 협의한 사업계획에 따라 설치하는 시설일 것
다. 농지법 제44조 제3항 제1호에 해당하는 시설[「건축법 시행령」 별표 1 제10호 다목(직업훈련소, 단 운전·정비 관련 직업훈련소는 제외한다) 및 제14호(업무시설)에 해당하는 시설은 제외한다]이 아닐 것

3) 농업보호구역 내 행위제한

농업보호구역은 농업진흥구역의 농업환경을 보호하기 위한 지역이므로 농업진흥구역보다 완화된 수준의 행위제한이 적용된다.

다음 각 호의 토지이용행위는 농업보호구역에서 허용된다.

1. 농업진흥구역에서 허용되는 토지이용행위
2. 농업인 소득증대에 필요한 시설의 설치
3. 농업인의 생활여건을 개선하기 위하여 필요한 시설

가) 농업진흥구역에서 허용되는 토지이용행위

농업진흥구역에서 할 수 있는 토지이용행위는 농업보호구역에서 전부 허용된다(농지법 제32조 제2항 제1호).

나) 농업인 소득증대에 필요한 시설(건축물, 공작물 등)

① 「농어촌정비법」 제2조 제16호 나목에 따른 관광농원사업으로 설치하는 시설로서 농업보호구역 안의 부지 면적이 20,000㎡ 미만인 것(농지법 시행령 제30조 제1항 제1호)

② 「농어촌정비법」 제2조 제16호 다목에 따른 주말농원사업으로 설치하는 시설로서 농업보호구역 안의 부지 면적이 3,000㎡ 미만인 것(농지법 시행령 제30조 제1항 제2호)

③ 태양에너지 발전설비로서 농업보호구역 안의 부지 면적이 10,000㎡ 미만인 것(농지법 시행령 제30조 제1항 제3호)

다) 농업인의 생활여건을 개선하기 위하여 필요한 시설(건축물, 공작물 등)

① 「건축법 시행령」 별표 1 제1호 가목, 제3호 가목, 라목부터 바목까지, 사목(공중화장실 및 대피소는 제외한다) 및 자목, 제4호 가목, 나목, 라목부터 사목까지, 차목부터 타목까지, 파목(골프연습장은 제외한다) 및 하목에 해당하는 시설로서 농업보호구역 안의 부지 면적이 1,000㎡ 미만인 것(농지법 시행령 제30조 제2항 제1호)

② 「건축법 시행령」 별표 1 제3호 사목(공중화장실, 대피소, 그 밖에 이와 비슷한 것만 해당한다) 및 아목(변전소 및 도시가스배관시설은 제외한다)에 해당하는 시설로서 농업보호구역 안의 부지 면적이 3,000㎡ 미만인 것(농지법 시행령 제30조 제2항 제2호)

[농업인의 생활여건을 개선하기 위하여 필요한 시설(건축물, 공작물 등)]

허용면적	「건축법 시행령」 별표 1
1,000㎡ 미만	1. 단독주택[단독주택의 형태를 갖춘 가정어린이집·공동생활가정·지역아동센터·공동육아나눔터(「아이돌봄 지원법」 제19조에 따른 공동육아나눔터를 말한다. 이하 같다)·작은도서관(「도서관법」 제4조 제2항 제1호 가목에 따른 작은도서관을 말하며, 해당 주택의 1층에 설치한 경우만 해당한다. 이하 같다) 및 노인복지시설(노인복지주택은 제외한다)을 포함한다] 　가. 단독주택 3. 제1종 근린생활시설 　가. 식품·잡화·의류·완구·서적·건축자재·의약품·의료기기 등 일용품을 판매하는 소매점으로서 같은 건축물(하나의 대지에 두 동 이상의 건축물이 있는 경우에는 이를 같은 건축물로 본다. 이하 같다)에 해당 용도로 쓰는 바닥면적의 합계가 1,000㎡ 미만인 것 　라. 의원, 치과의원, 한의원, 침술원, 접골원(接骨院), 조산원, 안마원, 산후조리원 등 주민의 진료·치료 등을 위한 시설 　마. 탁구장, 체육도장으로서 같은 건축물에 해당 용도로 쓰는 바닥면적의 합계가 500㎡ 미만인 것

허용면적	「건축법 시행령」 별표 1
	바. 지역자치센터, 파출소, 지구대, 소방서, 우체국, 방송국, 보건소, 공공도서관, 건강보험공단 사무소 등 주민의 편의를 위하여 공공업무를 수행하는 시설로서 같은 건축물에 해당 용도로 쓰는 바닥면적의 합계가 1,000㎡ 미만인 것

사. 마을회관, 마을공동작업소, 마을공동구판장, 공중화장실, 대피소, 지역아동센터(단독주택과 공동주택에 해당하는 것은 제외한다) 등 주민이 공동으로 이용하는 시설(공중화장실 및 대피소는 제외한다)

자. 금융업소, 사무소, 부동산중개사무소, 결혼상담소 등 소개업소, 출판사 등 일반업무시설로서 같은 건축물에 해당 용도로 쓰는 바닥면적의 합계가 30㎡ 미만인 것

4. 제2종 근린생활시설
가. 공연장(극장, 영화관, 연예장, 음악당, 서커스장, 비디오물감상실, 비디오물소극장, 그 밖에 이와 비슷한 것을 말한다. 이하 같다)으로서 같은 건축물에 해당 용도로 쓰는 바닥면적의 합계가 500㎡ 미만인 것

나. 종교집회장[교회, 성당, 사찰, 기도원, 수도원, 수녀원, 제실(祭室), 사당, 그 밖에 이와 비슷한 것을 말한다. 이하 같다]으로서 같은 건축물에 해당 용도로 쓰는 바닥면적의 합계가 500㎡ 미만인 것

라. 서점(제1종 근린생활시설에 해당하지 않는 것)

마. 총포판매소

바. 사진관, 표구점

사. 청소년게임제공업소, 복합유통게임제공업소, 인터넷컴퓨터게임시설제공업소, 가상현실체험 제공업소, 그 밖에 이와 비슷한 게임 및 체험 관련 시설로서 같은 건축물에 해당 용도로 쓰는 바닥면적의 합계가 500㎡ 미만인 것

차. 장의사, 동물병원, 동물미용실, 「동물보호법」 제73조 제1항 제2호에 따른 동물위탁관리업을 위한 시설, 그 밖에 이와 유사한 것(제1종 근린생활시설에 해당하는 것은 제외한다)

카. 학원(자동차학원·무도학원 및 정보통신기술을 활용하여 원격으로 교습하는 것은 제외한다), 교습소(자동차교습·무도교습 및 정보통신기술을 활용하여 원격으로 교습하는 것은 제외한다), 직업훈련소(운전·정비 관련 직업훈련소는 제외한다)로서 같은 건축물에 해당 용도로 쓰는 바닥면적의 합계가 500㎡ 미만인 것

허용면적	「건축법 시행령」 별표 1
	타. 독서실, 기원
	파. 테니스장, 체력단련장, 에어로빅장, 볼링장, 당구장, 실내낚시터, 놀이형시설(「관광진흥법」에 따른 기타유원시설업의 시설을 말한다. 이하 같다) 등 주민의 체육 활동을 위한 시설(제3호 마목의 시설은 제외한다)로서 같은 건축물에 해당 용도로 쓰는 바닥면적의 합계가 500㎡ 미만인 것(골프연습장은 제외한다)
	하. 금융업소, 사무소, 부동산중개사무소, 결혼상담소 등 소개업소, 출판사 등 일반업무시설로서 같은 건축물에 해당 용도로 쓰는 바닥면적의 합계가 500㎡ 미만인 것(제1종 근린생활시설에 해당하는 것은 제외한다)
3,000㎡ 미만	3. 제1종 근린생활시설 사. 공중화장실, 대피소, 그 밖에 이와 비슷한 것 아. 통신용 시설(해당 용도로 쓰는 바닥면적의 합계가 1,000㎡ 미만인 것에 한정한다), 정수장, 양수장 등 주민의 생활에 필요한 에너지공급·통신서비스제공이나 급수·배수와 관련된 시설(변전소 및 도시가스배관시설은 제외한다)

라) 그 밖에 농촌지역 경제활성화를 통하여 농업인 소득증대에 기여하는 농수산업 관련 시설(농지법 시행규칙 별표 2의2)

[농촌지역 경제활성화를 통하여 농업인 소득증대에 기여하는 농수산업 관련 시설]

시설의 종류	시설의 규모
1. 「농촌융복합산업육성 및 지원에 관한 법률」 제2조 제4호에 따른 농촌융복합 사업자가 농촌융복합 산업을 경영하기 위해 설치하는 시설 및 같은 법 제30조 제2항에 따른 농촌융복합산업지구 발전계획에 포함된 시설	3,000㎡ 미만
2. 「말산업 육성법」 제2조 제7호에 따른 농어촌형 승마시설	3,000㎡ 미만
3. 농수산업(농업·임업·축산업·수산업을 말한다) 및 식품 관련 시험·연구시설	5,000㎡ 미만

시설의 종류	시설의 규모
4. 국내에서 생산된 농수산물(「농업·농촌 및 식품산업기본법」 제3조 제6호에 따른 농수산물을 말하며, 임산물 중 목재와 그 가공품 및 토석은 제외한다. 이하 이 표에서 같다)을 주된 원료로 하여 가공하거나 건조·절단 등 처리를 위한 시설과 국내에서 생산된 농수산물을 저장·선별·포장하는 유통시설	15,000㎡ 미만
5. 농기자재(농기구, 농기계, 농기계 부품, 농약, 미생물제제, 비료, 사료, 비닐, 파이프 등 농업생산에 필요한 일련의 기자재를 말한다. 이하 이 표에서 같다) 제조시설, 수리시설 또는 판매시설	「건축법 시행령」 별표 1 제4호(제2종 근린생활시설 제조업소)에 해당하는 경우: 1,000㎡ 미만 「건축법 시행령」 별표 1 제17호(공장)에 해당하는 경우: 15,000㎡ 미만
6. 「농업협동조합법」 제2조 제1호에 따른 조합이 조합원의 영농 편의를 위하여 설치하는 창고 또는 농기자재 판매시설	「건축법 시행령」 별표 1 제3호(제1종 근린생활시설) 또는 제4호(제2종 근린생활시설)에 해당하는 경우: 1,000㎡ 미만 「건축법 시행령」 별표 1 제7호 다목(상점) 또는 제18호(창고시설)에 해당하는 경우: 15,000㎡ 미만
7. 농지법 시행령 제2조 제3항 제2호에 해당하지 않는 농축산물 생산시설(작물재배시설, 종균·종묘 배양시설 등)	10,000㎡ 미만

〈비고〉
1. 각 호의 시설은 농지법 시행령 제44조 제1항 및 제2항에 해당하지 않는 시설을 말한다.
2. 시설의 규모는 부지의 총면적을 말한다.
3. 제1호, 제2호, 제4호 및 제5호에 해당하는 시설은 저수지 계획홍수위선으로부터 반경 500m 이내인 지역에는 설치할 수 없다.

4) 용도구역에서의 행위제한 위반에 대한 제재

가) 행정제재

※ 용도구역에서의 행위제한 위반에 대한 행정제재는 2025년 1월 3일부터 시행 예정이다.

(1) 시정명령

시장·군수·자치구구청장은 용도구역에서의 행위제한(농지법 제32조 제1항 또는 제2항)을 위반한 자, 해당 토지의 소유자·점유자 또는 관리자에게 기간을 정하여 시정을 명할 수 있다(농지법 제42조의2).

(2) 이행강제금

(가) 이행강제금 부과대상자

시장(구를 두지 아니한 시의 시장을 말한다)·군수·구청장은 시정명령을 받은 후 그 기간 내에 시정명령을 이행하지 아니하여 그 시정명령의 이행에 필요한 상당한 기간을 정하였음에도 그 기한까지 원상회복을 아니한 자에 대해 이행강제금을 부과한다.

(나) 이행강제금 산출

이행강제금은 다음의 산식에 따라 산출한다(농지법 제63조 제1항).

> 이행강제금 = 해당 농지의 「감정평가 및 감정평가사에 관한 법률」에 따른 감정평가법인등이 감정평가한 감정가격 또는 「부동산 가격공시에 관한 법률」 제10조에 따른 개별공시지가(해당 토지의 개별공시지가가 없는 경우에는 같은 법 제8조에 따른 표준지공시지가를 기준으로 산정한 금액을 말한다) 중 더 높은 가액의 100분의 25

(다) 이행강제금 부과절차

농지법상 이행강제금의 부과절차는 다음과 같다.

① 계고처분 및 의견청취

시장·군수·구청장은 이행강제금을 부과하기 전에 이행강제금을 부과·징수한다는 뜻을 미리 문서로써 계고하여야 한다(농지법 제63조 제2항).

시장·군수·구청장은 이행강제금을 부과하는 때에는 10일 이상의 기간을 정하여 이행강제금 처분대상자에게 의견제출의 기회를 주어야 한다(농지법 시행령 제75조 제1항).

② **이행강제금의 부과**

시장·군수·구청장은 시정명령 이행기간이 만료한 다음 날을 기준으로 하여 그 시정명령이 이행될 때까지 이행강제금을 매년 1회 부과·징수할 수 있다(농지법 제63조 제4항). 농지법은 이행강제금의 통산부과횟수나 통산부과상한액의 제한을 두지 않고 있어 시정명령이 이행될 때까지 이행강제금이 계속 부과된다.

(라) 이행강제금의 징수

시장·군수·구청장은 원상회복명령을 받은 자가 시정명령을 이행하면 새로운 이행강제금의 부과는 즉시 중지하되, 이미 부과된 이행강제금은 징수하여야 한다(농지법 제63조 제5항).

시장·군수·구청장은 이행강제금을 납부기한까지 내지 아니하면 「지방행정제재·부과금의 징수 등에 관한 법률」에 따라 징수한다(농지법 제63조 제8항).

(마) 이행강제금의 이의제기

농지법은 시정명령에 대한 이행강제금 부과처분에 불복하는 자가 그 처분을 고지받은 날부터 30일 이내에 부과권자(시장·군수·구청장)에게 이의를 제기할 수 있고, 이의를 받은 부과권자는 지체 없이 관할 법원에 그 사실을 통보하여야 하며, 그 통보를 받은 관할 법원은 「비송사건절차법」에 따른 과태료 재판에 준하여 재판을 하도록 정하고 있다(농지법 제63조 제1항, 제6항, 제7항).

나) 형사책임

용도구역에서의 행위제한(농지법 제32조 제1항 또는 제2항)을 위반한 자는 5년 이하의 징역 또는 5,000만원 이하의 벌금에 처할 수 있다(농지법 제59조 제1호).

법인의 대표자나 법인 또는 개인의 대리인, 사용인, 그 밖의 종업원이 용도구역에서의 행위제한을 위반 때에는 농지법 제62조 양벌규정에 따라 그 행위자를 벌하는 외에 그 법인 또는 개인에게도 5,000만원의 벌금형이 과해질 수 있다. 다만, 법인 또는 개인이 그 위반행위를 방지하기 위하여 상당한 주의와 감독을 게을리하지 아니한 경우에는 그러하지 아니하다.

5) 개별 사례분석

가) 부화장의 단독 설치

농지법 제32조 제1항 본문, 같은 법 시행령 제29조 제1항 제4호에 의하면 축사·곤충사육사와 농림축산식품부령으로 정하는 그 부속시설의 설치는 농업진흥구역에서 허용되는 농업생산 또는 농지개량과 직접 관련되는 토지이용행위에 해당한다. 농지법에서 축사에 대하여 직접적으로 정의한 규정은 없으므로 단독으로 설치된 부화장(이하 "부화장"이라 한다)이 축사에 해당하는지 여부에 관해서는 농지법 관련 규정들을 합목적적으로 해석하여 판단할 수밖에 없다.

① 농지법 시행령 제29조 제1항 제4호, 같은 법 시행규칙 제23조의2 제2항, 제3조제2항은 축사의 부속시설이란 해당 축사와 연접하여 설치되어 가축의 사육·관리·출하 등 일련의 생산과정에 직접 이용되는 시설로서 "가. 먹이공급시설, 착유시설, 위생시설, 가축분뇨처리시설, 농기계보관시설, 진입로 및 가축운동장", "나. 자가 소비용 사료의 간이처리시설 또는 보관시설", "다. 가목 및 나목의 시설 또는 해당 축사에서 사육하는 가축의 관리를 위하여 설치하는 시설"이라고 규정하고 있다. 위 규정 내용을 살펴보면, 부화장은 축사의 부속시설에 해당한다고 볼 여지는 있으나 농지법상 축사의 개념 자체에 포함된다고 보기 어렵다.

② 농지법 제2조 제1호 나목, 같은 법 시행령 제2조 제3항 제2호는 전·답, 과수원 등의 토지에 설치된 농축산물 생산시설로서 축사·곤충사육사 및 그 부속시설이 설치된 부지는 농지에 해당한다고 규정하고 있다. 즉, 농지법은 축사가 농축산물 생산시설임을 예정하고 있고, 축산법 제2조 제3호에 의하면 "축산물"이란 가축에서 생산된 고기·젖·알·꿀과 이들의 가공품·원피·원모, 뼈·뿔·내장 등 가축의 부산물, 로열젤리·화분·봉독·프로폴리스·밀랍 및 수벌의 번데기를 말한다. 그런데 부화장은 닭, 오리 또는 메추리의 알을 부화시키는 인공부화시설일 뿐 부화된 병아리를 축산물이라고 볼 수는 없으므로 이 점에 의하더라도 부화장이 농지법상 축사의 개념 자체에 포함된다고 보기 어렵다.

③ 일반적으로 축사란 돼지, 닭, 소 등과 같은 가축을 사육하는 농축산물 생산시설을 의미한다. 축산법 제2조 제8호는 "가축사육업"이란 가축을 사육하며 판매하거나 젖·알·꿀을 생산하는 업을 말하며, 축산법 제2조 제6호는 "부화업"이란 닭 또는 오리의 알을 인공부화시설로 부화시켜 판매하는 업을 말한다고 규정하고 있다. 이와 같이 축

산법은 가축사육업과 부화업을 별도로 구분하여 규정하고 있는데, 단독 부화장은 가축의 사육을 포함하지 않고 축산업 제2조 제6호의 부화업만을 영위하기 위한 시설이므로 그 부화장을 축사에 해당한다고 볼 수 없다.

④ 축산법 제2조 제1호는, "가축"이란 사육하는 소·말·면양·염소(유산양을 포함한다)·돼지·사슴·닭·오리·거위·칠면조·메추리·타조·꿩 등을 말한다고 규정하고 있는바, 가축에 포함되지 아니하는 알을 인공부화시설로 부화시켜 판매하는 시설을 축사라고 할 수는 없다. 또한 부화한 병아리들은 부화한지 1~2일 내에 판매되므로 이를 두고 병아리를 사육한다고 평가하기도 어렵다.

이러한 사정을 종합하면 부화장은 농지법상 축사에 포함한다고 보기 어려우므로 농업진흥구역에 부화장을 단독으로 설치하는 것은 허용되지 않는다고 할 것이다[광주고등법원(전주) 2019. 9. 25. 2018누2358].

나) 묘지 또는 묘지관련시설의 설치

「장사 등에 관한 법률」 제17조 제4호, 「장사 등에 관한 법률 시행령」 제22조 제4항 제5호에 의하면, 농지법 제28조에 따라 지정된 농업진흥지역에는 묘지·화장시설·봉안시설 또는 자연장지를 설치·조성할 수 없다.

다) 종교시설(교회 등)의 설치

농지법 제32조 제1항, 같은 법 시행령 제29조, 같은 법 시행규칙 제23조의3 내지 제25조에 의하면, 종교시설은 농업진흥구역에서 허용되는 시설에 포함되어 있지 아니하므로 농업진흥구역 내에 설치할 수 없다. 다만 농지법 제32조 제1항, 같은 법 시행령 제30조 제2항 제1호 다목, 「건축법 시행령」 별표 1 제4호 나목(종교집회장)에 의하면, 교회, 성당, 사찰, 기도원, 수도원, 수녀원, 제실, 사당 등 종교집회장으로서 같은 건축물에 해당 용도로 쓰는 바닥면적의 500㎡ 미만인 경우에는 농업보호구역 내 설치가 허용된다.

라) 낚시터의 설치

농지법 제32조 제1항, 같은 법 시행령 제29조, 같은 법 시행규칙 제23조의3 내지 제25조에 의하면, 낚시터는 농업진흥구역에서 허용되는 시설에 포함되어 있지 아니하므로 농업진흥구역 내에 설치할 수 없다. 다만 농지법 제32조 제1항, 같은 법 시행령 제30조 제2항 제1호 나목, 「건축법 시행령」 별표 1 제4호 파목(주민체육활동시설)에 의하면, 농업보호구역에서는 바닥면적의 합계가 500㎡ 미만인 실내낚시터에 한해 설치가 허용된다.

마) 골프장의 설치

농지법 제32조, 같은 법 시행령 제29조·제30조, 같은 법 시행규칙 제23조의3 내지 제25조의2에 의하면, 골프장은 농업진흥지역에 허용되는 시설이 아니므로 농업진흥지역 내에 설치할 수 없다. 농업진흥지역 내 토지에 골프장을 설치하기 위해서는 도시·군관리계획을 변경하고 농업진흥지역을 해제하는 절차를 거쳐야 한다.[58]

바) 용도변경 승인기간이 경과된 후 건물 용도를 창고시설에서 스크린골프연습장으로의 변경

(1) 용도변경 승인기간(5년)이 경과된 후에도 농업진흥구역 내 행위제한규정이 적용되는지 여부

농업진흥구역에서의 토지이용행위를 제한하는 농지법 제32조는, 농지전용목적이 완료된 토지의 용도변경 승인을 규정한 농지법 제40조, 농지전용허가 및 그 제한에 관한 농지법 제34조, 제37조 등과는 그 목적과 규율 내용을 서로 달리하는 별개의 규정이고, 농지법에는 용도변경 승인기간이 지난 후에는 농지법 제32조의 적용을 배제한다는 규정을 두고 있지 않으므로, 농업진흥구역 내 농지가 전용되었더라도 그 이용행위는 용도변경 승인기간이 경과된 후에도 여전히 농지법 제32조에 따른 제한을 받아야 한다(대법원 2018. 6. 19. 2015두43117).

(2) 스크린 골프연습장의 설치 허용 여부

스크린 골프연습장은 농업 생산 또는 농지 개량과 직접적으로 관련이 있는 시설이라고 할 수 없고, 농업인들에게 사용하게 할 목적으로 설치되는 운동시설에 해당한다고 할 수 없으므로, 농업진흥구역 내에서는 그 설치가 제한됨이 타당하다(대법원 2018. 6. 19. 2015두43117).

---

58 농림축산식품부, 「농지민원 사례집」, 2018., 제94쪽

1. 농지법 제32조의 적용범위에 관하여

가. 농지법 제32조의 '토지이용행위' 해당 여부

농지법은 농지를 효율적으로 이용하고 보전하여 농업의 진흥을 도모하기 위하여 농업진흥구역을 지정할 수 있도록 하는 한편, 해당 구역에서는 농업 생산 또는 농지 개량과 직접적으로 관련되지 아니한 토지이용행위를 할 수 없도록 하고 있다(농지법 제28조, 제32조).

농지법 제32조 제1항은 농업진흥구역에서 허용되는 토지이용행위로 대통령령으로 정하는 '농수산물의 가공·처리시설의 설치 및 농수산업 관련 시험·연구시설의 설치'(제1호), '대통령령으로 정하는 농업인의 공동생활에 필요한 편의 시설 및 이용 시설의 설치'(제2호), '농어촌 소득원 개발 등 농어촌 발전에 필요한 시설로서 대통령령으로 정하는 시설의 설치'(제9호) 등을 규정함으로써 토지 내 설치가 허용되는 시설의 용도를 제한하고 있다. 나아가 '문화재의 보수'(같은 항 제6호)와 '광석의 적치를 위한 장소로 사용하는 행위'(같은 항 제8호), '법 제36조에 따른 농지의 타용도 일시사용'(농지법 시행령 제29조 제7항 제5호) 등과 같은 토지의 현상변경을 수반하지 않는 행위도, 농지법 제32조 제1항의 토지이용행위에 해당함을 당연한 전제로, 농업진흥구역에서 허용되는 토지이용행위의 하나로 규정하고 있다.

이와 같은 농지법 제32조 제1항의 문언과 입법 취지, 농지법 제32조 제1항 및 농지법 시행령 제29조에 따라서 허용되는 토지이용행위의 종류와 범위 등에 비추어 볼 때, <u>농지법 제32조 제1항이 적용되는 토지이용행위에는, 건축물의 건축과 같이 토지의 현상변경을 수반하는 행위뿐만 아니라, 건축물의 용도변경 등 널리 토지를 이용하는 행위도 포함된다고 봄이 타당하다.</u>

따라서 건물의 용도를 창고시설에서 운동시설로 변경하는 행위 역시 농지법 제32조 제1항에서 정한 토지이용행위에 해당할 수 있다.

나. 농지법 제32조와 다른 규정의 관계

상고인은 상고이유로서, 농지법 제40조 제1항, 농지법 시행령 제59조에 따라 <u>농지전용허가 등의 절차를 거쳐 농지전용 목적사업에 사용되고 있거나 사용된 토지와 관련하여, 농지전용목적이 완료된 날로부터 5년이 경과된 후에 시설의 용도를 변경하는 경우에는</u> 농지법 제32조가 적용되지 않는다고 주장한다. 또한 농지법 제34조 제1항, 제37조 제1항, 국토의 계획 및 이용에 관한 법률(이하 '국토계획법'이라 한다) 제76조 제5항 제3호 등의 취지에 따르면, 국토계획법상 도시지역에 있는 농업진흥구역에 대하여는 농지법 제32조가 적용되지 않는다고 주장한다.

그러나 입법 목적 등을 달리하는 법률 조항들이 일정한 행위의 허용에 관한 요건을 따로따로 정하고 있는 경우, 어느 조항이 다른 조항에 우선하여 배타적으로 적용된다고 풀이되지 아니하는 한, 그 행위는 관련 각 조항의 규정에 따른 요건을 모두 충족하여야 한다. 이에 따라 살펴보면, 농업진흥구역에서의 토지이용행위를 제한하는 농지법 제32조는, 농지전용목적이 완료된 토지의 용도변경 승인을 규정한 농지법 제40조, 농지전용허가 및 그 제한에 관한 농지법 제34조, 제37조, 용도지역 및 용도지구에서의 건축 제한 등에 관한 국토계획법 제76조 등과는 그 목적과 규율 내용을 서로 달리하는 별개의 규정으로 볼 수 있다. 상고인이 주장하는 위 규정들에서 농업진흥구역으로 지정된 이 사건 토지의 이용행위에 대하여 농지법 제32조의 적용을 배제하는 특별한 규정을 두고 있지 않으므로, 이 사건 토지이용행위는 여전히 농지법 제32조에 따른 제한을 받아야 한다.

2. 농지법 제32조 제1항 제2호에 따른 시설에 해당되는지에 관하여

농지법 제32조 제1항 제2호는 농업진흥구역에서 예외적으로 허용되는 토지이용행위로 "어린이놀이터, 마을회관, 그 밖에 대통령령으로 정하는 농업인의 공동생활에 필요한 편의 시설 및 이용 시설의 설치"를 규정하고 있고, 그 위임에 따른 농지법 시행령 제29조 제3항 제4호는 "농업생산자단체가 농업인으로 하여금 사용하게 할 목적으로 설치하는 운동시설"을 그중 하나로 들고 있다.

농지를 효율적으로 이용하고 관리하여 농업인의 경영 안정과 농업 생산성 향상을 바탕으로 농업 경쟁력 강화와 국민경제의 균형 있는 발전 및 국토 환경 보전에 이바지하는 것을 목적으로 하는 농지법의 입법 취지, 농업진흥구역에서는 농업 생산 또는 농지 개량과 직접적으로 관련된 토지이용행위만을 허용하고 있는 구 농지법 제32조 제1항의 내용과 취지 등에 비추어 볼 때, 농지법 시행령 제29조 제3항 제4호에서 말하는 운동시설이란 농업생산자단체가 '농업인의 편의와 복리의 증진'이라는 공익적 목적을 주된 이유로 함이 명확한 것으로서 그 단체가 직접 설치하는 운동시설을 의미한다.

원심은 이 사건 토지이용행위에 대하여 농지법 제32조 제1항 이 적용됨을 전제로 하여, 이 사건 스크린 골프연습장은 농업 생산 또는 농지 개량과 직접적으로 관련이 있는 시설이라고 할 수 없고, 농업인들에게 사용하게 할 목적으로 설치되는 운동시설에 해당한다고 할 수도 없다고 판단하였다.

원심의 판단은 앞서 본 법리에 따른 것으로서 정당하다(대법원 2018. 6. 19. 2015두43117).

시·도별 농업진흥지역 현황

(단위 : 천ha)

시·도	2021년(A)		2022년(B)		증감(B-A)		증감율(%)	
		농지		농지		농지	(%)	농지
합 계	986.3	773.4	985.8	769.2	△0.5	△4.3	△0.1	△0.6
부 산	0.1	0.1	0.1	0.1	–	–	–	–
대 구	1.3	1.0	1.3	1.0	–	–	–	–
인 천	14.9	11.8	14.9	11.8	–	–	–	–
울 산	2.4	1.9	2.4	1.9	–	–	–	–
세 종	3.7	3.4	3.7	3.4	–	–	–	–
경 기	98.1	77.9	97.9	77.4	△0.3	△0.4	△0.3	△0.5
강 원	44.7	36.4	44.7	36.4	–	△0.1	0.0	△0.3
충 북	53.6	40.5	53.5	40.3	△0.1	△0.2	△0.2	△0.5
충 남	168.3	132.7	168.2	129.9	△0.1	△2.8	△0.1	△2.1
전 북	135.9	111.8	135.9	111.6	–	△0.1	–	△0.1
전 남	223.6	167.4	223.6	167.2	–	△0.2	–	△0.1
경 북	149.5	116.9	149.5	116.7	–	△0.3	–	△0.3
경 남	90.2	71.6	90.1	71.5	–	△0.2	–	△0.3

출처: 농림축산식품부

연도별 농업진흥지역 현황

(단위 : 천ha)

구분 연도	농지 면적	농업진흥지역 면적			농업진흥지역 내 농지면적		
		계	진흥구역	보호구역	계	답	전
1994	2,033	1,034	854	180	884	735	149
1995	1,985	1,050	866	184	893	744	149
1996	1,945	1,055	871	184	895	746	149
1997	1,924	1,055	871	184	893	745	148
1998	1,910	1,056	872	184	890	742	148
1999	1,899	1,081	894	187	901	754	147
2000	1,889	1,147	951	196	919	768	151
2001	1,876	1,148	952	196	920	770	150
2002	1,863	1,149	953	196	921	771	150
2003	1,846	1,148	952	196	919	770	149
2004	1,836	1,153	957	196	922	773	149
2005	1,824	1,153	957	196	919	771	148
2006	1,801	1,153	957	196	917	769	148
2007	1,782	1,120	930	190	882	751	131
2008	1,759	1,033	925	108	815	716	99
2009	1,737	1,029	922	107	811	713	98
2010	1,715	1,027	920	107	807	710	97
2011	1,698	1,029	921	108	807	710	97
2012	1,730	1,032	924	108	809	712	97
2013	1,711	1,032	924	108	808	711	97
2014	1,691	1,036	927	109	811	714	97
2015	1,679	1,036	927	109	810	713	97
2016	1,644	994	862	132	780	679	101
2017	1,621	988	849	139	777	679	98
2018	1,596	987	842	145	778	682	96
2019	1,581	986	840	146	776	686	90
2020	1,565	987	841	146	776	687	89
2021	1,547	986	840	146	774	685	89
2022	1,528	986	840	146	769	680	89

출처: 농림축산식품부

제7장
농지의 전용

가. 농지전용제도
나. 농지전용허가제도
다. 농지전용신고제도
라. 농지의 타용도 일시사용제도
마. 농지전용에 따른 사후관리
바. 농지불법전용에 대한 제재
사. 농지의 지목변경 제한
아. 농지분야협의

제7장 농지의 전용

가. 농지전용제도

1) 농지전용의 의의

"농지전용"이란 농지를 농작물의 경작이나 다년생식물의 재배 등 농업생산 또는 농지 개량 외의 용도로 사용하는 것을 말한다. 다만, 농지의 개량시설(농지법 시행령 제2조 제3항 제1호)과 농축산물 생산시설(농지법 시행령 제2조 제3항 제2호) 용도로 사용하는 경우에는 농지전용으로 보지 아니한다.

2) 농지전용허가·협의·신고절차의 대상(농지법 소정의 농지)

농지전용허가·협의·신고절차의 대상은 농지법 소정의 농지를 대상으로 하고 있으므로, 해당 토지가 농지법상 농지에 해당하는 경우에는 농지전용절차를 거쳐야 하나 농지에 해당하지 않는 경우에는 농지전용절차를 거치지 아니하여도 된다.

이와 관련하여 농지법상 농지에 대한 판단기준을 살펴보면, 어떤 토지가 농지법 제2조 제1호 가목 전단에서 정한 '농지'인지 여부는 공부상의 지목과 관계없이 그 토지의 실제 현상에 따라 판단하여야 하지만, 농지법상 '농지'였던 토지가 현실적으로 다른 용도로 이용되고 있더라도 그 토지가 농지전용허가 등의 절차를 거치지 아니한 채 불법 전용된 것이라면, 특별한 사정이 없는 한 농지로 원상회복되어야 하는 것으로서 그 변경 상태는 일시적인 것에 불과하므로 여전히 타용도로 이용하기 위해서는 농지전용절차를 거쳐야 하는 농지법상 '농지'에 해당한다고 보아야 한다(대법원 2018. 10. 25. 2018두43095 등).

나. 농지전용허가제도

1) 농지전용허가

가) 허가신청자

농지를 전용하여 전용목적사업을 하고자 하는 자는 농지전용허가를 신청하여야 한다. 농지전용허가신청은 농업인, 농업법인 외에 일반법인 등 농지소유가 제한되는 자도 할 수 있다. 또한, 농지전용은 토지 소유를 전제하지 않으므로, 토지 소유자뿐만 아니라 임차인도 신청 가능하다.

나) 허가권자

농지전용 허가권자는 농림축산식품부장관이나 농지법 시행령 제71조에 따라 아래와 같이 시·도지사 또는 시장·군수·자치구청장에게 위임된다.

(1) 전용면적에 따른 농지전용허가권한

전용면적에 따른 농지전용허가권자는 아래 표와 같다(농지법 시행령 제71조).[59]

농지구분	농림축산식품부장관	시·도지사	시장·군수·구청장
농업진흥지역 안의 농지	30,000㎡ 이상	3,000㎡~30,000㎡	3,000㎡ 미만
농업진흥지역 밖의 농지			
(자연녹지지역·계획관리지역 밖의 농지)	300,000㎡ 이상	30,000㎡~300,000㎡	30,000㎡ 미만
(자연녹지지역 안의 농지)	-	30,000㎡ 이상	30,000㎡ 미만
(계획관리지역 안의 농지)	-	30,000㎡ 이상	30,000㎡ 미만
농림축산식품부장관과의 협의를 거쳐 지정되거나 결정된 지역·지구·구역·단지 등의 안의 농지(농지법 시행령 별표 3)	-	100,000㎡ 이상	100,000㎡ 미만
대상농지가 둘 이상의 시·도 또는 시·군·구에 걸친 농지	대상농지가 둘 이상의 시·도에 걸치는 농지	대상농지가 둘 이상의 시·군·구에 걸치는 농지	-

---

59 농림축산식품부, 「2023년 농지업무편람」, 2023. 제266쪽·제267쪽

농지구분	농림축산식품부장관	시·도지사	시장·군수·구청장
농지전용의 변경 (면적, 경계)	전용대상 농지 총 증가면적이 30,000㎡ 이상	전용대상 농지 총 증가면적이 30,000㎡ 미만이거나 전용면적 감소인 경우	-
	농업진흥지역 안의 농지 증가면적이 10,000㎡ 이상	농업진흥지역 안의 농지 증가면적이 10,000㎡ 이상	-

(2) 농지전용허가 권한을 위임하는 지역 등

농림축산식품부장관과의 협의를 거쳐 지역·지구·구역·단지·특구 등(이하 "지역 등"이라 한다)으로 지정되거나 결정되어 농지전용허가 권한이 시·도지사 또는 시장·군수·자치구청장에게 위임된 지역 등은 아래 표와 같다.

[농지전용허가 권한을 위임하는 지역 등의 범위(농지법 시행령 별표 3)]

근거법령	지역 등
1. 「경제자유구역의 지정 및 운영에 관한 특별법」 제4조	경제자유구역
2. 「혁신도시 조성 및 발전에 관한 특별법」 제6조	혁신도시개발예정지구
3. 「관광진흥법」 제52조	관광지·관광단지
4. 「국토의 계획 및 이용에 관한 법률」 제30조·제43조	도시·군계획시설 예정지(도시지역 외의 지역만 해당한다)
5. 「국토의 계획 및 이용에 관한 법률」 제51조 제3항	지구단위계획구역(도시지역 외의 지역만 해당한다)
6. 「기업도시개발 특별법」 제5조	기업도시개발구역
7. 「도시개발법」 제2조 제1호	도시개발구역
8. 「물류시설의 개발 및 운영에 관한 법률」 제2조 제6호	물류단지
9. 「공공주택 특별법」 제6조	공공주택지구
10. 「산업입지 및 개발에 관한 법률」 제2조 제8호·제40조의2	산업단지 및 공장입지 유도지구
11. 「전원개발촉진법」 제5조·제11조	전원개발사업구역 및 전원개발사업 예정구역
12. 「택지개발촉진법」 제3조	택지개발지구
13. 「규제자유특구 및 지역특화발전특구에 관한 규제특례법」 제2조 제2호	지역특화발전특구
14. 「연구개발특구의 육성에 관한 특별법」 제2조 제1호	연구개발특구

비고: 제13호 및 제14호에 해당하는 특구는 2023년 11월 1일 이후 농림축산식품부장관(그 권한을 위임받은 자를 포함한다)과의 협의를 거쳐 지정된 지역특화발전특구 또는 연구개발특구로 한정한다.

다) 허가대상

농지를 전용하려는 자는 다음 각 호의 어느 하나에 해당하는 경우 외에는 농지전용허가권자의 허가를 받아야 한다. 다른 법률에 따라 농지전용허가가 의제되는 협의도 마찬가지이다(농지법 제34조 제1항).

1. 도시지역에 주거지역·상업지역·공업지역을 지정하거나 도시지역에 도시·군계획시설을 결정할 때에 해당 지역 예정지 또는 시설 예정지에 농지가 포함되어 농지전용허가권자와 미리 농지전용에 관한 협의를 한 경우(농지법 제34조 제1항 제2호, 같은 조 제2항 제1호)
2. 계획관리지역에 지구단위계획구역을 지정할 때에 해당 구역 예정지에 농지가 포함되어 농지전용허가권자와 미리 농지전용에 관한 협의를 한 경우(농지법 제34조 제1항 제2호, 같은 조 제2항 제1호의2)
3. 도시지역의 녹지지역 및 개발제한구역의 농지에 대하여 개발행위를 허가하거나 토지의 형질변경 허가하며 농림축산식품부장관과 미리 농지전용에 관한 협의를 한 경우(농지법 제34조 제1항 제2호, 같은 조 제2항 제2호)
4. 농지법 제35조에 따라 농지전용신고를 하고 농지를 전용하는 경우(농지법 제34조 제1항 제3호)
5. 「산지관리법」 제14조에 따른 산지전용허가를 받지 아니하거나 같은 법 제15조에 따른 산지전용신고를 하지 아니하고 불법으로 개간한 농지를 산림으로 복구하는 경우(농지법 제34조 제1항 제4호)
6. 영농여건불리농지[60]를 전용하는 경우(농지법 제43조)

라) 허가제한

농림축산식품부장관은 농지법 제34조 제1항에 따른 농지전용허가를 결정할 경우 다음 각 호의 어느 하나에 해당하는 시설의 부지로 사용하려는 농지는 전용을 허가할 수 없다. 다만, 「국토의 계획 및 이용에 관한 법률」에 따른 도시지역·계획관리지역 및 개발진흥지구에 있는 농지는 다음 각 호의 어느 하나에 해당하는 시설의 부지로 사용하더라도 전용을 허가할 수 있다(농지법 제37조 제1항).[61]

---

60 영농여건불리농지는 시장·군수가 조사하여 고시한 농지로서 ①농업진흥지역 밖의 농지 중 최상단부부터 최하단부까지의 평균경사율이 15% 이상이고 ②시·군의 읍·면지역에 있으며 ③농지의 집단화 규모가 2ha 미만이고 ④시장·군수가 영농여건이 불리하고 생산성이 낮다고 인정한 농지를 말한다(농지법 시행령 제5조의2)

61 한 필지의 농지에 「국토의 계획 및 이용에 관한 법률」에 따른 도시지역·계획관리지역 및 개발진흥지구와 그 외의 용도지역 또는 용도지구가 걸치는 경우로서 해당 농지 면적에서 차지하는 비율이 가장 작은 용도지역 또는 용도지구가 330㎡ 이하인 경우에는 해당 농지 면적에서 차지하는 비율이 가장 큰 용도지역 또는 용도지구를 기준으로 전용 허가 여부(농지법 제37조 제2항)를 결정한다(농지법 제37조의2, 같은 법 시행령 제44조의2).

1. 「대기환경보전법」 제2조 제11호에 따른 대기오염물질배출시설로서 대통령령으로 정하는 시설
2. 「물환경보전법」 제2조 제10호에 따른 폐수배출시설로서 대통령령으로 정하는 시설
3. 농업의 진흥이나 농지의 보전을 해칠 우려가 있는 시설로서 대통령령으로 정하는 시설

※ 허가제한 규정은 농지전용변경허가 또는 용도변경 승인시에도 적용된다(농지법 시행령 제32조, 제33조 제1항, 같은 법 시행규칙 제52조 제2항).

① 「대기환경보전법」 제2조 제11호에 따른 대기오염물질배출시설로서 대통령령으로 정하는 시설

"「대기환경보전법」 제2조 제11호에 따른 대기오염물질배출시설로서 대통령령으로 정하는 시설"이란 다음 각 호의 시설을 말한다(농지법 시행령 제44조 제1항).

1. 「대기환경보전법 시행령」 별표 1의3에 따른 1종사업장부터 4종사업장까지의 사업장에 해당하는 시설(다만, 미곡종합처리장의 경우에는 3종사업장 또는 4종사업장에 해당하는 시설은 제외)
2. 「대기환경보전법 시행령」 별표 1의3에 따른 5종사업장에 해당하는 시설 중 「대기환경보전법」 제2조 제9호에 따른 특정대기유해물질을 배출하는 시설(다만, 「자원의 절약과 재활용 촉진에 관한 법률」 제2조 제10호에 따른 재활용시설, 「폐기물관리법」 제2조 제8호에 따른 폐기물처리시설 및 「의료법」 제16조에 따른 세탁물의 처리시설은 제외)

[사업장 분류기준(「대기환경보전법 시행령」 별표 1의3)]

종별	오염물질발생량 구분
1종사업장	대기오염물질발생량의 합계가 연간 80톤 이상인 사업장
2종사업장	대기오염물질발생량의 합계가 연간 20톤 이상 80톤 미만인 사업장
3종사업장	대기오염물질발생량의 합계가 연간 10톤 이상 20톤 미만인 사업장
4종사업장	대기오염물질발생량의 합계가 연간 2톤 이상 10톤 미만인 사업장
5종사업장	대기오염물질발생량의 합계가 연간 2톤 미만인 사업장

비고: "대기오염물질발생량"이란 방지시설을 통과하기 전의 먼지, 황산화물 및 질소산화물의 발생량을 환경부령으로 정하는 방법에 따라 산정한 양을 말한다.

② 「물환경보전법」 제2조 제10호에 따른 폐수배출시설로서 대통령령으로 정하는 시설

"「물환경보전법」 제2조 제10호에 따른 폐수배출시설로서 대통령령으로 정하는 시설"
이란 다음 각 호의 시설을 말한다(농지법 시행령 제44조 제2항).

1. 「물환경보전법 시행령」 별표 13에 따른 1종사업장부터 4종사업장까지의 사업장에 해당하는 시설
2. 「물환경보전법 시행령」 별표 13에 따른 5종사업장에 해당하는 시설 중 농림축산식품부령으로 정하는 시설(다만 「자원의 절약과 재활용촉진에 관한 법률」 제2조 제6호에 따른 재활용시설, 「폐기물관리법」 제2조 제8호에 따른 폐기물처리시설 및 「농수산물유통 및 가격안정에 관한 법률」 제2조 제5호에 따른 농수산물공판장 중 축산물공판장은 제외)

[사업장의 규모별 구분(「물환경보전법 시행령」 별표 13)]

종 류	배 출 규 모
제 1 종 사업장	1일 폐수배출량이 2,000㎥ 이상인 사업장
제 2 종 사업장	1일 폐수배출량이 700㎥ 이상, 2,000㎥ 미만인 사업장
제 3 종 사업장	1일 폐수배출량이 200㎥ 이상, 700㎥ 미만인 사업장
제 4 종 사업장	1일 폐수배출량이 50㎥ 이상, 200㎥ 미만인 사업장
제 5 종 사업장	위 제1종부터 제4종까지의 사업장에 해당하지 아니하는 배출시설

비고
1. 사업장의 규모별 구분은 1년 중 가장 많이 배출한 날을 기준으로 정한다.

2. 폐수배출량은 그 사업장의 용수사용량(수돗물·공업용수·지하수·하천수 및 해수 등 그 사업장에서 사용하는 모든 물을 포함한다)을 기준으로 다음 산식에 따라 산정한다. 다만, 생산 공정에 사용되는 물이나 방지시설의 최종 방류구에 방류되기 전에 일정 관로를 통하여 생산 공정에 재이용되는 물은 제외하되, 희석수, 생활용수, 간접냉각수, 사업장 내 청소용 물, 원료야적장 침출수 등을 방지시설에 유입하여 처리하는 물은 포함한다.

   폐수배출량 = 용수사용량−(생활용수량+간접냉각수량+보일러용수량+제품함유수량+공정 중 증발량+그 밖의 방류구로 배출되지 아니한다고 인정되는 물의 양)+공정 중 발생량

3. 최초 배출시설 설치허가시의 폐수배출량은 사업계획에 따른 예상용수사용량을 기준으로 산정한다.

※ 농지법 시행령 제44조 제2항 제2호의 "농림축산식품부령으로 정하는 시설"이란 다음 각 호의 어느 하나에 해당하는 시설을 말한다. 다만, 인쇄·출판시설, 사진처리시설, 의료·보건시설 및 교육·연구시설로서 해당 시설에서 배출되는 「물환경보전법 시행규칙」 제4조에 따른 특정수질유해물질을 모두 위탁처리 하는 경우를 제외한다(농지법 시행규칙 제37조).

1. 「물환경보전법 시행규칙」 제35조의2에 따른 배출기준을 초과하는 특정수질유해물질 배출시설. 다만, 「물환경보전법」 제34조에 따라 설치허가를 받은 폐수무방류배출시설을 제외한다.
2. 「물환경보전법 시행규칙」 제6조에 따른 폐수배출시설 중 이 규칙 별표 3에 해당하는 폐수배출시설

[폐수배출시설(농지법 시행규칙 별표 3)]

배출시설	참고사항	
	표준산업분류	포함 또는 제외시설
1. 석탄광업시설	1010	- 채탄능력 8,000톤/월 미만은 제외
2. 금속광업시설(채광된 광물의 가공처리시설에서 그 밖에 폐수배출시설의 폐수배출량 이상을 발생하는 시설)	1100	- 10300 우라늄 토륨광업시설 포함
3. 비금속광물 광업시설	1200	- 달리 분류되지 아니하는 광업 및 채석업 시설 포함 - 연료용 광물 광업시설과 1210토사석 광업(채취·가공)시설로서 폐수를 해당 채취지점 또는 가공시설의 외부로 유출하지 아니하는 시설 제외
4. 섬유염색 및 가공시설	1740	
5. 가죽·모피가공 및 제품제조시설	1820 1910	- 18201, 19101 원모피·원피가공시설 포함
6. 신발제조시설	1930	
7. 펄프·종이 및 종이제품 제조시설	2100	
8. 출판·인쇄·사진처리 및 기록매체 복제시설	2200 7491	- 치과용 X-ray, 수표촬영용 마이크로필름 처리시설 및 「물환경보전법 시행규칙」 별표 1의 기타수질오염원에 해당하는 시설 제외
9. 코크스 및 관련제품 제조시설	2310	

배출시설	참고사항	
	표준산업분류	포함 또는 제외시설
10. 석유정제품 제조시설	2320	– 석유저장, 석유증류(상압·강압), 석유전화 (분해·개질) 석유정제, 윤활유 및 그리스제 조, 달리 분류되지 아니하는 석유정제 및 석유정제 부산물 재처리시설 포함 – 석유저장시설은 석유정제, 저유소에 한함 – 가스회수·납성분제거·염류제거·황산화물제 거·스트리핑(stripping, 휘발성분 제거)·스 테빌라이즈·개 질·접촉분해·수첨 분해·이성 화(異性化: 화합물을 형성하는 분자를 다른 물체로 변화시키는 화학반응)·알킬화·중합 시설 포함
11. 석유화학계 기초화합물 제조 시설	24111	– 에틸렌 및 프로필렌계, 부틸렌계, 부타디엔 계, 사이크로펜타디엔계, 이소프렌계, 방향 족탄화수소계, 사이크로핵산계, 아세틸렌계, 달리 분류되지 아니하는 석유화학계, 기초화 학물질 제조시설 포함
12. 석탄화합물 제조시설	24112	
13. 천연수지 및 나무화합물 제 조시설	24113	
14. 그 밖의 기초유기화합물 제 조시설	24119	
15. 기초무기화합물 제조시설	2412	– 황산, 질산, 염산, 소다회, 수산화나트륨 및 알칼리, 암모니아 합성 및 유도제품, 무기 안료, 금속의 산화물, 수산화물 및 염, 화 학원소 단체물질, 인산, 비금속의 산화물, 황화물, 할로겐화합물, 달리 분류되지 아니 하는 기초무기화학물질 제조시설 포함
16. 산업용가스 제조시설	24121	– 4020 가스 제조시설 포함
17. 합성염료 유연제 및 그 밖에 착색제 제조시설	24132	– 식물성 염료추출물 제조시설 포함
18. 비료 및 질소화합물 제조시설	2414	
19. 합성고무 제조시설	24151	– 재생섬유소 및 그 유도체 제조시설 포함

배출시설	참고사항	
	표준산업분류	포함 또는 제외시설
20. 합성수지 및 그 밖의 플라스틱물질 제조시설	24152	− 재생섬유소 및 그 유도체 제조시설 포함
21. 의약품 제조시설	2420	− 의료용 화합물 및 생약제제 제조시설 포함
22. 살충제 및 그 밖의 농약 제조시설	2431	
23. 도료·인쇄잉크 및 유사제품 제조시설	2432	
24. 계면활성제·치약·비누 및 그 밖의 세제 제조시설	24331 24332	
25. 화장품 제조시설	24333	
26. 표면광택제 및 실내 가향제 제조시설	24334	− 왁스 제조시설 포함
27. 비감광성 기록용 매체, 사진용 화학제품 및 감광재료 제조시설	24341 24342	− 32195 전자카드 제조시설 포함
28. 가공염 및 정제염 제조시설	24391	
29. 방향유 및 관련제품 제조시설	24392	
30. 접착제 및 젤라틴 제조시설	24393	
31. 화약 및 불꽃제품 제조시설	24394	
32. 그 밖에 분류 안된 화학제품 제조시설	24399	
33. 화학섬유 제조시설	2440	
34. 고무 및 플라스틱제품 제조시설	2500	
35. 시멘트·석회·플라스터 및 그 제품 제조시설	2630	− 레미콘차량은 관련시설로 포함 − 수증기 양생공정만 있는 경우 제외
36. 제1차 철강산업시설	2710	− 제철, 제강, 열간압연(熱間壓延: 금속재료를 재결정 온도 이상에서 하는 압연), 냉간압연, 압출 및 인발제품(금속관 등의 끝부분을 끌어당겨 지름, 관벽 두께를 감소시킨 제품), 철강선, 강관, 철강압연, 주철강관, 연신 및 제관시설(관을 만드는 시설) 포함

배출시설	참고사항	
	표준산업분류	포함 또는 제외시설
37. 합금철 제조시설	27112	
38. 비철금속 제련·정련 및 합금 제조시설	2721	– 구리·알리미늄·납·아연과 달리 분류되지 아니하는 비철금속 제련 및 정련시설 포함
39. 동 압연·압출 및 연신제품 제조시설	27221	
40. 알루미늄 압연·압출 및 연신제품 제조시설	27222	
41. 그 밖의 비철금속 압연·압출 및 연신제품 제조시설	27229	
42. 그 밖의 제1차 비철금속 산업시설	2729	
43. 금속 주조시설	2730	
44. 조립금속제품 제조시설(달리 분류되지 아니하는 중분류 28~35까지의 제조시설)	2800	– 주된 공정의 일부로서 공통시설의 도금시설에 포함되지 아니하는 경우 포함
45. 절연선 및 케이블 제조시설	3130	
46. 축전지 및 1차 전지 제조시설	3140	
47. 전구 및 조명장치 제조시설	3150	
48. 반도체 및 그 밖의 전자부품 제조시설	3210	– 32195 전자카드 제조시설 제외
49. 방송수신기 및 그 밖의 영상·음향기기 제조시설	3230	
50. 그 밖의 제품 제조시설	3690	– 가구, 악기, 운동 및 경기용구, 귀금속(「물환경보전법 시행규칙」 별표 1의 제6호에 해당하는 금은판매점의 세공시설 제외)·장신구 및 관련제품, 달리 분류되지 아니하는 장난감·장식품 및 일용품 제조시설 포함

배출시설	참고사항	
	표준산업분류	포함 또는 제외시설
51. 병원시설(병상의 수가 의료법에 따른 종합병원 규모 이상인 시설)	8511	– 수술실·처치실·병리실이 없는 병원과 한약을 끓이는 시설이 없는 한방병원 제외
52. 폐수처리업의 폐수저장시설 및 폐기물처리업의 폐수발생시설	9020	– 폐기물처리업의 폐수발생시설의 경우에는 해당 폐기물처리시설로 유입처리하는 경우 제외
53. 세탁시설(용적 2㎥ 이상 또는 용수 1㎥/시간 이상	9391	– 해당 사업장에서 발생하는 세탁물을 처리하기 위하여 사업장안에 설치한 시설로서 특정수질 유해물질이 함유되지 아니한 폐수를 오수처리시설로 유입시키는 시설 제외
54. 산업시설의 폐가스·분진, 세정·응축시설(분무량 또는 응축량 0.01㎥/시간 이상)	공통시설	– 오수·분뇨 및 축산폐수처리시설, 폐수 및 하수종말처리시설, 폐기물처리업소의 시설로서 세정·응축수를 해당 처리시설로 유입처리하는 경우 제외
55. 이화학 시험시설(면적 100㎡ 이상)	공통시설	– 오수·분뇨 및 축산폐수처리시설, 폐수 및 하수종말처리시설, 폐기물처리업소의 시설로서 실험폐수를 해당 처리시설로 유입처리하는 경우와 초등학교·중학교의 실험실 제외 – 실험생산시설 포함
56. 도금시설	공통시설	– 주공정이 도금공정인 시설을 말하며 다른 공정의 일부로서 2800에 해당하는 경우 제외
57. 운수장비 수선 및 세차 또는 세척시설	공통시설	– 자동차·건설기계·열차·항공기 등 운수장비를 수선·세차 또는 세척하는 시설 포함 – 「물환경보전법 시행규칙」 별표 1의 기타수질오염원, 오수·분뇨·축산폐수처리시설, 폐수·하수종말처리시설 및 폐기물 등을 운반하는 차량의 세척 과정 중 배출되는 폐수를 해당 처리시설에 유입·처리하는 경우 제외 – 건설현장에 한시적으로 설치되는 세륜시설(바퀴 등의 세척시설) 제외

※ 제10호부터 제33호까지의 규정에 해당하는 시설 중 물·용제류 등 액체성물질을 사용하지 아니하거나 제품의 성분이 용해·용출되지 아니하는 고체성화학제품의 제조시설을 제외한다.

③ 농업의 진흥이나 농지의 보전을 해칠 우려가 있는 시설로서 대통령령으로 정하는 시설

"농업의 진흥이나 농지의 보전을 해칠 우려가 있는 시설로서 대통령령으로 정하는 시설"이란 다음 각 호의 시설을 말한다(농지법 시행령 제44조 제3항).

1. 「건축법 시행령」 별표 1 제2호 가목, 제3호 나목, 제4호 아목·자목·너목(이 영 제29조 제2항 제1호 및 제29조 제7항 제3호·제4호·제4호의2·제9호의 시설은 제외한다)·더목, 제5호, 제8호, 제10호 다목·라목·바목, 제14호, 제15호(「제주특별자치도 설치 및 국제자유도시 조성을 위한 특별법」 제251조 제1항에 따른 1,000㎡ 이하의 휴양펜션업 시설을 제외한다)·제16호, 제20호 나목부터 바목까지 및 제27호에 해당하는 시설

2. 「건축법 시행령」 별표 1 제1호, 제3호 가목, 다목부터 마목까지 및 사목(지역아동센터만 해당한다), 자목부터 카목까지, 제4호 가목부터 사목까지, 차목부터 거목까지 및 러목, 제19호, 제20호 가목·사목·아목·자목 및 제26호에 해당하는 시설로서 그 부지로 사용하려는 농지의 면적이 1,000㎡를 초과하는 것

3. 「건축법 시행령」 별표 1 제3호 바목, 제6호, 제11호, 제12호 및 제29호에 해당하는 시설로서 그 부지로 사용하려는 농지의 면적이 3,000㎡를 초과하는 것

4. 「건축법 시행령」 별표 1 제13호에 해당하는 시설로서 그 부지로 사용하려는 농지의 면적이 5,000㎡를 초과하는 것

5. 「건축법 시행령」 별표 1 제2호 나목부터 라목까지 및 제7호 다목에 해당하는 시설로서 그 부지로 사용하려는 농지의 면적이 15,000㎡를 초과하는 것

6. 「건축법 시행령」 별표 1 제7호 가목·나목, 제10호 가목, 제17호, 제18호에 해당하는 시설, 「농어촌정비법」 제2조 제16호 나목에 따른 관광농원사업의 시설 및 태양에너지 발전설비로서 그 부지로 사용하려는 농지의 면적이 3만㎡를 초과하는 것

7. 농지법 시행령 제29조 제7항 제8호 가목에 따른 농어촌체험·휴양마을사업의 시설과 제30조 제1항 제4호에 따른 농수산업 관련 시설로서 그 부지로 사용하려는 농지의 면적이 해당 조항에서 허용하는 면적을 초과하는 것

8. 제1호부터 제7호까지의 규정에 해당되지 아니하는 시설로서 그 부지로 전용하려는 농지의 면적이 1만㎡를 초과하는 것. 다만, 그 시설이 법 제32조 제1항 제3호부터 제8호까지의 규정에 따라 농업진흥구역에 설치할 수 있는 시설, 도시·군계획시설, 「농어촌정비법」 제101조에 따른 마을정비구역으로 지정된 구역에 설치하는 시설, 「도로법」 제2조 제2호에 따른 도로부속물 중 고속국도관리청이 설치하는 고속국도의 도로부속물 시설, 「자연공원법」 제2조 제10호에 따른 공원시설 및 「체육시설의 설치·이용에 관한 법률」 제3조에 따른 골프장에 해당되는 경우를 제외한다.

9. 그 밖에 해당 지역의 농지규모·농지보전상황 등 농업여건을 고려하여 시(특별시 및 광역시를 포함)·군의 조례로 정하는 농업의 진흥이나 농지의 보전을 저해하는 시설

[농지전용허가시 허용되는 면적별 시설]

※ 아래 표의 시설별 면적제한은 전용하고자 하는 농지에 적용되는 별도의 규정이 있으면 그 규정이 우선 적용되고 규정이 없는 경우에 적용된다. 다만 도시지역·계획관리지역, 개발진흥지구에 있는 농지에 설치하는 시설의 경우에는 적용하지 않는다.

허용면적	허용시설
설치제한 (농지법 시행령 제44조 제3항 제1호)	**〈「건축법 시행령」 [별표 1]〉** 2. 공동주택[공동주택의 형태를 갖춘 가정어린이집·공동생활가정·지역아동센터·공동육아나눔터·작은도서관·노인복지시설(노인복지주택은 제외한다) 및 「주택법 시행령」 제10조 제1항 제1호에 따른 소형 주택을 포함한다]. 다만, 가목이나 나목에서 층수를 산정할 때 1층 전부를 필로티 구조로 하여 주차장으로 사용하는 경우에는 필로티 부분을 층수에서 제외하고, 다목에서 층수를 산정할 때 1층의 전부 또는 일부를 필로티 구조로 하여 주차장으로 사용하고 나머지 부분을 주택(주거 목적으로 한정한다) 외의 용도로 쓰는 경우에는 해당 층을 주택의 층수에서 제외하며, 가목부터 라목까지의 규정에서 층수를 산정할 때 지하층을 주택의 층수에서 제외한다. 　가. 아파트: 주택으로 쓰는 층수가 5개 층 이상인 주택 3. 제1종 근린생활시설 　나. 휴게음식점, 제과점 등 음료·차(茶)·음식·빵·떡·과자 등을 조리하거나 제조하여 판매하는 시설(제4호 너목 또는 제17호에 해당하는 것은 제외한다)로서 같은 건축물에 해당 용도로 쓰는 바닥면적의 합계가 300㎡ 미만인 것 4. 제2종 근린생활시설 　아. 휴게음식점, 제과점 등 음료·차(茶)·음식·빵·떡·과자 등을 조리하거나 제조하여 판매하는 시설(너목 또는 제17호에 해당하는 것은 제외한다)로서 같은 건축물에 해당 용도로 쓰는 바닥면적의 합계가 300㎡ 이상인 것 　자. 일반음식점 　너. 제조업소, 수리점 등 물품의 제조·가공·수리 등을 위한 시설로서 같은 건축물에 해당 용도로 쓰는 바닥면적의 합계가 500㎡ 미만이고, 다음 요건 중 어느 하나에 해당하는 것 　　1) 「대기환경보전법」, 「물환경보전법」 또는 「소음·진동관리법」에 따른 배출시설의 설치 허가 또는 신고의 대상이 아닌 것 　　2) 「물환경보전법」 제33조 제1항 본문에 따라 폐수배출시설의 설치 허가를 받거나 신고해야 하는 시설로서 발생되는 폐수를 전량 위탁처리하는 것 　더. 단란주점으로서 같은 건축물에 해당 용도로 쓰는 바닥면적의 합계가 150㎡ 미만인 것

허용면적	허용시설
	5. 문화 및 집회시설
	가. 공연장으로서 제2종 근린생활시설에 해당하지 아니하는 것
	나. 집회장[예식장, 공회당, 회의장, 마권(馬券) 장외 발매소, 마권 전화투표소, 그 밖에 이와 비슷한 것을 말한다]으로서 제2종 근린생활시설에 해당하지 아니하는 것
	다. 관람장(경마장, 경륜장, 경정장, 자동차 경기장, 그 밖에 이와 비슷한 것과 체육관 및 운동장으로서 관람석의 바닥면적의 합계가 1,000㎡ 이상인 것을 말한다)
	라. 전시장(박물관, 미술관, 과학관, 문화관, 체험관, 기념관, 산업전시장, 박람회장, 그 밖에 이와 비슷한 것을 말한다)
	마. 동·식물원(동물원, 식물원, 수족관, 그 밖에 이와 비슷한 것을 말한다)
	8. 운수시설
	가. 여객자동차터미널
	나. 철도시설
	다. 공항시설
	라. 항만시설
	마. 그 밖에 가목부터 라목까지의 규정에 따른 시설과 비슷한 시설
	10. 교육연구시설(제2종 근린생활시설에 해당하는 것은 제외한다)
	다. 직업훈련소(운전 및 정비 관련 직업훈련소는 제외한다)
	라. 학원(자동차학원·무도학원 및 정보통신기술을 활용하여 원격으로 교습하는 것은 제외한다), 교습소(자동차교습·무도교습 및 정보통신기술을 활용하여 원격으로 교습하는 것은 제외한다)
	바. 도서관
	14. 업무시설
	가. 공공업무시설: 국가 또는 지방자치단체의 청사와 외국공관의 건축물로서 제1종 근린생활시설에 해당하지 아니하는 것
	나. 일반업무시설: 다음 요건을 갖춘 업무시설을 말한다.
	1) 금융업소, 사무소, 결혼상담소 등 소개업소, 출판사, 신문사, 그 밖에 이와 비슷한 것으로서 제1종 근린생활시설 및 제2종 근린생활시설에 해당하지 않는 것
	2) 오피스텔(업무를 주로 하며, 분양하거나 임대하는 구획 중 일부 구획에서 숙식을 할 수 있도록 한 건축물로서 국토교통부장관이 고시하는 기준에 적합한 것을 말한다)

허용면적	허용시설
	15. 숙박시설 　가. 일반숙박시설 및 생활숙박시설(「공중위생관리법」 제3조 제1항 전단에 따라 숙박업 신고를 해야 하는 시설로서 국토교통부장관이 정하여 고시하는 요건을 갖춘 시설을 말한다) 　나. 관광숙박시설(관광호텔, 수상관광호텔, 한국전통호텔, 가족호텔, 호스텔, 소형호텔, 의료관광호텔 및 휴양 콘도미니엄) 　다. 다중생활시설(제2종 근린생활시설에 해당하지 아니하는 것을 말한다) 　라. 그 밖에 가목부터 다목까지의 시설과 비슷한 것 16. 위락시설 　가. 단란주점으로서 제2종 근린생활시설에 해당하지 아니하는 것 　나. 유흥주점이나 그 밖에 이와 비슷한 것 　다. 「관광진흥법」에 따른 유원시설업의 시설, 그 밖에 이와 비슷한 시설(제2종 근린생활시설과 운동시설에 해당하는 것은 제외한다) 　라. 삭제 　마. 무도장, 무도학원 　바. 카지노영업소 20. 자동차 관련 시설(건설기계 관련 시설을 포함한다) 　나. 세차장 　다. 폐차장 　라. 검사장 　마. 매매장 　바. 정비공장 27. 관광 휴게시설 　가. 야외음악당 　나. 야외극장 　다. 어린이회관 　라. 관망탑 　마. 휴게소 　바. 공원·유원지 또는 관광지에 부수되는 시설

허용면적	허용시설

1,000㎡ 이하
(농지법
시행령
제44조 제3항
제2호)
	〈「건축법 시행령」[별표 1]〉
	
	1. 단독주택[단독주택의 형태를 갖춘 가정어린이집·공동생활가정·지역아동센터·공동육아나눔터(「아이돌봄 지원법」 제19조에 따른 공동육아나눔터를 말한다. 이하 같다)·작은도서관(「도서관법」 제4조 제2항 제1호 가목에 따른 작은도서관을 말하며, 해당 주택의 1층에 설치한 경우만 해당한다. 이하 같다) 및 노인복지시설(노인복지주택은 제외한다)을 포함한다]
	  가. 단독주택
	  나. 다중주택: 다음의 요건을 모두 갖춘 주택을 말한다.
	   1) 학생 또는 직장인 등 여러 사람이 장기간 거주할 수 있는 구조로 되어 있는 것
	   2) 독립된 주거의 형태를 갖추지 않은 것(각 실별로 욕실은 설치할 수 있으나, 취사시설은 설치하지 않은 것을 말한다)
	   3) 1개 동의 주택으로 쓰이는 바닥면적(부설 주차장 면적은 제외한다. 이하 같다)의 합계가 660㎡ 이하이고 주택으로 쓰는 층수(지하층은 제외한다)가 3개 층 이하일 것. 다만, 1층의 전부 또는 일부를 필로티 구조로 하여 주차장으로 사용하고 나머지 부분을 주택(주거 목적으로 한정한다) 외의 용도로 쓰는 경우에는 해당 층을 주택의 층수에서 제외한다.
	   4) 적정한 주거환경을 조성하기 위하여 건축조례로 정하는 실별 최소 면적, 창문의 설치 및 크기 등의 기준에 적합할 것
	  다. 다가구주택: 다음의 요건을 모두 갖춘 주택으로서 공동주택에 해당하지 아니하는 것을 말한다.
	   1) 주택으로 쓰는 층수(지하층은 제외한다)가 3개 층 이하일 것. 다만, 1층의 전부 또는 일부를 필로티 구조로 하여 주차장으로 사용하고 나머지 부분을 주택(주거 목적으로 한정한다) 외의 용도로 쓰는 경우에는 해당 층을 주택의 층수에서 제외한다.
	   2) 1개 동의 주택으로 쓰이는 바닥면적의 합계가 660㎡ 이하일 것
	   3) 19세대(대지 내 동별 세대수를 합한 세대를 말한다) 이하가 거주할 수 있을 것
	  라. 공관(公館)
	
	3. 제1종 근린생활시설
	  가. 식품·잡화·의류·완구·서적·건축자재·의약품·의료기기 등 일용품을 판매하는 소매점으로서 같은 건축물(하나의 대지에 두 동 이상의 건축물이 있는 경우에는 이를 같은 건축물로 본다. 이하 같다)에 해당 용도로 쓰는 바닥면적의 합계가 1,000㎡ 미만인 것
	  다. 이용원, 미용원, 목욕장, 세탁소 등 사람의 위생관리나 의류 등을 세탁·수선하는 시설(세탁소의 경우 공장에 부설되는 것과 「대기환경보전법」, 「물환경보전법」 또는 「소음·진동관리법」에 따른 배출시설의 설치 허가 또는 신고의 대상인 것은 제외한다)
	  라. 의원, 치과의원, 한의원, 침술원, 접골원(接骨院), 조산원, 안마원, 산후조리원 등 주민의 진료·치료 등을 위한 시설
	  마. 탁구장, 체육도장으로서 같은 건축물에 해당 용도로 쓰는 바닥면적의 합계가 500㎡ 미만인 것

허용면적	허용시설

　　사. 지역아동센터(단독주택과 공동주택에 해당하는 것은 제외한다)
　　자. 금융업소, 사무소, 부동산중개사무소, 결혼상담소 등 소개업소, 출판사 등 일반업무시설로서 같은 건축물에 해당 용도로 쓰는 바닥면적의 합계가 30 ㎡ 미만인 것
　　차. 전기자동차 충전소(해당 용도로 쓰는 바닥면적의 합계가 1,000㎡ 미만인 것으로 한정한다)
　　카. 동물병원, 동물미용실 및 「동물보호법」 제73조 제1항 제2호에 따른 동물 위탁관리업을 위한 시설로서 같은 건축물에 해당 용도로 쓰는 바닥면적의 합계가 300㎡ 미만인 것

4. 제2종 근린생활시설
　　가. 공연장(극장, 영화관, 연예장, 음악당, 서커스장, 비디오물감상실, 비디오물 소극장, 그 밖에 이와 비슷한 것을 말한다. 이하 같다)으로서 같은 건축물에 해당 용도로 쓰는 바닥면적의 합계가 500㎡ 미만인 것
　　나. 종교집회장[교회, 성당, 사찰, 기도원, 수도원, 수녀원, 제실(祭室), 사당, 그 밖에 이와 비슷한 것을 말한다. 이하 같다]으로서 같은 건축물에 해당 용도로 쓰는 바닥면적의 합계가 500㎡ 미만인 것
　　다. 자동차영업소로서 같은 건축물에 해당 용도로 쓰는 바닥면적의 합계가 1,000㎡ 미만인 것
　　라. 서점(제1종 근린생활시설에 해당하지 않는 것)
　　마. 총포판매소
　　바. 사진관, 표구점
　　사. 청소년게임제공업소, 복합유통게임제공업소, 인터넷컴퓨터게임시설제공업소, 가상현실체험 제공업소, 그 밖에 이와 비슷한 게임 및 체험 관련 시설로서 같은 건축물에 해당 용도로 쓰는 바닥면적의 합계가 500㎡ 미만인 것
　　차. 장의사, 동물병원, 동물미용실, 「동물보호법」 제73조 제1항 제2호에 따른 동물위탁관리업을 위한 시설, 그 밖에 이와 유사한 것(제1종 근린생활시설에 해당하는 것은 제외한다)
　　카. 학원(자동차학원·무도학원 및 정보통신기술을 활용하여 원격으로 교습하는 것은 제외한다), 교습소(자동차교습·무도교습 및 정보통신기술을 활용하여 원격으로 교습하는 것은 제외한다), 직업훈련소(운전·정비 관련 직업훈련소는 제외한다)로서 같은 건축물에 해당 용도로 쓰는 바닥면적의 합계가 500㎡ 미만인 것
　　타. 독서실, 기원
　　파. 테니스장, 체력단련장, 에어로빅장, 볼링장, 당구장, 실내낚시터, 골프연습장, 놀이형시설(「관광진흥법」에 따른 기타유원시설업의 시설을 말한다. 이하 같다) 등 주민의 체육 활동을 위한 시설(제3호 마목의 시설은 제외한다)로서 같은 건축물에 해당 용도로 쓰는 바닥면적의 합계가 500㎡ 미만인 것
　　하. 금융업소, 사무소, 부동산중개사무소, 결혼상담소 등 소개업소, 출판사 등 일반업무시설로서 같은 건축물에 해당 용도로 쓰는 바닥면적의 합계가 500㎡ 미만인 것(제1종 근린생활시설에 해당하는 것은 제외한다)

허용면적	허용시설
	거. 다중생활시설(「다중이용업소의 안전관리에 관한 특별법」에 따른 다중이용업 중 고시원업의 시설로서 국토교통부장관이 고시하는 기준과 그 기준에 위배되지 않는 범위에서 적정한 주거환경을 조성하기 위하여 건축조례로 정하는 실별 최소 면적, 창문의 설치 및 크기 등의 기준에 적합한 것을 말한다. 이하 같다)로서 같은 건축물에 해당 용도로 쓰는 바닥면적의 합계가 500㎡ 미만인 것 러. 안마시술소, 노래연습장 19. 위험물 저장 및 처리 시설 「위험물안전관리법」, 「석유 및 석유대체연료 사업법」, 「도시가스사업법」, 「고압가스 안전관리법」, 「액화석유가스의 안전관리 및 사업법」, 「총포·도검·화약류 등 단속법」, 「화학물질 관리법」 등에 따라 설치 또는 영업의 허가를 받아야 하는 건축물로서 다음 각 목의 어느 하나에 해당하는 것. 다만, 자가난방, 자가발전, 그 밖에 이와 비슷한 목적으로 쓰는 저장시설은 제외한다. 가. 주유소(기계식 세차설비를 포함한다) 및 석유 판매소 나. 액화석유가스 충전소·판매소·저장소(기계식 세차설비를 포함한다) 다. 위험물 제조소·저장소·취급소 라. 액화가스 취급소·판매소 마. 유독물 보관·저장·판매시설 바. 고압가스 충전소·판매소·저장소 사. 도료류 판매소 아. 도시가스 제조시설 자. 화약류 저장소 차. 그 밖에 가목부터 자목까지의 시설과 비슷한 것 20. 자동차 관련 시설(건설기계 관련 시설을 포함한다) 가. 주차장 사. 운전학원 및 정비학원(운전 및 정비 관련 직업훈련시설을 포함한다) 아. 「여객자동차 운수사업법」, 「화물자동차 운수사업법」 및 「건설기계관리법」에 따른 차고 및 주기장(駐機場) 자. 전기자동차 충전소로서 제1종 근린생활시설에 해당하지 않는 것 26. 묘지 관련 시설 가. 화장시설 나. 봉안당(종교시설에 해당하는 것은 제외한다) 다. 묘지와 자연장지에 부수되는 건축물 라. 동물화장시설, 동물건조장(乾燥葬)시설 및 동물 전용의 납골시설

허용면적	허용시설
3,000㎡ 이하 (농지법 시행령 제44조 제3항 제3호)	〈「건축법 시행령」[별표 1]〉 3. 제1종 근린생활시설 　바. 지역자치센터, 파출소, 지구대, 소방서, 우체국, 방송국, 보건소, 공공도서관, 건강보험공단 사무소 등 주민의 편의를 위하여 공공업무를 수행하는 시설로서 같은 건축물에 해당 용도로 쓰는 바닥면적의 합계가 1,000㎡ 미만인 것 6. 종교시설 　가. 종교집회장으로서 제2종 근린생활시설에 해당하지 아니하는 것 　나. 종교집회장(제2종 근린생활시설에 해당하지 아니하는 것을 말한다)에 설치하는 봉안당(奉安堂) 11. 노유자시설 　가. 아동 관련 시설(어린이집, 아동복지시설, 그 밖에 이와 비슷한 것으로서 단독주택, 공동주택 및 제1종 근린생활시설에 해당하지 아니하는 것을 말한다) 　나. 노인복지시설(단독주택과 공동주택에 해당하지 아니하는 것을 말한다) 　다. 그 밖에 다른 용도로 분류되지 아니한 사회복지시설 및 근로복지시설 12. 수련시설 　가. 생활권 수련시설(「청소년활동진흥법」에 따른 청소년수련관, 청소년문화의집, 청소년특화시설, 그 밖에 이와 비슷한 것을 말한다) 　나. 자연권 수련시설(「청소년활동진흥법」에 따른 청소년수련원, 청소년야영장, 그 밖에 이와 비슷한 것을 말한다) 　다. 「청소년활동진흥법」에 따른 유스호스텔 　라. 「관광진흥법」에 따른 야영장 시설로서 제29호에 해당하지 아니하는 시설 29. 야영장 시설 　「관광진흥법」에 따른 야영장 시설로서 관리동, 화장실, 샤워실, 대피소, 취사시설 등의 용도로 쓰는 바닥면적의 합계가 300㎡ 미만인 것
5,000㎡ 이하 (농지법 시행령 제44조 제3항 제4호)	〈「건축법 시행령」[별표 1]〉 13. 운동시설 　가. 탁구장, 체육도장, 테니스장, 체력단련장, 에어로빅장, 볼링장, 당구장, 실내낚시터, 골프연습장, 놀이형시설, 그 밖에 이와 비슷한 것으로서 제1종 근린생활시설 및 제2종 근린생활시설에 해당하지 아니하는 것 　나. 체육관으로서 관람석이 없거나 관람석의 바닥면적이 1,000㎡ 미만인 것 　다. 운동장(육상장, 구기장, 볼링장, 수영장, 스케이트장, 롤러스케이트장, 승마장, 사격장, 궁도장, 골프장 등과 이에 딸린 건축물을 말한다)으로서 관람석이 없거나 관람석의 바닥면적이 1,000㎡ 미만인 것

허용면적	허용시설

15,000㎡
이하
(농지법
시행령
제44조 제3항
제5호)
	〈「건축법 시행령」 [별표 1]〉
	
	2. 공동주택[공동주택의 형태를 갖춘 가정어린이집·공동생활가정·지역아동센터·공동육아나눔터·작은도서관·노인복지시설(노인복지주택은 제외한다) 및 「주택법 시행령」 제10조 제1항 제1호에 따른 소형 주택을 포함한다]. 다만, 가목이나 나목에서 층수를 산정할 때 1층 전부를 필로티 구조로 하여 주차장으로 사용하는 경우에는 필로티 부분을 층수에서 제외하고, 다목에서 층수를 산정할 때 1층의 전부 또는 일부를 필로티 구조로 하여 주차장으로 사용하고 나머지 부분을 주택(주거 목적으로 한정한다) 외의 용도로 쓰는 경우에는 해당 층을 주택의 층수에서 제외하며, 가목부터 라목까지의 규정에서 층수를 산정할 때 지하층을 주택의 층수에서 제외한다.
	  나. 연립주택: 주택으로 쓰는 1개 동의 바닥면적(2개 이상의 동을 지하주차장으로 연결하는 경우에는 각각의 동으로 본다) 합계가 660㎡를 초과하고, 층수가 4개 층 이하인 주택
	  다. 다세대주택: 주택으로 쓰는 1개 동의 바닥면적 합계가 660㎡ 이하이고, 층수가 4개 층 이하인 주택(2개 이상의 동을 지하주차장으로 연결하는 경우에는 각각의 동으로 본다)
	  라. 기숙사: 다음의 어느 하나에 해당하는 건축물로서 공간의 구성과 규모 등에 관하여 국토교통부장관이 정하여 고시하는 기준에 적합한 것. 다만, 구분소유된 개별 실(室)은 제외한다.
	   1) 일반기숙사: 학교 또는 공장 등의 학생 또는 종업원 등을 위하여 사용하는 것으로서 해당 기숙사의 공동취사시설 이용 세대 수가 전체 세대 수(건축물의 일부를 기숙사로 사용하는 경우에는 기숙사로 사용하는 세대 수로 한다. 이하 같다)의 50퍼센트 이상인 것(「교육기본법」 제27조 제2항에 따른 학생복지주택을 포함한다)
	   2) 임대형기숙사: 「공공주택 특별법」 제4조에 따른 공공주택사업자 또는 「민간임대주택에 관한 특별법」 제2조 제7호에 따른 임대사업자가 임대사업에 사용하는 것으로서 임대 목적으로 제공하는 실이 20실 이상이고 해당 기숙사의 공동취사시설 이용 세대 수가 전체 세대 수의 50퍼센트 이상인 것
	
	7. 판매시설
	  다. 상점(그 안에 있는 근린생활시설을 포함한다)으로서 다음의 요건 중 어느 하나에 해당하는 것
	   1) 제3호 가목에 해당하는 용도(서점은 제외한다)로서 제1종 근린생활시설에 해당하지 아니하는 것
	   2) 「게임산업진흥에 관한 법률」 제2조 제6호의2가목에 따른 청소년게임제공업의 시설, 같은 호 나목에 따른 일반게임제공업의 시설, 같은 조 제7호에 따른 인터넷컴퓨터게임시설제공업의 시설 및 같은 조 제8호에 따른 복합유통게임제공업의 시설로서 제2종 근린생활시설에 해당하지 아니하는 것

허용면적	허용시설
30,000㎡ 이하 (농지법 시행령 제44조 제3항 제6호)	〈「건축법 시행령」 [별표 1]〉 7. 판매시설 가. 도매시장(「농수산물유통 및 가격안정에 관한 법률」에 따른 농수산물도매시장, 농수산물공판장, 그 밖에 이와 비슷한 것을 말하며, 그 안에 있는 근린생활시설을 포함한다) 나. 소매시장(「유통산업발전법」 제2조 제3호에 따른 대규모 점포, 그 밖에 이와 비슷한 것을 말하며, 그 안에 있는 근린생활시설을 포함한다) 10. 교육연구시설(제2종 근린생활시설에 해당하는 것은 제외한다) 가. 학교(유치원, 초등학교, 중학교, 고등학교, 전문대학, 대학, 대학교, 그 밖에 이에 준하는 각종 학교를 말한다) 17. 공장 물품의 제조·가공[염색·도장(塗裝)·표백·재봉·건조·인쇄 등을 포함한다] 또는 수리에 계속적으로 이용되는 건축물로서 제1종 근린생활시설, 제2종 근린생활시설, 위험물저장 및 처리시설, 자동차 관련 시설, 자원순환 관련 시설 등으로 따로 분류되지 아니한 것 18. 창고시설(제2종 근린생활시설에 해당하는 것과 위험물 저장 및 처리 시설 또는 그 부속용도에 해당하는 것은 제외한다) 가. 창고(물품저장시설로서 「물류정책기본법」에 따른 일반창고와 냉장 및 냉동 창고를 포함한다) 나. 하역장 다. 「물류시설의 개발 및 운영에 관한 법률」에 따른 물류터미널 라. 집배송 시설 〈농어촌정비법〉 관광농업사업(제2조 제16호 나목): 관광농원사업: 농어촌의 자연자원과 농림수산 생산기반을 이용하여 지역특산물 판매시설, 영농 체험시설, 체육시설, 휴양시설, 숙박시설, 음식 또는 용역을 제공하거나 그 밖에 이에 딸린 시설을 갖추어 이용하게 하는 사업 〈신에너지 및 재생에너지 개발·이용·보급 촉진법 시행규칙〉 태양에너지 설비(태양열에너지 발전설비, 제2조 제4호) 가. 태양열 설비: 태양의 열에너지를 변환시켜 전기를 생산하거나 에너지원으로 이용하는 설비 나. 태양광 설비: 태양의 빛에너지를 변환시켜 전기를 생산하거나 채광(採光)에 이용하는 설비

허용면적	허용시설
해당 조항에서 허용하는 면적 (농지법 시행령 제44조 제3항 제7호)	**〈농지법 시행령〉** 1. 농어촌체험·휴양마을사업의 시설(농지법 시행령 제29조 제7항 제8호 가목) 　가. 「도시와 농어촌 간의 교류촉진에 관한 법률」 제2조 제5호에 따른 농어촌 체험·휴양마을사업의 시설로서 다음 요건에 모두 적합하고 그 부지의 총면적이 1만㎡ 미만인 시설 　　1) 숙박서비스시설을 운영하는 경우에는 「도시와 농어촌 간의 교류촉진에 관한 법률」 제8조에 따른 규모 이하일 것 　　2) 승마장을 운영하는 경우에는 「도시와 농어촌 간의 교류촉진에 관한 법률」 제9조에 따른 규모 이하일 것 　　3) 음식을 제공하거나 즉석식품을 제조·판매·가공하는 경우에는 「도시와 농어촌 간의 교류촉진에 관한 법률」 제10조에 따른 영업시설기준을 준수한 시설일 것 2. 농촌지역 경제활성화를 통하여 농업인 소득증대에 기여하는 농수산업 관련 시설(농지법 시행령 제30조 제1항 제4호) 　가. 「농촌융복합산업육성 및 지원에 관한 법률」 제2조 제4호에 따른 농촌융복합 사업자가 농촌융복합 산업을 경영하기 위해 설치하는 시설 및 같은 법 제30조 제2항에 따른 농촌융복합산업지구 발전계획에 포함된 시설: 3,000㎡ 미만 　나. 「말산업 육성법」 제2조 제7호에 따른 농어촌형 승마시설: 3,000㎡ 미만 　다. 농수산업(농업·임업·축산업·수산업을 말한다) 및 식품 관련 시험·연구시설: 5,000㎡ 미만 　라. 국내에서 생산된 농수산물(「농업·농촌 및 식품산업기본법」 제3조 제6호에 따른 농수산물을 말하며, 임산물 중 목재와 그 가공품 및 토석은 제외한다. 이하 이 표에서 같다)을 주된 원료로 하여 가공하거나 건조·절단 등 처리를 위한 시설과 국내에서 생산된 농수산물을 저장·선별·포장하는 유통시설: 15,000㎡ 미만 　마. 농기자재(농기구, 농기계, 농기계 부품, 농약, 미생물제제, 비료, 사료, 비닐, 파이프 등 농업생산에 필요한 일련의 기자재를 말한다. 이하 이 표에서 같다) 제조시설, 수리시설 또는 판매시설: ① 「건축법 시행령」 별표 1 제4호(제2종 근린생활시설 제조업소)에 해당하는 경우: 1,000㎡ 미만 ② 「건축법 시행령」 별표 1 제17호(공장)에 해당하는 경우: 15,000㎡ 미만 　바. 「농업협동조합법」 제2조 제1호에 따른 조합이 조합원의 영농 편의를 위하여 설치하는 창고 또는 농기자재 판매시설: ① 「건축법 시행령」 별표 1 제3호(제1종 근린생활시설) 또는 제4호(제2종 근린생활시설)에 해당하는 경우: 1,000㎡ 미만 ② 「건축법 시행령」 별표 1 제7호 다목(상점) 또는 제18호(창고시설)에 해당하는 경우: 15,000㎡ 미만 　사. 농지법 시행령 제2조 제3항 제2호에 해당하지 않는 농축산물 생산시설(작물재배시설, 종균·종묘 배양시설 등): 1만㎡ 미만

허용면적	허용시설
10,000㎡ 이하 (농지법 시행령 제44조 제3항 제8호 본문)	**〈「건축법 시행령」 [별표 1]〉** 3. 제1종 근린생활시설 　사. 마을회관, 마을공동작업소, 마을공동구판장, 공중화장실, 대피소 등 주민이 　　　공동으로 이용하는 시설 　아. 변전소, 도시가스배관시설, 통신용 시설(해당 용도로 쓰는 바닥면적의 합계 　　　가 1,000㎡ 미만인 것에 한정한다), 정수장, 양수장 등 주민의 생활에 필 　　　요한 에너지공급·통신서비스제공이나 급수·배수와 관련된 시설 4. 제2종 근린생활시설 　거. 다중생활시설(「다중이용업소의 안전관리에 관한 특별법」에 따른 다중이용업 　　　중 고시원업의 시설로서 국토교통부장관이 고시하는 기준과 그 기준에 위 　　　배되지 않는 범위에서 적정한 주거환경을 조성하기 위하여 건축조례로 정 　　　하는 실별 최소 면적, 창문의 설치 및 크기 등의 기준에 적합한 것을 말한 　　　다. 이하 같다)로서 같은 건축물에 해당 용도로 쓰는 바닥면적의 합계가 　　　500㎡ 미만인 것 　너. 제조업소, 수리점 등 물품의 제조·가공·수리 등을 위한 시설로서 같은 건 　　　축물에 해당 용도로 쓰는 바닥면적의 합계가 500㎡ 미만이고, 다음 요건 　　　중 어느 하나에 해당하는 것 　　1)「대기환경보전법」,「물환경보전법」 또는 「소음·진동관리법」에 따른 배출시 　　　　설의 설치 허가 또는 신고의 대상이 아닌 것 　　2)「물환경보전법」 제33조 제1항 본문에 따라 폐수배출시설의 설치 허가를 　　　　받거나 신고해야 하는 시설로서 발생되는 폐수를 전량 위탁처리하는 것 　더. 단란주점으로서 같은 건축물에 해당 용도로 쓰는 바닥면적의 합계가 150 　　　㎡ 미만인 것 　러. 안마시술소, 노래연습장 　머.「물류시설의 개발 및 운영에 관한 법률」 제2조 제5호의2에 따른 주문배송 　　　시설로서 같은 건축물에 해당 용도로 쓰는 바닥면적의 합계가 500㎡ 미만 　　　인 것(같은 법 제21조의 2제1항에 따라 물류창고업 등록을 해야 하는 시 　　　설을 말한다) 9. 의료시설 　가. 병원(종합병원, 병원, 치과병원, 한방병원, 정신병원 및 요양병원을 말한다) 　나. 격리병원(전염병원, 마약진료소, 그 밖에 이와 비슷한 것을 말한다) 10. 교육연구시설(제2종 근린생활시설에 해당하는 것은 제외한다) 　나. 교육원(연수원, 그 밖에 이와 비슷한 것을 포함한다) 　마. 연구소(연구소에 준하는 시험소와 계측계량소를 포함한다) 21. 동물 및 식물 관련 시설 　가. 축사(양잠·양봉·양어·양돈·양계·곤충사육 시설 및 부화장 등을 포함한다) 　나. 가축시설[가축용 운동시설, 인공수정센터, 관리사(管理舍), 가축용 창고, 가 　　　축시장, 동물검역소, 실험동물 사육시설, 그 밖에 이와 비슷한 것을 말한다] 　다. 도축장

허용면적	허용시설
	라. 도계장
	마. 작물 재배사
	바. 종묘배양시설
	사. 화초 및 분재 등의 온실
	아. 동물 또는 식물과 관련된 가목부터 사목까지의 시설과 비슷한 것(동·식물원은 제외한다)
	22. 자원순환 관련 시설
	가. 하수 등 처리시설
	나. 고물상
	다. 폐기물재활용시설
	라. 폐기물 처분시설
	마. 폐기물감량화시설
	23. 교정시설(제1종 근린생활시설에 해당하는 것은 제외한다)
	가. 교정시설(보호감호소, 구치소 및 교도소를 말한다)
	나. 갱생보호시설, 그 밖에 범죄자의 갱생·보육·교육·보건 등의 용도로 쓰는 시설
	다. 소년원 및 소년분류심사원
	23의2. 국방·군사시설(제1종 근린생활시설에 해당하는 것은 제외한다)
	「국방·군사시설 사업에 관한 법률」에 따른 국방·군사시설
	24. 방송통신시설(제1종 근린생활시설에 해당하는 것은 제외한다)
	가. 방송국(방송프로그램 제작시설 및 송신·수신·중계시설을 포함한다)
	나. 전신전화국
	다. 촬영소
	라. 통신용 시설
	마. 데이터센터
	바. 그 밖에 가목부터 마목까지의 시설과 비슷한 것
	25. 발전시설
	발전소(집단에너지 공급시설을 포함한다)로 사용되는 건축물로서 제1종 근린생활시설에 해당하지 아니하는 것
	28. 장례시설
	가. 장례식장[의료시설의 부수시설(「의료법」 제36조 제1호에 따른 의료기관의 종류에 따른 시설을 말한다)에 해당하는 것은 제외한다]
	나. 동물 전용의 장례식장
	29. 야영장 시설
	「관광진흥법」에 따른 야영장 시설로서 관리동, 화장실, 샤워실, 대피소, 취사시설 등의 용도로 쓰는 바닥면적의 합계가 300㎡ 미만인 것

허용면적	허용시설
제한면적 없음(농지법 시행령 제44조 제3항 제8호 단서)	1. 농지법 제32조 제1항 제3호부터 제8호까지의 규정에 따라 농업진흥구역에 설치할 수 있는 시설 　가. 농지법 시행령 제29조 제3항에 따른 농업인 주택, 어업인 주택, 농업용 시설, 축산업용 시설 또는 어업용 시설의 설치 　나. 국방·군사 시설의 설치 　다. 하천, 제방, 그 밖에 이에 준하는 국토 보존 시설의 설치 　라. 「국가유산기본법」 제3조에 따른 국가유산의 보수·복원·이전, 매장유산의 발굴, 비석이나 기념탑, 그 밖에 이와 비슷한 공작물의 설치 　마. 도로, 철도, 그 밖에 대통령령으로 정하는 공공시설의 설치 　바. 지하자원 개발을 위한 탐사 또는 지하광물 채광(採鑛)과 광석의 선별 및 적치(積置)를 위한 장소로 사용하는 행위 2. 도시·군계획시설 3. 「농어촌정비법」 제101조에 따른 마을정비구역으로 지정된 구역에 설치하는 시설 4. 「도로법」 제2조 제2호에 따른 도로부속물 중 고속국도관리청이 설치하는 고속국도의 도로부속물 시설 5. 「자연공원법」 제2조 제10호에 따른 공원시설 6. 「체육시설의 설치·이용에 관한 법률」 제3조에 따른 골프장
시·군의 조례로 정하는 면적 (농지법 시행령 제44조 제3항 제8호)	지자체별로 조례가 있는 경우 적용

※ ① 같은 부지 안에 농지법 시행령 제44조 제3항 제2호부터 제8호까지의 규정에 해당하는 시설을 함께 설치하는 경우 그 면적은 가장 넓은 면적을 적용한다.
② 제한면적을 적용함에 있어서 해당 시설을 설치하는 자가 동시 또는 수차례에 걸쳐 그 시설이나 그 시설과 같은 종류의 시설의 부지로 사용하기 위하여 연접하여 농지를 전용하는 경우에는 그 전용하려는 농지의 면적과 그 농지전용허가신청일 이전 5년간 연접하여 전용한 농지면적을 합산한 면적을 해당 시설의 부지면적으로 본다.
③ 변경허가(농지전용면적이 증가하지 아니하는 경우에 한한다) 또는 용도변경의 승인을 함에 있어서 1996년 12월 31일 이전에 농지전용허가(다른 법률에 따라 농지전용허가가 의제되는 협의를 포함한다)를 받거나 농지전용신고를 한 농지에 대하여는 농지법 시행령 제44조 제3항부터 제5항까지의 규정에도 불구하고 1996년 12월 31일 당시에 적용되던 제한기준을 적용한다.

(예시) 1995년 단독주택으로 농지전용허가를 받아 2018년에 준공한 후 숙박시설로 용도변경 승인 신청한 경우, 현행 기준에서는 숙박시설로 용도변경이 불가능하나 1996년 12월 31일 기준으로 1,000㎡ 미만인 경우에는 숙박시설로 용도변경이 가능하다.[62]

---

62 농림축산식품부, 「2023년 농지업무편람」, 2023. 제274쪽

마) 허가절차

농지전용허가절차는 아래 흐름도와 같다.

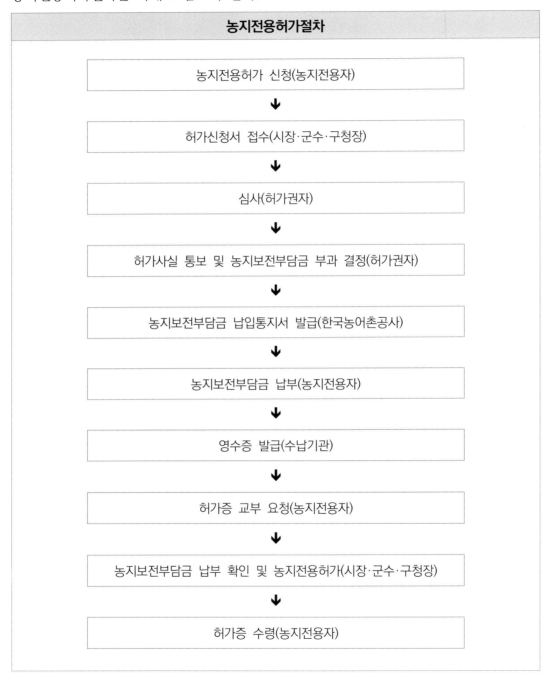

(1) 허가신청

농지전용허가를 받으려는 자는 농지전용허가신청서에 다음 각 호의 서류를 첨부하여 해당 농지의 소재지를 관할하는 시장·군수·자치구청장에게 제출하여야 한다. 다만, 변경허가를 신청하는 경우에는 변경하려는 사항에 관한 서류만 첨부할 수 있다(농지법 시행규칙 제26조 제2항, 「농지전용업무처리규정」 제4조 제1항).

1. 사업계획서: 전용목적, 사업시행자 및 시행기간, 시설물 배치도, 자금소요액 및 조달방안, 시설물관리·운영계획, 「대기환경보전법 시행령」 별표 1의3 및 「물환경보전법 시행령」 별표 13에 따른 사업장 규모 등을 명시

2. 농지 소유권 또는 사용권을 입증하는 서류: 전용하려는 농지의 소유권을 입증하는 서류(토지 등기사항증명서로 확인할 수 없는 경우에 한정) 또는 사용승낙서·사용승낙의 뜻이 기재된 매매계약서등 사용권을 가지고 있음을 입증하는 서류

3. 지적도 : 5,000분의 1 이상의 도면을 사용하여 전용예정구역을 정확히 표시

4. 지형도 : 5,000분의 1 이상의 도면을 사용하여 전용예정구역과 폐지되는 농로·수로 등 대체시설의 설치 위치를 정확히 표시

5. 피해방지계획서 : 해당 농지의 전용이 농지개량시설 또는 도로의 폐지 및 변경이나 토사의 유출, 폐수의 배출, 악취의 발생 등을 수반하여 인근 농지의 농업경영과 농어촌생활환경의 유지에 피해가 예상되는 경우에 제출하여야 하며 다음 각 목의 내용을 기재
   가. 농지개량시설 또는 도로가 폐지·변경되거나 손괴가 우려되는 경우에는 대체시설 설치계획 또는 손괴방지시설 설치계획
   나. 토사의 유출이 예상되는 경우에는 토사유출방지계획
   다. 폐수의 배출 및 악취의 발생이 수반될 경우에는 정화시설 설치계획
   라. 그 밖에 농업경영과 농어촌생활환경에 피해가 예상되는 경우에는 피해의 종류별로 필요한 피해방지계획

6. 변경내용을 증명할 수 있는 서류를 포함한 변경사유서(변경허가 신청의 경우에 한정)

7. 농지보전부담금을 납부한 후 농지전용허가를 받은 자의 명의가 변경되는 경우에는 농지보전부담금의 권리 승계를 증명할 수 있는 서류(농지전용허가를 받은 자의 명의가 변경되어 변경허가 신청을 하는 경우에 한정)

8. 농지보전부담금 분할납부신청서(분할납부를 신청하는 경우에 한정)

(2) 제출 서류 확인

시장·군수·자치구구청장이 농지법 시행령 제32조 제1항에 따라 농지전용허가신청서를 제출받은 때에는 첨부서류가 위 (1)항의 각 호에 적합하게 작성·첨부되어 있는지를 확인하여야 한다. 확인결과 첨부서류가 누락되거나 착오 기재되는 등 흠이 있다고 인정될 때에는 시장·군수·자치구구청장은 지체 없이 농지전용허가신청인에게 이를 보완 또는 보정하게 하여야 한다(「농지전용업무처리규정」 제4조 제1항·제2항).

(3) 신청서 검토 등

시장·군수·구청장은 농지전용허가신청서 기재사항 및 내부자료 등에 의하여 다음 각 호의 사항을 확인하여야 한다.

1. 전용대상농지의 지목별 면적이 정확하게 산출되어 있는지 여부
2. 사실상 농지 또는 농지개량시설부지의 누락여부
3. 농업생산기반 정비사업지구 또는 동 사업 시행예정지구 편입여부
4. 한국농어촌공사 관리지역의 편입여부

(4) 전용허가심사

(가) 심사절차

시장·군수·자치구구청장은 농지법 제32조 제1항에 따라 농지전용허가신청서 등을 제출받은 때에는 심사기준에 따라 심사한 후 농지전용심사의견서, 대상농지의 개별공시지가확인서, 한국농어촌공사의 관할 분사무소장 의견서(대상농지가 한국농어촌공사관리지역에 속한 경우에 한한다)를 첨부하여 그 제출받은 날(신청서류의 보완 또는 보정을 요구한 경우에는 그 보완 또는 보정이 완료된 날을 말한다)부터 10일 이내에 시·도지사에게 보내야 하며, 시·도지사는 10일 이내에 이에 대한 종합적인 심사의견서를 첨부하여 농림축산식품부장관에게 제출해야 한다(농지법 시행령 제33조 제1항, 같은 법 시행규칙 제28조 제1항).

(나) 심사기준

시장·군수·자치구구청장은 농지전용허가(협의) 요청이 있는 경우 다음 각 호의 심사기준에 따라 심사하여야 한다(농지법 시행령 제33조 제1항, 「농지전용업무처리규정」 제6조).

1. 농지법 제32조(농업진흥지역 내 행위제한) 및 제37조(농지전용허가 등의 제한)에 위배되지 아니할 것

2. 다음 각 목의 사항 등을 참작할 때 전용하려는 농지가 전용목적사업에 적합하게 이용될 수 있을 것으로 인정될 것

    가. 시설의 규모 및 용도의 적정성

    나. 건축물의 건축에 해당하는 경우에는 도로·수도 및 하수도의 설치 등 해당 지역의 여건

3. 다음 각 목의 사항 등을 참작할 때 전용하려는 농지의 면적이 전용목적사업의 실현을 위하여 적정한 면적일 것

    가. 「건축법」의 적용을 받는 건축물의 건축 또는 공작물의 설치에 해당하는 경우에는 건폐율 등 「건축법」의 규정

    나. 건축물 또는 공작물의 기능·용도 및 배치계획

4. 다음 각 목의 사항 등을 참작할 때 전용하려는 농지를 계속하여 보전할 필요성이 크지 아니할 것

    가. 경지정리 및 수리시설 등 농업생산기반정비사업 시행 여부

    나. 해당 농지가 포함된 지역농지의 집단화 정도

    다. 해당 농지의 전용으로 인하여 인근 농지의 연쇄적인 전용 등 농지잠식 우려가 있는지의 여부

    라. 해당 농지의 전용으로 인근농지의 농업경영 환경을 저해할 우려가 있는지의 여부

    마. 해당 농지의 전용으로 인하여 농지축이 절단되거나 배수가 변경되어 물의 흐름에 지장을 주는지의 여부

5. 해당 농지의 전용이 인근 농지의 농업경영과 농어촌생활환경의 유지에 피해가 없을 것. 다만, 그 피해가 예상되는 경우에는 다음 각 목의 사항 등을 참작할 때 그 피해방지계획이 타당하게 수립되어 있을 것

    가. 해당 농지의 전용이 농지개량시설 또는 도로의 폐지·변경을 수반하는 경우 예상되는 피해 및 피해방지계획의 적정성

    나. 해당 농지의 전용이 토사의 유출, 폐수의 배출, 악취·소음의 발생을 수반하는 경우 예상되는 피해 및 피해방지계획의 적정성

    다. 해당 농지의 전용이 인근농지의 일조·통풍·통작(通作)에 현저한 지장을 초래하는 경우 그 피해방지계획의 적정성

6. 해당 농지의 전용이 용수의 취수를 수반하는 경우 그 시기·방법·수량 등이 농수산업 또는 농어촌생활환경 유지에 피해가 없을 것. 다만, 그 피해가 예상되는 경우에는 피해방지계획이 타당하게 수립되어 있을 것

7. 사업계획 및 자금조달계획이 전용목적사업의 실현에 적합하도록 수립되어 있을 것

8. 전용목적사업이 농지전용의 허가 또는 변경허가를 받으려는 자에게 관련 법령에서 허용되어 있을 것

※ 〈참고〉 실무상 농지전용 심사 및 고려사항

심사사항		고려사항
용도지역 내 행위제한	농지법 제32조(용도구역에서의 행위 제한)에 저촉되는지 여부	○ (농업진흥지역내 전용시) 농업진흥구역 및 보호구역에서 **허용되는 시설**이며, **시설별 면적제한규정**을 준수하고 있는지 ○ (농업진흥지역 해제시) 농업진흥지역 해제가 **불가피**하며, 주변에 농업진흥지역 밖의 **가용지**가 존재하지 않는지 ▶ **(확인사항)** 시군별 농업진흥지역 비율, 주변 용도지역 현황
	농지법 제37조(농지전용허가 등의 제한)에 저촉되는지 여부	○ 대기오염 및 폐수배출시설 **허용기준**에 부합하는지 ○ 건축법에 따른 **건축물 종류별 면적제한규정**을 제대로 적용하여 전용면적을 산출하였는지
농지전용의 적정성	농지가 전용목적사업에 적합하게 이용될 수 있는지 여부	○ 시설의 **규모 및 용도**가 적절한지 ▶ **(확인사항)** 국제규격, 표준규격, 농업경영규모, 사업규모 ○ 건축물의 경우 **도로 및 상·하수도**의 설치여건은 양호한지 ▶ **(확인사항)** 진입로 확보계획, 상·하수도 설치계획 ○ 사업을 **시급히 추진할 불가피한 사유**가 있는지 ▶ **(확인사항)** 상위계획 반영여부, 단계별 개발시 전(前) 단계 추진현황, (산업단지)시군 분양률·가동률, (택지)시군 인구추이·분양률, (관광지)타당성분석결과, (도로)교통량조사결과, 노선협의 결과, (하천)재해관련성 여부 ○ 사업시행자는 **사업을 추진할 능력**이 있는지 ▶ **(확인사항)** 공영개발여부, 추진조직, 부채현황, 부담금 체납현황, 타지역 유사사업 취소현황 등 ○ 사업추진을 위한 **재원조달계획**은 건전한지 ▶ **(확인사항)** 자기자본조달비율, 예산확보계획
	전용목적사업의 실현을 위하여 적절한 면적인지 여부	○ 주목적사업 중심으로 **토지이용계획**이 수립되었는지 ▶ **(확인사항)** 토지이용계획상 용지별 비율 ○ **면적산출근거**가 명확한지 ▶ **(확인사항)** 건폐율 등 건축법 규정, 건축물 또는 공작물의 기능·용도 및 배치계획, (산업단지)분양시-입주수요조사 결과, 실수요시-업체별 면적산출근거, (택지)택지공급계획, (관광지)타당성분석결과

심사사항		고려사항
전용농지의 보전필요성	경지정리 등 농업생산기반 정비사업 시행 여부	○ **수리시설** 등이 완비되어 보전가치가 높은 지역은 아닌지 ▶ (**확인사항**) 경지정리 시행연도, 농어촌공사 의견 ○ 주변에 미경지정리지역 **가용지**가 존재하지 않는지
	지역농지의 집단화 정도	○ 대규모로 **집단화된 농지를 일부 잠식**하여 농지이용측면에서 지장을 줄 가능성은 없는지
	농지의 연쇄적 전용 등 잠식 가능성	○ 농업진흥지역 및 경지정리지역의 **한복판을 잠식**하지 않는지 ○ 해당시설의 전용으로 인해 유사시설의 **연쇄적인 전용요구**가 우려되지 않는지
	인근농지의 농업경영환경 저해 가능성	○ 주변지역 **영농환경을 저해**할 요인은 없는지 ○ **저수지** 주변에 오염시설이 입지하는 것이 아닌지
	농지축 절단 및 물의 흐름 지장 정도	○ 농업진흥지역이 여건변화에 따른 해제기준 이하로 **자투리가 발생**하지 않는지 ○ 개발구역 설정 및 진입로 확보로 인해 **농로나 용배수로가 차단**되거나 **농지축이 절단**되지 않는지 ▶ (**확인사항**) 구역계 설정사유, 진입로 확보계획
피해방지 계획의 타당성	인근농지의 농업경영에 대한 피해방지계획의 적절성	○ 해당 농지의 전용이 **농지개량시설 또는 도로의 폐지·변경을 수반**하는 경우 예상되는 피해를 면밀히 검토하였으며, 피해방지계획을 적절히 제시하고 있는지
	농어촌생활환경에 대한 피해방지계획의 적절성	○ 해당 농지의 전용이 **토사의 유출, 폐수의 배출, 악취·소음의 발생을 수반**하는 경우 예상되는 피해를 면밀히 검토하였으며, 피해방지계획을 적절히 제시하고 있는지 ○ 해당 농지의 **인근 농지의 일조·통풍·통작에 현저한 지장을 초래**하는 경우 피해방지계획을 적절히 제시하고 있는지 ▶ (**확인사항**) 예상되는 피해 및 피해방지계획
	대체시설 등의 설치계획의 적절성	○ 해당 농지의 전용으로 **폐지·변경되는 시설에 대한 대체시설** 등의 설치계획이 적절한지 ▶ (**확인사항**) 대체시설 설치계획
용수 취수에 따른 피해정도	농수사업에 예상되는 피해	○ 해당 농지의 전용이 **용수의 취수를 수반**하는 경우 그 시기·방법·수량 등이 농수산업 또는 농어촌생활환경 유지에 피해가 없으며, 그 피해가 예상되는 경우에는 그 피해방지계획이 타당하게 수립되었는지 ▶ (**확인사항**) 용수공급계획 및 피해방지계획
	농어촌생활환경에 예상되는 피해	

(5) 심사결과 처리

시·도지사 및 시장·군수·자치구구청장은 신청서 검토 기준과 심사기준에 따라 심사결과 다음 각 호의 어느 하나에 해당하는 경우에는 농지법 제37조 제2항(농지전용허가제한규정) 및 같은 법 시행령 제33조 제2항(심사기준 부적합규정)에 따라 원칙적으로 전용허가를 하여서는 아니 된다(「농지전용업무처리규정」 제7조 제1항).

1. 농지법 제32조 및 같은 법 시행령 제44조에 따른 농지전용 제한사항에 해당하는 경우
2. 전용하고자 하는 농지가 농업생산기반이 정비되어 있거나 농업생산기반정비사업의 시행예정지역으로 편입되어 우량농지로 보전할 필요성이 있는 경우
3. 해당 농지의 전용 또는 타용도 일시사용이 일조·통풍·통작에 현저한 지장을 초래하거나 농지개량시설의 폐지를 수반하여 인근 농지의 농업경영에 현저한 영향을 미치는 경우
4. 해당 농지의 전용 또는 타용도 일시사용에 따른 토사의 유출 등으로 인근 농지 또는 농업기반시설을 손괴할 우려가 있는 경우
5. 전용목적의 실현을 위한 사업계획 및 자금조달계획이 불확실한 경우
6. 전용하려는 면적이 전용목적 실현을 위한 면적보다 과다한 경우

시·도지사 및 시장·군수·자치구구청장이 전용허가심사시 신청인이 제출한 서류에 흠이 있으면 지체 없이 보완 또는 보정에 필요한 상당한 기간을 정하여 신청인에게 보완 또는 보정을 요구하여야 한다. 이 경우 보완 또는 보정의 요구는 문서·구술·전화 또는 팩스로 하되, 신청인이 특별히 요청하는 때에는 문서로 하여야 한다. 시·도지사 및 시장·군수·자치구구청장은 신청인이 보완 또는 보정을 요구한 기간에 이를 보완 또는 보정하지 아니하는 때에는 신청서류를 반려할 수 있다(농지법 시행령 제33조 제3항·제4항).

바) 변경허가

농지전용허가를 받은 자는 다음 각 호의 어느 하나에 해당하는 사항을 변경하려는 경우 변경허가를 신청하여야 한다(농지법 제34조 제1항, 같은 법 시행령 제32조 제5항).

1. 전용허가를 받은 농지의 면적 또는 경계
2. 전용허가를 받은 농지의 위치(동일 필지 안에서 위치를 변경하는 경우에 한정)
3. 전용허가를 받은 자의 명의

4. 설치하려는 시설의 용도 또는 전용목적사업
   가. 「대기환경보전법 시행령」 별표 1의3 또는 「물환경보전법 시행령」 별표 13에 따른 사업
       장의 규모별 구분을 달리하는 정도로 시설을 변경하려는 경우
   나. 농지법 시행령 제44조 제3항 각 호의 구분을 달리하는 종류의 시설로 변경하려는 경우
   다. 농지보전부담금이 감면되는 시설에서 농지보전부담금이 감면되지 아니하거나 감면비율이
       낮은 시설로 변경하려는 경우

2) 농지전용허가의제제도

가) 농지전용허가의제의 의의

"농지전용허가의제"란 하나의 인허가(이하 "주된 인허가"라 한다)를 받으면 다른 법률
로 정하는 바에 따라 농지전용허가를 받은 것으로 보는 것을 말한다(행정기본법 제24
조 제1항, 농지법 제34조 제1항). 2024년 3월을 기준으로 104개 이상의 법률이 농
지전용허가의제를 규정하고 있다.

나) 농지전용협의권자

전용면적에 따른 농지전용허가권자는 다음 각 호와 같다(농지법 시행령 제71조).[63]

농지구분	농림축산식품부장관	시·도지사	시장·군수·구청장
농업진흥지역 안의 농지	30,000㎡ 이상	3,000㎡~30,000㎡	3,000㎡ 미만
농업진흥지역 밖의 농지			
(자연녹지지역·계획관리지역 밖의 농지)	300,000㎡ 이상	30,000㎡~300,000㎡	30,000㎡ 미만
(자연녹지지역 안의 농지)	-	30,000㎡ 이상	30,000㎡ 미만
(계획관리지역 안의 농지)	-	30,000㎡ 이상	30,000㎡ 미만

---

63 농림축산식품부, 「2023년 농지업무편람」, 2023., 제266쪽·제267쪽

농지구분	농림축산식품부장관	시·도지사	시장·군수·구청장
농림축산식품부장관과의 협의를 거쳐 지정되거나 결정된 지역·지구·구역·단지 등의 안의 농지 (농지법 시행령 별표 3)	-	100,000㎡ 이상	100,000㎡ 미만
대상농지가 둘 이상의 시·도 또는 시·군·구에 걸친 농지	대상농지가 둘 이상의 시·도에 걸치는 농지	대상농지가 둘 이상의 시·군·구에 걸치는 농지	-
농지전용의 변경 (면적, 경계)	전용대상 농지 총 증가면적이 30,000㎡ 이상	전용대상 농지 총 증가면적이 30,000㎡ 미만이거나 전용면적 감소인 경우	-
	농업진흥지역 안의 농지 증가면적이 10,000㎡ 이상	농업진흥지역 안의 농지 증가면적이 10,000㎡ 이상	-

다) 협의대상·협의제한

농지전용허가의제와 관련된 협의대상과 협의제한은 농지전용허가의 허가대상, 허가제한과 동일하다.

라) 인·허가 신청

농지전용허가의제제도 하에서는 민원인은 하나의 인허가 신청만 하되, 농지전용허가의제를 받으려면 주된 인허가를 신청할 때 농지전용허가에 필요한 서류를 함께 제출하여야 한다. 다만, 불가피한 사유로 함께 제출할 수 없는 경우에는 주된 인허가 행정청이 별도로 정하는 기한까지 제출할 수 있다(행정기본법 제24조 제2항). 이 경우 농지전용허가의제와 관련된 제출서류는 농지전용허가의 첨부서류와 동일하다.

마) 인·허가절차

주된 인허가 행정청은 주된 인허가를 하기 전에 농지전용허가에 관하여 미리 관련 농지전용협의권자와 협의하여야 한다. 농지전용협의권자는 협의를 요청받으면 그 요청을 받은 날부터 20일 이내에 의견을 제출하여야 한다(다만 개별법에 별도의 협의기간에 관한 규정이 있는 경우에는 그에 따른다). 이 경우 의견제출기간(민원 처리 관련 법령에 따라 의견을 제출하여야 하는 기간을 연장한 경우에는 그 연장한 기간을 말한다) 내에 협의 여부에 관하여 의견을 제출하지 아니하면 협의가 된 것으로 본다. 이 경우 협의를 요청받은 농지전용협의권자는 농지법령을 위반하여 협의에 응해서는 아니 된다(행정기본법 제24조 제3항·제4항·제5항 본문).

바) 심사기준

농지전용허가 의제에 대한 심사기준도 농지전용허가 심사기준과 동일하며, 주된 인허가 행정청은 농지전용허가 심사기준에 따라 판단하여 이를 모두 충족하는 경우에만 주된 인허가를 할 수 있다.

사) 농지전용협의의 효력

(1) 농지전용허가 의제

농지전용허가와 관련된 협의가 된 사항에 대해서는 주된 인허가를 받았을 때 농지전용허가를 받은 것으로 보며, 인허가의제의 효과는 주된 인허가의 해당 법률에 규정된 관련 인허가에 한정된다(행정기본법 제25조). 다만 주된 인허가가 거부되었을 경우에는 주된 불인허가처분 외에 별개로 농지전용불허가처분이 존재하는 것은 아니다(대법원 2001. 1. 16. 99두10988).

> 구 건축법(1999. 2. 8. 법률 제5895호로 개정되기 전의 것) 제8조 제1항, 제3항, 제5항에 의하면, 건축허가를 받은 경우에는 도시계획법 제4조에 의한 토지의 형질변경허가나 농지법 제36조에 의한 농지전용허가 등을 받은 것으로 보며, 한편 건축허가권자가 건축허가를 하고자 하는 경우 당해 용도·규모 또는 형태의 건축물을 그 건축하고자 하는 대지에 건축하는 것이 건축법 관련 규정이나 도시계획법 제4조, 농지법 제36조 등 관계 법령의 규정에 적합한지의 여부를 검토하여야 하는 것일 뿐, 건축불허가처분을 하면서 그 처분사유로 건축불허가 사유뿐만 아니라 형질변경불허가 사유나 농지전용불허가 사유를 들고 있다고 하여 그 건축불허가처

분 외에 별개로 형질변경불허가처분이나 농지전용불허가처분이 존재하는 것이 아니다. 따라서 그 건축불허가처분을 받은 사람은 그 건축불허가처분에 관한 쟁송에서 건축법상의 건축불허가 사유뿐만 아니라 도시계획법상의 형질변경불허가 사유나 농지법상의 농지전용불허가 사유에 관하여도 다툴 수 있는 것이지, 그 건축불허가처분에 관한 쟁송과는 별개로 형질변경불허가처분이나 농지전용불허가처분에 관한 쟁송을 제기하여 이를 다투어야 하는 것은 아니며, 그러한 쟁송을 제기하지 아니하였어도 형질변경불허가 사유나 농지전용불허가 사유에 관하여 불가쟁력이 생기지 아니한다(대법원 2001. 1. 16. 99두10988).

한편, 농지전용허가와 관련된 협의를 누락한 경우에는 주된 인허가를 받았더라도 농지전용허가를 받은 것으로 보지 아니하므로(대법원 2018. 10. 25. 2018두43095), 농지를 타용도로 전용하기 위해서는 농지전용허가를 추가로 받아야 한다.

(전략)

구 항공법(2002. 2. 4. 선고 제6655호로 개정되기 전의 것, 이하 같다) 제96조 제1항, 제3항은 건설교통부장관이 공항개발사업의 실시계획을 수립하거나 이를 승인하고자 하는 때에는 제1항 각 호의 규정에 의한 관계 법령상 적합한지 여부에 관하여 소관행정기관의 장과 미리 협의하여야 하고, 건설교통부장관이 공항개발사업의 실시계획을 수립하거나 이를 승인한 때에는 제1항 각 호의 승인 등을 받은 것으로 본다고 규정하면서, 제1항 제9호에서 "농지법 제36조 규정에 의한 농지전용의 허가 또는 협의"를 규정하고 있다.

이러한 규정들의 문언, 내용, 형식에다가, 인·허가 의제 제도는 목적사업의 원활한 수행을 위해 창구를 단일화하여 행정절차를 간소화하는 데 그 입법취지가 있고 목적사업이 관계법령상 인·허가의 실체적 요건을 충족하였는지에 관한 심사를 배제하려는 취지는 아닌 점 등을 아울러 고려하면, 공항개발사업 실시계획의 승인권자가 관계 행정청과 미리 협의한 사항에 한하여 그 승인처분을 할 때에 인·허가 등이 의제된다고 보아야 한다(대법원 2009. 2. 12. 2007구4773, 대법원 2012. 2. 29. 2009두16305 등).

(중략)

서울지방항공청장이 2000. 7. 18. 한국공항공단에게 선행사업의 실시계획승인 전에 미리 농지법상 농지전용허가를 관할하는 행정청과 이 사건 토지의 농지전용에 관하여 협의하는 절차를 거치지 않았다. 따라서 선행사업의 실시계획승인에 따라 구 항공법 제96조 제1항 제9호가 정하는 농지전용허가 의제의 효력이 발생하였다고 볼 수 없다(대법원 2018. 10. 25. 2018두43095).

(후략)

(2) 의제되는 농지전용허가의 실재 여부

농지전용허가의제제도에 따라 의제된 농지전용허가가 실재하는 것으로 볼 것인지 문제된다. 신청된 주된 인허가의 인용처분만 있고, 의제되는 농지전용허가의 인용처분은 실재하지 않는다고 보는 견해도 있으나, ① 인허가의제제도의 경우 실체집중이 부정되고 ② 농지전용허가가 의제된다는 것은 실제로는 인허가를 받지는 않았지만 법적으로 농지전용허가를 받은 것으로 본다는 것이며 ③ 농지전용허가와 관련된 사후관리가 필요한데, 이는 농지 관할청인 농지전용협의권자가 하는 것이 바람직하기 때문에 의제되는 농지전용허가가 실재한다고 보는 것이 타당하다.[64]

판례도 동일한 취지에서 주된 인허가로 의제된 인허가는 통상적인 인허가와 동일한 효력을 가지므로, 의제된 인허가만 취소 내지 철회함으로써 주된 인허가의 효력은 유지하면서 해당 의제된 인허가의 효력만을 소멸시킬 수 있다고 보았다. 이에 따라 의제된 인허가 취소를 항고소송의 대상이 되는 처분으로 보아 의제된 인허가 취소만을 항고소송으로 다툴 수 있다고 하였다(대법원 2018. 7. 12. 2017두48734).

다음과 같은 이유로 중소기업창업법에 따른 사업계획승인의 경우 의제된 인허가만 취소 내지 철회함으로써 사업계획에 대한 승인의 효력은 유지하면서 해당 의제된 인허가의 효력만을 소멸시킬 수 있다고 봄이 타당하다.

가. 중소기업창업법 제35조 제1항의 인허가의제 조항은 창업자가 신속하게 공장을 설립하여 사업을 개시할 수 있도록 창구를 단일화하여 의제되는 인허가를 일괄 처리하는 데 그 입법취지가 있다. 위 규정에 의하면 사업계획승인권자가 관계 행정기관의 장과 미리 협의한 사항에 한하여 승인 시에 그 인허가가 의제될 뿐이고, 해당 사업과 관련된 모든 인허가의제 사항에 관하여 일괄하여 사전 협의를 거쳐야 하는 것은 아니다(대법원 2012. 2. 9. 2009두16305 등). 업무처리지침 제15조 제1항은 협의가 이루어지지 않은 인허가사항을 제외하고 일부만을 승인할 수 있다고 규정함으로써 이러한 취지를 명확히 하고 있다.

나. 그리고 사업계획을 승인할 때 의제되는 인허가 사항에 관한 제출서류, 절차 및 기준, 승인 조건 부과에 관하여 해당 인허가 근거법령을 적용하도록 하고 있으므로(업무처리지침 제5조 제1항, 제8조 제5항, 제16조), 인허가의제의 취지가 의제된 인허가 사항에 관한 개별 법령상의 절차나 요건 심사를 배제하는 데 있다고 볼 것은 아니다.

---

64 박균성, 「행정법강의」, 박영사, 2024., 제511쪽

다. 사업계획승인으로 의제된 인허가는 통상적인 인허가와 동일한 효력을 가지므로, 그 효력을 제거하기 위한 법적 수단으로 의제된 인허가의 취소나 철회가 허용될 필요가 있다. 특히 업무처리지침 제18조에서는 사업계획승인으로 의제된 인허가 사항의 변경 절차를 두고 있는데, 사업계획승인 후 의제된 인허가 사항을 변경할 수 있다면 의제된 인허가 사항과 관련하여 취소 또는 철회 사유가 발생한 경우 해당 의제된 인허가의 효력만을 소멸시키는 취소 또는 철회도 할 수 있다고 보아야 한다.

라. 이와 같이 사업계획승인으로 의제된 인허가 중 일부를 취소 또는 철회하면, 취소 또는 철회된 인허가를 제외한 나머지 인허가만 의제된 상태가 된다. 이 경우 당초 사업계획승인을 하면서 사업 관련 인허가 사항 중 일부에 대하여만 인허가가 의제되었다가 의제되지 않은 사항에 대한 인허가가 불가한 경우 사업계획승인을 취소할 수 있는 것처럼(업무처리지침 제15조 제2항), 취소 또는 철회된 인허가 사항에 대한 재인허가가 불가한 경우 사업계획 승인 자체를 취소할 수 있다(대법원 2018. 7. 12. 2017두48734).

(3) 재의제에 의한 농지전용허가

인허가의제시 의제되는 인허가를 규율하는 다른 법률규정(농지전용허가의제규정을 포함한다)이 적용되는지 여부와 관련하여 이를 긍정하는 견해도 있으나, 법률유보의 원칙 및 명확성의 원칙상 의제되는 인·허가를 받았음을 전제로 한 법률규정의 적용을 부정하는 것이 타당하며, 재의제에 의한 농지전용허가(의제되는 인·허가에 의해 농지전용허가가 재차 의제되는 것) 효력은 인정될 수 없다.[65]

판례도 인허가의제의 경우 주된 인허가가 있으면 다른 법률에 의한 인허가가 있는 것에 그치고, 거기에서 더 나아가 다른 법률에 의하여 인허가를 받았음을 전제로 하는 그 다른 법률의 모든 규정들까지 적용되는 것은 아니라고 본다(대법원 2016. 11. 24. 2014두 47686).

침익적 행정처분의 근거가 되는 행정법규는 엄격하게 해석·적용하여야 하고, 행정처분의 상대방에게 불리한 방향으로 지나치게 확장해석하거나 유추해석하여서는 아니되며, 그 행정법규의 입법 취지와 목적 등을 고려한 목적론적 해석이 허용되는 경우에도 그 문언의 통상적인 의미를 벗어나지 아니하여야 한다.

---

65 박균성, 「행정법강의」, 박영사, 2024., 제512쪽

그리고 주된 인·허가에 관한 사항을 규정하고 있는 어떤 법률에서 주된 인·허가가 있으면 다른 법률에 의한 인·허가를 받은 것으로 의제한다는 규정을 둔 경우, 주된 인·허가가 있으면 다른 법률에 의한 인·허가가 있는 것으로 보는 데 그치는 것이고, 거기에서 더 나아가 다른 법률에 의하여 인·허가를 받았음을 전제로 하는 그 다른 법률의 모든 규정들까지 적용되는 것은 아니다(대법원 2004. 7. 22. 2004다19715).

아) 농지전용허가 의제와 관련된 불복방법

농지전용허가가 의제되는 경우에는 주된 인허가가 있을 때이고, 주된 인허가가 거부된 경우에는 의제되는 농지전용허가처분이 존재하지 않아 의제되는 농지전용허가의 심사기준 결여나 재량판단에 근거한 주된 인허가의 거부에 대한 불복은 주된 인허가의 거부처분을 다투어야 한다.[66] 이는 주된 인허가 행정청이 주된 인허가의 거부처분사유로 농지전용불허가 사유로 들고 있다고 하여도 달라지지 않는다(대법원 2001. 1. 16. 99두10988).

구 건축법(1999. 2. 8. 법률 제5895호로 개정되기 전의 것) 제8조 제1항, 제3항, 제5항에 의하면, 건축허가를 받은 경우에는 도시계획법 제4조에 의한 토지의 형질변경허가나 농지법 제36조에 의한 농지전용허가 등을 받은 것으로 보며, 한편 건축허가권자가 건축허가를 하고자 하는 경우 당해 용도·규모 또는 형태의 건축물을 그 건축하고자 하는 대지에 건축하는 것이 건축법 관련 규정이나 도시계획법 제4조, 농지법 제36조 등 관계 법령의 규정에 적합한지의 여부를 검토하여야 하는 것일 뿐, 건축불허가처분을 하면서 그 처분사유로 건축불허가 사유뿐만 아니라 형질변경불허가 사유나 농지전용불허가 사유를 들고 있다고 하여 그 건축불허가처분 외에 별개로 형질변경불허가처분이나 농지전용불허가처분이 존재하는 것이 아니다. 따라서 그 건축불허가처분을 받은 사람은 그 건축불허가처분에 관한 쟁송에서 건축법상의 건축불허가 사유뿐만 아니라 도시계획법상의 형질변경불허가 사유나 농지법상의 농지전용불허가 사유에 관하여도 다툴 수 있는 것이지, 그 건축불허가처분에 관한 쟁송과는 별개로 형질변경불허가처분이나 농지전용불허가처분에 관한 쟁송을 제기하여 이를 다투어야 하는 것은 아니며, 그러한 쟁송을 제기하지 아니하였어도 형질변경불허가 사유나 농지전용불허가 사유에 관하여 불가쟁력이 생기지 아니한다(대법원 2001. 1. 16. 99두10988).

---

66 박균성, 「행정법강의」, 박영사, 2024., 제513쪽

자) 농지전용허가 의제규정

다른 법률에 의해 농지전용허가가 의제되는 규정은 아래 표와 같다.

법률명	농지전용허가 의제 규정	농지전용허가 의제시 협의규정
2023 순천만국제정원박람회 지원 및 사후활용에 관한 특별법	제30조 제1항	제30조 제2항
가덕도신공항 건설을 위한 특별법	제11조 제1항	제11조 제2항
간척지의 농어업적 이용 및 관리에 관한 법률	제16조 제1항	제16조 제2항
강원특별자치도 설치 및 미래산업글로벌도시 조성을 위한 특별법	제41조 제1항	제11조 제3항
갯벌 및 그 주변지역의 지속가능한 관리와 복원에 관한 법률	제23조 제1항	제23조 제2항
건축법	제11조 제5항	제11조 제6항
경제자유구역의 지정 및 운영에 관한 특별법	제11조 제1항	제11조 제2항
고도 보존 및 육성에 관한 특별법	제12조 제1항	제12조 제5항 (행정기본법 제24조 제3항)
골재채취법	제23조 제1항	제23조 제2항
공공주택 특별법	제18조 제1항	제18조 제2항
공공주택 특별법 (지구계획승인) (주택건설사업계획승인)	제18조 제1항 제35조 제4항	제18조 제2항 제35조 제6항
공공폐자원관리시설의 설치·운영 및 주민지원 등에 관한 특별법	제16조	제14조 제3항
공유수면 관리 및 매립에 관한 법률	제39조 제1항	제39조 제3항
공항시설법	제8조 제1항	제8조 제2항
과학관의 설립 운영 및 육성에 관한 법률	제8조	제7조 제2항
관광진흥법	제16조 제1항	제16조 제2항
광업법	제43조 제1항	제43조 제2항
국가통합교통체계효율화법 (복합환승센터개발실시계획승인) (실시계획수립·승인)	제52조 제1항 제80조 제1항	제52조 제2항 제80조 제2항
국방·군사시설사업에 관한 법률	제7조 제1항	제7조 제2항

법률명	농지전용허가 의제 규정	농지전용허가 의제시 협의규정
국토의 계획 및 이용에 관한 법률 (개발행위허가) (실시계획인가)	제61조 제1항 제92조 제1항	제61조 제3항 제92조 제3항
군 공항 이전 및 지원에 관한 특별법	제14조 제1항	제14조 제2항 (행정기본법 제24조 제3항)
규제자유특구 및 지역특화발전특구에 관한 규제특례법	제65조 제1항	제65조 제3항
금강수계 물관리 및 주민지원 등에 관한 법률	제26조 제1항	제26조 제3항 (행정기본법 제24조 제3항)
급경사지 재해예방에 관한 법률	제14조	제14조
기업도시개발 특별법 (개발계획) (실사계획)	제11조 제7항 제13조 제1항	제11조 제3항 제13조 제3항
낙동강수계 물관리 및 주민지원 등에 관한 법률	제28조 제1항	제28조 제2항
농어촌도로 정비법	제12조 제1항	제12조 제2항
농어촌마을 주거환경 개선 및 리모델링 촉진을 위한 특별법	제17조 제1항	제17조 제2항
농촌공간 재구조화 및 재생지원에 관한 법률	제31조 제1항	제32조 제2항
농촌융복합산업 육성 및 지원에 관한 법률	제9조 제1항	제9조 제1항
대구경북통합신공항 건설을 위한 특별법	제10조 제1항, 제2항	제10조 제3항 (행정기본법 제24조 제3항)
대기환경보전법	제58조의12 제1항	제58조의12 제2항
댐건설·관리 및 주변지역지원 등에 관한 법률	제13조 제2항	제13조 제3항
도로법	제29조 제1항	제29조 제2항
도시 공업지역의 관리 및 활성화에 관한 특별법	제32조 제1항	제32조 제3항
도시 및 주거환경정비법	제57조 제1항	제57조 제4항
도시개발법	제19조 제1항	제19조 제3항
도시재생 활성화 및 지원에 관한 특별법	제49조 제1항	제49조 제2항

법률명	농지전용허가 의제 규정	농지전용허가 의제시 협의규정
도시철도법	제8조 제1항	제8조 제2항
도심융합특구 조성 및 육성에 관한 특별법	제17조 제1항	제17조 제2항 (행정기본법 제24조 제3항)
동·서·남해안 및 내륙권 발전 특별법	제15조 제1항	제14조 제3항
마리나항만의 조성 및 관리 등에 관한 법률	제16조 제1항	제16조 제2항
무인도서의 보전 및 관리에 관한 법률	제18조 제1항	제18조 제2항
문학진흥법	제23조 제1항	제23조 제3항 (행정기본법 제24조 제3항)
문화산업진흥 기본법	제28조 제1항	제28조 제2항
물류시설의 개발 및 운영에 관한 법률	제30조 제1항	제30조 제2항
물의 재이용 촉진 및 지원에 관한 법률	제12조 제1항	제12조 제2항
박물관 및 미술관 진흥법	제20조 제1항	제18조 제3항
보행안전 및 편의증진에 관한 법률	제18조	제17조 제2항
사회기반시설에 대한 민간투자법	제17조 제1항	제17조 제2항
산림복지 진흥에 관한 법률	제37조 제1항	제37조 제2항
산업입지 및 개발에 관한 법률	제21조 제1항	제21조 제2항
산업집적활성화 및 공장설립에 관한 법률	제13조의2 제1항	제13조의2 제5항
새만금사업 추진 및 지원에 관한 특별법	제17조 제1항	제17조 제3항
소하천정비법	제10조의2 제1항	제10조의2 제3항
송유관 안전관리법	제4조 제1항	제4조 제2항
수도법	제46조 제1항	제46조 제2항
수목원·정원의 조성 및 진흥에 관한 법률	제8조 제1항	제8조 제2항 (행정기본법 제24조 제3항)
수산식품산업의 육성 및 지원에 관한 법률	제15조 제3항	제15조 제4항
스마트농업 육성 및 지원에 관한 법률	제18조 제1항	제18조 제3항 (행정기본법 제24조 제3항)
스마트도시 조성 및 산업진흥 등에 관한 법률	제15조 제1항	제15조 제3항

법률명	농지전용허가 의제 규정	농지전용허가 의제시 협의규정
식품산업진흥법	제19조의3 제3항	제19조의3 제5항
신항만건설 촉진법	제9조 제1항	제9조 제2항
신행정수도 후속대책을 위한 연기·공주지역 행정중심복합도시 건설을 위한 특별법	제22조 제1항	제22조 제3항
어촌·어항법	제8조	제7조 제3항
역사문화권 정비 등에 관한 특별법	제21조 제1항, 별표	제21조 제2항
연구개발특구의 육성에 관한 특별법	제29조 제1항	제29조 제2항
연안관리법	제26조 제1항	제26조 제2항
영산강·섬진강수계 물관리 및 주민지원 등에 관한 법률	제26조 제1항	제26조 제2항
온천법	제10조의2 제1항	제10조의2 제3항
유통산업발전법	제30조 제1항	제30조 제2항
자연공원법	제21조 제1항	제21조 제2항 (행정기본법 제24조 제3항)
자연재해대책법	제14조의2 제2항	제14조의2 제3항
자전거 이용 활성화에 관한 법률	제14조 제1항	제14조 제2항
전원개발촉진법	제6조 제1항	제6조 제2항
전통시장 및 상점가 육성을 위한 특별법	제40조 제1항	제40조 제5항 (행정기본법 제24조 제3항)
접경지역 지원 특별법	제14조 제1항	제14조 제3항
제주특별자치도 설치 및 국제자유도시 조성을 위한 특별법	제148조 제1항	제148조 제2항
주택법	제19조 제1항	제19조 제3항
주한미군 공여구역주변지역 등 지원 특별법	제29조 제1항	제29조 제2항
주한미군기지 이전에 따른 평택시 등의 지원 등에 관한 특별법	제5조 제1항	제5조 제2항
중소기업진흥에 관한 법률	제81조 제1항	제81조 제2항

법률명	농지전용허가 의제 규정	농지전용허가 의제시 협의규정
중소기업창업 지원법	제47조 제1항	제47조 제4항
지능형 로봇 개발 및 보급 촉진법	제36조 제1항	제36조 제2항
지방소도읍 육성 지원법	제9조 제1항	제9조 제2항
집단에너지사업법	제49조 제1항	제49조 제2항
철도의 건설 및 철도시설 유지관리에 관한 법률	제11조 제1항	제11조 제2항
청소년활동 진흥법	제33조 제1항	제33조 제3항
체육시설의 설치·이용에 관한 법률	제28조 제1항	제28조 제2항
초지법	제20조 제1항	제20조 제2항 (행정기본법 제24조 제3항)
친수구역 활용에 관한 특별법	제15조 제1항	제15조 제2항
택지개발촉진법	제11조 제1항	제11조 제2항
폐기물처리시설 설치촉진 및 주변지역지원 등에 관한 법률	제12조 제1항	제12조 제2항
하수도법	제17조 제1항	제17조 제2항
하천법	제32조 제1항	제32조 제3항
학교시설사업 촉진법	제5조	제4조 제3항
한강수계 상수원수질개선 및 주민지원 등에 관한 법률	제15조 제1항	제15조 제2항
한국가스공사법	제16조의3	제16조의2 제2항
한국수자원공사법	제18조 제1항	제18조 제2항
항만공사법	제23조 제1항	제23조 제2항
항만법	제98조 제1항	제98조 제3항
해양심층수의 개발 및 관리에 관한 법률	제17조 제1항	제17조 제2항
해양치유자원의 관리 및 활용에 관한 법률	제18조 제1항	제18조 제3항
혁신도시 조성 및 발전에 관한 특별법	제14조 제1항	제14조 제3항

※ **(행정기본법 제24조 제3항)** 주된 인허가 행정청은 주된 인허가를 하기 전에 관련 인허가에 관하여 미리 관련 인허가 행정청과 협의하여야 한다.

3) 농지법 제34조 제2항 소정의 농지전용협의

가) 농지법 제34조 제2항 소정의 농지전용협의제도

「국토의 계획 및 이용에 관한 법률」에 따라 농지가 포함된 지역에 관한 토지이용계획을 수립하는 경우 해당 지역의 농지에 대한 전용협의를 일괄함으로써 행정절차를 간소화하고자 농지법 제34조 제2항 소정의 농지전용협의제도를 마련한 것이다.

나) 협의권자

전용면적에 따른 농지전용허가권자는 다음 각 호와 같다(농지법 시행령 제71조).[67]

① 농지법 제34조 제2조 제1호(도시지역에 주거지역·상업지역·공업지역을 지정하거나 도시·군계획시설을 결정할 경우)에 따른 농지 전용협의에 관한 권한

농지구분	농림축산식품부장관	시·도지사	시장·군수·구청장
도시지역내 주거·상업·공업지역 및 도시계획시설 결정	100,000㎡ 이상	100,000㎡ 미만	도시·군계획시설 예정지 안의 농업진흥구역 밖 농지 변경면적이 3,000㎡ 미만

② 농지법 제34조 제2항 제1호의2(계획관리지역에 지구단위계획구역을 지정할 경우)에 따른 농지의 전용 관련 협의에 관한 권한

농지구분	농림축산식품부장관	시·도지사	시장·군수·구청장
계획관리지역내 지구단위 계획구역 결정	-	전부	-

③ 농지법 제34조 제2항 제2호에 따른 협의(도시지역의 녹지지역 및 개발제한구역의 농지에 대하여 개발행위를 허가하거나 토지의 형질변경허가하는 경우)에 관한 권한

농지구분	농림축산식품부장관	시·도지사	시장·군수·구청장
농업진흥지역 안의 농지	30,000㎡ 이상	3,000㎡~30,000㎡	3,000㎡ 미만
농업진흥지역 밖의 농지			
(자연녹지지역·계획관리지역을 제외한 농지)	300,000㎡ 이상	30,000㎡~300,000㎡	30,000㎡ 미만

---

67 농림축산식품부, 「2023년 농지업무편람」, 2023., 제266쪽·제267쪽

농지구분	농림축산식품부장관	시·도지사	시장·군수·구청장
(자연녹지지역 안의 농지)	–	30,000㎡ 이상	30,000㎡ 미만
(계획관리지역 안의 농지)	–	30,000㎡ 이상	30,000㎡ 미만
농림축산식품부장관과의 협의를 거쳐 지정되거나 결정된 지역·지구·구역·단지 등의 안의 농지(농지법 시행령 별표 3)	–	100,000㎡ 이상	100,000㎡ 미만
대상농지가 둘 이상의 시·도 또는 시·군·구에 걸친 농지	대상농지가 둘 이상의 시·도에 걸치는 농지	대상농지가 둘 이상의 시·군·구에 걸치는 농지	–
농지전용의 변경 (면적, 경계)	전용대상 농지 총 증가면적이 30,000㎡ 이상	전용대상 농지 총 증가면적이 30,000㎡ 미만이거나 전용면적 감소인 경우	–
	농업진흥지역 안의 농지 증가면적이 10,000㎡ 이상	농업진흥지역 안의 농지 증가면적이 10,000㎡ 이상	–

다) 농지전용협의 대상

주무부장관이나 지방자치단체의 장은 다음 각 호의 어느 하나에 해당하면 농림축산식품부장관과 미리 농지전용에 관한 협의를 하여야 한다.

1. 「국토의 계획 및 이용에 관한 법률」에 따른 도시지역에 주거지역·상업지역·공업지역을 지정하거나 같은 법에 따른 도시지역에 도시·군계획시설을 결정할 때에 해당 지역 예정지 또는 시설 예정지에 농지가 포함되어 있는 경우. 다만, 이미 지정된 주거지역·상업지역·공업지역을 다른 지역으로 변경하거나 이미 지정된 주거지역·상업지역·공업지역에 도시·군계획시설을 결정하는 경우는 제외한다.
2. 「국토의 계획 및 이용에 관한 법률」에 따른 계획관리지역에 지구단위계획구역을 지정할 때에 해당 구역 예정지에 농지가 포함되어 있는 경우
3. 「국토의 계획 및 이용에 관한 법률」에 따른 도시지역의 녹지지역 및 개발제한구역의 농지에 대하여 같은 법 제56조에 따라 개발행위를 허가하거나 「개발제한구역의 지정 및 관리에 관한 특별조치법」 제12조 제1항 각 호 외의 부분 단서에 따라 토지의 형질변경허가를 하는 경우

라) 협의절차

농지전용협의절차는 아래 흐름도와 같다.

협의절차		
농지전용협의요청 →	농지전용심사 →	협의의견회신

① 농지전용협의요청

주무부장관 또는 지방자치단체의 장이 농지의 전용에 관하여 협의하려는 경우에는 농지전용협의요청서 외에 다음 각 호의 서류를 첨부하여 농지전용협의권자에게 제출하여야 한다(농지법 시행령 제34조 제1항, 같은 법 시행규칙 제30조 제1항·제2항).

1. 전용목적, 사업시행자 및 시행기간, 시설물의 배치도, 소요자금 조달방안, 시설물관리·운영 계획, 「대기환경보전법 시행령」 별표 1 및 「물환경보전법 시행령」 별표 13에 따른 사업장 규모 등을 명시한 사업계획서
2. 전용예정구역이 표시된 지적도등본 또는 임야도등본 및 지형도
3. 해당 농지의 전용이 농지개량시설 또는 도로의 폐지 및 변경이나 토사의 유출, 폐수의 배출, 악취의 발생 등을 수반하여 인근 농지의 농업경영과 농어촌생활환경의 유지에 피해가 예상되는 경우에는 대체시설의 설치 등 피해방지계획서
4. 농지보전부담금 분할납부신청서(분할납부를 신청하는 경우에 한정한다)
5. 그 밖에 농림축산식품부장관이 정하는 농지전용협의에 필요한 사항을 기재한 서류

② 농지전용심사

농지전용협의권자는 농지의 전용에 관한 협의요청이 있으면 농지전용허가와 동일한 기준으로 심사를 한 후 그 동의 여부를 결정하여야 한다(농지법 시행령 제34조 제2항).

③ 협의의견회신

농지전용협의권자는 심사기준에 적합하지 아니한 경우에는 동의를 하여서는 아니 된다(농지법 시행령 제34조 제3항).

마) 협의의 효력

농지전용허가와 관련된 협의가 된 사항에 대해서는 별도의 농지전용허가 없이 농지를 전용할 수 있다.

4) 개별적인 사례 검토

가) 법인이 농지전용허가를 정지조건으로 하여 체결한 농지 매매계약의 효력

주식회사와 같은 일반법인이 농지를 취득하기 위한 매매계약을 체결하였으나 계약 당시 농지법상 농지취득자격증명을 발급받을 수 없는 경우라도 그 법인이 매수한 농지에 관하여 농지전용허가를 받음으로써 농지의 매도인이 매수인에 대하여 소유권이전등기를 해주는 것이 가능하게 될 것을 정지조건[68]으로 하여 매매계약을 체결하였다면 그 매매계약은 특별한 사정이 없는 한 유효하다(대법원 2015. 7. 23. 2013다86878, 86885).

> 비록 계약 당시에 그 계약상 의무를 즉시 이행하는 것이 불가능하더라도 계약의 이행이 장래에 가능하게 된 경우를 예정하여 계약을 체결하였다면 그러한 계약이 무효라고 할 수는 없는 것이고, 주식회사와 같은 법인이 농지를 취득하기 위한 매매계약을 체결하였으나 구 농지개혁법 또는 구 농지임대차관리법상 농지매매증명을 발급받을 수 없는 경우라도 그 법인이 매수한 농지에 관하여 관련 법규상 농지전용허가를 받음으로써 농지의 매도인이 매수인에 대하여 소유권이전등기를 해주는 것이 가능하게 될 것을 정지조건으로 하여 매매계약을 체결하였다면 그 매매계약은 특별한 사정이 없는 한 유효하다 할 것이고, 이는 매매예약을 체결한 경우에도 마찬가지이다(대법원 2015. 7. 23. 선고 2013다86878, 86885).

나) 농지전용허가의 심사기준

(1) 농지전용허가·협의의 성격(재량행위) 및 재량행위에 해당하는 행정행위에 대한 사법심사의 판단 대상 및 재량권의 일탈·남용에 대한 증명책임의 소재

농지법 제34조에 따른 농지전용허가·협의는 그 각 요건이 불확정개념으로 되어 있어 그 각 요건에 해당하는지 여부의 판단에 관하여 행정청에 재량권이 부여되어 있으므로, 농지법에 따른 농지전용허가·협의는 재량행위에 해당한다.

재량행위에 해당하는 행정행위에 대한 사법심사는 기속행위에 대한 사법심사와는 달리 행정청의 재량에 기초한 공익 판단의 여지를 감안하여 법원이 독자적인 결론을 내리지 않고 해당 행위에 재량권의 일탈·남용이 있는지 여부만을 심사하게 되고, 이러한 재량권의 일탈·남용 여부에 대한 심사는 사실오인, 비례·평등의 원칙 위배 등을 그 판

---

68 정지조건: 법률행위의 효력발생을 장래의 불확실한 사실에 유보해 두는 조건으로, 조건이 성취될 때까지 법률행위의 효력발생이 정지되고, 조건이 성취되면 법률행위의 효력이 발생한다.

단 대상으로 하며, 이러한 재량권의 일탈·남용에 대하여는 그 행정행위의 효력을 다투는 사람이 증명책임을 진다(대법원 2016. 10. 27. 2015두41579).

구 국토의 계획 및 이용에 관한 법률(2013. 7. 16. 법률 제11922호로 개정되기 전의 것, 이하 '국토계획법'이라 한다) 제56조에 따른 개발행위허가 및 구 농지법(2013. 3. 23. 법률 제11690호로 개정되기 전의 것, 이하 '농지법'이라 한다) 제34조에 따른 농지전용허가·협의는 그 각 요건이 불확정개념으로 되어 있어 그 각 요건에 해당하는지 여부의 판단에 관하여 행정청에 재량권이 부여되어 있으므로, 국토계획법에 따른 토지의 형질변경행위 및 농지법에 따른 농지의 전용행위를 수반하는 건축허가는 재량행위에 해당한다.

그리고 재량행위에 해당하는 행정행위에 대한 사법심사는 기속행위에 대한 사법심사와는 달리 행정청의 재량에 기초한 공익 판단의 여지를 감안하여 법원이 독자적인 결론을 내리지 않고 해당 행위에 재량권의 일탈·남용이 있는지 여부만을 심사하게 되고, 이러한 재량권의 일탈·남용 여부에 대한 심사는 사실오인, 비례·평등의 원칙 위배 등을 그 판단 대상으로 하며(대법원 2005. 7. 14. 2004두6181 등), 이러한 재량권의 일탈·남용에 대하여는 그 행정행위의 효력을 다투는 사람이 증명책임을 진다(대법원 1987. 12. 8. 87누861 등).

---

(2) 농지법 제34조에 따른 농지전용허가·협의의 요건에 해당하는지 여부가 행정청의 재량판단의 영역에 속하는지 여부와 「국토의 계획 및 이용에 관한 법률」이 정한 용도지역 안에서 농지전용행위를 수반하는 건축허가 역시 재량행위에 해당하는지 여부

농지법 제34조에 따른 농지전용허가·협의는 금지요건·허가기준 등이 불확정개념으로 규정된 부분이 많아 그 요건·기준에 부합하는지의 판단에 관하여 행정청에 재량권이 부여되어 있으므로, 그 요건에 해당하는지 여부는 행정청의 재량판단의 영역에 속한다. 나아가 「국토의 계획 및 이용에 관한 법률」이 정한 용도지역 안에서 농지전용행위를 수반하는 건축허가는 건축법 제11조 제1항에 의한 건축허가와 위와 같은 농지전용허가의 성질을 아울러 갖게 되므로 이 역시 재량행위에 해당한다(대법원 2017. 10. 12. 2017두48956).

이 사건 신청 대상 토지는 농지로서 국토계획법에 따른 보전녹지지역 안에 있으므로, 국토계획법에 따른 토지의 형질변경행위 및 농지법에 따른 농지의 전용행위를 수반하는 이 사건 건축허가는 피고의 재량행위에 해당한다. 그런데 국토계획법령은 개발행위허가기준 중 하나로 "주변지역의 토지이용실태 또는 토지이용계획, 건축물의 높이, 토지의 경사도, 수목의 상태, 물의 배수, 하천·호수·습지의 배수 등 주변 환경이나 경관과 조화를 이루는지 여부"를 규정하고 있다(국토계획법 제58조 제1항 제4호, 국토계획법 시행령 제56조 제1항 [별표 1의2]). 농지법

제34조, 농지법 시행령 제33조 제1항 제5호는 농지전용허가의 심사기준으로서 "해당 농지의 전용이 인근 농지의 농업경영과 농어촌생활환경의 유지에 피해가 없을 것"을 들고 있다. 따라서 피고는 이 사건 신청 대상 토지의 위치 및 주변 상황, 그 신청 경위 등 제반 사정을 고려하여 개발행위허가·농지전용허가 기준을 충족하는지 여부를 판단하여야 하고, 이러한 판단 과정에서 공익적 요소를 함께 고려할 수밖에 없으므로 결국 행정청에 재량판단의 여지가 있게 된다(대법원 2017. 10. 12. 2017두48956).

(3) 농지전용허가가 의제되는 복합민원에 있어서 필요한 인·허가를 일괄하여 신청하지 아니하고 그 중 어느 하나의 인·허가만을 신청한 경우, 근거 법령이 아닌 다른 관계 법령을 고려하여 그 인·허가 여부를 결정할 수 있는지 여부

하나의 민원 목적을 실현하기 위하여 관계 법령 등에 의하여 다수 관계기관의 허가·인가·승인·추천·협의·확인 등의 인·허가를 받아야 하는 복합민원에 있어서 필요한 인·허가를 일괄하여 신청하지 아니하고 그 중 어느 하나의 인·허가만을 신청한 경우에도 그 근거 법령에서 다른 법령상의 인·허가에 관한 규정을 원용하고 있거나 그 대상 행위가 다른 법령에 의하여 절대적으로 금지되고 있어 그 실현이 객관적으로 불가능한 것이 명백한 경우에는 이를 고려하여 그 인·허가 여부를 결정할 수 있다.

농지법 제34조 제1항 소정의 농지전용허가에 관하여 그 심사기준을 규정하고 있는 농지법 시행령 제33조 제1항은 제2호에서 '전용하고자 하는 농지가 전용목적사업에 적합하게 이용될 수 있는지 여부'를 들고 있고, 이는 농지전용허가가 있었음에도 그 전용목적사업을 실현할 수가 없어 결과적으로 농지가 이용되지 않은 채 방치되는 것을 방지하기 위하여 둔 심사기준이어서 전용목적사업의 실현에 관하여 법령 등에 의한 인·허가가 필요한 경우에는 그 인·허가의 요건을 갖추고 있을 것도 그 내용으로 한다고 해석하여야 한다(대법원 2000. 3. 24. 선고 98두8766).

농지의 전용허가를 받으려는 토지에 대하여 농지전용허가 외에 다른 법률에 따른 인허가 등을 받아야 한다고 규정하고 있어 농지전용허가를 받더라도 다른 법률에서 규정한 별도의 인허가를 받지 않고서는 전용목적사업을 실현할 수 없을 경우, 농지의 전용허가를 받으려는 토지에 대하여 다른 법률에 의한 인허가를 받을 수 없다면 이는 농지법 시행령 제33조 제1항 제2호 소정의 농지전용허가에 관한 심사기준에 저촉되어 농지의 전용허가의 요건을 갖추지 못한 것으로 보아야 한다(대법원 2000. 11. 24. 2000두2341).

(가) 농지전용허가가 의제되는 복합민원에 대한 심사기준

○ **농지전용허가가 의제되는 복합민원에 있어서 필요한 인·허가를 일괄하여 신청하지 아니하고 그 중 어느 하나의 인·허가만을 신청한 경우, 근거 법령이 아닌 다른 관계 법령을 고려하여 그 인·허가 여부를 결정할 수 있는지 여부**

하나의 민원 목적을 실현하기 위하여 관계 법령 등에 의하여 다수 관계기관의 허가·인가·승인·추천·협의·확인 등(이하 '인·허가'라고 한다)을 받아야 하는 복합민원의 경우 필요한 인·허가를 일괄하여 신청하지 아니하고 그 중 어느 하나의 인·허가만을 신청한 경우에도 그 근거 법령에서 다른 법령상의 인·허가에 관한 규정을 원용하고 있거나 그 대상 행위가 다른 법령에 의하여 절대적으로 금지되고 있어 그 실현이 객관적으로 불가능한 것이 명백한 경우에는 이를 고려하여 그 인·허가 여부를 결정할 수 있다(대법원 1998. 3. 27. 96누19772 등).

그런데 농지법 제34조 제1항 소정의 농지전용허가에 관하여 그 심사기준을 규정하고 있는 농지법 시행령 제33조 제1항은 제2호에서 '전용하고자 하는 농지가 전용목적사업에 적합하게 이용될 수 있는지 여부'를 들고 있고, 이는 농지전용허가가 있었음에도 그 전용목적사업을 실현할 수가 없어 결과적으로 농지가 이용되지 않은 채 방치되는 것을 방지하기 위하여 둔 심사기준이어서 전용목적사업의 실현에 관하여 법령 등에 의한 인·허가가 필요한 경우에는 그 인·허가의 요건을 갖추고 있을 것도 그 내용으로 한다고 해석하여야 할 것이다(대법원 2000. 3. 24. 98두8766).

(나) 농지법 시행령 제33조 제1항 제2호의 규정취지

○ **농지전용허가에 관한 심사기준을 규정한 농지법 시행령 제33조 제1항 제2호의 규정 취지**

농지법 제34조 제1항 소정의 농지전용허가에 관하여 그 심사기준을 규정하고 있는 구 농지법 시행령 제33조 제1항은 제2호에서 '전용하고자 하는 농지가 전용목적사업에 적합하게 이용될 수 있는지의 여부'를 들고 있고, 이는 농지전용허가가 있었음에도 그 전용 목적사업을 실현할 수가 없어 결과적으로 농지가 이용되지 않은 채 방치되는 것을 방지하기 위하여 둔 심사기준이어서 전용목적사업의 실현에 관하여 법령 등에 의한 인·허가가 필요한 경우에는 그 인·허가의 요건을 갖추고 있을 것도 그 내용으로 한다고 해석하여야 할 것이고, 한편 택지개발촉진법 제6조 제1항은 예정지구 안에서 토지형질의 변경 등 행위를 하고자 하는 자는 관할시장 또는 군수의 허가를 받아야 한다고 규정하고 있으므로 택지개발예정지구 안에 있는 토지에 대해서는 농지전용의 허가를 받은 자라 하더라도 택지개발촉진법 제6조 제1항에 의한 토지형질의 변경허가를 받지 않고서는 그 전용목적사업을 실현할 수 없는 것이므로, 농지의 전용허가를 받으려는 토지에 대하여 택지개발촉진법 제6조 제1항에 의한 토지형질의 변경허가를 받을 수 없다면 이는 농지전용허가에 관한 심사기준에 저촉된다고 보아야 할 것이다(대법원 2000. 11. 24. 2000두2341).

(4) 국토 및 자연의 유지와 환경의 보전 등 중대한 공익상 필요가 있다고 인정되는 경우, 농지전용행위를 불허가할 수 있는지 여부

농지법이 농지의 소유·이용 및 보전 등에 필요한 사항을 정함으로써 농지의 효율적인 이용·관리 등과 함께 국토의 환경보전에 이바지함을 그 목적으로 하면서(제1조) 농지가 국민의 식량공급과 국토환경보전의 기반으로서 소중히 보전되어야 함은 물론 공공복리에 적합하게 관리되어야 하고 그에 관한 권리의 행사에는 필요한 제한과 의무가 따른다는 것을 농지에 관한 기본이념으로 설정하고 있는 점(제3조 제1항), 농지법 시행령에서 농지전용허가에 대한 심사기준에도 농어촌생활환경에 미치는 영향 등을 고려하도록 하고 있는 점 등에 비추어 볼 때, 농지전용행위에 대하여 허가관청은 구 농지법 시행령이 정한 위의 심사기준에 부적합한 경우는 물론 대상 농지의 현상과 위치 및 주위의 상황 등을 종합적으로 고려하여 국토 및 자연의 유지와 환경의 보전 등 중대한 공익상 필요가 있다고 인정되는 경우에도 이를 불허가할 수 있다(대법원 2000. 5. 12. 98두15382).

---

1. 국토 및 자연의 유지와 환경의 보전 등 중대한 공익상 필요가 있다고 인정되는 경우, 농지전용행위를 불허가할 수 있는지 여부

농지법이 농지의 소유·이용 및 보전 등에 필요한 사항을 정함으로써 농지의 효율적인 이용·관리 등과 함께 국토의 환경보전에 이바지함을 그 목적으로 하면서(제1조) 농지가 국민의 식량공급과 국토환경보전의 기반으로서 소중히 보전되어야 함은 물론 공공복리에 적합하게 관리되어야 하고 그에 관한 권리의 행사에는 필요한 제한과 의무가 따른다는 것을 농지에 관한 기본이념으로 설정하고 있는 점(제3조 제1항), 그의 시행령에서 농지전용허가에 대한 심사기준에도 농어촌생활환경에 미치는 영향 등을 고려하도록 하고 있는 점 등에 비추어 볼 때, <u>농지전용행위에 대하여 허가관청은 구 농지법 시행령이 정한 위의 심사기준에 부적합한 경우는 물론 대상 농지의 현상과 위치 및 주위의 상황 등을 종합적으로 고려하여 국토 및 자연의 유지와 환경의 보전 등 중대한 공익상 필요가 있다고 인정되는 경우에도 이를 불허가할 수 있다 할 것이다.</u>

2. 사안의 검토

원심이 확정한 사실관계와 기록에 의하니, 이 사건 농지가 포함된 원주시 (주소 생략) 토지는 국립공원인 치악산 자락에 위치하고 있고 그 주변은 자연경관이 수려하고 관음사, 연암사 등의 사찰이 있어 마을관리관광지로 지정되어 일반 시민의 휴식공간으로 이용되고 있는 사실, 위의 토지는 약 7년생 배나무 130여 그루가 식재되어 있는 과수원이고 그 인접 임야들은 산림이 울창하고 수려하여 산림훼손 제한지역으로 고시되어 있으며 인근에 위치한 과수원 단지에서는 '치악산 복숭아', '치악산 배'로 전국적으로 알려진 품질 좋은 복숭아와 배가 생산되고 있는 사실, 위의 관광지는 원주시 중심가에서 3~4㎞ 정도 떨어져 있어 원주 시민들이 자주 이용하고 있고 그 아래쪽 경계선인 계곡을 따라 하천이 흐르고 있는데, 하천 건너편에는 그 관광지 입구에 이르는 도로가 개설되어 도로 양쪽으로 음식점, 숙박시설 등이 군데군데 들어서 있는 반면, 하천 위쪽 즉 이 사건 농지가 있는 관광지 지역은 개발이 거의 이루어지지 아니한 사실, 원고가 이 사건 농지 위에 건축하려고 하는 건물은 지하 1층 161.25㎡, 지상 1층 281.04㎡, 지상 2, 3층 각 276.36㎡의 여관인 사실을 알 수 있다.

사정이 위와 같아서, 원고가 여관을 건축하게 될 경우 일반시민의 휴식공간으로 이용되고 있는 이 사건 농지 주변의 자연경관에 어울리지 않을 뿐만 아니라 이를 훼손할 우려가 있고 농촌생활환경에도 적지 않은 영향을 미칠 것으로 예상되므로 이 사건 농지는 농지인 상태 그대로 보전할 필요가 있다고 볼 것이기에, <u>피고가 원고의 이 사건 농지전용허가신청에 대하여 이를 허가하지 아니하는 이 사건 처분을 한 것은 이 사건 농지의 현상과 위치, 주위의 상황 및 원고의 여관건축이 환경에 미치는 영향 등에 비추어 국토 및 자연의 유지와 환경의 보전 등 중대한 공익상의 필요에 의한 것으로서 적법하다고 보아야 할 것이다.</u>

(5) 농림축산식품부 예규만을 근거하여 농지전용을 불허한 것이 적법한지 여부

농지전용허가는 금지요건·허가기준 등이 불확정개념으로 규정된 부분이 많아 그 요건에 해당하는지는 행정청의 재량판단 영역에 속한다. 「농업경영에 이용하지 않는 농지 등의 처분관련 업무처리요령(농림축산식품부 예규)」는 행정기관 내부적인 재량행사의 기준과 방향을 정한 재량준칙에 불과하여 대외적 구속력이 없으므로, 위 행정규칙만을 근거로 처분의무가 부과된 농지전용허가가 불가능하다고 할 것은 아니다. 위 행정규칙이 처분의무가 부과된 농지 전용을 불허하도록 한 취지는 해당 농지를 농지로 유지하기 위함인데, 농지전용을 목적으로 하는 훼손지 정비사업의 부지 내 농지는 특별한 사정이 없는 한 다시 농지로 활용될 가능성이 매우 낮으므로, 농지처분의무가 부과되었더라도 추가적인 다른 고려 없이 위 행정규칙을 기계적으로 적용하여 농지전용을 불허하는 것은 타당하지 않다(서울고등법원 2023. 7. 6. 2022누49924).

1. 농지처분의무가 부과된 농지에 대하여는 일반적으로 농지전용허가가 불가함

구 개발제한구역법 제4조의2에 의하면 훼손지 정비사업이란 개발제한구역 내의 축사 등 동물·식물 관련 시설이 밀집된 훼손지를 정비하는 사업인 점, 농지가 포함되어 있는 부지에 관하여 훼손지 정비사업을 시행하기 위하여는 그것이 농지를 농업 외의 목적으로 전용하는 것인 이상 농지법 제34조에 따른 농지전용허가를 받아야 하는 점, 「농업경영에 이용하지 않는 농지 등의 처분관련 업무처리요령(농림축산식품부 예규 제40호)」 Ⅵ. 1. 가.항에 의하면 농지처분의무가 부과된 농지에 대하여는 일반적으로 농지전용허가가 불가능한 점 등은 인정된다.

2. 예외적인 경우에는 농지처분의무가 부과된 농지의 농지전용을 허용

갑 제12, 14, 15호증, 을 제16호증(가지번호 포함)의 각 기재와 항소심 법원의 L시에 대한 사실조회결과에 변론 전체의 취지를 종합하여 알 수 있는 다음과 같은 사정을 고려하면, 단순히 '농지처분의무가 부과되어 있다'는 사정만으로 훼손지 정비사업을 불허한 이 사건 처분은 위법하다 할 것이고, 따라서 취소되어야 한다.

① 훼손지 정비사업은 개발제한구역 내의 난립된 훼손시설을 체계적으로 정비하여 도시공원과 녹지를 확보함으로써 녹지기능을 회복하고 도시환경을 개선하기 위한 사업인바, 이는 단지 해당 훼손지 소유자 등의 사익만을 위한 것이 아니라 국민 전체의 공익을 위한 것이기도 하다.

② 이를 위하여 2015. 12. 29. 개발제한구역법의 개정으로 훼손지 정비사업 제도를 신설하였으나 그 참여가 저조하였고, 이에 국토교통부장관은 사업참여율을 높이고 정비사업이 조속히 추진될 수 있도록 하기 위하여 2019. 10. 7. 「개발제한구역 훼손지 복구 및 정비사업 업무처리규정」을 개정하였다(훼손지 판정기준 완화, 정비사업 구역 내 임야 포함 허용, 정비사업 주체 다양화, 정비사업 절차 간소화 등). 그러나 위와 같은 조치에도 불구하고 여전히 훼손지 정비사업은 활성화되지 않았는바, 이에 국토교통부장관은 2021. 1. 20. 경기도지사 등을 수신자로 하여 '기 신청된 훼손지 정비사업 부지에 대하여 농지법 제34조에 따른 농지전용허가가 원활하게 추진될 수 있도록 협조하여 달라'는 공문을 시행하기도 하였다.

③ 농지법 제34조에 따른 농지전용허가는 금지요건·허가기준 등이 불확정개념으로 규정된 부분이 많아 그 요건·기준에 부합하는지의 판단에 관하여 행정청에 재량권이 부여되어 있으므로, 그 요건에 해당하는지 여부는 행정청의 재량판단의 영역에 속한다(대법원 2017. 10. 12. 2017두48956). 즉 <u>농지전용허가 자체가 재량행위인바, 위 농림축산식품부 예규는 행정기관 내부적으로 재량행사의 일반적 기준과 방향을 정한 재량준칙에 불과하여 대외적 구속력이 없으므로, 단지 위 예규만에 근거하여 이 사건 농지전용허가가 절대적으로 불가능하다고 할 것은 아니다. 한편 위 예규에서 처분의무가 부과된 농지에 관하여 농지전용을 불허하도록 한 것은 해당 농지를 농지로서 유지하기 위한 취지인데, 훼손지 정비사업 부지 내의 농지는 특별한 사정이 없는 한 다시 농지로 활용할 가능성이 매우 낮다 할 것인바, 정비사업 대상인 훼손지 내의 처분대상 농지에 관하여 추가적인 다른 고려 없이 위 예규를 기계적으로 적용하는 것은 타당하지도 않다.</u>

④ 위와 같은 사정을 감안하면, 단지 '농지처분의무가 부과되어 있다'는 이유만으로 농지전용허가가 원천적으로 불가능하다고 보아 정비사업 요건에 적합하지 않다고 판단할 것은 아니다. 실제로 K시 인근의 L시 등에서는 다른 사정을 들어 정비요건에 적합하지 않다고 판단하는 경우는 있으나, 적어도 농지처분의무가 부과되어 있다는 사정만으로 훼손지 정비사업 신청을 불허하고 있지는 않은바, 이러한 태도가 훼손지 정비사업의 취지는 물론 적극행정의 원리에 부합한다 할 것이다.

3. 결론

원고들의 청구는 이유 있으므로 모두 인용하여야 한다. 제1심 판결은 이와 결론이 달라 부당하므로, 제1심 판결을 취소하고, 이 사건 처분을 취소한다(서울고등법원 2023. 7. 6. 2022누49924[69]).

다) 농지전용허가가 의제되는 인허가 등이 취소되는 경우 농지전용허가도 취소되는지 여부

농지전용허가가 의제되는 주된 인허가가 취소된다면, 주된 인허가로 의제된 농지전용허가도 함께 취소된다(대법원 2011. 5. 26. 선고 2008다23460).

구 농지의 보전 및 이용에 관한 법률(1993. 8. 5. 법률 제4572호로 개정되기 전의 것, 1994. 12. 22. 법률 제4817호 농지법 부칙 제2조에 의하여 폐지, 이하 '구 농지보전법'이라고 한다) 제4조에 의하면, 농지를 전용하고자 하는 자는 원칙적으로 농림수산부장관의 허가를 받아야 하고(제1항), 주무부장관(주무부장관으로부터 권한의 위임을 받은 당해 소속기관의 장 또는 지방자치단체의 장을 포함한다)이 도시계획법 제2조 제1항 제2호의 규정에 의한 도시계획구역 등을 결정 또는 지정할 때에 당해 구역 내에 농지가 포함되어 있는 경우에는 농림수산부장관과 협의하여야 한다(제2항)

한편 구 중소기업창업 지원법(1997. 12. 13. 법률 제5453호로 개정되기 전의 것, 이하 '구 중소기업지원법'이라고 한다) 제22조 제1항 제11호에 의하면, 창업자가 제21조의 규정에 의한 사업계획의 승인을 얻은 때에는 구 농지보전법 제4조의 규정에 의한 농지전용의 허가를 받은 것으로 보고, 제23조 제1항에 의하면 사업계획의 승인을 받은 자가 그 사업계획의 승인내용과 현저하게 다르게 사업을 영위하는 등 대통령령이 정하는 사유로 인하여 사업계획승인의 효과를 기대하기 어렵다고 인정되는 경우에는 대통령령이 정하는 바에 의하여 그 사업계획승인 및 공장건축허가를 취소할 수 있으며, 구 중소기업지원법 시행령(2000. 5. 10. 대통령령 제16806 호로 전부 개정되기 전의 것) 제28조 제1항은 구 중소기업지원법 제23조 제1항의 '대통령령이 정하는 사유'로 사업계획의 승인을 얻은 날부터 1년이 경과할 때까지 공장의 착공을 하지 아니하거나 공장착공 후 1년 이상 공사를 중단한 경우(제1호), 사업계획의 승인을 얻은 당해 공장용지를 공장착공을 하지 아니하고 다른 사람에게 양도한 경우(제2호), 사업계획의 승인을 얻은 후 당해 공장용지를 다른 사람에게 임대하는 등 공장 외의 용도로 활용하는 경우(제3호), 사업계획의 승인 후 4년이 지나도록 공장건축을 완료하지 아니하는 경우(제4호)를 들고 있다.

위 관계 법령에 의하면, 구 중소기업지원법 제23조 제1항에 의하여 사업계획승인이 취소되면 사업계획승인으로써 의제된 농지전용허가도 함께 취소된다고 볼 것이다(대법원 2011. 5. 26. 2008다23460).

---

69 피고인 처분청이 상고를 포기하여 서울고등법원의 판결이 확정되었다.

라) 농지전용허가가 의제되는 건축허가를 받은 토지와 그 지상에 건축 중인 건축물의 소유권을 경매절차에서 양수한 자가 건축관계자 변경신고를 하는 경우, 행정청이 '농지보전부담금의 권리승계를 증명할 수 있는 서류'가 제출되지 않았다는 이유로 신고를 반려할 수 있는지 여부

농지전용허가가 의제되는 건축허가를 받은 토지와 그 지상에 건축 중인 건축물의 소유권을 경매절차에서 양수한 자가 건축관계자 변경신고를 하는 경우 행정청은 '농지보전부담금의 권리승계를 증명할 수 있는 서류'가 제출되지 않았다는 이유로 그 신고를 반려할 수 없다. 그 구체적인 이유는 다음과 같다(대법원 2022. 6. 30. 2021두57124).

① 농지법상 농지보전부담금 부과처분은 농지전용허가에 수반하여 이루어지는 것이므로 농지보전부담금의 납부의무도 농지전용허가 명의자에게 있는 것인데, 당초 농지전용허가가 의제되는 건축허가를 받은 사람이 농지보전부담금을 납부한 상황에서 경매절차를 통해 건축허가대상 건축물에 관한 권리가 변동됨에 따라 건축주가 변경되고, 그에 따라 법률로써 농지전용허가 명의자가 변경된 것으로 의제되면, 종전에 납부된 농지보전부담금은 농지전용허가 명의를 이전받은 자의 의무이행을 위해 납입되어 있는 것으로 보는 것이 타당하다.

② 또한 농지전용허가 명의자의 변경허가는 종전 농지전용허가의 효력이 유지됨을 전제로 단지 그 허가 명의만이 변경되는 것으로 해석하여야 한다. 이러한 관점에서 보아도 기존 농지전용허가 명의자에 대한 허가 및 그가 납부한 농지보전부담금의 효력은 경매절차에서 농지를 양수한 자에게 그대로 승계되었다고 해석하는 것이 타당하다.

③ 한편 농지보전부담금을 납부한 후 농지전용허가를 받은 자의 명의가 변경되어 그 변경허가 신청을 하는 경우에는 농지보전부담금의 권리 승계를 증명할 수 있는 서류를 제출하여야 한다(농지법 시행규칙 제26조 제2항 제6호). 앞서 살펴본 바와 같이 농지전용허가 명의가 이전됨에 따라 농지보전부담금에 관한 권리관계도 함께 이전된다고 보는 이상, 농지전용허가가 있는 농지에 대한 경매절차상의 확정된 매각허가결정서 및 그에 따른 매각대금 완납서류 등 경매로 인한 권리 취득 관계 서류도 농지법 시행규칙 제26조 제2항 제6호에서 정하는 '농지보전부담금의 권리승계를 증명할 수 있는 서류'에 해당한다고 보는 것이 타당하다.

마) 농지전용허가가 의제되는 처분을 거부하면서 당해 처분의 거부사유 외에 농지전용불허가 사유 등을 들고 있는 경우, 그 당해 거부처분에 관한 쟁송에서 농지전용불허가 사유에 관하여도 다툴 수 있는지 여부 및 별개의 농지전용불허가처분에 관한 쟁송을 제기하지 아니하였을 때 형질변경불허가 사유나 농지전용불허가 사유에 관하여 불가쟁력이 발생하는지 여부

농지전용허가가 의제되는 처분을 거부하면서 농지전용불허가 등의 사유를 들고 있다고 하여 그 당해 거부처분 외에 별개로 농지전용불허가처분이 존재하는 것이 아니므로, 그 거부처분을 받은 사람은 그 거부처분에 관한 쟁송에서 당해 거부처분 사유뿐만 아니라 농지법상의 농지전용불허가 사유에 관하여도 다툴 수 있는 것이지, 그 당해 거부처분에 관한 쟁송과는 별개로 농지전용불허가처분에 관한 쟁송을 제기하여 이를 다투어야 하는 것은 아니며, 그러한 쟁송을 제기하지 아니하였어도 농지전용불허가 사유에 관하여 불가쟁력이 생기지 아니하므로 이를 다툴 수 있다(대법원 2001. 1. 16. 99두10988).

구 건축법(1999. 2. 8. 법률 제5895호로 개정되기 전의 것) 제8조 제1항, 제3항, 제5항에 의하면, 건축허가를 받은 경우에는 도시계획법 제4조에 의한 토지의 형질변경허가나 농지법 제36조에 의한 농지전용허가 등을 받은 것으로 보며, 한편 건축허가권자가 건축허가를 하고자 하는 경우 당해 용도·규모 또는 형태의 건축물을 그 건축하고자 하는 대지에 건축하는 것이 건축법 관련 규정이나 도시계획법 제4조, 농지법 제36조 등 관계 법령의 규정에 적합한지의 여부를 검토하여야 하는 것일 뿐, 건축불허가처분을 하면서 그 처분사유로 건축불허가 사유뿐만 아니라 형질변경불허가 사유나 농지전용불허가 사유를 들고 있다고 하여 그 건축불허가처분 외에 별개로 형질변경불허가처분이나 농지전용불허가처분이 존재하는 것이 아니다. 따라서 그 건축불허가처분을 받은 사람은 그 건축불허가처분에 관한 쟁송에서 건축법상의 건축불허가 사유뿐만 아니라 도시계획법상의 형질변경불허가 사유나 농지법상의 농지전용불허가 사유에 관하여도 다툴 수 있는 것이지, 그 건축불허가처분에 관한 쟁송과는 별개로 형질변경불허가처분이나 농지전용불허가처분에 관한 쟁송을 제기하여 이를 다투어야 하는 것은 아니며, 그러한 쟁송을 제기하지 아니하였어도 형질변경불허가 사유나 농지전용불허가 사유에 관하여 불가쟁력이 생기지 아니한다.

다. 농지전용신고제도

1) 농지전용신고제도의 취지

농지전용신고제도는 농지전용 및 행위제한 등 농지규제로 인해 상대적으로 불이익을 겪은 농어촌의 생활환경을 개선하여 농어촌을 쾌적한 정주생활공간으로 조성하기 위하여 농어민이 일정 면적이하의 농지에 농어업용시설 등을 설치하는 경우에는 시장·군수에 대한 신고만으로 농지를 전용할 수 있도록 하는 등 농지의 전용절차를 간소화하고자 도입되었다.

2) 법적 성격

농지전용신고는 신고가 수리되어야 신고의 효과가 발생하는 수리를 요하는 신고의 성격을 지닌다. 이러한 수리를 요하는 신고는 신고 요건에 대해 형식적 심사뿐만 아니라 실체적 요건에 대한 실질적 심사를 할 수 있으며, 실질적 요건을 충족시키지 못하면 그 신고는 수리할 수 없다고 할 것이다.

3) 농지전용신고 대상 시설의 범위·규모 등

농지전용신고 대상 시설의 범위·규모·설치자의 범위 등은 아래 표와 같다(농지법 시행령 별표 1).

[농지전용신고대상시설의 범위·규모 등]

시설의 범위	설치자의 범위	규모
1. 농업진흥지역 밖에 설치하는 농지법 시행령 제29조 제4항에 해당하는 농업인 주택 또는 어업인 주택	농지법 시행령 제29조 제4항 제1호 각 목의 어느 하나에 해당하는 무주택인 세대의 세대주	세대당 660㎡ 이하
2. 농지법 시행령 제29조 제5항 제1호에 해당하는 시설 및 같은 항 제4호에 해당하는 시설 중 농업용시설	농지법 시행령 제29조 제4항 제1호 각 목의 어느 하나에 해당하는 세대의 세대원인 농업인과 농업법인	·농업인 : 세대당 1,500㎡ 이하 ·농업법인 : 법인당 7,000㎡ (농업진흥지역 안의 경우에는 3,300㎡) 이하

시설의 범위	설치자의 범위	규모
3. 농업진흥지역 밖에 설치하는 농지법 시행령 제29조 제5항 제2호·제3호에 해당하는 시설 또는 같은 항 제4호에 해당하는 시설 중 축산업용시설	농지법 시행령 제29조 제4항 제1호 각 목의 어느 하나에 해당하는 세대의 세대원인 농업인과 농업법인	·농업인 : 세대당 1,500㎡ 이하 ·농업법인 : 법인당 7,000㎡
4. 자기가 생산한 농수산물을 처리하기 위하여 농업진흥지역 밖에 설치하는 집하장·선과장·판매장 또는 가공공장등 농수산물 유통·가공시설(창고·관리사 등 필수적인 부대시설을 포함한다)	농지법 시행령 제29조 제4항 제1호 각 목의 어느 하나에 해당하는 세대의 세대원인 농업인과 이에 준하는 임·어업인 세대의 세대원인 임·어업인	세대당 3,300㎡이하
5. 구성원(조합원)이 생산한 농수산물을 처리하기 위하여 농업진흥지역 밖에 설치하는 집하장·선과장·판매장·창고 또는 가공공장 등 농수산물 유통·가공시설	「농업·농촌 및 식품산업 기본법」에 따른 생산자단체, 「농어업경영체 육성 및 지원에 관한 법률」에 따른 영농조합법인 및 농업회사법인, 「수산업협동조합법」에 따른 어촌계·수산업협동조합 및 그 중앙회 또는 「농어업경영체 육성 및 지원에 관한 법률」 제16조에 따른 영어조합법인	단체당 7,000㎡ 이하
6. 농업진흥지역 밖에 설치하는 농지법 제32조 제1항 제2호에 해당하는 농업인의 공동생활에 필요한 편의시설 및 이용시설	제한없음	제한없음
7. 농지법 시행령 제29조 제2항 제2호에 해당하는 농수산업 관련 시험·연구시설	비영리법인	법인당 7,000㎡(농업진흥지역 안의 경우에는 3,000㎡) 이하
8. 농업진흥지역 밖에 설치하는 양어장 및 양식장	농지법 시행령 제29조 제4항 제1호 각 목의 어느 하나에 해당하는 세대의 세대원인 농업인 및 이에 준하는 어업인세대의 세대원인 어업인, 농업법인 및 「농어업경영체 육성 및 지원에 관한 법률」 제16조에 따른 영어조합법인	세대 또는 법인당 1만㎡ 이하

시설의 범위	설치자의 범위	규모
9. 농업진흥지역 밖에 설치하는 농지법 시행령 제29조 제5항 제5호에 해당하는 어업용시설 중 양어장 및 양식장을 제외한 시설	농지법 시행령 제29조 제4항 제1호 각 목의 어느 하나에 해당하는 세대의 세대원인 농업인 및 이에 준하는 어업인세대의 세대원인 어업인, 농업법인 및 「농어업경영체 육성 및 지원에 관한 법률」 제16조에 따른 영어조합법인	세대 또는 법인당 1,500㎡ 이하

비고

1. 제1호에 해당하는 시설은 해당 설치자가 생애 최초로 설치하는 시설로 한정한다.

2. 제2호부터 제9호까지에 해당하는 시설에 대하여 규모를 적용할 때에는 해당 시설의 설치자가 농지전용신고일 이전 5년간 그 시설의 부지로 전용한 면적을 합산한다.

① 농업진흥지역밖에 설치하는 농어업인 주택

㉠ 시설의 범위

농지전용신고대상인 "농어업인 주택"이란 다음 각 호의 요건을 모두 갖춘 건축물 및 시설물을 말한다(농지법 시행령 제29조 제4항).

1. 농업인 또는 어업인(「수산업·어촌 발전 기본법」 제3조 제3호에 따른 어업인을 말한다. 이하 같다) 1명 이상으로 구성되는 농업·임업·축산업 또는 어업을 영위하는 세대로서 다음 각 목의 어느 하나에 해당하는 세대의 세대주가 설치하는 것일 것

    가. 해당 세대의 농업·임업·축산업 또는 어업에 따른 수입액이 연간 총수입액의 2분의 1을 초과하는 세대

    나. 해당 세대원의 노동력의 2분의 1 이상으로 농업·임업·축산업 또는 어업을 영위하는 세대

2. 제1호 각 목의 어느 하나에 해당하는 세대의 세대원이 장기간 독립된 주거생활을 영위할 수 있는 구조로 된 건축물(「지방세법 시행령」 제28조에 따른 별장 또는 고급주택을 제외한다) 및 해당 건축물에 부속한 창고·축사 등 농업·임업·축산업 또는 어업을 영위하는 데 필요한 시설로서 그 부지의 총면적이 1세대 당 660㎡ 이하일 것. 다만 농어업 분야 내·외국인 근로자가 거주하는 용도로 활용하는 시설을 추가로 설치하는 경우에는 총 부지면적은 1,000㎡ 이하일 것

3. 제1호 각 목의 어느 하나에 해당하는 세대의 농업·임업·축산업 또는 어업의 경영의 근거가 되는 농지·산림·축사 또는 어장 등이 있는 시(구를 두지 아니한 시를 말하며, 도농복합형태의 시에 있어서는 동 지역에 한한다)·구(도농복합형태의 시의 구에 있어서는 동 지역에 한한다)·읍·면(이하 "시·구·읍·면"이라 한다) 또는 이에 연접한 시·구·읍·면 지역에 설치하는 것일 것

ⓛ 설치자의 범위

농업인 또는 어업인 1명 이상으로 구성되는 농업·임업·축산업 또는 어업을 영위하는 세대로서 다음 각 목의 어느 하나에 해당하는 세대의 세대주가 설치하며, 해당 농어업인 주택은 무주택자인 설치자가 생애 최초로 설치하는 경우이어야 한다(농지법 시행령 제29조 제4항 제1호).

> 가. 해당 세대의 농업·임업·축산업 또는 어업에 따른 수입액이 연간 총수입액의 2분의 1을 초과하는 세대
> 나. 해당 세대원의 노동력의 2분의 1 이상으로 농업·임업·축산업 또는 어업을 영위하는 세대

ⓒ 규모

농어업인 주택 규모는 세대당 660㎡ 이하이어야 한다.

② **농업용 시설**

ⓐ **시설의 범위**

농지전용신고대상인 "농업용 시설"이란 다음 각 호의 시설을 말한다(농지법 시행령 제29조 제5항 제1호 및 제4호).

> 1. 농업인 또는 농업법인이 자기가 생산한 농산물을 건조·보관하기 위하여 설치하는 시설
> 2. 농업인 또는 농업법인이 농업 또는 축산업을 영위하거나 자기가 생산한 농산물을 처리하는 데 필요한 농업용 시설
>   가. 탈곡장 및 잎담배건조실
>   나. 농업인 또는 농업법인이 자기의 농업경영에 사용하는 비료·종자·농약·농기구 등의 농업자재를 생산 또는 보관하기 위하여 설치하는 시설
>   다. 농업용 관리사(주거목적이 아닌 경우에 한정한다)
>   라. 시설 부지의 전체 면적(농업진흥구역 밖의 시설 부지 면적을 포함한다)이 1,500㎡ 이하인 콩나물재배사

ⓛ 설치자의 범위

설치자는 농업법인이거나 농업인 또는 어업인 1명 이상으로 구성되는 농업·임업·축산업 또는 어업을 영위하는 세대로서 다음 각 목의 어느 하나에 해당하는 세대의 세대원인 농업인으로 한정된다.

가. 해당 세대의 농업·임업·축산업 또는 어업에 따른 수입액이 연간 총수입액의 2분의 1을 초과하는 세대

나. 해당 세대원의 노동력의 2분의 1 이상으로 농업·임업·축산업 또는 어업을 영위하는 세대

ⓒ 규모

농업용시설 규모는 농업법인은 법인당 7,000㎡(농업진흥지역안의 경우에는 3,300㎡) 이하, 농업인은 세대당 1,500㎡ 이하이어야 한다.

③ **농업진흥지역 밖에 설치하는 축산업용 시설**

㉠ **시설의 범위**

농지전용신고대상인 "축산용 시설"이란 다음 각 호의 시설을 말한다(농지법 시행령 제29조 제5항 제1호 및 제4호).

---

1. 야생동물의 인공사육시설. 다만, 다음 각 목의 어느 하나에 해당하는 야생동물의 인공사육시설은 제외한다.
   가. 「야생생물 보호 및 관리에 관한 법률」 제14조 제1항 각 호 외의 부분 본문에 따라 포획 등이 금지된 야생동물(같은 항 각 호 외의 부분 단서에 따라 허가를 받은 경우는 제외한다)
   나. 「야생생물 보호 및 관리에 관한 법률」 제19조 제1항 각 호 외의 부분 본문에 따라 포획이 금지된 야생동물(같은 항 각 호 외의 부분 단서에 따라 허가를 받은 경우는 제외한다)
   다. 「생물다양성 보전 및 이용에 관한 법률」 제24조 제1항 각 호 외의 부분 본문에 따라 수입등이 금지된 생태계교란 생물(같은 항 각 호 외의 부분 단서에 따라 허가를 받은 경우는 제외한다)
2. 「건축법」에 따른 건축허가 또는 건축신고의 대상 시설이 아닌 간이양축시설[70]
3. 농업인 또는 농업법인이 농업 또는 축산업을 영위하거나 자기가 생산한 농산물을 처리하는 데 필요한 농업용 또는 축산업용시설로서 농림축산식품부령으로 정하는 시설

---

70 제2장에서 살펴본 바와 같이 간이양축시설은 축사에 포함되므로, 간이양축시설 설치에 대해 신고의무를 부과하는 것은 타당하지 않다.

ⓛ 설치자의 범위

위 ②항의 농업용 시설 설치자(농업법인과 농지법 제29조 제4항 제1호 각 목의 어느
하나에 해당하는 세대의 세대원인 농업인)와 동일하다.

ⓒ 규모

축산업용시설은 농업법인은 법인당 7,000㎡ 이하, 농업인은 세대당 1,500㎡ 이하이어
야 한다.

④ **자기가 생산한 농수산물을 처리하기 위해 농업진흥지역 밖에 설치하는 농수산물 유통·
가공시설**

ⓐ 시설의 범위

본 농수산물 유통·가공시설은 자기가 생산한 농수산물을 처리하기 위하여 농업진흥지
역 밖에 설치하는 집하장·선과장·판매장 또는 가공공장등 농수산물 유통·가공시설(창
고·관리사 등 필수적인 부대시설을 포함한다)을 말한다.

ⓛ 설치자의 범위

설치자는 농지법 제29조 제4항 제1호에 각 목의 어느 하나에 해당하는 세대의 세대
원인 농업인과 이에 준하는 임·어업인세대의 세대원인 임·어업인으로 한정한다.

ⓒ 규모

본 농수산물 유통·가공시설은 세대당 3,300㎡로 한정한다.

⑤ **구성원이 생산한 농수산물을 처리하기 위해 농업진흥지역 밖에 설치하는 농수산물 유
통·가공시설**

ⓐ 시설의 범위

본 구성원(조합원)이 생산한 농수산물을 처리하기 위하여 농업진흥지역 밖에 설치하는
집하장·선과장·판매장·창고 또는 가공공장 등 농수산물 유통·가공시설을 말한다.

ⓛ 설치자의 범위

설치자는 「농업·농촌 및 식품산업 기본법」에 따른 생산자단체, 「농어업경영체 육성 및 지원에 관한 법률」에 따른 영농조합법인 및 농업회사법인, 「수산업협동조합법」에 따른 어촌계·수산업협동조합 및 그 중앙회 또는 「농어업경영체 육성 및 지원에 관한 법률」 제16조에 따른 영어조합법인로 한정한다.

ⓒ 규모

본 농수산물 유통·가공시설은 단체당 7,000㎡로 한정한다.

⑥ 농업진흥지역 밖에 설치하는 농업인의 공동생활에 필요한 편의시설 및 이용시설

ⓐ 시설의 범위

농업진흥지역 밖에 설치하는 농업인의 공동생활에 필요한 편의시설 및 이용시설은 다음 각 호의 시설을 말한다(농지법 제32조 제1항 제2호, 같은 법 시행령 제29조 제3항).

1. 농업인이 공동으로 운영하고 사용하는 창고·작업장·농기계수리시설·퇴비장
2. 경로당, 어린이집, 유치원, 정자, 보건지소, 보건진료소, 「응급의료에 관한 법률」 제2조 제6호에 따른 응급의료 목적에 이용되는 항공기의 이착륙장 및 「민방위기본법」 제15조 제1항 제1호에 따른 비상대피시설
3. 농업인이 공동으로 운영하고 사용하는 일반목욕장·화장실·구판장·운동시설·마을공동주차장 및 마을공동취수장
4. 국가·지방자치단체 또는 농업생산자단체가 농업인으로 하여금 사용하게 할 목적으로 설치하는 일반목욕장, 화장실, 운동시설, 구판장, 농기계 보관시설 및 농업인 복지회관

ⓛ 설치자의 범위

본 시설의 설치자는 제한이 없다.

ⓒ 규모

본 시설의 규모는 제한이 없다.

⑦ 농수산업 관련 시험·연구시설

㉠ 시설의 범위

농수산업 관련 시험·연구시설은 농지법 시행령 별표 1 제6호에 기재된 근거조문상 「양곡관리법」 제2조 제5호에 따른 양곡가공업자가 농림축산식품부장관 또는 지방자치단체의 장과 계약을 체결해 같은 법 제2조 제2호에 따른 정부관리양곡을 가공·처리하는 시설을 말한다(농지법 시행령 제29조 제2항 제2호).

※ 시설의 범위 항목에 기재된 조항(농지법 시행령 제29조 제2항 제2호)에 의하면, 본 시설은 농수산업 관련 시험·연구시설이 아니라 가공·처리 시설이므로, 신고대상시설 명칭과 부합하지 않는다. 이러한 문제가 발생된 이유는 구 농지법 시행령(2019. 6. 25. 대통령령 제29906호로 개정되기 전의 것)은 제29조 제2항 제2호에서 "농수산업 관련 시험·연구 시설: 육종연구를 위한 농수산업에 관한 시험·연구 시설로서 그 부지의 총면적이 3,000㎡ 미만인 시설"이라 규정하여 위 신고대상시설 명칭과 근거조문 내용이 부합하였으나, 농지법 시행령이 2019년 6월 25일 개정되며 제29조 제2항 제2호를 제3호로 하고 같은 항에 제2호를 신설하였음에도 불구하고 이러한 개정내용을 농지법 시행령 별표 1에 반영하지 아니하여 신고대상시설 명칭과 근거조문 내용이 달라졌기 때문이다. 이에 농림축산식품부는 신고대상시설 명칭과 근거조문 내용을 일치시키기 위하여 농지법 시행령 별표 1을 조속히 개정할 필요가 있다.

제29조(농업진흥구역에서 할 수 있는 행위) ②법 제32조 제1항 제1호에서 "대통령령으로 정하는 농수산물(농산물·임산물·축산물·수산물을 말한다. 이하 같다)의 가공·처리 시설 및 농수산업(농업·임업·축산업·수산업을 말한다. 이하 같다) 관련 시험·연구 시설"이란 다음 각 호의 시설을 말한다.

2. 「양곡관리법」 제2조 제5호에 따른 양곡가공업자가 농림축산식품부장관 또는 지방자치단체의 장과 계약을 체결해 같은 법 제2조 제2호에 따른 정부관리양곡을 가공·처리하는 시설로서 그 부지 면적이 15,000㎡ 미만인 시설

3. 농수산업 관련 시험·연구 시설: 육종연구를 위한 농수산업에 관한 시험·연구 시설로서 그 부지의 총면적이 3,000㎡ 미만인 시설

㉡ 설치자의 범위

본 시설의 설치자는 비영리법인으로 한정된다.

㉢ 규모

본 시설의 규모는 법인당 7,000㎡(농업진흥지역인 경우에는 3,000㎡) 이하이어야 한다.

⑧ **농업진흥지역 밖에 설치하는 양어장 및 양식장**

㉠ 시설의 범위

본 시설은 농업진흥지역 밖에 설치하는 양어장 및 양식장으로 한정한다.

㉡ 설치자의 범위

본 설치자는 농지법 제29조 제4항 제1호 각 목의 어느 하나에 해당하는 세대의 세대원인 농업인과 이에 준하는 어업인세대의 세대원인 어업인, 농업법인 및 「농어업경영체 육성 및 지원에 관한 법률」 제16조에 따른 영어조합법인으로 한정한다.

㉢ 규모

본 시설의 규모는 세대 또는 법인당 10,000㎡ 이하이어야 한다.

⑨ **농업진흥지역 밖에 설치하는 어업용시설(양어장·양식장 제외)**

㉠ 시설의 범위

농업진흥지역 밖에 설치하는 어업용시설은 다음 각 호의 시설을 말한다(농지법 제29조 제5항 제5호, 같은 법 시행규칙 제25조).

1. 수산종묘 배양시설
2. 어업인이 자기가 생산한 수산물을 건조·보관하기 위하여 설치하는 시설
3. 어업인이 자기의 어업경영에 사용하는 사료·어구 등의 어업자재를 보관하거나 수리하기 위하여 설치하는 시설

㉡ 설치자의 범위

본 설치자는 농지법 제29조 제4항 제1호 각 목의 어느 하나에 해당하는 세대의 세대원인 농업인과 이에 준하는 어업인세대의 세대원인 어업인, 농업법인 및 「농어업경영체 육성 및 지원에 관한 법률」 제16조에 따른 영어조합법인으로 한정한다.

㉢ 규모

본 시설의 규모는 세대 또는 법인당 1,500㎡ 이하이어야 한다.

4) 신고절차

신고절차는 아래 흐름도와 같다.

① 농지전용신고

농지전용신고자는 시장·군수·자치구구청장에게 농지전용신고서와 다음 각 호의 첨부서류를 제출하여야 한다. 다만, 변경신고를 하는 경우에는 변경하려는 사항에 관한 서류만 첨부할 수 있다(농지법 시행규칙 제31조 제1항·제2항).

1. 전용목적 및 시설물의 활용계획 등을 명시한 사업계획서
2. 전용하려는 농지의 소유권을 입증하는 서류(토지 등기사항증명서로 확인할 수 없는 경우에 한정) 또는 사용승낙서·사용승낙의 뜻이 기재된 매매계약서등 사용권을 가지고 있음을 입증하는 서류
3. 해당 농지의 전용이 농지개량시설 또는 도로의 폐지 및 변경이나 토사의 유출, 폐수의 배출, 악취의 발생 등을 수반하여 인근 농지의 농업경영과 농어촌생활환경의 유지에 피해가 예상되는 경우에는 대체시설의 설치 등 피해방지계획서
4. 변경내용을 증명할 수 있는 서류를 포함한 변경사유서(변경신고의 경우에 한정)
5. 농지보전부담금을 납부한 후 농지전용신고를 한 자의 명의가 변경되는 경우에는 농지보전부담금의 권리 승계를 증명할 수 있는 서류(농지전용신고를 한 자의 명의가 변경되어 변경신고를 하는 경우에 한정)
6. 농지보전부담금 분할납부신청서(분할납부를 신청하는 경우에 한정)

농지전용신고서 제출 시 시장·군수·자치구구청장은 「전자정부법」 제36조 제1항에 따른 행정정보의 공동이용을 통하여 해당 농지의 토지 등기사항증명서(신고인이 전용하려는 농지의 소유자인 경우로 한정한다)를 확인하여야 한다(농지법 시행규칙 제31조 제3항).

② 검토

시장·군수·자치구구청장은 다음 각 호의 사항을 검토하여 신고 수리 여부를 결정하여야 하며, 신고인이 제출한 서류뿐만 아니라 현장조사를 통해 신고 요건을 충족하였는지를 검토하여야 한다.

1. 농지전용신고 대상이 농지법 시행령 별표 1에 의한 신고대상자, 시설의 범위 및 규모에 적합한지 여부
2. 농어업인주택의 경우 해당 설치자가 생애 최초로 설치하는 경우인지 여부(농지법 시행령 별표 1의 비고 제1항)
3. 농어업인 주택 외 나머지 시설은 농지전용 신고일 이전 5년간 해당 시설의 농지전용 이력이 있을 경우 이를 합산한 면적이 농지법 시행령 별표 1에 의한 시설규모 허용범위를 초과하는지 여부(농지법 시행령 별표 1의 비고 제2항)
4. 해당 농지의 전용이 인근 농지의 농업경영과 농어촌생활환경의 유지에 피해가 없을 것. 다만, 그 피해가 예상되는 경우에는 다음 각 목의 사항 등을 고려할 때 그 피해방지계획이 타당하게 수립되어 있을 것(농지법 시행령 제33조 제1항 제5호)
   가. 해당 농지의 전용이 농지개량시설 또는 도로의 폐지·변경을 수반하는 경우 예상되는 피해 및 피해방지계획의 적절성
   나. 해당 농지의 전용이 토사의 유출, 폐수의 배출, 악취·소음의 발생을 수반하는 경우 예상되는 피해 및 피해방지계획의 적절성
   다. 해당 농지의 전용이 인근 농지의 일조·통풍·통작(通作)에 현저한 지장을 초래하는 경우 그 피해방지계획의 적절성
5. 해당 농지의 전용이 용수의 취수를 수반하는 경우 그 시기·방법·수량 등이 농수산업 또는 농어촌생활환경유지에 피해가 없을 것. 다만, 그 피해가 예상되는 경우에는 그 피해방지계획이 타당하게 수립되어 있을 것(농지법 시행령 제33조 제1항 제6호)

③ 수리 및 신고증 발급

신고내용이 농지법령에 적합하다고 인정하는 경우에는 이를 수리하여 농지전용신고증을 신고인에게 내주어야 하며, 적합하지 아니하다고 인정하는 경우에는 그 사유를 구체적으로 밝혀 제출받은 서류를 반려하여야 한다(농지법 시행령 제35조 제4항).

5) 신고의 효력

시장·군수·자치구구청장이 농지전용신고를 수리함으로써 효력이 발생하며, 농지전용신고증 교부는 신고사실의 확인행위에 불과하여 그와 같은 농지전용신고증의 교부가 없다 하여도 농지전용신고의 효력을 부정할 수 없다(대법원 1985. 4. 23. 84도2953).

6) 개별적인 사례 검토

○ 농지전용신고에 대한 법률 위임과 위반시 효력

농지전용신고에 관한 규제는 국민의 재산권 행사에 대한 제약으로서 그에 관하여 법령에서 정할 사항의 위임은 보다 구체적이고 명확할 것이 요구되며, 법률에서 위임한 것보다 하위 법령에서 더 엄격한 심사를 받도록 규정한 것은 결국 법률의 위임 없이 국민의 재산권 행사를 보다 제한한 것으로서 효력을 가질 수 없다(대법원 2000. 10. 19. 98두6265).

헌법 제75조의 규정상 대통령령으로 정할 사항에 관한 법률의 위임은 구체적으로 범위를 정하여 이루어져야 하고, 이 때 구체적으로 범위를 정한다고 함은 위임의 목적·내용·범위와 그 위임에 따른 행정입법에서 준수하여야 할 목표·기준 등의 요소가 미리 규정되어 있는 것을 가리킨다. 그리고 이러한 위임이 있는지 여부를 판단함에 있어서는 직접적인 위임 규정의 형식과 내용 외에 당해 법률의 전반적인 체계와 취지·목적 등도 아울러 고려하여야 하고, 규율 대상의 종류와 성격에 따라서는 요구되는 구체성의 정도 또한 달라질 수 있으나, 국민의 기본권을 제한하거나 침해할 소지가 있는 사항에 관한 위임에 있어서는 위와 같은 구체성 내지 명확성이 보다 엄격하게 요구된다.

그런데 농지법(다음부터는 '법'이라고 한다) 제36조 제1항은 농지의 전용에는 원칙적으로 관할 관청의 허가가 필요한 것으로 규정하면서 그 제3호에서 농지전용신고로써 전용이 가능한 경우를 예외로 규정하고, 이어 제37조는 제1항에서 그 소정 시설의 부지로 농지를 전용하고자 할 경우에는 농지전용신고로써 전용이 가능한 것으로 규정하면서 그 시설로서 농업용시설, 농수산물유통·가공시설, 농업인의 공동생활 편익시설, 농수산관련 연구시설, 어업용 시설과 아울러 '농업인 주택'을 규정한 다음, 제2항에서 위와 같은 '신고대상시설의 범위·규모 또는 설치자의 범위 등에 관한 사항'은 대통령령으로 정하도록 위임하고 있는데, 이에 기한 법 시행령(1996. 12. 31. 대통령령 제15229호로 개정된 것, 다음부터는 '영'이라고 한다) 제41조 [별표 1]은 그 제1호(다음부터는 '이 사건 문제 규정'이라고 한다)에서 농업인 주택을 '농업진흥지역 밖에 설치하는 영 제34조 제4항의 규정에 해당하는 농업인 주택'으로 규정하고 있다.

그러나 농지의 전용에 관한 규제는 국민의 재산권 행사에 대한 제약으로서 그에 관하여 시행령에서 정할 사항의 위임은 보다 구체적이고 명확할 것이 요구되는 것은 앞서 본 법리에 비추어 분명하고, 농업인 주택과 같은 시설의 '설치지역'이란 그 문언적 의미에서 보더라도 시설의 범위나 규모 혹은 설치자의 범위에는 속할 수 없는 사항일 뿐만 아니라, 농지 전용의 허부와 관련하여 위와 같은 요소들과는 독립된 별도의 주요 기준에 해당하는 점에 비추어 보면, 법 제37조 제2항에서 위임사항으로 규정하고 있는 '신고대상 시설의 범위·규모 또는 설치자의 범위 등에 관한 사항'에는 농업인 주택과 같은 시설의 '설치지역'에 관한 사항은 포함되지 아니하는 것으로 풀이된다.

따라서 법 제37조 제2항에 근거한 이 사건 문제규정에서 농지전용신고의 대상이 되는 농업인 주택을 '농업진흥지역 밖에' 설치하는 농업인 주택으로 규정함으로써, 결과적으로 농업진흥지역 내에 설치되는 농업인 주택에 대하여는 법 제39조와 영 제37조 및 제38조의 규정에 따라 농지로서의 보전가치와 농업경영 및 농어촌 생활환경의 유지라는 측면에서 보다 엄격한 심사가 이루어지는 허가를 받도록 한 것은, 결국 법률의 위임 없이 국민의 재산권 행사를 보다 제한한 것이 되어 효력을 가질 수 없다.

그러므로 원고가 농업인 주택을 설치하기 위하여 한 이 사건 농지의 전용에 관한 신청에 대하여, 피고가 이 사건 문제 규정을 근거로 농업진흥지역에 속하는 이 사건 농지의 전용은 허가사항에 해당한다고 보아 달리 원고의 신청이 농지전용신고로서의 요건을 갖추었는지 여부를 심사하여 그 수리 여부를 결정하지 아니한 채 이 사건 불허가처분을 한 것은 결국 법령상의 근거 없이 한 것으로서 위법하다(대법원 2000. 10. 19. 98두6265).

대법원의 위 판결에 따라 구 농지법 시행령(1996. 12. 31. 대통령령 제15229호로 개정된 것) 제41조 [별표 1] 제1호(농업진흥지역밖에 설치하는 농어업인 주택만 농지전용신고를 허용)는 효력이 없어 농업인 주택을 농업진흥지역 밖에 설치하는 경우뿐만 아니라 농업진흥지역 안에 설치하는 경우도 농지전용신고로 갈음할 수 있게 되었다. 이후 농지법(2002. 4. 1., 법률 제6597호로 개정된 것) 상 농지전용신고 조문(제37조 제2항)은 2002년 1월 14일 "신고대상시설의 범위·규모"가 "신고대상시설의 범위·규모·농업진흥지역 안에서의 설치제한"으로 개정되었고, 현재는 농업인 주택을 농업진흥지역 밖에 설치하는 경우에만 농지전용신고가 허용되고 농업진흥지역 안에 설치하는 경우에는 농지전용허가를 받아야 한다.

라. 농지의 타용도 일시사용제도

1) 타용도 일시사용제도

농지전용허가·신고를 거쳐 농지를 농업경영 외의 용도로 이용하는 경우에는 농지로서의 기능을 상실하나, 타용도 일시사용제도는 농지의 전용을 허용하되 일정한 기간을 정하여 목적사업이 완료된 후에는 농지로의 복구 의무를 부과하는 제도로 농지의 효율적인 이용 및 보전을 목적으로 한다. 여기서의 "복구"는 농지의 경작여건을 타용도로 일시사용 하기 전과 같거나 더 양호한 상태로 만드는 것을 말한다(「농지전용업무처리규정」 제11조 제4항).

2) 타용도 일시사용에 따른 토지의 성격

농지를 타용도 일시사용절차에 따라 전용했을 경우 해당 토지가 농지인지 아닌지 문제된다. 어떠한 토지가 농지법 제2조 제1호에서 정한 농지에 해당하는지 여부는 공부상의 지목 여하에 불구하고 해당 토지의 사실상의 현상에 따라 가려야 하고, 따라서 그 토지가 공부상 지목이 전·답, 과수원으로 되어 있다고 하더라도 농지로서의 현상을 상실하고 그 상실 상태가 일시적인 것이 아니라면 그 토지는 더 이상 농지법에서 말하는 '농지'에 해당하지 않는다고 할 것이나, 농지의 현상을 상실한 상태가 일시적인 것에 불과하여 농지로서의 원상회복이 용이하게 이루어질 수 있다면 그 토지는 여전히 농지법에서 말하는 농지에 해당한다.

한편 농지가 형질변경이나 전용으로 현실적으로 다른 용도로 사용되고 있다고 하더라도, 그와 같이 형질변경되거나 전용된 것이 일정 기간 사용 후 농지로 복구한다는 조건으로 일시사용허가를 받아 이루어진 것으로서 그 허가기간 만료 후에는 농지로 복구하여야 하고, 그 현상변경의 정도와 주변토지의 이용상황 등에 비추어 농지로 회복하는 것이 불가능하지 않다면 그 변경 상태는 일시적인 것에 불과하다고 보아 농지법상 농지로 보아야 한다(대법원 2015. 3. 12. 2013도10544).

3) 타용도 일시사용허가

가) 타용도 일시사용허가 대상

농지를 다음 각 호의 어느 하나에 해당하는 용도로 일시 사용하려는 자는 일정 기간 사용한 후 농지로 복구한다는 조건으로 시장·군수·자치구구청장의 허가를 받아야 한다. 허가받은 사항을 변경하려는 경우에도 또한 같다. 다만, 국가나 지방자치단체의 경우에는 시장·군수·자치구구청장과 협의하여야 한다(농지법 제36조 제1항).

1. 「건축법」에 따른 건축허가 또는 건축신고 대상시설이 아닌 간이 농수축산업용 시설(제2조 제1호 나목에 따른 개량시설과 농축산물 생산시설은 제외한다)과 농수산물의 간이 처리 시설을 설치하는 경우
2. 주(主)목적사업(해당 농지에서 허용되는 사업만 해당한다)을 위하여 현장 사무소나 부대시설, 그 밖에 이에 준하는 시설을 설치하거나 물건을 적치(積置)하거나 매설(埋設)하는 경우
3. 토석과 광물을 채굴하는 경우
4. 「전기사업법」 제2조 제1호의 전기사업을 영위하기 위한 목적으로 설치하는 「신에너지 및 재생에너지 개발·이용·보급 촉진법」 제2조 제2호 가목에 따른 태양에너지 발전설비(이하 "태양에너지 발전설비"라 한다)로서 다음 각 목의 요건을 모두 갖춘 경우
   가. 「공유수면 관리 및 매립에 관한 법률」 제2조에 따른 공유수면매립을 통하여 조성한 토지 중 토양 염도가 일정 수준 이상인 지역 등에 설치하는 시설일 것
   나. 설치 규모, 염도 측정방법 등 요건에 적합하게 설치하는 시설일 것
5. 「건축법」에 따른 건축허가 또는 건축신고 대상시설이 아닌 작물재배사(고정식온실·버섯재배사 및 비닐하우스는 제외) 중 농업생산성 제고를 위하여 정보통신기술을 결합한 시설로서 대통령령으로 정하는 요건을 모두 갖춘 시설을 설치하는 경우

○ 토석과 광물을 채굴하는 경우(3호)

위 토석과 광물은 다음 각 호의 것을 말한다(농지법 시행령 제38조 제3항).

1. 「골재채취법」 제2조 제1호에 따른 골재
2. 「광업법」 제3조 제1호에 따른 광물
3. 적조방제·농지개량 또는 토목공사용으로 사용하거나 공업용 원료로 사용하기 위한 토석

○ 「전기사업법」제2조 제1호의 전기사업을 영위하기 위한 목적으로 「신에너지 및 재생에너지 개발·이용·보급 촉진법」제2조 제2호 가목에 따른 태양에너지 발전설비를 설치하는 경우(4호)

염해 간척지 내 태양에너지 발전설치
(「공유수면매립지 내 태양에너지 발전설비의 설치 등에 관한 규정」)

1. 설치대상토지: 「공유수면 관리 및 매립에 관한 법률」제2조 제4호에 따른 공유수면매립을 통해 조성된 토지 중 사업구역 내의 농지면적 중 100분의 90 이상이 토양 염도 측정 결과 5.50데시지멘스 퍼 미터(dS/m) 이상인 지역에 태양에너지 발전설비를 설치를 위한 타용도 일시사용허가를 신청할 수 있다.

2. 설치규모: ① 원칙: 10만㎡ 이상(사업구내 내 각 필지끼리는 1면 이상 연접해야 함)
② 예외: 5만㎡ 이상[㉠농업인으로서 농업경영정보 등록 후 2년 경과자, ㉡설치 시·군 또는 연접 시·군에 2년 이상 주민등록자, 위 사람들(㉠과 ㉡)이 전체 구성원의 100분의 80 이상이면서 업무집행권의 100분의 50 이상을 가진 법인 또는 조합]

3. 염도측정 시점: 신청자는 농지의 타용도 일시사용허가신청 전 토양 염도 측정기관(한국농어촌공사)에 신청부지의 토양 염도 측정을 의뢰한 후 타용도 일시사용허가신청에 토양 염도 측정 결과서를 첨부하여야 한다.

4. 사업자 준수사항
① 태양에너지 발전설비 외에 다른 건축물 또는 공작물 등은 설치할 수 없다.
② 인근 농지의 농업 경영에 피해가 없도록 피해방지계획을 수립하여야 하며, 피해가 발생할 경우 필요한 조치를 하여야 한다.
③ 인근 농지의 용수·배수에 지장이 없도록 불필요한 절토·성토를 하지 않아야 하며, 농지 형상을 유지하도록 노력하여야 한다.
④ 우천시 빗물이 자연스럽게 흘러 나갈 수 있도록 배수 시설을 철저히 하여야 한다.
⑤ 일시사용기간이 만료되면 태양에너지 발전설비의 철거 및 농지 복구 등을 실시하여 다시 농업 경영에 이용될 수 있도록 하여야 한다.

○ 「건축법」에 따른 건축허가 또는 건축신고 대상시설이 아닌 작물재배사(고정식온실·버섯재배사 및 비닐하우스는 제외) 중 농업생산성 제고를 위하여 정보통신기술을 결합한 시설(이하 "수직형 농장"이라 한다)로서 대통령령으로 정하는 요건을 모두 갖춘 시설을 설치하는 경우(5호)

수직형 농장은 다음 각 호의 요건을 모두 갖추어야 한다(농지법 시행령 제38조 제4항).

> 1. 인공 광원(光源)을 사용하여 작물을 생산할 것
> 2. 작물의 생산환경 및 생육에 관한 감지 설비를 갖출 것
> 3. 작물의 생산환경 및 생육에 관한 자동제어 시스템[양액(養液), 관수(灌水), 에너지 및 공조(空調) 자동제어 설비를 포함한다]을 갖출 것

나) 타용도 일시사용기간

농지의 타용도 일시사용기간은 다음 각 호와 같다(농지법 시행령 제38조).

> 1. 농지법 제36조 제1항 제1호(「건축법」에 따른 건축허가 또는 건축신고 대상시설이 아닌 간이 농수축산업용 시설과 농수산물의 간이 처리 시설을 설치하는 경우)의 용도로 일시사용하는 경우: (최초) 7년 (연장) 5년 이내
> 2. 농지법 제36조 제1항 제2호(주목적사업을 위하여 현장 사무소나 부대시설, 그 밖에 이에 준하는 시설을 설치하거나 물건을 적치하거나 매설하는 경우)의 용도로 일시사용하는 경우: (최초) 그 주목적 사업의 시행에 필요한 기간 이내 (연장) 3년 이내
> 3. 농지법 제36조 제1항 제4호(염해 간척지의 태양에너지 발전설비)의 용도로 일시사용하는 경우: (최초) 5년 이내 (연장) 18년 이내(이 경우 1회 연장기간은 3년을 초과할 수 없다)
> 4. 농지법 제36조 제1항 제5호(「건축법」에 따른 건축허가 또는 건축신고 대상시설이 아닌 작물재배사(고정식온실·버섯재배사 및 비닐하우스는 제외) 중 농업생산성 제고를 위하여 정보통신기술을 결합한 시설로서 대통령령으로 정하는 요건을 모두 갖춘 시설을 설치하는 경우): (최초) 7년 이내 (연장) 9년 이내(이 경우 1회 연장기간은 3년을 초과할 수 없다)
> 5. 제1호부터 제4호까지 외의 경우: (최초) 5년 이내 (연장) 3년 이내

다) 타용도 일시사용허가절차

타용도 일시사용허가절차는 아래 흐름도와 같다.

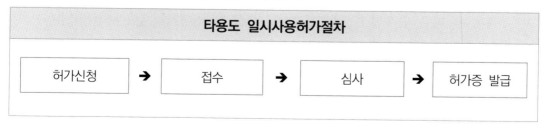

타용도 일시사용허가절차
허가신청 → 접수 → 심사 → 허가증 발급

(1) 허가신청 및 접수

농지의 타용도 일시사용허가 또는 변경허가를 받으려는 자는 농지의 타용도 일시사용 허가신청서에 다음 각 호의 서류를 첨부하여 해당 농지의 소재지를 관할하는 시장·군수·자치구구청장에게 제출하여야 한다(농지법 시행령 제37조 제1항, 같은 법 시행규칙 제32조 제2항).

1. 타용도로 사용하려는 기간 등이 표시된 사업계획서
2. 타용도로 사용하려는 농지의 소유권을 입증하는 서류(토지 등기사항증명서로 확인할 수 없는 경우만 해당한다) 또는 사용권을 가지고 있음을 입증하는 서류(사용승낙서로 한정)
3. 해당 농지의 타용도사용이 농지개량시설 또는 도로의 폐지 및 변경이나 토사의 유출, 폐수의 배출, 악취의 발생 등을 수반하여 인근 농지의 농업경영과 농어촌생활환경의 유지에 피해가 예상되는 경우에는 대체시설의 설치 등 피해방지계획서
4. 농지법 시행령 제40조 제1항에 따른 복구계획 및 복구비용명세서(변경허가신청의 경우에는 이미 제출한 복구계획과 복구비용명세서의 변경이 필요한 경우만 해당)
5. 변경내용을 증명할 수 있는 서류를 포함한 변경사유서(변경허가신청의 경우만 해당)
6. 토양 염도 측정 결과서(염해 간척지의 태양에너지 발전설비의 경우만 해당)

시장·군수·자치구구청장은 서류 접수시 「전자정부법」 제36조 제1항에 따른 행정정보의 공동이용을 통하여 해당 농지의 토지 등기사항증명서(신청인이 다른 용도로 사용하려는 농지의 소유자인 경우만 해당한다)를 확인하여야 한다.

(2) 심사

시장·군수·자치구구청장은 신청인으로부터 신청 서류를 제출받은 때에는 다음 각 호의 심사기준에 따라 심사한다(농지법 시행령 제37조 제2항).

1. 농지법 제37조 제2항 제2호·제3호에 해당하는지의 여부
   (해당 농지를 전용하거나 다른 용도로 일시사용하면 일조·통풍·통작에 매우 크게 지장을 주거나 농지개량시설의 폐지를 수반하여 인근 농지의 농업경영에 매우 큰 영향을 미치거나, 토사가 유출되는 등 인근 농지 또는 농지개량시설을 훼손할 우려가 있는 경우)
2. 설치하려는 시설이나 농지를 일시사용하려는 사업의 규모·종류·지역여건 등을 참작할 때 타용도로 일시사용하려는 농지가 해당 목적사업에 적합하게 이용될 수 있는지의 여부
3. 타용도로 일시사용하려는 농지의 면적 또는 사용기간이 해당 목적사업의 실현을 위하여 적정한 면적 또는 기간인지의 여부
4. 타용도로 일시사용하려는 농지가 경지정리·수리시설 등 농업생산기반이 정비되어 있어 농지

로서의 보전가치가 있는지의 여부

(주목적사업을 위하여 현장 사무소나 부대시설, 그 밖에 이에 준하는 시설을 설치하거나 물건을 적치하거나 매설하는 경우 또는 토석과 광물을 채굴하는 경우만 해당)

5. 해당 농지의 타용도 일시사용이 농지개량시설 또는 도로의 폐지 및 변경이나 토사의 유출, 폐수의 배출, 악취의 발생 등을 수반하여 인근 농지의 농업경영이나 농어촌생활환경의 유지에 피해가 예상되는 경우에는 그 피해방지계획이 타당하게 수립되어 있는지의 여부
6. 복구계획서 및 복구비용명세서의 내용이 타당한지의 여부
7. 농지를 타용도로 일시사용하려는 자가 그 일시사용 목적사업을 수행하는 것이 「농어업경영체 육성 및 지원에 관한 법률」 등 관련 법령에 저촉되는지 여부
8. 농지를 타용도로 일시사용하려는 자가 농지소유자로부터 사용권을 제공받은 경우에는 그 사용권 제공이 「농어업경영체 육성 및 지원에 관한 법률」 등 관련 법령에 저촉되는지 여부

시장·군수·자치구구청장이 심사시 신청인이 제출한 서류에 흠이 있으면 지체 없이 보완 또는 보정에 필요한 상당한 기간을 정하여 신청인에게 보완 또는 보정을 요구하여야 한다. 이 경우 보완 또는 보정의 요구는 문서·구술·전화 또는 팩스로 하되, 신청인이 특별히 요청하는 때에는 문서로 하여야 한다. 시장·군수·자치구구청장은 신청인이 제3항에 따른 보완 또는 보정을 요구한 기간에 이를 보완 또는 보정하지 아니하는 때에는 신청서류를 반려할 수 있다(농지법 시행령 제37조 제3항).

(3) 허가증 발급

시장·군수·자치구구청장은 신청 받은 날(신청 서류의 보완 또는 보정을 요구한 경우에는 그 보완 또는 보정이 완료된 날을 말한다)부터 10일 이내에 그 결과를 신청인에게 문서로 알려야 하며, 심사기준에 적합하지 아니한 경우에는 농지의 타용도 일시사용허가를 하여서는 아니 된다. 복구비용을 예치하게 하는 경우에는 복구비용의 예치를 확인한 후에 농지의 타용도 일시사용허가증을 내주어야 한다(농지법 시행령 제37조 제2항·제3항, 같은 법 시행규칙 제34조).

시장·군수·자치구구청장은 허가증을 발급할 때 타용도 일시사용 기한 및 복구기한, 복구의 방법 및 정도, 복구하지 아니할 경우의 조치사항 등을 허가증에 기재하여야 한다.[71]

---

71 농림축산식품부, 「2023년 농지업무편람」, 2023., 제372쪽

4) 타용도 일시사용협의

가) 타용도 일시사용협의의 의의

시장·군수·자치구구청장은 주무부장관이나 지방자치단체의 장이 다른 법률에 따른 사업 또는 사업계획 등의 인가·허가 또는 승인 등과 관련하여 농지의 타용도 일시사용협의를 요청하면, 그 인가·허가 또는 승인 등을 할 때에 해당 사업을 시행하려는 자에게 일정기간 그 농지를 사용한 후 농지로 복구한다는 조건을 붙일 것을 전제로 협의할 수 있다(농지법 제36조 제2항).

나) 타용도 일시사용협의대상

타용도 일시사용협의대상은 주무부장관이나 지방자치단체의 장이 다른 법률에 따른 사업 또는 사업계획 등의 인가·허가 또는 승인 등과 관련하여 타용도 일시사용협의를 요청하는 농지이며, 농지의 타용도 일시사용에 대한 의제규정이 있는지 여부에 관계없이 타용도 일시사용을 협의할 수 있다.[72]

다) 타용도 일시사용기간

농지의 타용도 일시사용기간은 다음 각 호와 같다(농지법 시행령 제38조).

1. 농지법 제36조 제1항 제2호(주목적사업을 위하여 현장 사무소나 부대시설, 그 밖에 이에 준하는 시설을 설치하거나 물건을 적치하거나 매설하는 경우)의 용도로 일시사용하는 경우: (최초) 그 주목적 사업의 시행에 필요한 기간 이내 (연장) 3년 이내

2. 농지법 제36조 제1항 제4호(염해 간척지의 태양에너지 발전설비)의 용도로 일시사용하는 경우: (최초) 5년 이내 (연장) 18년 이내(이 경우 1회 연장기간은 3년을 초과할 수 없다)

3. 농지법 제36조 제1항 제5호(「건축법」에 따른 건축허가 또는 건축신고 대상시설이 아닌 작물재배사(고정식온실·버섯재배사 및 비닐하우스는 제외) 중 농업생산성 제고를 위하여 정보통신기술을 결합한 시설로서 대통령령으로 정하는 요건을 모두 갖춘 시설을 설치하는 경우): (최초) 7년 이내 (연장) 9년 이내(이 경우 1회 연장기간은 3년을 초과할 수 없다)

4. 위 제1호부터 제3호까지 외의 경우: (최초) 5년 이내 (연장) 3년 이내

---

72 농림축산식품부, 「2023년 농지업무편람」, 2023., 제374쪽

라) 타용도 일시사용협의절차

타용도 일시사용협의절차는 아래 흐름도와 같다.

타용도 일시사용협의절차		
협의요청 →	조건협의 →	심사 및 협의의견 회신

(1) 협의 요청

주무부장관 또는 지방자치단체의 장은 농지의 타용도 일시사용협의를 요청하는 경우에는 농지의 타용도 일시사용협의요청서에 다음 각 호의 서류를 첨부하여 시장·군수·자치구구청장에게 제출하여야 한다.

1. 타용도로 사용하려는 기간 등이 표시된 사업계획서
2. 해당 농지의 타용도사용이 농지개량시설 또는 도로의 폐지 및 변경이나 토사의 유출, 폐수의 배출, 악취의 발생 등을 수반하여 인근 농지의 농업경영과 농어촌생활환경의 유지에 피해가 예상되는 경우에는 대체시설의 설치 등 피해방지계획서
3. 농지법 시행령 제40조 제1항에 따른 복구계획 및 복구비용명세서(변경협의요청의 경우에는 이미 제출한 복구계획과 복구비용명세서의 변경이 필요한 경우에 한정한다)

(2) 조건협의

시장·군수·자치구구청장은 주무부장관이나 지방자치단체의 장이 다른 법률에 따른 사업 또는 사업계획 등의 인가·허가 또는 승인 등과 관련하여 농지의 타용도 일시사용협의를 요청하면 그 인가·허가 또는 승인 등을 할 때에 해당 사업을 시행하고자 하는 자에게 일정기간동안 해당 농지를 사용한 후 농지로 복구한다는 조건을 붙일 것을 전제로 협의할 수 있다(농지법 제36조 제2항).

(3) 심사 및 협의의견 회신

시장·군수·자치구구청장은 농지의 타용도 일시사용협의에 대해 타용도 일시사용허가와 같은 심사기준에 따라 심사를 한 후 그 동의 여부를 결정하여야 한다(농지법 시행령 제39조 제2항). 시장·군수·자치구구청장은 농지의 타용도 일시사용협의요청내용이 심사기준에 적합한 경우에는 동의할 수 있으나, 적합하지 아니한 경우에는 동의하여서는 아니 된다(농지법 시행령 제39조 제3항).

5) 타용도 일시사용신고·협의

가) 타용도 일시사용신고·협의 대상

농지를 다음 각 호의 어느 하나에 해당하는 용도로 일시사용하려는 자는 지력을 훼손하지 아니하는 범위에서 일정 기간 사용한 후 농지로 원상복구한다는 조건으로 시장·군수·자치구구청장에게 신고하여야 한다. 신고한 사항을 변경하려는 경우에도 또한 같다. 다만, 국가나 지방자치단체의 경우에는 시장·군수·자치구구청장과 협의하여야 한다(농지법 제36조의2 제1항, 같은 법 시행령 제37조의3·별표 1의2).

1. 농한기에 썰매장으로 이용하는 부지: 3,000㎡ 이하
2. 국가나 지방자치단체 또는 마을 주관의 지역축제장으로 이용하는 부지: 30,000㎡ 이하
3. 농지법 제36조 제1항 제1호에 해당하는 시설로 이용하는 부지: 3,000㎡ 이하
4. 농지법 제36조 제1항 제2호에 해당하는 시설로 이용하는 부지: 1,000㎡ 이하

나) 타용도 일시사용기간

타용도 일시사용기간은 6개월 이내로 한다(농지법 시행령 제38조 제1항 제3호).

다) 타용도 일시사용신고방법

농지의 타용도 일시사용신고 또는 변경신고를 하려는 자는 농지의 타용도 일시사용신고서에 다음 각 호의 서류를 첨부하여 해당 농지의 소재지를 관할하는 시장·군수·자치구구청장에게 제출하여야 한다(농지법 시행령 제37조의2 제1항, 같은 법 시행규칙 제34조의2 제1항·제2항).

1. 타용도로 사용하려는 기간 등이 표시된 사업계획서
2. 타용도로 사용하려는 농지 소유권을 입증하는 서류(토지 등기사항증명서로 확인할 수 없는 경우만 해당) 또는 사용권을 가지고 있음을 입증하는 서류(사용승낙서로 한정)
3. 해당 농지의 타용도사용이 농지개량시설이나 도로의 폐지·변경, 토사의 유출, 폐수의 배출 또는 악취의 발생 등을 수반하여 인근 농지의 농업경영과 농어촌생활환경의 유지에 피해가 예상되는 경우에는 대체시설의 설치 등 피해방지계획서
4. 농지법 시행령 제40조 제1항에 따른 복구계획 및 복구비용명세서(변경신고의 경우에는 이미 제출한 복구계획과 복구비용명세서의 변경이 필요한 경우만 해당)

신고서를 제출받은 시장·군수·자치구구청장은 「전자정부법」 제36조 제1항에 따른 행정정보의 공동이용을 통하여 해당 농지의 토지 등기사항증명서(신고인이 타용도로 일시사용하려는 농지의 소유자인 경우만 해당한다)를 확인하여야 한다.

라) 검토

시장·군수·자치구구청장은 신고서 및 첨부서류를 제출받은 경우에는 신고 내용이 다음 각 호의 기준에 적합한지 여부를 검토하여야 한다(농지법 시행령 제37조의2 제2항).

1. 해당 농지를 전용하거나 다른 용도로 일시사용하면 일조·통풍·통작에 매우 크게 지장을 주거나 농지개량시설의 폐지를 수반하여 인근 농지의 농업경영에 매우 큰 영향을 미치거나, 토사가 유출되는 등 인근 농지 또는 농지개량시설을 훼손할 우려가 있는 경우에 해당하는지 여부
2. 해당 농지의 타용도 일시사용이 농지개량시설 또는 도로의 폐지 및 변경이나 토사의 유출, 폐수의 배출, 악취의 발생 등을 수반하여 인근 농지의 농업경영이나 농어촌생활환경의 유지에 피해가 예상되는 경우에는 그 피해방지계획이 타당하게 수립되어 있는지의 여부
3. 복구계획서 및 복구비용명세서의 내용이 타당한지의 여부
4. 농지법 시행령 제37조의3에 따른 농지의 타용도 일시사용신고 대상 농지의 범위 및 규모 기준

마) 복구계획서 제출 및 복구비용 예치

시장·군수·자치구구청장은 신고를 수리하거나 협의를 할 때에는 사업을 시행하려는 자에게 농지로의 복구계획을 제출하게 하고 복구비용을 예치하게 할 수 있다. 이 경우 예치된 복구비용은 사업시행자가 사업이 종료된 후 농지로의 복구계획을 이행하지 않는 경우 복구대행비로 사용할 수 있다(농지법 제36조 제3항).

바) 수리 및 동의

시장·군수·자치구구청장은 신고를 받은 날부터 10일 이내에 신고 수리 여부를 신고인에게 통지하여야 하며, 검토 결과 농지의 타용도 일시사용신고가 검토기준에 적합하다고 인정하는 경우에는 농지의 타용도 일시사용신고증을 신고인에게 내주어야 하며, 적합하지 아니하다고 인정하는 경우에는 그 사유를 구체적으로 밝혀 제출받은 서류를 반려하여야 한다(농지법 제36조의2 제4항, 같은 법 시행령 제37조의2 제4항).

시장·군수·자치구구청장이 10일 내에 신고 수리 여부 또는 민원 처리 관련 법령에 따른 처리기간의 연장을 신고인에게 통지하지 아니하면 그 기간(민원 처리 관련 법령에 따라 처리기간이 연장 또는 재연장된 경우에는 해당 처리기간을 말한다)이 끝난 날의 다음 날에 신고를 수리한 것으로 본다(농지법 제36조의2 제5항).

6) 타용도 일시사용허가·신고와 복구

가) 복구계획 및 복구비용명세서 제출의무

(1) 농지의 타용도 일시사용(변경)허가 또는 타용도 일시사용(변경)신고를 하는 경우

농지의 타용도 일시사용허가·변경허가를 신청하거나 농지의 타용도 일시사용신고·변경신고를 하는 경우 사업시행자는 시장·군수·자치구구청장에게 농지로의 복구계획과 복구비용명세서(변경허가 또는 변경신고의 경우에는 이미 제출한 복구계획과 복구비용명세서의 변경이 필요한 경우로 한정한다)를 제출하여야 한다. 다만, 간이 농수축산업용 시설과 농수산물의 간이 처리 시설을 설치하는 경우에는 그러하지 아니하다(농지법 시행령 제40조 제1항).

(2) 농지의 타용도 일시사용에 관한 협의를 하는 경우

시장·군수·자치구구청장은 농지의 타용도 일시사용에 관한 협의를 하고자 할 때에는 사업시행자에게 복구계획 및 복구비용명세서를 제출하게 하고 복구비용을 예치하게 하는 조건으로 주무부장관·지방자치단체의 장과 협의하여야 한다(농지법 시행령 제40조 제2항).

(3) 보완 및 보정방법

시장·군수·자치구구청장이나 주무부장관·지방자치단체의 장(이하 "시장·군수등"이라 한다)은 제출된 복구계획 및 복구비용명세서의 내용이 적절하지 아니하거나 흠이 있는 경우에는 사업시행자에게 상당한 기간을 정하여 이를 보완 또는 보정하게 하여야 한다(농지법 시행령 제40조 제3항).

나) 복구비용의 산출기준·납부시기·납부절차 등

(1) 복구비용 산출기준

농지의 타용도 일시사용에 따른 복구비용 산출기준은 「지방자치단체를 당사자로 하는 계약에 관한 법률 시행령」 제10조 제1항의 기준에 따른다(농지법 시행령 제41조 제1항).

지방자치단체를 당사자로 하는 계약에 관한 법률 시행령

제10조(예정가격의 결정기준) ① 지방자치단체의 장 또는 계약담당자는 다음 각 호의 가격을 기준으로 하여 예정가격을 결정하여야 한다.
1. 적정한 거래가 형성된 경우에는 행정안전부령으로 정하는 거래실례가격(법령에 따라 가격이 결정된 경우에는 그 결정가격 범위에서의 거래실례가격)
2. 신규개발품, 특수규격품 등을 사용한 특수한 물품·공사·용역 등 계약의 특수성으로 인하여 적정한 거래실례가격이 없는 경우에는 원가계산에 의한 가격. 이 경우 원가계산에 의한 가격은 계약의 목적이 되는 물품·공사·용역 등을 구성하는 재료비·노무비·경비와 일반관리비 및 이윤으로 계산한다.
3. 공사의 경우 이미 수행한 공사의 종류별 시장거래가격 등을 토대로 산정한 표준시장단가로서 관계 중앙행정기관의 장이 인정한 가격
4. 제1호부터 제3호까지에 따른 가격을 기준으로 할 수 없는 경우에는 감정가격, 유사한 물품·공사·용역 등의 거래실례가격 또는 견적가격

---

(2) 복구비용 납부시기

시장·군수등은 농지의 타용도 사용에 따른 복구비용을 예치하게 하는 경우에는 위 산출기준에 따라 복구비용을 결정하고 20일 이상의 납부기간을 정하여 이를 예치하게 해야 한다(농지법 시행령 제41조 제2항).

(3) 복구비용 납부절차

복구비용은 세입세출외현금출납공무원계좌에 현금(체신관서 또는 「은행법」의 적용을 받는 은행이 발행하는 자기앞수표를 포함한다)으로 예치하거나 현금을 갈음하여 「지방자치단체를 당사자로 하는 계약에 관한 법률 시행령」 제37조 제2항 각 호에 따른 보증서 등(이하 "보증서등"이라 한다)을 시장·군수등을 수취인으로 하여 예치하여야 한다. 이 경우 보증서등의 보증기간은 농지의 타용도 일시사용기간과 복구에 필요한 기간에 2개월을 가산한 기간을 기준으로 한다(농지법 시행령 제41조 제3항).

「지방자치단체를 당사자로 하는 계약에 관한 법률 시행령」
제37조 제2항 각 호에 따른 보증서

1. 「국가재정법 시행령」 제46조 제4항에 따른 금융기관(이하 "금융기관"이라 한다) 및 「은행법」에 따른 외국은행이 발행한 지급보증서

2. 「자본시장과 금융투자업에 관한 법률 시행령」 제192조 제2항에 따른 상장증권

3. 「보험업법」에 따른 보험회사가 발행한 보증보험증권

4. 다음 각 목의 어느 하나에 해당하는 기관이 발행한 채무액 등의 지급을 보증하는 보증서
   가. 「건설기술 진흥법」에 따른 공제조합
   나. 「건설산업기본법」에 따른 공제조합
   다. 「건설폐기물의 재활용촉진에 관한 법률」에 따른 공제조합
   라. 「골재채취법」에 따른 골재협회
   마. 「관광진흥법」에 따른 한국관광협회중앙회
   바. 「기술보증기금법」에 따른 기술보증기금
   사. 「산업발전법」에 따른 공제조합
   아. 「소방산업의 진흥에 관한 법률」에 따른 소방산업공제조합
   자. 「소프트웨어 진흥법」에 따른 소프트웨어공제조합
   차. 「신용보증기금법」에 따른 신용보증기금
   카. 「엔지니어링산업 진흥법」에 따른 공제조합
   타. 「전기공사공제조합법」에 따른 전기공사공제조합
   파. 「전력기술관리법」에 따른 전력기술인단체(산업통상자원부장관이 기획재정부장관과 협의하여 고시하는 단체만 해당한다)
   하. 「정보통신공사업법」에 따른 정보통신공제조합
   거. 「지역신용보증재단법」에 따른 신용보증재단
   너. 「문화재수리 등에 관한 법률」에 따른 문화재수리협회
   더. 「건축사법」에 따른 건축사공제조합
   러. 「중소기업협동조합법」에 따른 중소기업중앙회
   머. 「폐기물관리법」 제41조에 따른 폐기물 처리 공제조합
   버. 「콘텐츠산업 진흥법」 제20조의2에 따른 공제조합
   서. 「공간정보산업 진흥법」 제24조에 따른 공간정보산업협회

5. 제1호에 규정된 은행 및 외국은행과 체신관서가 발행한 정기예금증서

6. 「자본시장과 금융투자업에 관한 법률」에 따른 신탁업자가 발행하는 수익증권

7. 「자본시장과 금융투자업에 관한 법률」 따른 집합투자업자가 발행하는 집합투자증권

(4) 기간연장시 복구비용

시장·군수·자치구구청장은 최초 농지의 타용도 일시사용 후 목적사업을 완료하지 못하여 그 기간을 연장하려는 경우에는 복구비용을 재산정하여 기존에 예치한 복구비용이 재산정한 복구비용보다 적은 경우에는 그 차액을 추가로 예치하게 하여야 한다(농지법 제36조 제4항).

다) 복구대행과 비용충당

(1) 복구대행

농지의 타용도 일시사용허가(협의)를 받거나 농지의 타용도 일시사용신고(협의)를 한 자(이하 "복구의무자"라 한다)가 복구계획에 따라 농지로 복구하지 아니하면 시장·군수등은 복구의무자를 대신하여 해당 토지를 농지로 복구하거나 복구의무자로 하여금 복구하게 할 수 있다(농지법 시행령 제42조 제1항).

(2) 복구대행비 충당방법

시장·군수등은 복구비용으로 예치된 현금 또는 보증서등으로 복구대행비를 충당하고, 잔액이 있는 경우에는 다음 각 호의 구분에 따라 이를 반환하여야 한다. 이 경우 예치금의 직접사용 등에 관하여는 「지방자치단체를 당사자로 하는 계약에 관한 법률 시행령」 제72조[73]를 준용한다(농지법 시행령 제42조 제2항).

---

1. 현금·정기예금증서·수익증권으로 예치된 경우 : 복구비를 예치한 자에게 반환
2. 제1호 외의 경우 : 보증보험증권발행자나 그 밖의 지급보증서 등의 발행자에게 반환

라) 복구비용예치금 등의 반환

시장·군수등은 복구비용을 예치한 자가 복구계획에 따라 농지로의 복구를 모두 이행한 때에는 현금으로 예치한 경우에는 복구비용과 이자를, 보증서등으로 예치한 경우에는

---

73 「지방자치단체를 당사자로 하는 계약에 관한 법률 시행령」 제72조(하자보수보증금의 직접사용) ① 법 제21조제4항에 따라 하자보수보증금을 해당 하자의 보수를 위하여 직접 사용하려는 경우에는 그 하자보수보증금을 세입으로 납입하지 아니하고 세입·세출 외로 구분하여 회계 처리한다.
② 제1항에 따른 하자보수보증금의 직접사용에 관한 절차는 행정안전부령으로 정한다.

그 보증서등을 해당 복구비용을 예치한 자에게 각 반환하여야 한다(농지법 시행령 제43조 제1항).

시장·군수등은 복구비용예치금 등을 반환할 때에는 현지조사 그 밖의 방법으로 농지의 타용도 일시사용허가신청(또는 신고)할 때 제출한 복구계획서와 허가(또는 신고 수리)시 부여한 조건에 적합하게 복구되었는지를 확인하여야 한다. 확인결과 당초 제출한 복구계획서와 허가(또는 신고 수리)시 부여한 조건에 적합하게 복구되지 아니한 경우에는 복구비용예치금 등을 반환하여서는 아니되며, 재차 원상복구를 위한 행정조치를 하여야 한다(「농지전용업무처리규정」 제13조).

복구비용을 반환받으려는 자는 복구비용반환청구서에 복구비용예치증서, 농지로의 복구가 완료되었음을 입증하는 서류를 첨부하여 시장·군수등에게 제출하여야 한다. 시장·군수등은 복구비용 반환청구가 있으면 지체 없이 이를 청구인에게 반환하여야 한다(농지법 시행령 제43조 제2항).

7) 개별적인 사례 검토

가) 주목적사업을 시행하는 사업자와 계약 등을 통하여 부대시설 등을 설치하거나 운영하는 다른 사업자가 농지의 타용도 일시사용허가 또는 그 변경허가를 받을 수 있는지 여부(농지의 타용도 일시사용허가 수허가자 지위의 양도 가능성)

농지법 제36조에서 정하는 농지의 타용도 일시사용허가는 농지로 복구할 것을 전제로 농지를 농업경영 외에 타용도로 일시적으로 활용하는 것을 허용함으로써 농지전용절차를 거쳐야 하는 불편함을 해소하는 데 입법 취지가 있다. 그리고 농지법 제36조 제1항 제2호는 일시사용허가의 대상자를 주목적사업을 시행하는 사업자로 한정하고 있지 않고, 하위법령에서 정한 농지의 타용도 일시사용허가 신청서 양식, 첨부서류와 심사기준도 허가대상자가 주목적사업을 시행하는 사업자일 것을 요구하고 있지 않다. 또한 주목적사업을 시행하는 사업자가 주목적사업을 위한 부대시설 등을 다른 사업자로 하여금 설치·운영하게 할 필요성이 있다. 이러한 사정을 종합하면, 주목적사업을 시행하는 사업자와 계약 등을 통하여 부대시설 등을 설치하거나 운영하는 다른 사업자 또한 농지의 타용도 일시사용허가 또는 그 변경허가를 받을 수 있다고 보아야 한다(대법원 2019. 11. 14. 선고 2017다292985).

나) 농지의 타용도 일시사용허가(신고)에 따른 전용대상농지가 여전히 농지법 소정의 농지에 해당하는지 여부

농지의 현상을 상실한 상태가 일시적인 것에 불과하여 농지로서의 원상회복이 용이하게 이루어질 수 있다면 그 토지는 여전히 농지법에서 말하는 농지에 해당한다. 한편 농지가 형질변경이나 전용으로 현실적으로 다른 용도로 사용되고 있다고 하더라도, 그와 같이 형질변경되거나 전용된 것이 일정 기간 사용 후 농지로 복구한다는 조건으로 일시사용허가를 받아 이루어진 것으로서 그 허가기간 만료 후에는 농지로 복구하여야 하고, 그 현상변경의 정도와 주변토지의 이용상황 등에 비추어 농지로 회복하는 것이 불가능하지 않다면 그 변경 상태는 일시적인 것에 불과하다고 보아 위 농지는 여전히 농지법상 농지에 해당한다(대법원 2015. 3. 12. 2013도10544).

어떠한 토지가 농지법 제2조 제1호에서 정한 농지에 해당하는지 여부는 공부상의 지목 여하에 불구하고 해당 토지의 사실상의 현상에 따라 가려야 하고, 따라서 그 토지가 공부상 지목이 전으로 되어 있다고 하더라도 농지로서의 현상을 상실하고 그 상실 상태가 일시적인 것이 아니라면 그 토지는 더 이상 농지법에서 말하는 '농지'에 해당하지 않는다고 할 것이나(대법원 2009. 4. 16. 2007도6703), 농지의 현상을 상실한 상태가 일시적인 것에 불과하여 농지로서의 원상회복이 용이하게 이루어질 수 있다면 그 토지는 여전히 농지법에서 말하는 농지에 해당한다. 한편 <u>농지가 형질변경이나 전용으로 현실적으로 다른 용도로 사용되고 있다고 하더라도, 그와 같이 형질변경되거나 전용된 것이 일정 기간 사용 후 농지로 복구한다는 조건으로 일시사용허가를 받아 이루어진 것으로서 그 허가기간 만료 후에는 농지로 복구하여야 하고, 그 현상변경의 정도와 주변토지의 이용상황 등에 비추어 농지로 회복하는 것이 불가능하지 않다면 그 변경 상태는 일시적인 것에 불과하다고 보아야 한다.</u>

원심판결 이유와 적법하게 채택된 증거에 의하면, ① 피고인 회사는 일정 기간 사용 후 다시 농지로 복구한다는 조건으로 일시사용허가를 받아 이 사건 토지를 진입로와 이 사건 시설물의 부지로 사용해 온 것으로, 위 토지는 허가기간 만료 후 농지로 복구하여야 할 상태이고, ② 위 진입로는 정지작업 등을 통해 평탄하게 되어 있기는 하나 콘크리트 등으로 포장되어 있지는 않으며, ③ 이 사건 시설물도 견고한 건축물이 아니라 컨테이너 가건물 등에 불과하여 그 철거가 어렵다고 보이지 않는 등의 사정을 알 수 있는바, 이러한 사정을 앞서 든 법리에 비추어 보면, 비록 허가기간 만료 당시에 이 사건 토지가 농지로서의 현상이 변경되어 있었으나 그 변경상태가 일시적인 것에 불과하고 농지로서의 원상회복이 용이하게 이루어질 수 있다고 보이므로, 위 토지는 여전히 농지법상 농지에 해당한다고 볼 여지가 충분하다(대법원 2015. 3. 12. 2013도10544).

※ 〈참고〉 농지전용 허가/신고, 타용도일시사용 허가/신고 제도 비교표

구분	농지전용		농지 일시사용	
	허가	신고	허가	신고
대상시설 (부지)	○ 농지전용하는 모든 시설 * 농지전용신고 시설이더라도 설치자 요건에 부적합한 자가 설치하는 경우에는 농지전용허가대상	○ 농업인주택, 농업용창고, 농수산물유통·가공시설, 농업인 공동 편의·이용시설, 농수산업 관련 시험·연구시설, 양식(어)장, 수산종묘배양시설 등 농어업관련시설	○ 간이 농·축·수산업용시설, 주목적사업의 부대시설(예: 도로건설사업에 따른 야적장), 광물 채굴, 염해간척지 내 태양에너지발전, 수직형 농장 * 다른 법률에 따른 사업의 인가·허가·승인 등을 위해 타용도 일시사용협의 가능	○ 썰매장, 지역축제장, 간이 농·축·수산업용시설, 주목적사업의 부대시설
설치자 등 요건	○ 농어업인주택, 농·축·수산업용시설 등 일부시설을 제외하고는 설치자 제한 없음	○ 농·어업인, 농·어업법인 및 생산자 단체 등	○ 사용자(신청인) 제한 없음	○ 사용자(신청인) 제한 없음 * 지역축제장의 경우 국가·지자체·마을에서 주관하는 경우로 한정
시설규모 (사용기간)	○ 농지법 시행령 제44조에 따른 농지전용허가(면적)제한	○ 농어업인 주택: 660㎡ ○ 농업용창고: 개인(1,500㎡), 법인(7,000㎡) ○ 유통·가공시설: 개인(3,300㎡), 법인(7,000㎡) ○ 시험연구시설: 7,000㎡ ○ 양식(어)장: 10,000㎡ ○ 공동편의·이용시설: 제한 없음	○ 시설규모는 별도 규정 없으나, 적정면적 여부를 심사토록 운영 * 간이 농·축·수산업용시설: 7년(+5년) 주목적사업의 부대시설: 주목적사업 시행기간 염해간척지 내 태양에너지발전: 5년(+18년) 수직형농장: 7년(+9년) 그밖의 경우: 5년(+3년)	○ 썰매장: 3,000㎡ ○ 지역축제장: 30,000㎡ ○ 간이 농·축·수산업용시설: 3,000㎡ ○ 주목적사업의 부대시설: 1,000㎡ * 사용기간은 6개월 이내(기간연장 없음)
허가권자 (수리권자)	○ 농식품부장관 또는 그 권한을 위임받은 자(면적에 따라 위임)	○ 시장·군수·구청장이나 자치체 사무 위임 등에 따라 주로 읍·면장이 수리	○ 시장·군수·구청장	○ 시장·군수·구청장 * 지자체 사무 위임에 따라 읍·면장 수리
심사기준	○ 시설 규모 및 용도의 적정성 여부 ○ 전용면적의 적정성 여부 ○ 생산기반정비 여부, 집단화 정도, 연쇄적 농지잠식 우려 등 농지보전 필요성 ○ 인근 농지의 농업경영 및 농어촌생활환경 피해 여부 ○ 전용목적 사업의 실현성 등	○ 설치자 등 요건 부합 여부 ○ 인근 농지의 농업경영 및 농어촌생활환경 피해 여부	○ 인근 농지의 농업경영피해 및 농지개량시설 훼손 여부 ○ 사업의 적합성 여부 ○ 사용면적 및 기간의 적정성 여부 ○ 생산기반정비 여부 등 농지의 보전 필요성 ○ 농어촌생활환경 피해 여부 ○ 복구계획의 타당성	○ 인근 농지의 농업경영피해 및 농지개량시설 훼손 여부 ○ 사용면적 및 기간의 적정성 여부 ○ 농어촌생활환경 피해 여부 ○ 복구계획의 타당성
농지보전 부담금	○ 100% 부과 원칙 * 단, 시설에 따라 차등감면	○ 100% 감면	○ 부과 없음 * 복구비용 예치	○ 부과 없음 * 복구비용 예치

마. 농지전용에 따른 사후관리

1) 전용허가의 취소 등

가) 전용허가취소 등 처분권한

농지전용허가 및 신고, 농지의 타용도 일시사용허가 및 신고 취소(철회)에 대한 농림축산식품부장관, 시·도지사 또는 시장·군수·자치구청장(이하 "관할청"이라 한다)의 권한은 아래 표와 같다.

구 분		시·군·자치구	시·도	농림축산식품부
농지전용 허가의 취소	농업진흥지역 안 농지	3,000㎡ 미만	3,000㎡ 이상 ~ 30,000㎡ 미만	30,000㎡ 이상
	농업진흥지역 밖 농지	30,000㎡ 미만	30,000㎡ 이상 ~ 300,000㎡ 미만	300,000㎡ 이상
농지의 타용도 일시사용허가의 취소		○	–	–
농지전용신고의 철회		○	–	–
농지의 타용도 일시사용신고의 철회		○	–	–

나) 전용허가취소 등 처분사유

농림축산식품부장관, 시장·군수·자치구구청장은 농지전용허가 또는 농지의 타용도 일시사용허가를 받았거나 농지전용신고 또는 농지의 타용도 일시사용신고를 한 자가 다음 각 호의 어느 하나에 해당하면 허가를 취소하거나 관계 공사의 중지, 조업의 정지, 사업규모의 축소 또는 사업계획의 변경, 그 밖에 필요한 조치를 명할 수 있다. 다만, 제7호에 해당하면 그 허가를 취소하여야 한다(농지법 제39조 제1항).

1. 거짓이나 그 밖의 부정한 방법으로 허가를 받거나 신고한 것이 판명된 경우
2. 허가 목적이나 허가 조건을 위반하는 경우
3. 허가를 받지 아니하거나 신고하지 아니하고 사업계획 또는 사업규모를 변경하는 경우
4. 허가를 받거나 신고를 한 후 농지전용 목적사업과 관련된 사업계획의 변경 등 정당한 사유 없이 최초로 허가를 받거나 신고를 한 날부터 2년 이상 대지의 조성, 시설물의 설치 등 농지전용 목적사업에 착수하지 아니하거나 농지전용 목적사업에 착수한 후 1년 이상 공사를 중단한 경우
5. 농지보전부담금을 내지 아니한 경우
6. 허가를 받은 자나 신고를 한 자가 허가취소를 신청하거나 신고를 철회하는 경우
7. 허가를 받은 자가 관계 공사의 중지 등 이 조 본문에 따른 조치명령을 위반한 경우

다만, 다음 각 호의 어느 하나에 해당하는 사유로 농지전용목적사업에 착수하지 아니하거나 공사를 중단한 경우에는 농지전용허가 취소 등 불이익한 행정처분을 하여서는 아니 된다(농지법 제39조 제1항 제4호, 같은 법 시행령 제57조).

1. 농지전용 목적사업과 관련된 사업계획의 변경에 따른 행정기관의 허가 또는 인가를 얻기 위하여 농지전용 목적사업이 지연되는 경우
2. 공공사업으로서 정부의 재정여건으로 인하여 농지전용 목적사업이 지연되는 경우
3. 장비의 수입 또는 제작이 지체되어 농지전용 목적사업이 지연되는 경우
4. 천재지변·화재, 그 밖의 재해로 인하여 농지전용 목적사업이 지연되는 경우

관할청은 다른 법률에 따라 농지의 전용이 의제되는 협의를 거쳐 농지를 전용하려는 자가 농지보전부담금 부과 후 농지보전부담금을 납부하지 아니하고 2년 이내에 농지전용의 원인이 된 목적사업에 착수하지 아니하는 경우 관계 기관의 장에게 그 목적사업에 관련된 승인·허가 등의 취소를 요청할 수 있다. 이 경우 취소를 요청받은 관계 행정기관의 장은 특별한 사유가 없으면 이에 따라야 한다(농지법 제39조 제2항).

다) 신청에 의한 취소·철회방법

① 농지전용허가의 취소를 신청하려는 자는 농지전용허가취소신청서에 허가증을, ② 농지전용신고를 철회하려는 자는 농지전용신고철회서에 신고증을, ③ 농지의 타용도 일시사용허가의 취소를 신청하려는 자는 농지의 타용도 일시사용허가취소신청서에 허가증을, ④ 농지의 타용도 일시사용신고를 철회하려는 자는 농지의 타용도 일시사용신고철회서에 신고증을 각 첨부하여 해당 시장·군수·자치구구청장에게 제출하여야 한다(농지법 시행규칙 제51조 제1항 내지 제4항).

라) 허가취소 등의 통지방법

관할청은 농지법 제39조에 따라 허가의 취소·관계 공사의 중지 등 필요한 조치명령을 할 때에는 그 허가를 받은 자 또는 신고를 한 자에게 다음 각 호의 사항을 서면으로 알려야 한다(농지법 시행규칙 제51조 제5항).

1. 농지의 표시
2. 허가 또는 신고의 종류
3. 허가 또는 신고연월일 및 허가 또는 신고번호
4. 허가취소일 또는 신고의 철회일
5. 허가취소 등의 사유와 조치명령을 할 때에는 그 내용

마) 허가 취소 절차

(1) 신청에 의한 취소·철회 절차

신청인(철회인)이 시장·군수·구청장에게 농지전용 허가취소·신고철회서를 제출하면, 관할청은 위 서류를 검토하여 취소·수리 여부를 결정한 후 신청인에게 그 결과를 서면으로 통보한다. 이 경우 농지로의 원상회복조치가 필요한 경우에는 신청인이 이를 완료한 후에 결과를 통보한다.

신청에 의한 취소·철회 절차			
농지전용 취소(철회) 신청 →	검토 →	취소·수리 결정 →	결과 통지

(2) 직권에 의한 허가취소 등 행정처분

허가취소 등 행정처분사유가 발생할 경우 관할청은 청문이 시작되는 날부터 10일 전까지 농지전용자에게 처분원인이 되는 사실과 내용, 법적근거, 청문 주재자의 소속·직위 및 성명, 청문의 일시 및 장소, 청문에 응하지 아니하는 경우의 처리방법 등을 미리 알려준다. 관할청은 청문을 개최하여 농지전용자 등의 의견을 직접 듣고 증거를 조사한다. 관할청은 청문조서, 청문 주재자의 의견서, 그 밖의 관계 서류 등을 충분히 검토하고 상당한 이유가 있다고 인정하는 경우에는 청문결과를 반영하여 농지전용자에게 결과를 통지한다(농지법 제55조 제2호, 행정절차법 제21조·제35조의2).

직권에 의한 취소·철회 절차			
허가취소 등 행정처분 사유발생 →	사전통지 →	청문 →	결과 통지

바) 보고

시장·군수·자치구구청장은 허가취소 등 처분을 한 때에는 지체 없이 이를 농림축산식품부장관에게 보고하여야 한다(농지법 시행령 제58조 제2항).

2) 용도변경 승인

가) 용도변경 승인의 의의

"용도변경 승인"이란 농지전용절차를 거쳐 전용목적사업에 사용되고 있거나 사용된 토지를 농지전용목적이 완료된 날로부터 5년 이내에 다른 목적으로 사용하려는 경우 시장·군수·자치구구청장으로부터 받아야 하는 승인을 말한다(농지법 제40조 제1항).

나) 승인 신청자

용도변경 승인 신청은 농지를 전용한 자였는지와 관계없이 농지전용목적사업에 사용되고 있거나 사용된 토지를 다른 목적으로 사용하려는 자가 하여야 한다.

다) 승인대상

다음 각 호의 어느 하나에 해당하는 절차를 거쳐 농지전용 목적사업에 사용되고 있거나 사용된 토지는 다른 목적으로 사용하려는 경우 시장·군수·자치구구청장의 승인을 받아야 한다(농지법 제40조 제1항).

1. 농지법 제34조 제1항에 따른 농지전용허가
2. 농지법 제34조 제2항 제2호에 따른 농지전용협의
3. 농지법 제35조(농지전용신고) 또는 제43조(영농여건불리농지)에 따른 농지전용신고

라) 다른 목적의 의미

농지법 제40조 제1항의 "다른 목적으로 사용하려는 경우"란 해당 시설의 용도를 변경하거나 농지전용목적사업의 업종을 변경하는 경우로서 다음 각 호의 어느 하나에 해당하는 경우를 말한다. 다만, 「국토의 계획 및 이용에 관한 법률」에 따른 도시지역·계획관리지역 및 개발진흥지구에 있는 토지는 제3호의 경우에 한정한다(농지법 시행령 제59조 제3항).

1. 「대기환경보전법 시행령」 별표 1의3 또는 「물환경보전법 시행령」 별표 13에 따른 사업장의 규모별 구분을 달리하는 정도로 시설을 변경하려는 경우
2. 농지법 시행령 제44조 제3항 각 호의 구분을 달리하는 종류의 시설(농업의 진흥이나 농지의 보전을 해질 우려가 있는 시설)로 변경하려는 경우
3. 농지보전부담금이 감면되는 시설에서 농지보전부담금이 감면되지 아니하거나 감면비율이 낮은 시설로 변경하려는 경우

마) 승인을 要(要)하는 기간

농지가 전용된 토지에 설치된 건축물 또는 시설물에 대하여 준공검사필증이 교부된 날, 건축물대장에 등재된 날 또는 그 밖의 농지의 전용목적이 완료된 날부터 5년 이내에 다른 목적으로 사용하려는 경우 용도변경 승인이 필요하다(농지법 시행령 제59조 제1항·제2항). 여기서의 "그 밖의 농지의 전용목적이 완료된 날"은 자재야적장 설치를 위해 농지전용허가를 받은 경우에는 그 용도로 사용하기 시작한 날을, 건축물대장과 준공필증이 없이 농지전용허가를 받은 경우에는 그 용도로 사용을 시작한 날을, 무단으로 농지를 전용하여 농지전용허가·협의·신고를 사후 추인받은 경우에는 추인한 날 등을 말한다.[74]

바) 승인절차

용도변경 승인절차는 아래 흐름도와 같다.

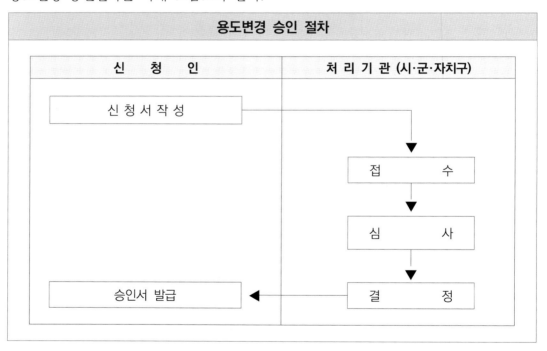

용도변경 승인 절차	
신 청 인	처 리 기 관 (시·군·자치구)
신 청 서 작 성	접 수
	심 사
승인서 발급	결 정

---

74 농림축산식품부, 「2023년 농지업무편람」, 2023., 제384쪽

(1) 승인 신청

용도변경 승인 신청자는 농지전용용도변경승인신청서에 다음 각 호의 서류를 첨부하여 해당 토지의 소재지를 관할하는 시장·군수·자치구구청장에게 제출하여야 한다(농지법 시행규칙 제52조 제1항).

1. 용도변경의 목적 등을 기재한 사업계획서
2. 해당 토지의 용도변경이 농지개량시설 또는 도로의 폐지 및 변경이나 토사의 유출, 폐수의 배출, 악취의 발생 등을 수반하여 인근 농지의 농업경영과 농어촌생활환경의 유지에 피해가 예상되는 경우에는 대체시설의 설치 등 피해방지계획서

(2) 심사

시장·군수·자치구구청장은 용도변경 신청이 있는 때에는 농지전용허가 심사기준에 준하여 이를 심사한 후 그 승인여부를 결정하여야 한다. 시장·군수·자치구구청장은 신청인이 제출한 서류에 흠이 있으면 지체 없이 보완 또는 보정에 필요한 상당한 기간을 정하여 신청인에게 보완 또는 보정을 요구하여야 한다(이 경우 보완 또는 보정의 요구는 문서·구술·전화 또는 팩스로 하되, 신청인이 특별히 요청하는 때에는 문서로 하여야 한다). 시장·군수·자치구구청장은 신청인이 위 보완 또는 보정을 요구한 기간에 이를 보완 또는 보정하지 아니하는 때에는 신청서류를 반려할 수 있다(농지법 시행규칙 제52조 제2항, 제4항).

(3) 승인

시장·군수·자치구구청장은 용도변경 승인을 하는 경우 농지전용용도변경 승인대장에 이를 기재하고 농지전용용도변경승인서를 신청인에게 내주어야 한다(농지법 시행규칙 제52조 제3항).

사) 농지보전부담금 처리

용도변경 승인을 받아야 하는 자 중 농지보전부담금이 감면되는 시설의 부지로 전용된 토지를 농지보전부담금 감면 비율이 다른 시설의 부지로 사용하려는 자는 그에 해당하는 농지보전부담금을 내야 한다. 이 경우 승인 신청자가 부담해야 하는 농지보전부담금은 감면비율이 다른 시설의 부지로 사용하려는 면적에 대하여 전용된 해당 토지에 대한 농지보전부담금 부과기준일 당시의 농지보전부담금의 단위당 금액과 용도변경 승인 당시의 해당 감면비율을 적용하여 산출한 금액에서 이미 납입한 해당 농지보전부담금을 뺀 금액으로 한다(농지법 제40조 제2항, 같은 법 시행령 제59조 제4항).

아) 개별적인 사례 검토

(1) 농지법상 용도변경 승인의 법적 성격

농지법 제40조 제1항, 같은 법 시행령 제33조 제1항, 제59조 제1항, 같은 법 시행규칙 제52조 제2항의 규정 취지와 농지법의 목적이 농지의 전용을 적절히 규제하여 그 보전을 도모하고 이용도를 높여 농지 생산력의 증진에 기여하고자 하는 데 있는 점에 비추어 볼 때, 용도변경 승인권자가 그 승인을 할 것인지의 여부는 농지의 보전가치와 같은 법 시행규칙 제47조 제2항에서 준용하는 같은 법 시행령 제38조 제1항 각 호 소정의 심사기준 등을 고려하여 공익성과 합목적성에 따라 할 수 있는 기속재량행위에 속한다고 할 것이고, 이 경우 승인권자는 자신의 재량으로 공익상의 필요가 있는지를 판단하여 허가 여부를 결정할 수 있으나, 다만 위 재량권은 허가를 제한하여 달성하려는 공익과 이로 인하여 받게 되는 상대방의 불이익을 교량하여 신중히 행사되어야 한다(서울행정법원 1999. 11. 12. 99구15869).

농지법 제40조 제1항은 법 제34조 제1항의 규정에 의한 농지전용허가를 받고 농지전용목적사업에 사용되고 있거나 사용된 토지를 대통령령이 정하는 기간 이내에 다른 목적으로 사용하고자 하는 경우에는 시장·군수 또는 자치구구청장의 승인을 얻어야 하는 것으로 규정하고 있고, 영 제59조 제1항은 법 제40조 제1항에서 "대통령령이 정하는 기간"이라 함은 5년을 말하는 것으로 규정하고 있으며, 규칙 제52조 제2항은 시장·군수 또는 자치구청장은 농지 전용용도변경 승인신청이 있는 때에는 영 제33조 제1항 각 호의 규정에 준하여 이를 심사한 후 그 승인 여부를 결정하여야 하는 것으로 규정하고 있다. 그리고 영 제33조 제1항은 그 심사기준으

로 ① 법 제32조, 제37조에 위배되는지 여부, ②설치하고자 하는 시설의 규모·용도 및 지역 여건 등을 참작할 때 전용하고자 하는 농지가 전용목적사업에 적합하게 이용될 수 있는지의 여부, ③전용하고자 하는 농지의 면적이 전용목적사업의 실현을 위하여 적정한 면적인지의 여부, ④전용하고자 하는 농지가 경지정리·수리시설 등 농업생산기반이 정비되어 있거나 집단화되어 있어 농지로서의 보전가치가 있는지의 여부, ⑤당해 농지의 전용이 농지개량시설 또는 도로의 폐지 및 변경이나 토사의 유출, 폐수의 배출, 악취의 발생 등을 수반하여 인근 농지의 농업경영과 농어촌생활환경의 유지에 피해가 예상되는 경우 또는 전용목적사업이 용수의 취수를 수반하는 경우 그 시기·방법·수량 등이 농수산업 또는 농어촌생활환경유지에 피해가 예상되는 경우(영 제33조 제1항 제5호 또는 제6호)에는 피해방지계획이 타당하게 수립되어 있는지 여부, ⑥사업계획 및 자금조달계획이 전용목적사업의 실현에 적합하도록 수립되어 있는지의 여부 등을 들고 있다.

위 각 규정의 취지와 농지법의 목적이 농지의 전용을 적절히 규제하여 그 보전을 도모하고 이 용도를 높여 농지 생산력의 증진에 기여하고자 하는 데 있는 점에 비추어 볼 때, 농지 전용용도 변경 신청 승인권자가 그 승인을 할 것인지의 여부는 농지의 보전가치와 규칙 제52조 제2항에서 준용하는 영 제33조 제1항 각 호 소정의 심사기준 등을 고려하여 공익성과 합목적성에 따라 할 수 있는 기속재량행위에 속한다 할 것이고, 이 경우 승인권자는 자신의 재량으로 공익상의 필요가 있는지를 판단하여 허가 여부를 결정할 수 있으나, 다만 위 재량권은 허가를 제한하여 달성하려는 공익과 이로 인하여 받게 되는 상대방의 불이익을 교량하여 신중히 행사되어야 할 것이다(서울행정법원 1999. 11. 12. 99구15869 확정).

(2) 농지법 제40조의 규정 취지 및 전 소유자가 농지보전부담금이 감면되는 시설의 부지로 전용허가를 받은 농지를 새로운 소유자가 농지보전부담금이 감면되지 아니하는 다른 시설의 부지로 용도변경할 경우, 새로운 소유자의 농지보전부담금 추가납입 의무 유무

농지법 제40조는 농지보전부담금이 감면되는 시설의 부지로 일단 전용허가를 받은 후 단기간 내에 농지보전부담금이 감면되지 아니하는 다른 시설의 부지로 용도변경하는 것을 제한함으로써 탈법적인 농지전용에 의하여 농지의 변칙적인 잠식이 이루어지는 것을 방지하고 당초 농지보전부담금이 감면되는 시설의 부지로 전용되는 것을 전제로 농지보전부담금을 감면하였으나 결국 농지보전부담금이 감면되지 아니하는 다른 시설의 부지로 용도변경함에 따라 농지보전부담금을 감면할 필요성이 없어진 경우에 당초 감면한 농지보전부담금을 추가납입 받으려는 데 그 취지가 있는 것으로서, 그 전용된 농지를 용도변경의 승인을 받아 다른 목적으로 사용하려고 하는 자는 비록 당초 농지보전부담금을 감면받은 자가 아니고 또 그로부터 해당 사업을 양수한 자가 아니라도 위 법조항에 따라 농지보전부담금을 추가납입하여야 한다(대법원 2002. 7. 26. 2001 두6180).

구 농지법(1999. 3. 31. 법률 제5948호로 개정되기 전의 것, 이하 '법'이라 한다) 제42조 제1항은 농지전용허가를 받고 농지전용 목적사업에 사용되고 있거나 사용된 토지를 '대통령령이 정하는 기간'(동 시행령 제60조 제1항에 의하여 8년) 이내에 다른 목적으로 사용하고자 하는 경우에는 관할 행정관청의 용도변경 승인을 얻어야 한다고 규정하고, 같은 조 제2항은 제1항의 규정에 의하여 용도변경 승인을 얻어야 하는 자 중 농지조성비가 감면되는 시설의 부지로 전용된 토지를 농지조성비의 감면비율이 다른 시설의 부지로 사용하고자 하는 자는 대통령령이 정하는 바에 의하여 그에 상당하는 농지조성비를 납입하여야 한다고 규정하고 있는바, 이는 농지조성비가 감면되는 시설의 부지로 일단 전용허가를 받은 후 단기간 내에 농지조성비가 감면되지 아니하는 다른 시설의 부지로 용도변경하는 것을 제한함으로써 탈법적인 농지전용에 의하여 농지의 변칙적인 잠식이 이루어지는 것을 방지하고 당초 농지조성비가 감면되는 시설의 부지로 전용되는 것을 전제로 농지조성비를 감면하였으나 결국 농지조성비가 감면되지 아니하는 다른 시설의 부지로 용도변경함에 따라 농지조성비를 감면할 필요성이 없어진 경우에 당초 감면한 농지조성비를 추가납입받으려는 데 그 취지가 있는 것으로서, 그 전용된 농지를 용도변경의 승인을 받아 다른 목적으로 사용하려고 하는 자는 비록 당초 농지조성비를 감면받은 자가 아니고 또 그로부터 해당 사업을 양수한 자가 아니라도 위 법조항에 따라 농지조성비를 추가납입하여야 한다(대법원 2002. 7. 26. 2001두6180).

(3) 농지보전부담금이 감면되는 시설의 부지로 전용된 토지를 농지보전부담금이 감면되지 아니하거나 감면비율이 보다 낮은 다른 시설의 부지로 사용하고자 하는 자가 납입하여야 하는 농지보전부담금의 산정 기준

농지법상 농지보전부담금의 부과가 감면되는 시설의 부지로 전용된 토지를 감면비율이 다른 시설의 부지로 사용하고자 하는 자에 대하여 감면된 농지보전부담금을 납부하도록 한 입법 취지는, 당초 농지보전부담금이 감면되는 시설의 부지로 전용·사용되는 것을 전제로 감면하였으나 단기간 내에 부득이하게 농지보전부담금이 감면되지 아니하거나 감면비율이 보다 낮은 다른 시설의 부지로 사용함에 따라 농지보전부담금을 감면할 필요성이 없어져 당초 감면한 농지보전부담금을 추가로 납부하게 함으로써 처음부터 그 변경된 용도로 전용허가를 받은 것과의 실질적 형평을 이루고자 함에 있는 점에 비추어 보면, 같은 법 시행령 제52조 소정의 농지보전부담금의 부과가 감면되는 시설의 부지로 전용된 토지를 농지보전부담금이 감면되지 아니하거나 감면비율이 보다 낮은 다른 시설의 부지로 사용하고자 하는 자가 납입하여야 하는 농지보전부담금 역시 당해 농지에 대한 농지보전부담금의 부과기준일 당시의 개별공시지가를 기초로 용도변경 승인 당시의 감면비율을 적용하여 산출하여야 할 것이므로, 납부하여야 할 농지보전부담금은 감면비율이 다른 시설의 부지로 사용하고자 하는 면적에 대하여 전용된 당해 농지에 대한 농지보전부담금의 부과기준일 당시의 농지보전부담금의 단위당 금액과 용도변경 승인 당시의 해당 감면비율을 적용하여 산출한 금액에서 이미 납입한 해당 농지보전부담금을 뺀 금액이 된다(대법원 2002. 9. 24. 2001두4481).

구 농어촌발전특별조치법(1999. 2. 5. 법률 제5758호로 개정되기 전의 것, 이하 '법'이라고 한다) 제45조의2 제4항은 "농지법 제42조 제1항의 규정에 의하여 승인을 얻어야 하는 자 중 전용부담금의 부과가 면제되는 시설의 부지로 전용된 토지를 전용부담금의 감면비율이 다른 시설의 부지로 사용하고자 하는 자는 그에 상당하는 전용부담금을 납부하여야 한다."라고 규정하고, 법시행령(1999. 12. 28. 대통령령 제16646호로 개정되기 전의 것) 제52조의10 제1항은 "법 제45조의2 제4항의 규정에 의하여 전용부담금의 부과가 감면되는 시설의 부지로 전용된 토지를 전용부담금의 감면비율이 다른 시설의 부지로 사용하고자 하는 자가 납입하여야 하는 전용부담금은 감면비율이 다른 시설의 부지로 사용하고자 하는 면적에 대하여 농지법 제42조 제1항의 규정에 의한 용도변경 승인 당시의 해당 부과기준을 적용하여 산출한 금액에서 이미 납입한 해당 전용부담금을 뺀 금액으로 한다."라고 규정하고 있는바, 법 제45조의2 제4항이 전용부담금의 부과가 감면되는 시설의 부지로 전용된 토지를 감면비율이 다른 시설의 부지로 사용하고자 하는 자에 대하여 감면된 전용부담금을 납부하도록 한 입법 취지는, 당초 전용

부담금이 감면되는 시설의 부지로 전용·사용되는 것을 전제로 감면하였으나 단기간 내에 부득이하게 전용부담금이 감면되지 아니하거나 감면비율이 보다 낮은 다른 시설의 부지로 사용함에 따라 전용부담금을 감면할 필요성이 없어져 당초 감면한 전용부담금을 추가로 납부하게 함으로써 처음부터 그 변경된 용도로 전용허가를 받은 것과의 실질적 형평을 이루고자 함에 있는 점에 비추어 보면, 법시행령 제52조의10 제1항 소정의 전용부담금의 부과가 감면되는 시설의 부지로 전용된 토지를 전용부담금이 감면되지 아니하거나 감면비율이 보다 낮은 다른 시설의 부지로 사용하고자 하는 자가 납입하여야 하는 전용부담금 역시 당해 농지에 대한 전용부담금의 부과기준일 당시의 개별공시지가를 기초로 용도변경 승인 당시의 감면비율을 적용하여 산출하여야 할 것이므로, 납부하여야 할 전용부담금은 감면비율이 다른 시설의 부지로 사용하고자 하는 면적에 대하여 전용된 당해 농지에 대한 전용부담금의 부과기준일 당시의 전용부담금의 단위당 금액과 용도변경 승인 당시의 해당 감면비율을 적용하여 산출한 금액에서 이미 납입한 해당 전용부담금을 뺀 금액이 된다고 풀이된다(대법원 2002. 9. 24. 2001두4481).

(4) 용도변경 승인기간(5년)이 경과된 후에도 농지법 제32조에 따른 행위제한을 받는지 여부

농업진흥지역에서의 토지이용행위를 제한하는 농지법 제32조는, 농지전용목적이 완료된 토지의 용도변경 승인을 규정한 농지법 제40조, 농지전용허가 및 그 제한에 관한 농지법 제34조, 제37조 등과는 그 목적과 규율 내용을 서로 달리하는 별개의 규정이고, 농지법에는 용도변경 승인기간이 지난 후에는 농지법 제32조의 적용을 배제한다는 규정을 두고 있지 않으므로, 농업진흥지역 내 농지가 전용되었더라도 그 이용행위는 용도변경 승인기간이 경과된 후에도 여전히 농지법 제32조에 따른 행위제한을 받아야 한다(대법원 2018. 6. 19. 2015두43117).

상고인은 상고이유로서, 구 농지법(2013. 3. 23. 법률 제11690호로 개정되기 전의 것, 이하 '구 농지법'이라 한다) 제40조 제1항 , 구 농지법 시행령(2013. 12. 30. 대통령령 제25042호로 개정되기 전의 것, 이하 '구 농지법 시행령'이라 한다) 제59조에 따라 <u>농지전용허가 등의 절차를 거쳐 농지전용 목적사업에 사용되고 있거나 사용된 토지와 관련하여, 농지전용목적이 완료된 날로부터 5년이 경과된 후에 시설의 용도를 변경하는 경우에는 구 농지법 제32조 가 적용되지 않는다</u>고 주장한다. 또한 구 농지법 제34조 제1항 , 제37조 제1항 , 국토의 계획 및 이용에 관한 법률(이하 '국토계획법'이라 한다) 제76조 제5항 제3호 등의 취지에 따르면, 국토계획법상 도시지역에 있는 농업진흥구역에 대하여는 구 농지법 제32조 가 적용되지 않는다고 주장한다.

그러나 입법 목적 등을 달리하는 법률 조항들이 일정한 행위의 허용에 관한 요건을 따로따로 정하고 있는 경우, 어느 조항이 다른 조항에 우선하여 배타적으로 적용된다고 풀이되지 아니하는 한, 그 행위는 관련 각 조항의 규정에 따른 요건을 모두 충족하여야 한다. 이에 따라 살펴보면, <u>농업진흥구역에서의 토지이용행위를 제한하는 구 농지법 제32조는, 농지전용목적이 완료된 토지의 용도변경 승인을 규정한 구 농지법 제40조 , 농지전용허가 및 그 제한에 관한 구 농지법 제34조, 제37조, 용도지역 및 용도지구에서의 건축 제한 등에 관한 국토계획법 제76조 등과는 그 목적과 규율 내용을 서로 달리하는 별개의 규정으로 볼 수 있다. 상고인이 주장하는 위 규정들에서 농업진흥구역으로 지정된 이 사건 토지의 이용행위에 대하여 구 농지법 제32조의 적용을 배제하는 특별한 규정을 두고 있지 않으므로, 이 사건 토지이용행위는 여전히 구 농지법 제32조에 따른 제한을 받아야 한다.</u>

따라서 이 사건 토지이용행위에 구 농지법 제32조가 적용되지 않는다는 전제에 선 상고이유 주장은 받아들일 수 없고, 같은 취지로 판단한 원심판결에는 구 농지법 제32조 의 적용 범위, 토지이용행위의 해석 등에 관한 법리를 오해한 위법이 없다(대법원 2018. 6. 19. 2015두43117).

바. 농지불법전용에 대한 제재

1) 불법전용농지 등의 조사

농림축산식품부장관이나 시장·군수·자치구구청장은 관계 공무원으로 하여금 다음 각 호의 사항을 조사하게 하여야 한다(농지법 시행령 제58조 제1항).

1. 관할구역 안의 농지가 불법으로 전용되었는지 여부
2. 농지전용허가(농지법 제34조 제1항) 또는 농지의 타용도 일시사용허가(농지법 제36조)를 받았거나 농지전용신고(농지법 제36조) 또는 농지의 타용도 일시사용신고(농지법 제35조·제43조)를 한 자가 전용허가취소 등 처분사유(농지법 제39조 제1항)에 해당하는지 여부

2) 농지불법전용에 대한 제재

가) 원상회복명령

(1) 원상회복명령 대상자

현행법상으로 농림축산식품부장관, 시장·군수·자치구구청장은 다음 각 호의 어느 하나에 해당하면 농지전용행위를 한 자에 한하여 원상회복을 명할 수 있으나, 2025년 1월 3일부터는 해당 농지의 소유자·점유자 또는 관리자에게도 원상회복명령을 할 수 있다(농지법 제42조 제1항).

(2) 원상회복명령 사유

농림축산식품부장관, 시장·군수·자치구구청장은 다음 각 호의 어느 하나에 해당하면 그 대상자에게 원상회복을 명할 수 있다(농지법 제42조 제1항).

1. 농지법 제34조 제1항에 따른 농지전용허가 또는 제36조에 따른 농지의 타용도 일시사용허가를 받지 아니하고 농지를 전용하거나 다른 용도로 사용한 경우
2. 농지법 제35조 또는 제43조에 따른 농지전용신고 또는 제36조의2에 따른 농지의 타용도 일시사용신고를 하지 아니하고 농지를 전용하거나 다른 용도로 사용한 경우
3. 농지법 제39조에 따라 허가가 취소된 경우
4. 농지전용신고를 한 자가 농지법 제39조에 따른 조치명령을 위반한 경우

(3) 보고

시장·군수·자치구구청장은 원상회복을 명한 때에는 지체 없이 이를 농림축산식품부장관에게 보고하여야 한다(농지법 시행령 제58조 제2항).

나) 대집행

농림축산식품부장관, 시장·군수·자치구구청장은 원상회복명령을 위반하여 원상회복을 하지 아니하면 대집행으로 원상회복을 할 수 있다. 대집행 절차는 「행정대집행법」을 적용한다(농지법 제42조 제2항·제3항)

행정대집행

1. 대집행의 의의

대집행은 "의무자가 행정상 의무(법령등에서 직접 부과하거나 행정청이 법령등에 따라 부과한 의무를 말한다)로서 타인이 대신하여 행할 수 있는 의무를 이행하지 아니하는 경우 법률로 정하는 다른 수단으로는 그 이행을 확보하기 곤란하고 그 불이행을 방치하면 공익을 크게 해칠 것으로 인정될 때에 행정청이 의무자가 하여야 할 행위를 스스로 하거나 제3자에게 하게 하고 그 비용을 의무자로부터 징수하는 것"을 말한다(행정기본법 제30조 제1항 제1호)

2. 대집행의 주체

대집행을 할 수 있는 권한을 가진 자는 대집행의 대상이 되는 의무를 명하는 처분을 한 행정청이며, 위 행정청은 스스로 하거나 제3자(타 행정기관 또는 공공기관·사인)에게 대집행을 위탁할 수 있다(행정절차법 제2조, 행정기본법 제30조 제1항 제1호).

3. 대집행의 요건

행정대집행법이 다음 각 목의 요건을 모두 총족하는 경우에 대집행을 할 수 있다(행정대집행법 제2조).

가. 의무자가 대체적 작위의무를 이행하지 않고 있어야 한다.

나. 다른 수단으로써 이행을 확보하기 곤란하고 또한 그 불이행을 방치함이 심히 공익을 해할 것으로 인정되어야 한다.

4. 대집행 절차

가. 계고: 의무자에게 상당한 기간 내에 의무의 이행을 하지 않으면 대집행을 한다는 의사를 사전에 통지한다(행정청은 상당한 이행기한을 정함에 있어 의무의 성질·내용 등을 고려하여 사회통념상 해당 의무를 이행하는 데 필요한 기간이 확보되도록 하여야 한다)(행정대집행법 제3조 제1항).

나. 대집행영장에 의한 통지: 의무자가 계고를 받고 지정기한까지 그 의무를 이행하지 아니할 때에는 행정청은 대집행영장으로써 대집행을 할 시기, 대집행을 시키기 위하여 파견하는 집행책임자의 성명과 대집행에 요하는 비용의 개산에 의한 견적액을 의무자에게 통지한다(행정대집행법 제3조 제2항).

다. 대집행의 실행: 행정청이 스스로 또는 타인에게 하여금 물리력을 행사하여 대체적 작위의무를 이행케 한다(행정대집행법 제4조).

라. 비용징수: 행정청은 의무자에게 대집행비용을 징수한다(행정대집행법 제6조).

다) 이행강제금

(1) 이행강제금 부과대상자

시장·군수·구청장은 원상회복명령을 받은 후 그 기간 내에 원상회복명령을 이행하지 아니하여 그 원상회복명령의 이행에 필요한 상당한 기간을 정하였음에도 그 기한까지 원상회복을 아니한 자에게 이행강제금을 부과한다(농지법 제63조 제1항 제2호).

(2) 이행강제금 부과의 범위

원상회복명령의 불이행에 따른 이행강제금 부과는 2021년 8월 17일 이후 농림축산식품부장관, 시장·군수·구청장이 농지법 제42조에 따른 원상회복명령을 한 경우부터 적용하므로, 그 전에 원상회복명령을 했을 때에는 원상회복을 미이행하였다고 하더라도 이행강제금을 부과할 수 없다(부칙 제18401호 제6조).

(3) 이행강제금 산출

이행강제금은 다음의 산식에 따라 산출한다(농지법 제63조 제1항).

> 이행강제금 = 해당 농지의 「감정평가 및 감정평가사에 관한 법률」에 따른 감정평가법인등이 감정평가한 감정가격 또는 「부동산 가격공시에 관한 법률」 제10조에 따른 개별공시지가(해당 토지의 개별공시지가가 없는 경우에는 같은 법 제8조에 따른 표준지 공시지가를 기준으로 산정한 금액을 말한다) 중 더 높은 가액의 100분의 25

(4) 이행강제금 부과절차

농지법상 이행강제금의 부과절차는 다음과 같다.

(가) 계고처분 및 의견청취

시장·군수·구청장은 이행강제금을 부과하기 전에 이행강제금을 부과·징수한다는 뜻을 미리 문서로써 계고하여야 한다(농지법 제63조 제2항). 시장·군수·구청장은 이행강제금을 부과하는 때에는 10일 이상의 기간을 정하여 이행강제금 처분대상자에게 의견제출의 기회를 주어야 한다(농지법 시행령 제75조 제1항).

(나) 이행강제금의 부과

시장·군수·구청장은 원상회복명령 이행기간이 만료한 다음 날을 기준으로 하여 그 원상회복명령이 이행될 때까지 이행강제금을 매년 1회 부과·징수할 수 있다(농지법 제63조 제4항). 농지법은 이행강제금의 통산부과횟수나 통산부과상한액의 제한을 두지 않고 있어 원상회복명령이 이행될 때까지 이행강제금이 계속 부과된다.

(5) 이행강제금의 징수

시장·군수·구청장은 원상회복명령을 받은 자가 원상회복명령을 이행하면 새로운 이행강제금의 부과는 즉시 중지하되, 이미 부과된 이행강제금은 징수하여야 한다(농지법 제63조 제5항). 시장·군수·구청장은 이행강제금을 납부기한까지 내지 아니하면 「지방행정제재·부과금의 징수 등에 관한 법률」에 따라 징수한다(농지법 제63조 제8항).

(6) 이행강제금의 이의제기

농지법은 원상회복명령에 대한 이행강제금 부과처분에 불복하는 자가 그 처분을 고지받은 날부터 30일 이내에 부과권자(시장·군수·구청장)에게 이의를 제기할 수 있고, 이의를 받은 부과권자는 지체 없이 관할 법원에 그 사실을 통보하여야 하며, 그 통보를 받은 관할 법원은 「비송사건절차법」에 따른 과태료 재판에 준하여 재판을 하도록 정하고 있다(농지법 제63조 제1항, 제6항, 제7항).

라) 형사책임

(1) 농지전용허가 위반

농업진흥지역 안의 농지를 농지법 제34조 제1항에 따른 농지전용허가(이하 "농지전용허가"라 한다)를 받지 아니하고 전용하거나 거짓이나 그 밖의 부정한 방법으로 농지전용허가를 받은 자는 5년 이하의 징역 또는 해당 토지의 개별공시지가에 따른 토지가액에 해당하는 금액 이하의 벌금에 처한다(농지법 제58조 제1항). 농업진흥지역 밖의 농지를 농지전용허가를 받지 아니하고 전용하거나 거짓이나 그 밖의 부정한 방법으로 농지전용허가를 받은 자는 3년 이하의 징역 또는 해당 토지가액의 100분의 50에 해당하는 금액 이하의 벌금에 처한다(농지법 제58조 제2항). 농지법 제58조 제1항과 제2항의 징역형과 벌금형은 병과할 수 있다(농지법 제58조 제3항).

(2) 농지전용신고 위반

농지전용신고(농지법 제35조) 또는 영농여건불리농지 전용신고(농지법 제43조)를 하지 아니하고 농지를 전용한 자는 3년 이하의 징역 또는 3,000만원 이하의 벌금에 처한다(농지법 제60조 제2호)

(3) 타용도 일시사용허가 위반

농지의 타용도 일시사용허가(농지법 제36조 제1항)를 받지 아니하고 농지를 다른 용도로 사용한 자는 5년 이하의 징역 또는 5,000만원 이하의 벌금에 처한다(농지법 제59조 제2호)

(4) 타용도 일시사용신고 위반

농지의 타용도 일시사용신고(농지법 제36조의2 제1항)를 받지 아니하고 농지를 다른 용도로 사용한 자는 3년 이하의 징역 또는 3,000만원 이하의 벌금에 처한다(농지법 제60조 제3호)

(5) 용도변경 승인 위반

용도변경의 승인(농지법 제40조 제1항)을 받지 아니하고 농지를 다른 용도로 사용한 자는 5년 이하의 징역 또는 5,000만원 이하의 벌금에 처한다(농지법 제59조 제3호)

(6) 양벌규정

법인의 대표자나 법인 또는 개인의 대리인, 사용인, 그 밖의 종업원이 그 법인 또는 개인의 업무에 관하여 위 위반 중 어느 하나에 해당하는 위반행위를 하면 그 행위자를 벌하는 외에 그 법인 또는 개인에게도 해당 조문의 벌금형을 과한다. 다만, 법인 또는 개인이 그 위반행위를 방지하기 위하여 해당 업무에 관하여 상당한 주의와 감독을 게을리하지 아니한 경우에는 그러하지 아니하다(농지법 제62조).

마) 개별적인 사례 검토

(1) 농지사무를 담당하고 있는 공무원은 농지불법전용 사실을 인지하면 지방자치단체의 장에게 그 사실을 보고하고 지방자치단체의 장으로 하여금 원상회복을 명하거나 고발을 하는 등 적절한 조치를 취할 의무가 있음

농지담당 공무원은 그 관내에서 발생한 농지불법전용 사실을 알게 되었으면 지방자치단체의 장에게 그 사실을 보고하여 지방자치단체의 장으로 하여금 원상회복을 명하거나 나아가 고발을 하는 등 적절한 조치를 취할 수 있도록 하여야 할 직무상 의무가 있다. 그럼에도 농지불법전용 사실을 외면하고 아무런 조치를 취하지 아니한 것은 자신의 직무를 저버린 행위로서 농지의 보전·관리에 관한 국가의 기능을 저해하고 국민에게 피해를 야기시킬 수 있기에, 직무유기죄(형법 제122조)에 해당한다(대법원 1993. 12. 24. 92도3334).

원심 인용한 제1심판결이 확정한 사실에 의하면, 당진군청 산업과 농어촌개발계에 근무하면서 농지전용허가 및 불법 농지전용고발 등 전반적인 농지사무를 담당하고 있던 피고인은 1991. 10. 16. 당진읍사무소 직원인 공소외 이권호로부터 남영개발주식회사 대표이사인 공소외 1이 당진읍 구룡리 산 45 외 2필지에서 토석을 채취하면서 절대농지인 같은 리 805 등 4필지를 그 책석장의 진입로 및 골재야적장으로 사용하는 등 농지를 불법전용하고 있다는 사실을 통보받고 현장도면 및 사진등 증거자료를 교부받은 후 같은 달 22. 현장을 확인하고도 아무런 조치를 취하지 아니하였다는 것인바, 농지의 보전및이용에관한법률의 입법취지나, 농지를 전용하고자 할 때에는 관할청의 허가를 받도록 하는 한편 허가를 받지 아니하고 불법으로 농지를 전용한 경우 군수 등에게 원상회복을 명할 수 있는 권한과 고발권한을 부여하고 있는 등의 위 법률 관계규정의 내용에 비추어 보면, 당진군의 농지사무를 담당하고 있던 피고인으로서는 위와 같이 그 관내에서 발생한 농지불법전용 사실을 알게 되었으면 당진군수에게 그 사실을 보고하여 당진군수로 하여금 원상회복을 명하거나 나아가 고발을 하는 등 적절한 조치를 취할 수 있도록 하여야 할 직무상 의무가 있다 할 것이고, 소론이 주장하는 농지관리에 대한 1차적인 책임이 읍장에게 있다고 하는 것은 어디까지나 내부위임에 의하여 그렇다는 것에 불과할 뿐 원상회복을 명하거나 고발을 하는 권한은 여전히 군수에게 있는 것이므로, 피고인이 공소외 1의 농지불법전용사실을 애써 외면하고 아무런 조치를 취하지 아니한 것은 자신의 직무를 저버린 행위로서 농지의 보전, 관리에 관한 국가의 기능을 저해하며 국민에게 피해를 야기시킬 가능성이 있는 것이라고 하지 않을 수 없다(대법원 1993. 12. 24. 92도3334).

(2) 불법 전용된 농지법상 '농지'였던 토지를 농지로 원상회복해야 하는지 판단하는 방법

농지법상 '농지'였던 토지가 불법 전용된 것이어서 농지로 원상회복되어야 하는지 여부를 판단하기 위하여는 단순히 농지였던 토지가 현재 다른 용도로 이용되고 있다는 점만으로는 부족하고, 농지의 전용 당시 관계 법령에 의하여 농지전용허가 등 의무가 존재하였고 그럼에도 그 허가 등을 받지 아니하고 전용이 이루어졌음이 인정되어야 한다(대법원 2021. 8. 19. 선고 2020두30665).

농지를 전용하기 위하여 농지전용허가 등을 받아야 하는지는 전용 당시 관계 법령에 따라 달라진다. 즉, 1972. 12. 18. 법률 제2373호로 구 「농지의 보전 및 이용에 관한 법률」이 제정되어 1973. 1. 1. 시행되기 전에는 구 도시계획법상 도시계획구역, 구 수출산업공업단지개발조성법상 공업단지 예정지, 구 지방공업개발법상 공업개발장려지구 밖에 있는 농지의 전용에 대하여는 원칙적으로 허가나 신고 등이 불필요하였다. 그러다가 1973. 1. 1. 이후부터는 농지를 전용하려면 원칙적으로 관할 행정청 등의 허가 등이 필요하게 되었다[구 「농지의 보전 및 이용에 관한 법률」(1975. 12. 31. 법률 제2837호로 전부 개정되기 전의 것) 제3조, 구 「농지의 보전 및 이용에 관한 법률」(1994. 12. 22. 법률 제4817호 농지법 부칙 제2조로 폐지되기 전의 것) 제4조, 구 농지법(2007. 4. 11. 법률 제8352호로 전부 개정되기 전의 것) 제36조, 농지법 제34조]. 다만 그 예외 중 하나로, 농지를 '농가주택 및 그 부속시설의 부지'로 사용하는 경우에는 일정한 요건에 해당하면 예외적으로 허가나 신고 등을 요하지 아니하였는데[구 「농지의 보전 및 이용에 관한 법률」(1975. 12. 31. 법률 제2837호로 전부 개정되기 전의 것) 제3조 제1항 제3호, 구 「농지의 보전 및 이용에 관한 법률」(1994. 12. 22. 법률 제4817호 농지법 부칙 제2조에 의하여 폐지되기 전의 것) 제4조 제1항 제2호], 구 농어촌발전특별조치법이 제정, 시행된 1990. 4. 7. 이후부터는 관할 행정청 등의 허가 또는 신고 등이 필요하게 되었다[구 농어촌발전특별조치법(1994. 12. 22. 법률 제4817호로 개정되기 전의 것) 제47조 제1항 제1호, 구 농지법(2007. 4. 11. 법률 제8352호로 전부 개정되기 전의 것) 제37조 제1항 제1호, 농지법 제35조 제1항 제1호].

따라서 농지법상 '농지'였던 토지가 불법 전용된 것이어서 농지로 원상회복되어야 하는지 여부를 판단하기 위하여는 단순히 농지였던 토지가 현재 다른 용도로 이용되고 있다는 점만으로는 부족하고, 농지의 전용 당시 관계 법령에 의하여 농지전용허가 등 의무가 존재하였고 그럼에도 그 허가 등을 받지 아니하고 전용이 이루어졌음이 인정되어야 할 것이다.

(3) 무허가 농지전용죄의 성격

농지법 제2조 제7호에서 말하는 '농지의 전용'이 이루어지는 태양은, 첫째로 농지에 대하여 절토, 성토 또는 정지를 하거나 농지로서의 사용에 장해가 되는 유형물을 설치하는 등으로 농지의 형질을 외형상으로뿐만 아니라 사실상 변경시켜 원상회복이 어려운 상태로 만드는 경우가 있고, 둘째로 농지에 대하여 외부적 형상의 변경을 수반하지 않거나 외부적 형상의 변경을 수반하더라도 사회통념상 원상회복이 어려운 정도에 이르지 않은 상태에서 그 농지를 다른 목적에 사용하는 경우 등이 있을 수 있다.

① 전자의 경우와 같이 농지전용행위 자체에 의하여 당해 토지가 농지로서의 기능을 상실하여 그 이후 그 토지를 농업생산 등 외의 목적으로 사용하는 행위가 더 이상 '농지의 전용'에 해당하지 않는다고 할 때에는, 허가 없이 그와 같이 농지를 전용한 죄는 그와 같은 행위가 종료됨으로써 즉시 성립하고 그와 동시에 완성되는 즉시범이라고 보아야 한다.

② 후자의 경우와 같이 당해 토지를 농업생산 등 외의 다른 목적으로 사용하는 행위를 여전히 농지전용으로 볼 수 있는 때에는 허가 없이 그와 같이 농지를 전용하는 죄는 계속범으로서 그 토지를 다른 용도로 사용하는 한 가벌적인 위법행위가 계속 반복되고 있는 계속범이라고 보아야 한다(대법원 2009. 4. 16. 2007도6703).

※ 무허가 농지전용죄의 성격은 공소시효의 기산점과 관련이 있는데, 무허가 농지전용죄를 즉시범이라고 보면 농지전용을 완료한 때부터 공소시효가 진행되는 반면, 계속범이라고 보면 농지를 타용도로 사용하는 동안 공소시효가 진행하지 않고 농지로 원상복구한 때부터 공소시효가 진행하게 된다.

(4) 농지전용허가 없이 조경목적으로 잔디밭 등을 조성하는 행위는 농지전용죄가 성립 (서울고등법원 2012. 4. 13. 2012노244)

누구든지 농업진흥구역 밖의 농지를 전용하고자 하는 경우 관할관청의 농지전용허가를 받아야 한다.

피고인은 2008. 4.경 위 화성시 팔탄면 구장리 (지번 1 생략), (지번 2 생략), (지번 4 생략) 번지 농지에서, 위 농지 중 합계 1,301㎡를 절토 또는 성토하여 평평하게 만들고 잔디를 심어 공소외 1 회사연수원에 부속된 운동장, 진입로 및 조경부지 등의 용도로 사용함으로써 관할관청의 허가 없이 농지를 전용하였다(서울고등법원 2012. 4. 13. 2012노244).

(5) 농지의 지목이 잡종지더라도 농지전용허가 없이 다른 목적으로 사용하면 농지전용 죄가 성립(대법원 2007. 5. 31. 2006두8235)

원심은 채택 증거를 종합하여 판시와 같은 사실을 인정한 다음, 이 사건 각 토지가 1979년경 부터 1992년 또는 1993년경까지 벼의 경작지로 이용된 적이 있었고 그 상태에서 별도의 절차 없이 전용되어 현재에 이르렀으며, 피고에 의해 최근까지 행정상 답으로 조사·관리되어 왔다고 하더라도, 이 사건 각 토지는 원래 농지로 이용될 것이 전제되지 않았던 잡종지로서 농업진흥지역 또는 농업보호구역 밖에 있어 농지 보전의 필요성이 상대적으로 강하다고 보이지 아니하고, 1992년 또는 1993년경 이후부터 10여 년이 지나 이 사건 처분이 있기 전까지는 이 사건 각 토지가 더 이상 농작물의 경작 등에 이용된 바 없이 건물부지, 주차장, 야적장, 축구장, 체력단련장 등으로 이용되어 왔으며, 그 현상이 변경되기 전인 벼의 경작지로 원상회복하기 위하여는 이미 성토되고 조성된 부지를 제거하는 데에 결코 적지 않은 비용이 소요될 것으로 보여, 이 사건 각 토지는 이미 농지로서의 현상을 상실하였고 그 변경 상태가 일시적이거나 농지로서의 원상회복이 용이하게 이루어질 수 있다고 보기 어렵다는 이유로, 이 사건 각 토지는 이 사건 처분 당시 농지조성비 부과대상이 되는 농지법 소정의 농지에 해당하지 않는다고 판단하였다.

그런데 기록에 의하면, 이 사건 각 토지상의 건물이나 주차장, 잔디 등은 농지전용허가나 농지전용협의 없이 설치 또는 식재된 것인 점, 위 건물의 면적은 이 사건 각 토지의 전체 면적인 16,747㎡ 중 극히 일부인 170㎡에 불과한 점, 주차장에 깔린 자갈이나 쌓여져 있는 흙 및 잔디도 이를 쉽게 걷어낼 수 있을 것으로 보이는 점, 원고는 1994년과 1997년에 이 사건 각 토지의 인근 잡종지에 공장을 설립할 당시에도 농지전용협의를 거쳐 농지전용에 따른 농지조성비를 부과 받았고, 그때로부터 불과 3년여가 지난 시점에서 이 사건 각 토지를 매수하고는 불법으로 형질을 변경한 점 등을 알 수 있는바, 사정이 이와 같다면 이 사건 각 토지는 농지로서의 성질을 완전히 상실하여 농지로 회복하는 것이 불가능한 상태에 있었던 것이 아니라, 농지로서의 성질을 일시적으로 상실한 상태에 있었고 그 원상회복이 비교적 용이하다고 보이므로, 여전히 농지법 소정의 농지에 해당한다고 할 것이다.

그럼에도 불구하고, 원심은 이와 달리 이 사건 각 토지가 원래 농지로 이용될 것이 전제되지 않았던 잡종지로서 농지 보전의 필요성이 상대적으로 강하다고 보이지 아니한다는 등의 이유로 그 변경 상태의 일시성이나 원상회복의 용이성을 인정함에 있어 공부상 지목이 전·답·과수원인 토지와 다른 기준을 적용하여 원상회복이 용이하게 이루어지기 어렵다고 보았는바, 이러한 원심판결에는 농지법 소정의 농지에 대한 법리오해 등의 위법이 있고, 이러한 위법은 판결에 영향을 미쳤음이 분명하다. 이 점을 지적하는 상고이유의 주장은 이유 있다(대법원 2007. 5. 31. 2006두8235).

(6) 농지담당 공무원이 농지전용허가를 하여 주어서는 안 됨을 알면서도 허가하여 줌이 타당하다는 취지의 현장출장복명서 및 심사의견서를 작성하여 결재권자에게 제출하면 허위공문서작성, 동행사죄가 성립

피고인은 1991. 10. 21. 공소외 1로부터 위 농지에 관한 일시전용허가 신청서를 접수하고 위와 같이 위 농지의 불법전용사실을 확인하였으므로 불법전용된 농지를 원상복구하고 적법절차를 거쳐 다시 신청을 하기 전에는 위 농지의 전용을 허가하여 주어서는 아니 됨을 직무상 잘 알고 있음에도 불구하고 위 농지의 일시전용허가를 하여 주기 위하여, 행사할 목적으로, 같은 달 24. 현장출장복명서를 작성하면서 위와 같은 불법농지전용사실은 일체 기재하지 아니한 채 복명자 의견란에 위 농지에 출장하여 확인 조사한 결과 경지지역 내에 석산개발을 위한 진입로를 시설코자 하는바, 허가하여 줌이 타당하다고 사료되어 허가코자 한다라는 취지로 기재하고, 심사의견서를 작성하면서 종합의견란에 적합하다는 표시를 하고 그 이유로서 위 복명서와 같은 취지로 기재하여 그 직무에 관하여 허위의 공문서인 복명서 1매 및 심사의견서 1매를 각 작성하고, 그 무렵 결재를 위하여 위 허위 작성된 복명서 1매 및 심사의견서 1매를 마치 진정하게 작성된 것처럼 산업과장, 군수에게 제출하여 이를 각 행사한 사실을 인정한 다음, 피고인의 위 각 소위를 허위공문서작성, 동행사죄로 의율처단하고 있는바, 기록을 살펴보면 원심의 위와 같은 사실인정과 판단은 정당한 것으로 수긍이 가고, 거기에 소론과 같이 채증법칙에 위배하여 사실을 오인하거나 허위공문서작성, 동행사죄에 대한 법리를 오해한 위법이 있다고 할 수 없다(대법원 1993. 12. 24. 92도3334).

사. 농지의 지목변경 제한

1) 농지의 지목변경 허용대상

다음 각 호의 어느 하나에 해당하는 경우 외에는 농지를 전·답·과수원 외의 지목으로 변경하지 못한다(농지법 제41조 제1항).

1. 농지법 제34조 제1항에 따라 농지전용허가를 받거나 같은 조 제2항에 따라 농지를 전용한 경우
2. 농지법 제34조 제1항 제4호에 규정된 목적으로 농지를 전용한 경우
   (농지법 제34조 제1항 제4호:「산지관리법」제14조에 따른 산지전용허가를 받지 아니하거나 같은 법 제15조에 따른 산지전용신고를 하지 아니하고 불법으로 개간한 농지를 산림으로 복구하는 경우)
3. 농지법 제35조(농지전용신고) 또는 제43조(농지전용허가의 특례)에 따라 농지전용신고를 하고 농지를 전용한 경우
4. 「농어촌정비법」제2조 제5호 가목 또는 나목에 따른 농어촌용수의 개발사업이나 농업생산기반 개량사업의 시행으로 이 법 제2조 제1호 나목에 따른 토지의 개량 시설의 부지로 변경되는 경우
5. 시장·군수·자치구구청장이 천재지변이나 그 밖의 불가항력(不可抗力)의 사유로 그 농지의 형질이 현저히 달라져 원상회복이 거의 불가능하다고 인정하는 경우

2) 농지의 지목변경 신청의무(2025년 1월 3일부터 시행)

토지소유자는 농지의 지목변경 허용대상(농지법 제41조 제1항)으로 토지의 형질변경 등이 완료·준공되어 토지의 용도가 변경된 경우 그 사유가 발생한 날부터 60일 이내에 「공간정보의 구축 및 관리 등에 관한 법률」제2조 제18호에 따른 지적소관청에 지목변경을 신청하여야 한다(농지법 제41조 제1항).

3) 지목변경 신청의무 미이행시 처벌(2025년 1월 3일부터 시행)

토지소유자가 농지의 지목변경 신청의무를 준수하지 아니한 경우 300만원 이하의 과태료가 부과된다(농지법 제64조 제2항 제1호).

아. 농지분야협의

1) 농지분야협의제도

관계 행정기관의 장은 다른 법률에 따라 농지를 특정 용도로 이용하기 위하여 지역·지구 및 구역 등으로 지정하거나 결정하려면 농지의 종류 및 면적 등의 구분에 따라 농림축산식품부장관과 미리 협의하여야 한다. 협의한 사항(경미한 사항은 제외한다)을 변경하려는 경우에도 또한 같다(농지법 제43조의2, 농지법상 농지분야협의규정은 2025년 1월 3일부터 시행한다). 협의의 범위, 기준 및 절차 등에 필요한 사항은 농지법 시행령에 위임되었으나, 아직 규정이 마련되지 아니한 상태이다.

아래에서는 「국토의 계획 및 이용에 관한 법률」을 중심으로 농지분야협의를 살펴보겠다.

2) 광역도시계획·도시기본계획

가) 정의

(1) 광역도시계획

국토교통부장관 또는 도지사가 둘 이상의 특별시·광역시·특별자치시·특별자치도·시 또는 군의 공간구조 및 기능을 상호 연계시키고 환경을 보전하며 광역시설을 체계적으로 정비하기 위하여 광역계획권으로 지정하고, 지정한 광역계획권의 장기발전방향을 제시하는 계획을 말한다(「국토의 계획 및 이용에 관한 법률」 제2조 제1호, 제10조 제1항).

(2) 도시기본계획

특별시장·광역시장·특별자치시장·특별자치도지사·시장 또는 군수가 관할 구역에 대하여 기본적인 공간구조와 장기발전방향을 제시하는 종합계획으로서 도시·군관리계획 수립의 지침이 되는 계획을 말한다(「국토의 계획 및 이용에 관한 법률」 제2조 제3호, 제18조 제1항)

나) 협의권자

협의권자는 농림축산식품부장관이다.

다) 협의서류

광역도시계획·도시기본계획(변경) 협의시 협의요청자는 협의요청서에 다음 각 호의 서류를 첨부하여야 한다(「농지전용업무처리규정」 별표 3).

1. 입안자의 입안사유
2. 시장·군수 및 시·도지사의 농지분야 의견서 1부(별지 제3호서식)
3. 광역도시계획 또는 도시기본계획(안) 1부. * 요약서로 대체 가능
4. 광역도시계획 또는 도시기본계획 도면 1부
   ※ 경지정리여부 등 농지상태를 알아 볼 수 있도록 농지현황이 표시된 도면 사용
5. 토지편입 일반현황

라) 협의의견 회신

협의 요청을 받은 농림축산식품부장관은 특별한 사유가 없으면 그 요청을 받은 날부터 30일 이내에 협의요청자에게 협의의견을 제시하여야 한다(「국토의 계획 및 이용에 관한 법률」 제16조 제3항, 제22조 제2항).

3) 도시관리계획

가) 정의

"도시·군관리계획"이란 특별시·광역시·특별자치시·특별자치도·시 또는 군의 개발·정비 및 보전을 위하여 수립하는 토지 이용, 교통, 환경, 경관, 안전, 산업, 정보통신, 보건, 복지, 안보, 문화 등에 관한 다음 각 호의 계획을 말한다(「국토의 계획 및 이용에 관한 법률」 제2조 제4호).

1. 용도지역·용도지구의 지정 또는 변경에 관한 계획
2. 개발제한구역, 도시자연공원구역, 시가화조정구역(市街化調整區域), 수산자원보호구역의 지정 또는 변경에 관한 계획
3. 기반시설의 설치·정비 또는 개량에 관한 계획
4. 도시개발사업이나 정비사업에 관한 계획
5. 지구단위계획구역의 지정 또는 변경에 관한 계획과 지구단위계획
6. 입지규제최소구역의 지정 또는 변경에 관한 계획과 입지규제최소구역계획

나) 협의권자

도시관리계획의 결정(변경) 또는 도시관리계획이 결정(변경)된 것으로 보는 산업단지·택지개발예정지구·전원개발사업구역 및 예정구역의 지정·변경 그 밖에 이와 유사한 토지이용계획의 지정·변경(이하 "도시관리계획변경등"이라 한다)의 협의권자는 다음 각 호와 같다(「농지전용업무처리규정」 제17조).

1. 농업진흥지역안의 농지가 1ha 이상 편입되는 경우: 농림축산식품부장관
2. 농업진흥지역밖의 농지가 20ha 이상 편입되는 경우: 농림축산식품부장관
3. 농업진흥지역안의 농지가 1ha 미만 편입되는 경우: 시·도지사
4. 농업진흥지역밖의 농지가 20ha 미만 편입되는 경우: 시·도지사
   다만, 「국토의 계획 및 이용에 관한 법률」 제36조에 따른 자연녹지지역, 계획관리지역의 농업진흥지역 밖 농지에 대하여는 시·도지사에게 모두 위임
5. 변경 협의 농지가 감소하는 경우(주요 개발계획이 변경되는 경우는 제외): 시·도지사
6. 변경 협의 농지가 총 1ha 미만 증가되거나 농업진흥지역내 농지의 면적이 1ha 미만 증가하는 경우(주요 개발계획이 변경되는 경우는 제외): 시·도지사

다) 협의서류

도시관리계획변경 등의 협의요청서에 첨부하는 서류는 아래와 같다(「농지전용업무처리규정」 제18조).

(1) 도시관리계획결정(변경) 협의의 경우

① **적용대상:** 「국토의 계획 및 이용에 관한 법률」상 도시관리계획결정(변경)에 따른 협의와 도시관리계획 결정(변경)이 의제 또는 이와 유사한 협의(산업단지·택지개발예정지구·전원개발사업 구역·기업도시개발구역·도시개발구역, 개발촉진지구 및 동 예정구역의 지정·변경 등)

② **첨부서류**

1. 도시관리계획결정(변경)안(또는 산업단지등 지구·구역지정안)개요서 및 도시(군)관리계획결정도
2. 토지편입현황
3. 농지분야협의도(위치도 겸용)
4. 농업생산기반시설부지 편입여부 및 편입시 그 조서, 관계부서 의견
5. 초지편입현황 및 관계부서 의견

(2) 도시관리계획결정(변경) 협의 중 도시지역 확장의 경우

1. 도시관리계획변경(안) 1부. * 요약서로 대체 가능
2. 시장·군수·구청장 및 시·도지사 농지분야 협의의견서 : 〈별지 제4호서식〉
3. 도시관리계획도면 1부. * 필요시 위치도(1/25,000 이상) 첨부
4. 농지분야 협의도 〈별표 8〉 * 필요시 상세도(1/5,000) 첨부
   ※농지상태를 알아 볼 수 있도록 농지현황이 표시된 도면사용
5. 「초지법」에 의하여 조성된 초지편입 여부, 면적, 조성년도
6. 한국농어촌공사 관리지역내의 농지편입여부(주거·상업·공업지역 및 각종 도시계획시설로 편입시 해당)
   - 지사장의 의견서 첨부(편입농지가 있을 경우)
7. 경지정리, 농업용수 개발 관리지역 면적 및 시행년도(〈별표 7〉-1-나)
8. 도시지역내의 용도지역별 현황
9. 확장 예정 도시지역내의 농지편입 현황(주거·상업·공업지역 및 도시계획 시설)
10. 도시지역내의 인구밀도

(3) 도시관리계획결정(변경) 협의 중 관리지역 세분화의 경우

1. 시장·군수·구청장 및 시·도지사 농지분야 협의의견서 : 〈별지 제5호서식〉
2. 도시관리계획결정(안) 1부.
3. 도시관리계획도면 1부.
4. 농지분야 협의도
   가. 총괄도 1부(1/25,000 농지도)
   나. 세분화 용도지역별 도면 각 1부(1/25,000 농지도)
   다. 세분화 용도지역별 상세도면 각 1부(1/12,000 내외 농지도)
   ※ 나)와 다)는 전·답·기타농지 구분표시하고, 계획관리·생산관리·보전관리지역별 농지상태를 알아 볼 수 있도록 각각 1부씩 작성
5. 관리지역내의 세분화된 용도지역별 현황
   가. 편입토지 총괄표
   나. 용도지역별 편입토지 비율
   다. 편입토지 세부현황
6. 용도지역 세분화시 적용한 구체적 기준

라) 첨부서류의 확인

지방자치단체의 장이 도시관리계획변경등에 관하여 협의하고자 하는 경우에는 미리 해당 지방자치단체의 농지부서로 하여금 위 서류가 적정하게 첨부되어 있는지 여부를 확인하게 하고 관계서류에 농지분야 협의의견서를 첨부하여 제출하여야 하며, 협의권자가 농림축산식품부장관일 경우에는 시·도지사(농지부서)가 관계서류를 재확인하고 농지분야 협의의견서를 첨부하여야 한다. 시·도지사 또는 시장·군수·구청장이 작성하는 농지분야 협의의견서에는 다음 각 호에 관한 의견이 반드시 포함되어야 한다(「농지전용업무처리규정」 제19조).

1. 해당농지의 생산성 및 보전가치
2. 사업시행시 인근농지 또는 농업환경에 미치는 영향
3. 피해가 있을 경우 피해방지계획의 타당성
4. 농업진흥지역 농지인 경우 해당농지 이외의 활용 가능한 토지유무

마) 협의의견 회신

협의 요청을 받은 협의권자은 특별한 사유가 없으면 그 요청을 받은 날부터 30일 이내에 협의요청자에게 협의의견을 제시하여야 한다(「국토의 계획 및 이용에 관한 법률」 제30조 제1항).

최근 5년간 농지전용 현황

1. 농지전용 면적·건수

(단위 : ha, 건)

구 분	2018	2019	2020 (A)	2021 (B)	2022 (C)	증감율 (%)	
						(B-A)/A	(C-B)/B
면 적	16,303	16,466	17,430	19,435	16,666	11.5	△14.2
논	7,824	7,733	7,712	9,026	8,622	17.0	△4.5
밭	8,479	8,733	9,718	10,409	8,044	7.1	△22.7
건 수	88,982	78,796	80,026	83,207	82,094	4.0	△1.3

출처: 농림축산식품부

2. 전용방식별 면적

(단위 : ha)

구 분	2018	2019	2020 (A)	2021 (B)	2022 (C)	증감율 (%)	
						(B-A)/A	(C-B)/B
계	16,302	16,467	17,429	19,435	16,666	11.5	△14.2
허가(협의)	16,101	16,311	17,266	19,282	16,568	11.7	△14.1
신고	201	156	163	152	98	△6.7	△35.5

출처: 농림축산식품부

3. 전용용도별 면적

(단위 : ha)

구 분	2018	2019	2020 (A)	2021 (B)	2022 (C)	증감율 (%)	
						(B-A)/A	(C-B)/B
계	16,303	16,467	17,429	19,435	16,666	11.5	△14.2
공 공 시 설	4,278	5,015	6,097	4,959	6,783	△18.7	36.8
주 거 시 설	2,315	2,849	2,392	5,558	2,408	132.4	△56.7
공 업 시 설	1,847	1,429	2,335	2,071	1,129	△11.3	△45.5
농 어 업 시 설	547	522	663	564	501	△14.9	△11.2
기 타*	7,316	6,652	5,942	6,283	5,845	5.7	△7.0

* 근린생활시설, 체육시설, 교육시설, 숙박시설, 태양광시설 등

출처: 농림축산식품부

연도별·용도구역별 농지전용 현황

(단위 : ha)

연도별	합 계			농업진흥지역 안			농업진흥지역 밖		
	계	답	전	계	답	전	계	답	전
2001	10,209	5,346	4,863	2,376	1,850	526	7,833	3,496	4,337
2002	13,275	7,016	6,259	3,118	2,404	714	10,157	4,612	5,545
2003	12,996	6,951	6,045	2,810	2,213	597	10,186	4,738	5,448
2004	15,686	8,525	7,161	3,124	2,414	710	12,562	6,111	6,451
2005	15,659	8,743	6,916	3,826	3,070	756	11,833	5,673	6,160
2006	16,215	8,159	8,056	2,904	2,116	788	13,311	6,043	7,268
2007	24,666	14,380	10,286	5,125	4,159	966	19,541	10,221	9,320
2008	18,215	9,977	8,238	3,190	2,645	545	15,025	7,332	7,693
2009	22,680	12,867	9,813	4,004	3,207	797	18,676	9,660	9,016
2010	18,732	9,843	8,889	2,429	1,888	541	16,303	7,955	8,348
2011	13,329	6,901	6,428	2,526	1,888	638	10,803	5,013	5,790
2012	12,677	6,637	6,040	2,334	1,841	493	10,343	4,796	5,547
2013	10,960	5,595	5,365	1,963	1,603	360	8,997	3,992	5,005
2014	10,718	5,236	5,482	1,786	1,438	348	8,932	3,798	5,134
2015	12,303	5,906	6,397	2,032	1,600	432	10,271	4,306	5,965
2016	14,145	6,982	7,163	2,425	1,973	452	11,720	5,006	6,714
2017	16,296	8,320	7,976	2,834	2,147	687	13,462	6,173	7,289
2018	16,303	7,824	8,479	2,310	1,803	507	13,993	6,021	7,972
2019	16,467	7,734	8,733	2,935	2,240	695	13,532	5,494	8,038
2020	17,429	7,711	9,718	2,181	1,509	672	15,248	6,202	9,046
2021	19,435	9,026	10,409	2,803	1,970	833	16,632	7,056	9,576
2022	16,666	8,622	8,044	4,171	3,532	639	12,495	5,090	7,405

출처: 농림축산식품부

연도별·용도별 농지전용 현황

(단위 : 천ha)

연도별	총면적	공공시설	주택시설	학교시설	공업시설	농어업시설	기 타
1975	515	130	47	15	13	35	275
1976	502	343	45	25	19	29	41
1977	1,397	549	38	68	65	70	607
1978	1,192	178	274	30	183	146	381
1979	1,245	265	324	156	201	85	214
1980	975	242	264	47	125	30	267
1981	1,521	987	165	65	49	29	226
1982	1,233	519	174	136	49	28	327
1983	1,987	1,205	255	105	88	74	260
1984	1,933	762	585	89	145	32	320
1985	2,122	1,266	296	61	200	50	249
1986	2,563	1,171	910	101	101	159	121
1987	3,542	2,191	286	79	485	177	324
1988	4,844	2,481	1,165	47	224	252	675
1989	7,096	3,169	1,885	113	923	503	503
1990	10,593	4,402	2,229	72	2,415	593	882
1991	11,861	4,801	2,882	110	1,730	1,744	594
1992	12,255	6,065	1,465	64	1,325	2,300	1,036
1993	13,207	5,398	1,482	97	1,148	4,112	970
1994	11,984	3,495	1,722	–	1,382	3,701	1,684
1995	16,279	5,252	2,352	–	1,675	4,687	2,313
1996	16,611	5,421	2,787	–	1,602	4,282	2,519
1997	15,395	5,862	2,839	–	1,920	2,365	2,409
1998	15,141	9,253	2,080	–	1,114	1,566	1,128
1999	12,017	6,481	1,442	–	1,054	1,712	1,328
2000	9,883	4,059	1,742	–	1,142	1,581	1,359
2001	10,209	4,838	1,277	–	1,048	1,706	1,340
2002	13,275	5,857	1,971	–	1,471	2,172	1,804
2003	12,996	5,613	2,491	–	1,114	1,793	1,985
2004	15,686	6,887	3,804	–	915	1,783	2,297
2005	15,659	7,396	2,340	–	862	2,245	2,816
2006	16,215	5,593	3,517	–	1,334	2,442	3,329
2007	24,666	11,961	3,949	–	2,249	1,570	4,937
2008	18,215	8,369	2,424	–	2,490	893	4,039
2009	22,680	9,427	2,632	–	5,370	849	4,402
2010	18,732	7,603	4,378	–	2,766	768	3,217
2011	13,329	6,321	1,828	–	1,789	669	2,722
2012	12,677	5,061	3,076	–	1,617	669	2,254
2013	10,960	4,608	1,858	–	1,298	643	2,553
2014	10,718	3,950	2,311	–	1,198	597	2,662
2015	12,303	4,647	2,706	–	1,401	618	2,931
2016	14,145	4,764	3,554	–	1,852	775	3,200
2017	16,296	5,432	3,213	–	2,293	619	4,739
2018	16,303	4,278	2,315	–	1,847	547	7,316
2019	16,467	5,015	2,849	–	1,429	522	6,652
2020	17,429	6,097	2,392	15	2,335	663	5,942
2021	19,435	4,959	5,558		2,071	564	6,283
2022	16,666	6,783	2,408	–	1,129	501	5,845

* '94년부터 학교시설은 공용·공공용시설에 포함   출처 농림축산식품부

연도별·용도별 농지전용 현황(농업진흥지역 구분)

(단위 : ha)

연도별	용도별	합계	공공시설	주거시설	공업시설	농어업시설	기타
2011년	소 계	13,329	6,321	1,828	1,789	669	2,722
	진흥지역 안	2,526	2,035	122	50	250	69
	진흥지역 밖	10,803	4,286	1,706	1,739	419	2,653
2012년	소 계	12,677	5,061	3,076	1,617	669	2,254
	진흥지역 안	2,334	1,653	151	227	251	52
	진흥지역 밖	10,343	3,408	2,925	1,390	418	2,202
2013년	소 계	10,960	4,608	1,858	1,298	643	2,553
	진흥지역 안	1,963	1,415	130	65	244	109
	진흥지역 밖	8,997	3,193	1,728	1,233	399	2,444
2014년	소 계	10,718	3,950	2,311	1,198	597	2,662
	진흥지역 안	1,786	1,260	138	69	218	101
	진흥지역 밖	8,932	2,690	2,173	1,129	379	2,561
2015년	소 계	12,303	4,648	2,706	1,401	617	2,931
	진흥지역 안	2,032	1,429	155	95	227	126
	진흥지역 밖	10,271	3,219	2,551	1,306	390	2,805
2016년	소 계	14,145	4,764	3,554	1,852	775	3,200
	진흥지역 안	2,420	1,527	255	124	319	195
	진흥지역 밖	11,725	3,237	3,299	1,728	456	3,005
2017년	소 계	16,296	5,432	3,213	2,293	619	4,739
	진흥지역 안	2,834	1,641	319	273	258	343
	진흥지역 밖	13,462	3,791	2,894	2,020	361	4,396
2018년	소 계	16,303	4,278	2,315	1,847	547	7,316
	진흥지역 안	2,310	1,241	158	308	244	359
	진흥지역 밖	13,993	3,037	2,157	1,539	303	6,957
2019년	소 계	16,467	5,015	2,849	1,429	522	6,652
	진흥지역 안	2,935	1,770	177	383	235	370
	진흥지역 밖	13,532	3,245	2,672	1,046	287	6,282
2020년	소 계	17,429	6,097	2,392	2,335	663	5,942
	진흥지역 안	2,181	1,325	249	41	273	293
	진흥지역 밖	15,248	4,772	2,143	2,294	390	5,649
2021년	소 계	19,435	4,959	5,558	2,071	564	6,283
	진흥지역 안	2,803	1,328	435	277	239	523
	진흥지역 밖	16,632	3,631	5,123	1,794	325	5,760
2022년	소 계	16,666	6,783	2,408	1,129	501	5,845
	진흥지역 안	4,171	3,451	111	91	203	315
	진흥지역 밖	12,495	3,332	2,297	1,038	298	5,530

제8장
농지보전부담금

제8장 농지보전부담금

가. 농지보전부담금제도

농지의 보전·관리 및 조성을 위한 부담금(이하 "농지보전부담금"이라 한다)은 농지의 보전·관리 및 조성을 조성하는 데 필요한 자원을 확보하기 위하여 원인자 부담 원칙에 따라 농지를 다른 용도로 전용하는 사업자에게 부과하는 경제적 부담을 말한다. 다만 농지가 도로·철도 등 공공시설, 산업단지 등 중요 산업시설로 전용되어 공공복리에 기여하거나 농어업용 시설 등으로 전용되어 농어민의 후생이 증진되는 경우에는 농지전용부담금이 감면된다.

농지보전부담금제도의 연혁을 살펴보면, 농지전용사업자에 대해 국민식량의 공급기반인 농지의 대체조성 비용으로 부과한 대체농지조성비제도(1976년)와 농지전용으로 발생하는 개발이익을 환수하여 농어촌 구조개선 사업 재원으로 활용하기 위해 부과한 농지전용부담금제도(1992년)가 2002년 농지조성비제도로 통합되었다. 농지조성비제도는 2006년 농지보전부담금제도로 개편되었고, 가산금신설, 납부방법 변경 등 일부 개정이 있었던 것을 제외하고는 현재까지 그 체계가 그대로 유지되고 있다.

나. 농지보전부담금 납부대상

다음 각 호의 어느 하나에 해당하는 자는 농지보전부담금을 농지관리기금을 운용·관리하는 자에게 내야 한다(농지법 제38조 제1항).

1. 농지법 제34조 제1항에 따라 농지전용허가를 받는 자(다른 법률에 따라 농지전용허가가 의제되는 협의를 거친 농지를 전용하려는 자 포함)
2. 농지법 제34조 제2항 제1호에 따라 농지전용협의를 거친 지역 예정지 또는 시설 예정지에 있는 농지(같은 호 단서에 따라 협의 대상에서 제외되는 농지를 포함한다)를 전용하려는 자
3. 농지법 제34조 제2항 제1호의2에 따라 농지전용에 관한 협의를 거친 구역 예정지에 있는 농지를 전용하려는 자
5. 농지법 제34조 제2항 제2호에 따라 농지전용협의를 거친 농지를 전용하려는 자
6. 농지법 제35조(농지전용신고)나 제43조(영농여건불리농지의 전용)에 따라 농지전용신고를 하고 농지를 전용하려는 자

다. 농지보전부담금을 부과하기 위한 전제조건(농지법상 농지)

농지법 제38조 제1항, 제4항, 제5항, 제7항 및 같은 법 시행령 제53조에 따르면, 농지전용허가·협의·신고절차를 거친 후 농지를 전용하려는 자는 농지전용허가·신고 수리(다른 법률에 따라 농지전용허가·신고가 의제되는 경우를 포함한다) 전까지 전용면적에 비례하여 산정된 농지보전부담금을 납부하여야 하고, 일단 농지보전부담금을 납부하였다가 허가가 취소되거나 허가를 받지 못한 경우, 사업계획이 변경된 경우, 그 밖에 이에 준하는 사유로 전용하려는 농지의 면적이 당초보다 줄어든 경우 등에는 그에 해당하는 농지보전부담금을 환급하여야 한다.

따라서 농지보전부담금을 부과하기 위해서는 전용하려는 토지가 농지법상 농지로서 농지전용허가·협의·신고절차의 대상이어야 하고, 농지보전부담금은 원칙적으로 농지전용허가·신고 수리 전에 그에 따른 농지전용면적을 기준으로 산정·부과되어 납부까지 이루어져야 한다(대법원 2018. 10. 25. 2018두43095).

라. 농지보전부담금 부과 및 징수절차

1) 부과권자

농지보전부담금 부과권자는 농림축산식품부장관이나 농지법 시행령 제71조에 따라 아래와 같이 시·도지사 또는 시장·군수·자치구청장에게 위임된다.

가) 전용면적에 따른 농지전용허가권한

전용면적에 따른 부과권자는 아래 표와 같다(농지법 시행령 제71조).[75]

농지구분	농림축산식품부장관	시·도지사	시장·군수·구청장
도시지역에 주거·상업·공업지역 또는 도시지역에 도시계획시설 지정·결정 지역 안 농지(농지법 제34조 제2항1호)	–	–	제한 없음
계획관리지역에 지정하는 지구단위계획구역 안의 농지	–	–	제한 없음
농지전용 신고한 농지	–	–	제한 없음
농업진흥지역 안 농지	30,000㎡ 이상	3,000㎡~30,000㎡	3,000㎡ 미만
농업진흥지역 밖 농지	300,000㎡ 이상	30,000㎡~300,000㎡	30,000㎡ 미만
농림축산식품부장관과의 협의를 거쳐 지정되거나 결정된 지역·지구·구역·단지 등의 안의 농지(농지법 시행령 별표 3)	–	100,000㎡ 이상	100,000㎡ 미만
대상농지가 둘 이상의 시·도 또는 시·군·구에 걸친 농지	대상농지가 둘 이상의 시·도에 걸치는 농지	대상농지가 둘 이상의 시·군·구에 걸치는 농지	–

---

75 농림축산식품부, 「2023년 농지업무편람」, 2023., 제433쪽

나) 농지전용허가 권한을 위임하는 지역 등

농림축산식품부장관과의 협의를 거쳐 지역·지구·구역·단지·특구 등(이하 "지역 등"이라 한다)으로 지정되거나 결정되어 농지보전부담금 부과권한이 시·도지사 또는 시장·군수·자치구청장에게 위임된 지역 등은 아래 표와 같다(농지법 시행령 별표 3).

[농지전용허가 권한을 위임하는 지역 등의 범위(농지법 시행령 별표 3)]

근거법령	지역 등
1. 「경제자유구역의 지정 및 운영에 관한 특별법」 제4조	경제자유구역
2. 「혁신도시 조성 및 발전에 관한 특별법」 제6조	혁신도시개발예정지구
3. 「관광진흥법」 제52조	관광지·관광단지
4. 「국토의 계획 및 이용에 관한 법률」 제30조·제43조	도시·군계획시설 예정지(도시지역 외의 지역만 해당한다)
5. 「국토의 계획 및 이용에 관한 법률」 제51조 제3항	지구단위계획구역(도시지역 외의 지역만 해당한다)
6. 「기업도시개발 특별법」 제5조	기업도시개발구역
7. 「도시개발법」 제2조 제1호	도시개발구역
8. 「물류시설의 개발 및 운영에 관한 법률」 제2조 제6호	물류단지
9. 「공공주택 특별법」 제6조	공공주택지구
10. 「산업입지 및 개발에 관한 법률」 제2조 제8호·제40조의2	산업단지 및 공장입지 유도지구
11. 「전원개발촉진법」 제5조·제11조	전원개발사업구역 및 전원개발사업 예정구역
12. 「택지개발촉진법」 제3조	택지개발지구
13. 「규제자유특구 및 지역특화발전특구에 관한 규제특례법」 제2조 제2호	지역특화발전특구
14. 「연구개발특구의 육성에 관한 특별법」 제2조 제1호	연구개발특구

비고: 제13호 및 제14호에 해당하는 특구는 2023년 11월 1일 이후 농림축산식품부장관(그 권한을 위임받은 자를 포함한다)과의 협의를 거쳐 지정된 지역특화발전특구 또는 연구개발특구로 한정한다.

2) 농지보전부담금의 사전납부

농지를 전용하려는 자는 농지전용의 허가 또는 신고 수리 전에 농지보전부담금의 전부 또는 일부를 선납하여야 농림축산식품부장관, 시장·군수·자치구구청장로부터 농지전용허가 또는 신고 수리를 받을 수 있다. 이와 마찬가지로 농지법 제34조 제2항 소정의 농지전용협의에 따라 농지보전부담금의 납부대상이 되는 농지의 전용이 수반되는 인가·허가·승인·신고 수리 등(이하 "인가등"이라 한다)을 신청하는 자도 인가등 전에 농지보전부담금을 미리 납부하여야 하며, 관계 행정기관의 장은 농지보전부담금이 납부되었는지 확인한 후 인가등을 하여야 한다(농지법 시행령 제45조).

3) 농지보전부담금 부과를 위한 행정처리절차

가) 농지전용허가 또는 농지전용신고의 경우

시장·군수·자치구구청장은 농지전용의 허가 또는 신고 수리 전에 농지보전부담금의 전부 또는 일부를 미리 납부하게 하려는 경우에는 농지의 면적, 농지보전부담금의 ㎡당 금액 및 감면비율 등 농지보전부담금의 부과에 필요한 사항을 기재한 부과명세서에 부속서류를 첨부하여 농림축산식품부장관 또는 시·도지사에게 통지하여야 한다(농지법 시행령 제46조 제2항). 시장·군수·자치구구청장은 위 통지 내용이 변경되거나 누락 또는 흠이 있으면 지체 없이 그 사실을 농림축산식품부장관, 시·도지사에게 통지 또는 통보하여야 한다(농지법 시행령 제46조 제3항).

나) 농지법 제34조 제2항 소정의 농지전용협의의 경우

농지법 제34조 제2항 소정의 농지전용협의에 따라 농지의 전용이 수반되는 인가등을 하려는 관계 행정기관의 장은 인가등의 신청이 있은 때에는 지체 없이 그 사실을 농림축산식품부장관(농지법 시행령 제71조 제1항 제5호 및 같은 조 제2항 제4호에 따라 농지보전부담금의 부과·징수 등에 관한 권한을 위임받은 자를 포함한다, 이하 "관할청"이라 한다) 및 해당 농지의 관할 시장·군수·자치구구청장에게 통보하여야 한다(농지법 시행령 제46조 제1항). 시장·군수·자치구구청장은 관계 행정기관의 장으로부터 위 인가등의 통보를 받은 경우에는 농지의 면적, 농지보전부담금의 ㎡당 금액 및 감면비율 등 농지보전부담금의 부과에 필요한 사항을 기재한 부과명세서에 부속서류를 첨부하여 농림축산식품부장관 또는 시·도지사에게 통지하여야 한다(농지법 시행령 제46조 제2항). 시장·군수·자치구구청장이나 관계 행정기관의 장은 위와 같이 통보 또는 통지한 내용이 변경되거나 누락 또는 흠이 있으면 지체 없이 그 사실을 농림축산식품부장관, 시·도지사나 시장·군수·자치구구청장에게 통지 또는 통보하여야 한다(농지법 시행령 제46조 제3항).

다) 시장·군수·자치구구청장의 제출서류

시장·군수·자치구구청장은 ① 납입의무자로 하여금 농지보전부담금을 선납하게 하려는 경우 또는 ② 관계 행정기관의 장으로부터 인가등의 통보를 받은 경우 농림축산식품부장관 또는 시·도지사에게 부과명세서 외에 첨부하여 제출하여야 하는 서류는 다음 각 호와 같다. 다만, 제2호 내지 제6호의 서류는 전용하는 농지의 면적이 10만㎡를 초과하는 경우에 한정하며, 전용하는 농지 모두에 대하여 농지보전부담금이 전액 감면되는 경우에는 제2호부터 제7호까지의 서류를 생략할 수 있다(농지법 시행규칙 제38조).

1. 전용대상농지의 개별공시지가확인서
2. 사업시행구역에 포함되는 토지조서
3. 사업시행구역에 포함되는 농지조서
4. 사업시행구역에 포함되는 토지의 실제 이용사항이 기재된 「감정평가 및 감정평가사에 관한 법률」에 따른 감정평가법인등이 작성한 감정평가서(「공간정보의 구축 및 관리 등에 관한 법률」 제2조 제19호에 따른 지적공부상 지목이 전·답 또는 과수원인 토지를 제외한다) 또는 시장·군수·자치구구청장의 현지조사확인서
5. 사업시행구역에 포함된 농지개량시설물부지의 조서
6. 사업시행구역 및 편입되는 농지가 표시된 지적도등본 또는 임야도등본
7. 납입보증보험증서 등 보증서(농지법 제45조 제3항에 따라 납입보증보험증서 등 보증서를 예치하는 경우에 한정)
8. 그 밖에 농림축산식품부장관이 정하는 서류

4) 농지보전부담금 부과결정

관할청은 농지보전부담금의 전부 또는 일부를 미리 납부하게 하거나 농지법 시행령 제46조에 따른 통보 또는 통지를 받은 때에는 농지보전부담금의 부과에 관한 다음 각 호의 사항을 결정하여야 한다(농지법 시행령 제47조).

1. 농지보전부담금의 부과금액
2. 농지보전부담금이 감면되는 시설인 경우에는 그 감면비율
3. 그 밖에 농지보전부담금의 징수에 필요한 사항

가) 농지보전부담금 부과금액

농지보전부담금은 다음의 산식에 따라 산출한다(농지법 제38조 제7항, 같은 법 시행령 제53조 제1항·제2항, 같은 법 시행규칙 제47조의2).

(농업진흥지역 안 농지)
농지보전부담금 = 전용하려는 농지의 면적(㎡) × 부과기준일 현재 가장 최근에 공시된 「부동산 가격공시에 관한 법률」에 따른 해당 농지의 개별공시지가의 100분의 30(㎡당 상한금액: 5만원)

(농업진흥지역 밖 농지)
농지보전부담금 = 전용하려는 농지의 면적(㎡) × 부과기준일 현재 가장 최근에 공시된 「부동산 가격공시에 관한 법률」에 따른 해당 농지의 개별공시지가의 100분의 20(㎡당 상한금액: 5만원)

나) 농지보전부담금 부과기준일

농지보전부담금 부과기준일은 다음 각 호와 같다(농지법 제38조 제7항, 같은 법 시행령 제53조 제3항·제4항).

1. 농지법 제34조 제1항에 따라 농지전용허가를 받는 경우: 허가를 신청한 날
2. 농지법 제34조 제2항에 따라 농지를 전용하려는 경우: 대통령령으로 정하는 날
3. 다른 법률에 따라 농지전용허가가 의제되는 협의를 거친 농지를 전용하려는 경우: 대통령령으로 정하는 날
4. 농지법 제35조나 제43조에 따라 농지전용신고를 하고 농지를 전용하려는 경우: 신고를 접수한 날

① 농지법 제34조 제1항에 따라 농지전용허가를 받는 경우: 허가를 신청한 날

② 농지법 제34조 제2항에 따라 농지를 전용하려는 경우: 대통령령으로 정하는 날

여기서의 "대통령령으로 정하는 날"이란 아래의 구분에 따른 날을 말한다(농지법 시행령 제53조 제3항).

㉠ 농지법 제34조 제2항 제1호에 따른 농지전용협의를 거친 지역 예정지 또는 시설 예정지 안의 농지(같은 호 단서에 따라 협의대상에서 제외되는 농지를 포함한다)를 전용하는 경우 또는 같은 항 제1호의2에 따른 농지전용협의를 거친 구역 예정지 안의 농지를 전용하는 경우에는 다음 각 목의 어느 하나에 해당하는 날

1. 「국토의 계획 및 이용에 관한 법률」 제56조 제1항 본문에 따른 개발행위허가(이하 이 조에서 "개발행위허가"라 한다)나 같은 법 제88조 제2항 본문에 따른 도시·군계획시설사업 실시계획의 인가(이하 이 조에서 "실시계획인가"라 한다) 또는 「개발제한구역의 지정 및 관리에 관한 특별조치법」 제12조 제1항 각 호 외의 부분 단서에 따라 허가를 신청한 날

2. 개발행위허가 또는 실시계획인가가 의제되는 「건축법」에 따른 건축허가를 신청한 날, 건축신고를 한 날, 그 밖에 다른 법률에 따라 해당 농지의 형질변경을 수반하는 인가·허가·사업승인·실시계획승인 등을 신청한 날 또는 신고를 한 날

3. 개발행위허가나 실시계획인가를 받지 않고 토지의 형질변경이 허용되는 경우에는 토지의 형질변경을 신청한 날

㉡ 농지법 제34조 제2항 제2호에 따라 농지전용협의를 거친 농지를 전용하려는 경우에는 개발행위허가나 실시계획인가 또는 「개발제한구역의 지정 및 관리에 관한 특별조치법」 제12조 제1항 각 호 외의 부분 단서에 따라 허가를 신청한 날

③ 다른 법률에 따라 농지전용허가가 의제되는 협의를 거친 농지를 전용하려는 경우: 대통령령으로 정하는 날

여기서의 "대통령령으로 정하는 날"이란 아래의 구분에 따른 날을 말한다(농지법 시행령 제53조 제4항).

㉠ 다른 법률에 따른 인가·허가·실시계획승인·조성계획승인 등을 신청한 날 또는 신고를 한 날

ⓒ 위 ㉠목에 해당하지 않는 경우에는 다른 법률에 따른 사업시행자·사업시행기간 또는 사업대상토지 등이 포함된 사업시행계획에 대한 농지전용허가가 의제되는 협의를 요청한 날

④ **농지법 제35조(농지전용신고)나 제43조(영농여건불리농지)에 따라 농지전용신고를 하고 농지를 전용하려는 경우: 신고를 접수한 날**

기타 부과기준일

○ 농지전용 재협의: 다른 법률에 따른 인가·허가·실시계획승인·조성계획승인 등을 신청한 날 또는 신고를 한 날(부과단가: 부과기준일의 개별공시지가)

○ 농지전용 변경협의: 농지가 추가 편입되어 면적이 증가한 경우 다른 법률에 따른 변경인가·변경허가·실시계획 변경승인·조성계획 변경승인 등을 신청한 날 또는 신고를 접수한 날(부과단가: 부과기준일의 개별공시지가)

○ 용도변경 승인: 당초 부과기준일(부과단가: 부과기준일의 개별공시지가)[76]

---

76 농림축산식품부, 「2023년 농지업무편람」, 2023., 제441쪽

5) 농지보전부담금 감면

가) 농지보전부담금 감면규정에 대한 해석원칙

부담금의 감면에 관한 법령 규정 중 명백히 특혜규정이라고 볼 수 있는 것은 엄격하게 해석하는 것이 공평원칙에 부합하므로, 농지법 또는 다른 법률에서 농지보전부담금 등을 감면할 수 있는 특혜규정을 두는 경우 공평의 원칙에 어긋나지 않도록 엄격하게 해석하여야 한다(대법원 2023. 9. 14. 2021두44944).

나) 농지보전부담금 감면대상

농림축산식품부장관은 다음 각 호의 어느 하나에 해당하면 농지보전부담금을 감면할 수 있다(농지법 제38조 제6항).

---

1. 국가나 지방자치단체가 공용 목적이나 공공용 목적으로 농지를 전용하는 경우
2. 중요 산업 시설을 설치하기 위하여 농지를 전용하는 경우
3. 농지법 다음 각 목의 어느 하나에 해당하는 시설이나 그 밖의 시설을 설치하기 위하여 농지를 전용하는 경우
   가. 농업인 주택, 어업인 주택, 농축산업용 시설(제2조 제1호 나목에 따른 개량시설과 농축산물 생산시설은 제외한다), 농수산물 유통·가공 시설
   나. 어린이놀이터·마을회관 등 농업인의 공동생활 편의 시설
   다. 농수산 관련 연구 시설과 양어장·양식장 등 어업용 시설

농지보전부담금 감면대상 및 감면비율에 대한 세부적인 사항은 아래 표와 같다(농지법 시행령 별표 2).

[농지보전부담금 감면대상 및 감면비율]

1. 국가나 지방자치단체가 공용 목적이나 공공용 목적으로 농지를 전용하는 경우(농지법 제38조 제6항 제1호 관련)

(단위: 퍼센트)

감면대상	감면비율	
	농업진흥 지역 안	농업진흥 지역 밖
가. 국가 또는 지방자치단체가 설치하는 제방·사방 등 국토 보존 시설	100	100
나. 국가 또는 지방자치단체가 설치하는 하수종말처리시설·폐수종말처리시설·분뇨처리시설·폐기물처리시설·축산폐수처리시설, 그 밖에 이에 준하는 시설	50	50
다. 국가 또는 지방자치단체가 설치하는 공용·공공용 시설(주된 사업의 부지 안에 설치되는 공용·공공용 시설을 포함한다. 다만, 주된 사업의 농지보전부담금이 감면되는 시설은 제외한다)	50	50

2. 중요 산업 시설을 설치하기 위하여 농지를 전용하는 경우(농지법 제38조 제6항 제2호 관련)

(단위: 퍼센트)

감면대상	감면비율	
	농업진흥 지역 안	농업진흥 지역 밖
가. 국가 또는 지방자치단체가 「농어촌정비법」 제78조에 따라 조성하는 농공단지(「수도권정비계획법」 제2조 제1호에 따른 수도권에 있는 농공단지로 한정한다)	0	100
나. 「산업입지 및 개발에 관한 법률」 제2조 제8호에 따른 산업단지. 다만, 다음의 어느 하나에 해당하는 경우는 제외한다. 1) 택지(「택지개발촉진법」에 따른 택지를 말한다. 이하 이 표에서 같다)로 조성하는 경우 2) 「수도권정비계획법」 제2조 제1호에 따른 수도권에 있는 산업단지를 조성하는 경우. 다만, 산업단지를 조성하기 위하여 2017년 1월 1일부터 2018년 12월 31일까지 농지전용허가(변경허가의 경우와 다른 법률에 따라 농지전용허가 또는 그 변경허가가 의제되는 경우를 포함한다. 이하 이 표에서 같다)를 신청하거나 농지전용신고(변경신고의 경우와 다른 법률에 따라 농지전용신고 또는 그 변경신고가 의제되는 경우를 포함한다. 이하 이 표에서 같다)를 하는 경우는 제외한다.	0	100

감면대상	감면비율	
	농업진흥 지역 안	농업진흥 지역 밖
다. 한국전력공사(「전력산업구조개편 촉진에 관한 법률」에 따라 한국전력공사 로부터 분할되어 설립된 신설회사를 포함한다)·한국가스공사·한국지역 난방공사·한국석유공사가 시행하는 전원설비·가스공급시설·석유저장시 설·송유관·집단에너지시설	50	50
라. 다음의 어느 하나에 해당하는 시설(택지로 조성하는 경우와 이 표의 다른 규정에 따라 감면되는 경우는 제외한다). 이 경우 1)에 대해서는 2020년 1월 1일부터 2022년 12월 31일까지 농지전용허가를 신청하거나 농지전 용신고를 하는 경우로 한정하고, 2)·3)에 대해서는 2018년 1월 1일부터 2019년 12월 31일까지 농지전용허가를 신청하거나 농지전용신고를 한 경우로 한정한다.	0	50
1) 「경제자유구역의 지정 및 운영에 관한 특별법」 제9조에 따라 실시계획 의 승인을 받아 경제자유구역에 설치하는 시설	0	50
2) 「기업도시개발 특별법」 제12조에 따라 실시계획의 승인을 받아 기업도 시개발구역에 설치하는 시설	0	50
3) 「새만금사업 추진 및 지원에 관한 특별법」 제11조에 따라 실시계획의 승인을 받아 새만금지역에 설치하는 시설		

3. 농지법 제35조 제1항 각 호에 따른 시설이나 그 밖의 시설을 설치하기 위하여 농지를 전용하는 경우(법 제38조 제6항 제3호 관련)

감면대상	감면비율	
	농업진흥 지역 안	농업진흥 지역 밖
가. 농지법 제32조 제1항 제2호에 따른 농업인의 공동생활에 필요한 편의 시설 및 이용 시설(농업진흥구역 밖에 설치하는 경우를 포함하며, 나목에 해당하는 시설은 제외한다)	100 (10,000 ㎡를 초 과 하 는 경우 그 초 과 면 적 에 대 해 서 는 50으로 한다)	100
나. 농지법 제35조 제1항 각 호의 시설 중 농지전용신고를 한 시설(다른 법률에 따라 농지전용신고가 의제되는 경우를 포함한다)	100	100

감면대상	감면비율	
	농업진흥지역 안	농업진흥지역 밖
다.「도로법」제2조에 따른 도로 및 도로의 부속물(휴게시설과 대기실은 제외한다)	100	100
라.「농어촌도로 정비법」제2조 및 제3조에 따른 농어촌도로 및 도로 부속물	100	100
마.「국토의 계획 및 이용에 관한 법률」제2조 제6호에 따른 도로	100	100
바.「산림자원의 조성 및 관리에 관한 법률」제9조에 따른 임도	100	100
사.「철도사업법」제2조 제4호에 따른 사업용철도 중 다음의 어느 하나에 해당하는 시설 　1)「철도산업발전기본법」제3조 제2호 가목부터 라목까지의 규정에 해당하는 철도시설	100	100
2)「철도산업발전기본법」제3조 제2호 마목 또는 바목에 해당하는 철도시설	0	50
아.다음의 어느 하나에 해당하는 도시철도시설 　1)「도시철도법」제2조 제3호 가목부터 다목까지의 규정에 해당하는 도시철도시설	100	100
2)「도시철도법」제2조 제3호 라목 또는 마목에 해당하는 도시철도시설	0	50
자.「댐건설·관리 및 주변지역지원 등에 관한 법률」에 따른 다목적댐의 제당·수몰지 및 그 부대시설	100	100
차.「농어촌정비법」제59조에 따른 생활환경정비사업용지	100	100
카.「농어촌정비법」제94조에 따라 지정·고시된 한계농지등 정비지구에 설치하는 같은 법 제92조 각 호의 어느 하나에 따른 시설용지(「수도권정비계획법」제2조 제1호 또는「지방자치법」제2조 제1항 제1호에 따른 수도권 또는 광역시에 속하지 아니하는 읍·면 지역에 설치하는 시설로 한정한다)	0	100
타.「재난 및 안전관리 기본법」제60조 제1항에 따른 특별재난지역 안에서 재해를 입은 단독주택(「건축법 시행령」별표 1 제1호 가목에 따른 단독주택을 말한다. 이하 이 목에서 같다)의 경우 그 복구를 위하여 신축·증축 또는 이축하는 단독주택(부지의 총면적이 660㎡ 이하인 경우만 해당한다)	100	100
파.초지조성용지	100	100
하.국가 또는 지방자치단체 외의 자가 설치하는 공용·공공용 시설(주된 사업의 부지 내에 설치하는 공용·공공용 시설을 포함한다)로서 국가 또는 지방자치단체에 해당 시설을 무상으로 증여하려고 설치하는 시설의 용지(주된 사업의 농지보전부담금이 감면되는 시설은 제외한다)	100	100

(단위: 퍼센트)

감면대상	감면비율	
	농업진흥 지역 안	농업진흥 지역 밖
거. 농지법 시행령 제29조 제4항 제1호 각 목의 어느 하나에 해당하는 세대 (농업진흥구역 밖에 거주하는 세대도 포함한다)의 세대원인 농업인과 이 에 준하는 임·어업인, 「농업·농촌 및 식품산업 기본법」 제3조 제4호에 따른 생산자단체, 「농어업경영체 육성 및 지원에 관한 법률」 제16조에 따른 영농조합법인·영어조합법인 및 같은 법 제19조에 따른 농업회사법 인·어업회사법인, 「수산업협동조합법」 제15조에 따른 어촌계가 설치하 는 농지법 시행령 제29조 제2항 제1호의 농수산물 가공·처리 시설(농업 진흥구역 밖에 설치하는 경우를 포함하며, 나목에 해당하는 시설은 제외 한다)	100 (30,000 ㎡를 초 과 하 는 경 우 그 초 과 면 적 에 대 해 서 는 50으로 한다)	100
너. 농지법 시행령 제29조 제2항 제3호의 육종연구를 위한 농수산업 관련 시험·연구 시설 중 「종자산업법」 제2조 제1호에 따른 종자, 「축산법」 제2조 제1호에 따른 가축의 품종개량을 위하여 설치하는 시설(농업진흥 구역 밖에 설치하는 경우를 포함하며, 나목에 해당하는 시설은 제외한다)	50 (3,300㎡ 이 하 인 경 우 만 해 당 한 다)	100
더. 농지법 시행령 제29조 제4항에 따른 농어업인 주택(농업진흥구역 밖에 설치하는 경우를 포함한다)	100	100
러. 농지법 시행령 제29조 제5항에 따른 농업용 시설·축산업용 시설·어업용 시설(농업진흥구역 밖에 설치하는 경우를 포함하며, 나목에 해당하는 시 설은 제외한다)	100 (30,000 ㎡를 초 과 하 는 경우 그 초 과 면 적 에 대 해 서 는 50으로 한다)	100
머. 농지법 시행령 제29조 제4항 제1호 각 목의 어느 하나에 해당하는 세대 (농업진흥구역 밖에 거주하는 세대를 포함한다)의 세대원인 농업인과 이 에 준하는 임·어업인, 「농업·농촌 및 식품산업 기본법」 제3조 제4호에 따른 생산자단체, 「농어업경영체 육성 및 지원에 관한 법률」 제16조에 따른 영농조합법인·영어조합법인, 같은 법 제19조에 따른 농업회사법인· 어업회사법인 및 「수산업협동조합법」 제15조에 따른 어촌계가 설치하는 제29조 제7항 제2호의 농수산물 산지유통시설(농업진흥구역 밖에 설치 하는 경우를 포함하며, 나목에 해당하는 시설은 제외한다)	100 (30,000 ㎡를 초 과 하 는 경우 그 초 과 면 적 에 대 해 서 는 50으로 한다)	100

감면대상	감면비율	
	농업진흥지역 안	농업진흥지역 밖
버. 농업기계수리시설	0	50
서. 농지법 시행령 제29조 제4항 제1호 각 목의 어느 하나에 해당하는 세대 (농업진흥구역 밖에 거주하는 세대를 포함한다)의 세대원인 농업인과 이에 준하는 임·어업인, 「농업·농촌 및 식품산업 기본법」 제3조 제4호에 따른 생산자단체, 「농어업경영체 육성 및 지원에 관한 법률」 제16조에 따른 영농조합법인·영어조합법인 및 같은 법 제19조에 따른 농업회사법인·어업회사법인, 「수산업협동조합법」 제15조에 따른 어촌계가 설치하는 제29조 제7항 제4호의 남은 음식물 또는 농수산물 부산물을 이용한 유기질비료 또는 같은 항 제4호의2의 사료의 제조시설(농업진흥구역 밖에 설치하는 경우를 포함하며, 나목에 해당하는 시설은 제외한다)	50 (3,300㎡ 이하인 경우만 해당한다)	100
어. 농지법 시행령 제29조 제7항 제8호에 따른 농산어촌 체험시설(농업진흥구역 밖에 설치하는 경우를 포함하며, 나목에 해당하는 시설은 제외한다)	100	100
저. 산지의 효율적 이용을 촉진하기 위하여 농림축산식품부령으로 정하는 사업으로서 그 부지의 총면적 중 「산지관리법」 제4조 제1항 제2호에 따른 준보전산지의 면적이 100분의 50을 초과하는 사업시설	100	100
처. 「농어촌정비법」 제2조 제16호에 따른 농어촌 관광휴양사업(같은 호 다목에 해당하는 주말농원사업은 제외한다)의 시설	50	100
커. 「농업기계화 촉진법」 제2조 제1호에 따른 농업기계의 개량발전을 위하여 설치하는 농업기계 시험·연구 시설	0	50
터. 「국방·군사시설 사업에 관한 법률」 제2조 제1호에 따른 국방·군사시설	50	100
퍼. 「공항시설법」 제2조 제7호에 따른 공항시설	50 (수도권신공항건설사업 중 배후지원단지를 제외한 시설용지의 경우에는 100)	50 (수도권신공항건설사업 중 배후지원단지를 제외한 시설용지의 경우에는 100)
허. 「항만법」 제2조 제5호에 따른 항만시설과 「어촌·어항법」 제2조 제5호에 따른 어항시설	50	50

감면대상	감면비율	
	농업진흥 지역 안	농업진흥 지역 밖
고. 발전댐·상수도댐의 제당·수몰지 및 그 부대시설	50	50
노. 농지전용을 신청하는 자가 직접 설치하거나 무상으로 용지를 공급하여 설치하는 다음의 어느 하나에 해당하는 시설 　1)「유아교육법」·「초·중등교육법」 및 「고등교육법」에 따라 설치하는 국·공립학교 　2)「평생교육법」에 따른 학력인정 교육시설 　3) 농촌(「농업·농촌 및 식품산업 기본법」 제3조 제5호에 따른 농촌을 말한다. 이하 같다)에 설치하는 사립학교	100	100
도.「수목원·정원의 조성 및 진흥에 관한 법률」 제2조 제1호에 따른 수목원	50	50
로. 비영리법인이 농촌에 설치·운영하는 「의료법」 또는 「사회복지사업법」에 따른 의료기관 또는 사회복지시설	0	100
모. 농촌에서 설치·운영하는 「영유아보육법」 제10조 제6호 및 제7호에 따른 협동어린이집과 민간어린이집	100	100
보.「제주특별자치도 설치 및 국제자유도시 조성을 위한 특별법」 제162조에 따른 제주투자진흥지구 안에 설치하는 시설 및 같은 법 제140조 제1항에 따른 종합계획에 따라 농지보전부담금을 감면하기로 한 골프장건설사업 용지	50	50
소.「수도권정비계획법」 제2조 제1호 또는 「지방자치법」 제2조 제1항 제1호에 따른 수도권 또는 광역시에 속하지 않는 읍 · 면 지역에 설치하는 「관광진흥법」 제2조에 따른 관광지 및 관광단지(택지로 조성하는 경우는 제외한다). 다만, 2023년 1월 1일부터 2025년 12월 31일까지 농지전용허가를 신청하거나 농지전용신고를 하는 경우로 한정한다.	0	100
오.「수도권정비계획법」 제2조 제1호 또는 「지방자치법」 제2조 제1항 제1호에 따른 수도권 또는 광역시에 속하지 않는 읍·면 지역에 설치하는 「관광진흥법」 제3조 제1항 제4호에 따른 국제회의업의 시설용지. 다만, 2015년 1월 1일부터 2017년 12월 31일까지 농지전용허가를 신청하거나 농지전용신고를 하는 경우로 한정한다.	0	50
조.「신행정수도 후속대책을 위한 연기·공주지역 행정중심복합도시 건설을 위한 특별법」 제21조에 따라 실시계획의 승인을 받아 행정중심복합도시 예정지역 안에 설치하는 시설로서 이 표의 다른 규정에 따라 감면되는 시설이 아닌 시설(택지로 조성하는 경우는 제외한다)	0	50

감면대상	감면비율	
	농업진흥 지역 안	농업진흥 지역 밖
초.「공공기관의 운영에 관한 법률 」제5조 제3항 제1호에 따른 공기업, 「지방 　공기업법」에 따른 지방직영기업·지방공사 및 지방공단 또는 「사회기반시 　설에 대한 민간투자법」에 따른 사업시행자가 설치하는 다음의 시설 　1)「수도법」에 따른 수도 및 「물의 재이용 촉진 및 지원에 관한 법률」에 　　따른 중수도 　2)「하수도법」에 따른 하수도·공공하수처리시설·분뇨처리시설 및 「물 　　의 재이용 촉진 및 지원에 관한 법률」에 따른 하·폐수처리수 재이용 　　시설 　3)「어촌·어항법」에 따른 어항시설 　4)「전기통신기본법」에 따른 전기통신설비 　5)「전원개발촉진법」에 따른 전원설비 　6)「도시가스사업법」에 따른 가스공급시설 　7)「집단에너지사업법」에 따른 집단에너지시설	50	50
코. 국가시책에 따라 석탄 생산을 촉진하는 「석탄산업법」제2조에 따른 석탄 　광업자가 설치하는 석탄광산 근로자 사택 및 복지후생시설	0	50
토. 국가·지방자치단체 또는 「산업재해보상보험법」에 따른 근로복지공단이 　설치하는 근로복지시설	0	50
포.「국가유공자 등 예우 및 지원에 관한 법률」제4조에 따른 국가유공자의 　자활용사촌의 주택 및 복지공장용지	0	50
호.「산림자원의 조성 및 관리에 관한 법률」제2조 제1호에 따른 산림(농림축 　산식품부장관이 정하여 고시하는 기준에 적합한 경우만 해당한다)	0	100
구.「공공주택 특별법」제2조 제1호 가목의 공공임대주택 중 같은 법 제50 　조의 2제1항에 따른 임대의무기간이 30년 이상인 공공임대주택의 사 　업용지. 다만, 2020년 1월 1일부터 2022년 12월 31일까지 농지전용허 　가를 신청하거나 농지전용신고를 하는 경우로 한정한다.	0	100 (「수도권 정비계 획법」제 2조 제1 호에 따 른 수도 권의 경 우에는 50으로 한다)
누.「혁신도시 조성 및 발전에 관한 특별법」제12조에 따라 실시계획의 승인을 　받아 혁신도시개발예정지구 안에 설치하는 시설로서 이 표의 다른 규정에 　따라 감면되는 시설이 아닌 시설(택지로 조성하는 경우는 제외한다)	0	50

감면대상	감면비율	
	농업진흥 지역 안	농업진흥 지역 밖
두. 농지법 시행령 제29조 제4항 제1호 각 목의 어느 하나에 해당하는 세대 (농업진흥구역 밖에 거주하는 세대도 포함한다)의 세대원인 농업인과 이 에 준하는 임·어업인이 설치하는 태양에너지 발전설비. 다만, 2018년 2월 13일부터 2019년 12월 31일까지 농지전용허가를 신청하거나 농 지전용신고를 하는 경우로 한정한다.	0	50
루. 「국가유산기본법」에 따른 국가유산의 보존·정비 및 활용 사업 시설. 다만, 2009년 11월 28일부터 2012년 12월 31일까지 농지전용허가를 신청하 거나 농지전용신고를 하는 경우로 한정한다.	100	100
무. 식물원의 부대시설. 다만, 2009년 11월 28일부터 2012년 12월 31일까 지 농지전용허가를 신청하거나 농지전용신고를 하는 경우로 한정한다.	50	50
부. 건축면적 33㎡ 이하의 주말·체험 영농주택(농림축산식품부장관이 고시 하는 기준에 적합한 경우만 해당한다). 다만, 2009년 11월 28일부터 2012년 12월 31일까지 농지전용허가를 신청하거나 농지전용신고를 하 는 경우로 한정한다.	0	50
수. 「학교용지 확보 등에 관한 특례법」 제4조 제3항 제1호에 따라 공급하는 다음의 어느 하나의 경우에 해당하는 학교용지. 다만, 2009년 11월 28일 부터 2012년 12월 31일까지 농지전용허가를 신청하거나 농지전용신고 를 하는 경우로 한정한다. 　1) 무상으로 공급하는 경우 　2) 학교용지 조성원가의 100분의 50 또는 100분의 70으로 공급하는 　　경우	 0 0	 100 50
우. 「전통사찰의 보존 및 지원에 관한 법률」 제4조 제2항에 따라 지정된 전통사찰이 같은 법 제2조 제4호에 따른 문화유산 중 유형문화유산을 보존·관리·활용하기 위하여 문화체육관광부장관의 추천을 받아 설치 하는 시설과 진입로 등 부대시설. 다만, 2023년 1월 1일부터 2025년 12월 31일까지 농지전용허가를 신청하거나 농지전용신고를 하는 경우 로 한정한다.	0	100
주. 「주한미군기지 이전에 따른 평택시 등의 지원 등에 관한 특별법」 제16조 에 따른 개발사업의 시행자 및 같은 법 제22조에 따른 국제화계획지구 개발사업의 시행자가 조성하는 산업단지. 다만, 2018년 1월 1일부터 2019년 12월 31일까지 농지전용허가를 신청하거나 농지전용 신고를 하는 경우로 한정한다.	0	50

감면대상	감면비율	
	농업진흥 지역 안	농업진흥 지역 밖

추.「지역 개발 및 지원에 관한 법률」제2조 제2호에 따른 지역개발사업구역
중 같은 조 제5호에 따른 낙후지역에 설치하는 아래의 시설(택지로 조성
하는 경우는 제외한다). 다만, 2017년 1월 1일부터 2018년 12월 31일
까지 농지전용허가를 신청하거나 농지전용신고를 하는 경우로 한정한다.
  1)「관광진흥법」제2조 제6호 또는 제7호에 따른 관광지 또는 관광단지(이
    표 소목에 따라 감면되는 시설은 제외한다)
  2)「자연공원법」제20조에 따른 공원시설
  3)「도시공원 및 녹지 등에 관한 법률」제19조에 따른 도시공원
  4)「체육시설의 설치·이용에 관한 법률」제10조에 따른 체육시설업(같은
    조 제1항 제1호에 따른 골프장업 및 같은 항 제2호에 따른 무도학원업·
    무도장업은 제외한다)의 시설
	0	50

쿠. 다른 법률에 의해 농지보전부담금이 면제되는 시설
  1)「벤처기업육성에 관한 특별법」제2조 제4항에 따른 벤처기업집적시설
  2)「문화산업진흥 기본법」제25조 제4항에 따른 사업시행자가 조성하는
    같은 법 제2조 제18호에 따른 문화산업단지
  3)「주한미군기지 이전에 따른 평택시 등의 지원 등에 관한 특별법」제2조
    제6호에 따른 주한미군시설사업시행자가 같은 조 제4호에 따라 설치하
    는 주한미군시설사업
  4)「산업기술단지 지원에 관한 특례법」제2조 제1호에 따른 산업기술단지
  5)「농업협동조합법」에 따른 지역조합, 품목조합, 조합공동사업법인, 품목
    조합연합회, 중앙회 및 같은 법에 따라 설립된 농협경제지주회사·농협
    금융지주회사·농협은행·농협생명보험·농협손해보험이 설치하는 시설
  6)「수산업협동조합법」에 따라 설립된 조합과 중앙회가 설치하는 시설
  7)「산림조합법」에 따라 설립된 조합과 중앙회가 설치하는 시설
  8)「중소기업은행법」에 따라 설립된 중소기업은행이 설치하는 시설
  9)「친수구역 활용에 관한 특별법」제2조 제2호에 따른 친수구역조성을
    위한 사업 부지
  10)「협동조합기본법」에 따라 설립된 사회적협동조합이 설치하는 시설
  11)「중소기업창업 지원법」제45조에 따른 공장 설립계획의 승인을 받은
     창업기업이 설립하는 공장(농지보전부담금의 감면기간은 그 사업을
     개시한 날부터 7년으로 한다). 다만, 「중소기업창업 지원법」제23조
     제4항에 따라 「통계법」제22조 제1항에 따라 통계청장이 작성·고시
     하는 한국표준산업분류상의 제조업을 영위하기 위하여 중소기업을 창
     업하는 자는 사업을 개시한 날부터 7년간 감면하되 2027년 8월 2일
     까지 창업한 경우에 한정한다.
  12)「중소기업진흥에 관한 법률」제62조의10제2항에 따라 소기업 중 「산
     업집적활성화 및 공장설립에 관한 법률」제2조 제1호에 따른 공장의
     건축면적 또는 이에 준하는 사업장의 면적이 1,000㎡ 미만인 기업이
     「수도권정비계획법」제2조 제1호에 따른 수도권 외의 지역[이하 12)
     에서 "수도권 외의 지역이라 한다]에서 신축·증축 또는 이전(신축·증
	100	100

감면대상	감면비율	
	농업진흥지역 안	농업진흥지역 밖
축 또는 이전 후 공장의 총 건축면적과 이에 준하는 사업장 총면적의 합이 1,000㎡ 미만인 경우로 한정한다)하는 공장과 「중소기업진흥에 관한 법률」 제62조의10제3항에 따라 수도권 외의 지역에서 소기업을 100분의 50 이상 유치하여 조성하는 「산업입지 및 개발에 관한 법률」 제2조 제8호에 따른 국가산업단지·일반산업단지·도시첨단산업단지 또는 농공단지 13) 「군 공항 이전 및 지원에 관한 특별법」 제9조에 따라 이전사업 시행자가 설치하는 이전지원사업 시설 14) 「고도 보존 및 육성에 관한 특별법」 제17조의2에 따라 주민지원사업의 시행으로 설치되는 공용·공공용 시설 15) 「공항소음 방지 및 소음대책지역 지원에 관한 법률」 제18조 제5항 본문에 따라 주민지원사업의 시행으로 설치되는 공용·공공용 시설		
투. 「산업집적활성화 및 공장설립에 관한 법률」 제22조의 6제1항에 따라 같은 항 제2호의 지역에 지정된 첨단투자지구에 설치하는 시설로서 이 표의 다른 규정에 따라 감면되는 시설이 아닌 시설(택지로 조성하는 경우는 제외한다). 다만, 2022년 5월 18일부터 2025년 5월 17일까지 농지전용허가를 신청하거나 농지전용신고를 하는 경우로 한정한다.	0	50
푸. 「수도권정비계획법」에 따른 수도권에 위치하는 「주한미군 공여구역주변지역 등 지원 특별법」에 따른 반환공여구역주변지역·지원도시사업구역에 같은 법 제8조·제21조에 따라 확정·승인받은 종합계획·개발계획에 따라 설치하는 시설로서 이 표의 다른 규정에 따라 감면되는 시설이 아닌 시설(택지로 조성하는 경우는 제외한다). 다만, 2022년 5월 18일부터 2025년 5월 17일까지 농지전용허가를 신청하거나 농지전용신고를 하는 경우로 한정한다.	0	50

비고
1. 제3호 거목·너목·러목·머목·서목에 해당하는 시설의 감면기준면적을 적용할 때에는 해당 시설의 설치자가 농지전용허가신청일·농지전용신고일(다른 법률에 따라 농지전용허가 또는 농지전용신고가 의제되는 인가·허가·승인 등의 경우 그 인가·허가·승인 등의 신청일을 말한다) 이전 5년간 그 시설의 부지로 전용한 면적을 합산한 것으로 한다.
2. 같은 부지 안에 감면비율이 서로 다른 시설을 함께 설치하는 경우로서 그 시설별 농지전용면적이 구분되지 아니하는 때에는 다음 산식에 따라 산정된 면적을 각 시설의 농지전용면적으로 한다.

$$시설의\ 농지전용면적\ =\ 전체\ 농지전용면적\ \times\ \frac{해당\ 시설의\ 바닥면적을\ 합산한\ 면적}{모든\ 시설의\ 바닥면적을\ 합산한\ 면적}$$

3. 농지법 제31조에 따른 농업진흥지역 해제를 수반하는 농지전용허가(다른 법률에 따라 농지전용허가가 의제된 경우를 포함한다)를 받거나 농지전용신고(다른 법률에 따라 농지전용신고가 의제된 경우를 포함한다)를 하는 경우에는 농업진흥지역 안에 대한 감면비율을 적용한다.

※ 위 표(농지법 시행령 별표 2)의 제3호 저목에 따라 사업부지의 총면적 중 「산지관리법」 제4조
  제1항 제2호에 따른 준보전산지의 면적이 100분의 50을 초과하는 경우 농지보전부담금을 면제
  받을 수 있는 사업은 다음 각 호와 같다.

1. 「택지개발촉진법」에 따른 택지개발사업
2. 「주택법」에 따른 주택건설사업 및 대지조성사업
3. 「도시개발법」 제3조에 따라 지정된 도시개발구역(「도시개발법 시행령」 제2조 제1항 제1호
   가목 및 나목에 해당하는 것에 한정한다)에서 시행하는 도시개발사업 및 「국토의 계획 및
   이용에 관한 법률」에 따른 여객자동차터미널·화물터미널설치사업
4. 「산업집적활성화 및 공장설립에 관한 법률」에 따른 공장의 설립을 위한 공장용지조성사업
5. 「중소기업진흥에 관한 법률」 제31조에 따른 단지조성사업
6. 「자유무역지역의 지정 및 운영에 관한 법률」에 따른 자유무역지역조성사업
7. 「물류시설의 개발 및 운영에 관한 법률」에 따른 물류터미널사업·물류단지개발사업
8. 「여객자동차 운수사업법」에 따른 여객자동차터미널사업

6) 농지보전부담금 부과결정 통보

관할청은 농지보전부담금의 부과결정을 한 때에는 농지보전부담금 부과결정서에 관련
서류를 첨부하여 농지보전부담금의 수납업무를 대행하는 한국농어촌공사에 통보하여
야 한다(농지법 시행령 제48조).

7) 농지보전부담금 납부절차

농지보전부담금 납부 및 환급절차는 아래 흐름도와 같다.[77]

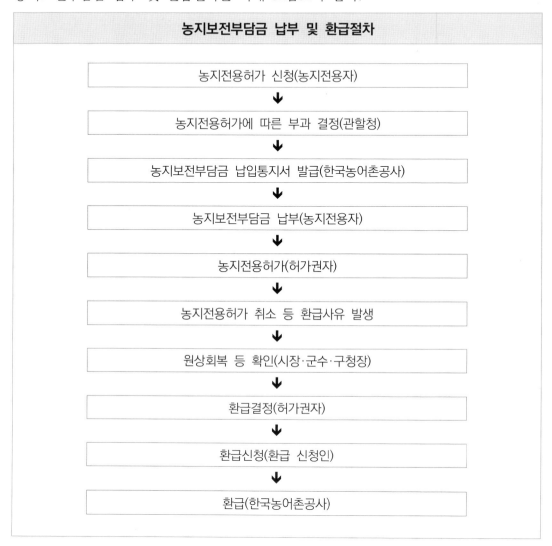

농지보전부담금 납부 및 환급절차

농지전용허가 신청(농지전용자)

↓

농지전용허가에 따른 부과 결정(관할청)

↓

농지보전부담금 납입통지서 발급(한국농어촌공사)

↓

농지보전부담금 납부(농지전용자)

↓

농지전용허가(허가권자)

↓

농지전용허가 취소 등 환급사유 발생

↓

원상회복 등 확인(시장·군수·구청장)

↓

환급결정(허가권자)

↓

환급신청(환급 신청인)

↓

환급(한국농어촌공사)

가) 농지보전부담금 납입통지

한국농어촌공사는 관할청으로부터 농지보전부담금 부과결정 통보를 받으면 그 통보받은 내용에 따라 농지보전부담금을 내야 하는 자(이하 "납입의무자"라 한다)에게 농지보전부담금의 납입을 통지하여야 한다. 한국농어촌공사가 농지보전부담금의 납입을 통

---

77 농림축산식품부, 「2023년 농지업무편람」, 2023., 제445쪽

지하는 때에는 통지서에 납입금액 및 그 산출근거, 납입기한과 납입장소를 구체적으로 기재하여야 한다. 농지보전부담금의 납부기한은 납부통지서 발행일부터 농지전용허가 또는 농지전용신고(다른 법률에 따라 농지전용허가 또는 농지전용신고가 의제되는 인가·허가·승인 등을 포함한다) 전까지로 한다(농지법 시행령 제49조).

한국농어촌공사는 농지보전부담금의 납입을 통지한 후에 그 통지내용에 누락 또는 흠이 있는 것이 발견된 때에는 지체 없이 농지보전부담금의 납입을 다시 통지하여야 한다(농지법 시행령 제49조 제7항).

한국농어촌공사는 송부한 농지보전부담금 납부통지서가 주소불명으로 반송된 경우에는 지체 없이 부과결정을 한 관할청에 주소지 파악 요청을 하여야 하며, 해당 관할청은 송달가능한 주소지를 확인하여 한국농어촌공사에 즉시 통보하고, 한국농어촌공사는 농지보전부담금 납부통지서를 다시 발부하여 보내야 한다(농지법 시행규칙 제41조 제2항).

나) 농지보전부담금 납입

농지전용자는 납입기한(연장된 경우에는 그 기한) 내에 농지보전부담금을 납입하여야 한다(「농지전용업무처리규정」 제26조 제1항). 농지보전부담금은 신용카드, 직불카드 등으로도 납부할 수 있다(농지법 시행령 제49조의2 제1항).

관할청은 과실로 인하여 당초 납입기한 또는 연장된 기한 내에 농지보전부담금을 납입하지 못한 납입의무자가 기한 경과 후에 납입신청을 한 때에는 이를 검토하여 승인 여부를 결정하여야 하며, 승인결정을 한 때에는 당초 부과결정 사항을 취소하고 재부과 결정을 하여야 한다. 관할청은 재부과 결정을 한 때에는 그 내용을 지체 없이 한국농어촌공사에 통보하여야 한다(「농지전용업무처리규정」 제26조).

다) 농지보전부담금 납부내역통지

한국농어촌공사는 농지보전부담금이 납부된 때에는 지체 없이 관할청에 농지보전부담금의 납부내역통지를 하여야 한다. 이 경우 전산정보처리시스템을 활용하여 통지할 수 있다(농지법 시행규칙 제41조 제3항).

라) 농지보전부담금 미납 처리

(1) 독촉장 발부

한국농어촌공사는 농지보전부담금을 내야 하는 자가 납부기한까지 내지 아니하면 납부기한이 지난 후 10일 이내에 납부기한으로부터 30일 이내의 기간을 정한 독촉장을 발급하여야 한다(농지법 제38조 제8항).

(2) 가산금 부과

한국농어촌공사는 농지보전부담금을 내야 하는 자가 납부기한까지 부담금을 내지 아니한 경우에는 납부기한이 지난 날부터 체납된 농지보전부담금의 3%에 상당하는 금액을 가산금으로 부과한다. 한국농어촌공사는 농지보전부담금을 체납한 자가 체납된 농지보전부담금을 납부하지 아니한 때에는 납부기한이 지난 날부터 1개월이 지날 때마다 위 가산금에 체납된 농지보전부담금의 1.2%에 상당하는 가산금(이하 "중가산금"이라 한다)을 더하여 부과하되, 체납된 농지보전부담금의 금액이 100만원 미만인 경우는 중가산금을 부과하지 아니한다. 이 경우 중가산금을 가산하여 징수하는 기간은 60개월을 초과하지 못한다(농지법 제38조 제9항·제10항).

(3) 농지보전부담금 및 가산금 등 징수

관할청은 농지보전부담금을 내야 하는 자가 독촉장을 받고 지정된 기한까지 부담금과 가산금 및 중가산금을 내지 아니하면 국세 또는 지방세 체납처분의 예에 따라 징수할 수 있다(농지법 제38조 제11항).

(4) 결손처리

관할청은 다음 각 호의 어느 하나에 해당하는 사유가 있으면 해당 농지보전부담금에 관하여 결손처분을 할 수 있다. 다만, 제1호·제3호 및 제4호의 경우 결손처분을 한 후에 압류할 수 있는 재산을 발견하면 지체 없이 결손처분을 취소하고 체납처분을 하여야 한다(농지법 제38조 제12항).

1. 체납처분이 종결되고 체납액에 충당된 배분금액이 그 체납액에 미치지 못한 경우
2. 농지보전부담금을 받을 권리에 대한 소멸시효가 완성된 경우
3. 체납처분의 목적물인 총재산의 추산가액(推算價額)이 체납처분비에 충당하고 남을 여지가 없는 경우
4. 체납자가 사망하거나 행방불명되는 등 대통령령으로 정하는 사유로 인하여 징수할 가능성이 없다고 인정되는 경우

마. 농지보전부담금의 분할납부

관할청은 농지보전부담금을 한꺼번에 내기 어렵다고 인정되는 경우에는 농지보전부담금을 나누어 내게 할 수 있다.

1) 분할납부 대상

관할청은 다음 각 호의 어느 하나에 해당하는 경우에는 농지보전부담금을 나누어 내게 할 수 있다(농지법 제38조 제2항, 같은 법 시행령 제50조 제1항).

1. 「공공기관의 운영에 관한 법률」에 따른 공공기관과 「지방공기업법」에 따른 지방공기업이 「산업입지 및 개발에 관한 법률」 제2조 제8호에 따른 산업단지의 시설용지로 농지를 전용하는 경우
2. 「도시개발법」 제11조 제1항에 따른 사업시행자(국가와 지방자치단체를 제외한다)가 같은 법 제2조 제1항 제2호에 따른 도시개발사업(환지방식으로 시행하는 경우에 한한다)의 부지로 농지를 전용하는 경우
3. 「관광진흥법」 제55조에 따른 개발사업시행자(지방자치단체는 제외한다)가 같은 법 제2조 제6호에 따른 관광지 또는 같은 법 제2조 제7호에 따른 관광단지의 시설용지로 농지를 전용하는 경우
4. 「중소기업기본법」 제2조에 따른 중소기업을 영위하려는 자가 중소기업의 공장용지로 농지를 전용하는 경우
5. 「산업집적활성화 및 공장설립에 관한 법률」 제13조 제1항부터 제3항까지의 규정에 따라 공장설립 등의 승인을 받으려는 자가 공장용지로 농지를 전용하는 경우
6. 농지보전부담금이 다음 각 목의 금액 이상인 경우
  가. 개인의 경우: 건당 2,000만원
  나. 가목 외의 경우: 건당 4,000만원

2) 분할납부 신청

농지보전부담금을 분할납부하려는 자는 농지전용허가 등의 신청시에 농지보전부담금 분할납부신청서를 관할청에 제출해야 하며, 그 신청한 내용을 변경하려는 경우에는 농지전용허가·농지전용신고(다른 법률에 따라 농지전용허가 또는 농지전용신고가 의제되는 인가·허가·승인 등을 포함한다. 이하 이 조에서 "허가등"이라 한다) 신청일부터 허가등 후 30일까지 농지보전부담금 분할납부 변경신청서를 제출해야 한다(농지법 시행규칙 제45조 제1항 본문).

다만, 「재난 및 안전관리 기본법」에 따른 재난의 발생 또는 자금 조달계획의 변경으로 인하여 농지보전부담금 분할납부 변경신청 기한을 연기할 필요가 있다고 관할청이 인정하는 경우에는 1회에 한하여 농지보전부담금 분할 잔액에 대하여 최초의 분할납부 기한이 도래하기 전까지 농지보전부담금 분할납부 변경신청서를 제출하여 납부기한을 연장할 수 있다(농지법 시행규칙 제45조 제1항 단서).

3) 검토

관할청은 다음 각 호의 사항을 검토하여야 한다(농지법 시행규칙 별지 제46호서식).

1. 분할납부 대상자 해당 여부
2. 분할납부의 사유
3. 예산 및 자금조달내역 타당성
4. 분할납부계획의 타당성
5. 사업계획의 확실성

4) 분할납부 처리

가) 사전납부 및 보증서 예치

관할청은 검토 결과 분할납부를 결정한 경우 아래와 같이 분할납부의무자로 하여금 농지보전부담금을 납부하고 보증서를 예치하도록 한다.

① **(사전납부)** 농지보전부담금의 30%를 사업 허가등 전에 미리 납부하게 하여야 한다(농지법 시행령 제50조 제2항).

② **(분할 잔액 납부)** 농지보전부담금의 분할 잔액은 4년의 범위에서 4회 이내로 나누어 납부하게 하고 그 최종납부일을 해당 목적사업의 준공일 이전으로 한다(농지법 시행령 제50조 제2항).

③ **(보증서 예치)** 분할 잔액에 대해서는 허가등을 한 날부터 30일까지(농지보전부담금 분할납부 변경신청을 한 경우에는 농지보전부담금 분할 잔액에 대하여 관할청이 변경신청 처리 결과를 통지한 날부터 30일까지) 납입보증보험증서 등 보증서(이하 "보증서"라 한다)를 예치하게 해야 한다. 이 경우 보증서의 보증기간은 분할납부하는 농지

보전부담금의 각 납부기한에 30일을 가산한 기간을 기준으로 하며, 보증금액은 해당 농지보전부담금의 100분의 110 이상의 금액으로 하여야 한다(농지법 시행령 제50조 제2항, 같은 법 시행규칙 제45조 제3항).

※ 관할청은 분할납부 업무처리 과정에서 분할납부 신청인에게 아래의 사항을 설명하여야 한다(농지법 시행규칙 별지 제46호 서식).

1. 분할납부 결정시 농지보전부담금의 30%를 사업 허가등 전에 미리 납부하게 하고, 미납 시에는 농지전용 허가등이 거부될 수 있음을 농지전용신청자에게 설명

2. 보증서 발급은 분할납부 잔액에 대해서 허가일로부터 4년 범위 내 4회 이내로 납부하도록 하고, 회차별 납부금액 및 납부기한 결정하되 최종납부일은 준공일 이전으로 하며, 허가일로부터 30일 이내에(농지법 시행규칙 제45조 제1항 단서에 따라 농지보전부담금 분할납부 변경신청을 한 경우에는 농지보전부담금 분할 잔액에 대하여 변경된 최초의 분할납부기한이 도래하기 전까지) 보증서를 제출하여야 함을 알리고 기일 내에 보증서를 제출하지 않을 경우 분할납부결정이 취소되고, 독촉장 발부, 가산금 및 중가산금 부과등을 할 수 있음을 설명

3. 분할납부 신청 후 변동사항이 있는 경우에는 허가등의 신청일로부터 허가등 후 30일 이내에(「재난 및 안전관리 기본법」에 따른 재난의 발생 또는 자금조달계획 등 사업계획의 변경 등으로 인하여 농지보전부담금 분할납부 변경신청 기한을 연기할 필요가 있다고 관할청이 인정하는 경우에는 1회에 한하여 농지보전부담금 분할 잔액에 대하여 최초의 분할납부기한이 도래하기 전까지) 변경신청할 수 있음을 설명

나) 농지전용허가증 등 교부

분할납부가 결정된 경우 목적사업 허가 전에 납입하여야 할 해당금액 납입영수증 등을 확인한 후 농지전용허가증을 교부하여야 한다(「농지전용업무처리규정」 제28조 제2항).

5) 납부기한 연장

관할청은 국가 또는 지방자치단체가 농지를 전용하는 경우로서 농지보전부담금 분할 잔액을 납부기한에 납부하기 어려운 사유가 있다고 인정되면 해당 목적사업의 준공일 까지의 범위에서 그 납부기한을 연장할 수 있다(농지법 시행령 제50조 제2항). 납부기한 연장대상은 국가와 지방자치단체로 한정하고 있기 때문에 개인 또는 법인은 납부기한을 연장할 수 없다.

6) 분할납부 승인 취소

농지보전부담금 분할납부의무자가 예치기한(허가등을 한 날부터 30일) 안에 보증서를 예치하지 않은 때에는 관할청은 분할납부 승인을 취소하고, 독촉장 발부, 가산금 및 중가산금의 부과 및 징수를 해야 한다(농지법 시행규칙 제45조 제3항).

7) 분할납부 미이행시 처리방법

① 예치기한 안에 보증서 미예치시 처리

한국농어촌공사는 분할납부의무자가 예치기한 안에 보증서를 예치하지 않아 분할납부 승인 취소된 경우 독촉장을 발급하여야 한다. 이 경우 한국농어촌공사는 분할납부 취소일로부터 10일 이내에 독촉장을 발급하고 분할납부의무자로 하여금 분할납부 취소일로부터 30일 이내에 농지보전부담금 전액을 납부하게 하여야 한다(농지법 제38조 제8항, 같은 법 시행규칙 제45조 제3항).

② 농지보전부담금 분할잔액 미납시 처리

한국농어촌공사는 납부의무자가 농지보전부담금 분할 잔액을 분할납부기한까지 내지 않은 경우에는 분할납부기한이 지난 후 10일 이내에 분할납부기한으로부터 20일 이내의 기간을 정한 독촉장을 발급하고 그 사실을 관할청에게 보고해야 한다(농지법 시행령 제50조 제3항). 한국농어촌공사는 보증서등을 발행한 금융기관 또는 보증기관에게 대지급금 등을 위 독촉장에서 정한 납부기한으로부터 10일 이내에 청구하며 지급받은 대지급금 등을 농지보전부담금과 체납된 가산금으로 충당하고 그 사실을 농림축산식품부장관 및 보증서등을 예치한 자에게 각각 통보해야 한다(농지법 시행령 제50조 제5항).

바. 농지보전부담금 수납보고 및 수수료

1) 수납보고

한국농어촌공사는 농지보전부담금을 수납한 때에는 매월 그 수납상황을 농림축산식품 부장관에게 보고하고, 해당 전용농지의 소재지를 관할하는 시·도지사와 시장·군수·자치구구청장에게 이를 통보하여야 한다(농지법 시행령 제56조 제1항).

2) 수수료

농림축산식품부장관은 관할청 또는 한국농어촌공사에게 농지보전부담금 부과·수납에 관한 업무취급에 따른 수수료를 지급하여야 한다(농지법 제38조 제12항)

농지보전부담금의 부과·수납에 관한 업무를 취급하는 관할청 및 한국농어촌공사에 대해 지급하는 수수료는 다음 각 호의 금액 이내에서 농림축산식품부장관이 정한다(농지법 시행령 제55조 제1항).

1. 관할청의 농지보전부담금 부과결정 등에 관한 업무 : 농지보전부담금 수납액의 12%
2. 한국농어촌공사의 농지보전부담금 수납업무 : 농지보전부담금 수납액의 2%

관할청은 수수료를 지급받은 때에는 그 수수료를 농지보전부담금 부과결정 등에 따른 현지 확인을 위한 출장여비 및 농지의 보전·관리와 관련된 업무비용으로 우선 사용하여야 한다(농지법 시행령 제55조 제2항).

사. 농지보전부담금 환급

1) 환급사유

한국농어촌공사는 다음 각 호의 어느 하나에 해당하는 환급 사유가 있는 경우 그에 해당하는 농지보전부담금을 환급하여야 한다(농지법 제38조 제5항, 같은 법 시행령 제51조 제1항).

> 1. 납부의무자가 농지보전부담금으로 납부한 금액 중 과오납입한 금액이 있는 경우
> 2. 농지보전부담금을 낸 자의 허가가 농지법 제39조에 따라 취소된 경우
> 3. 농지보전부담금을 낸 자의 사업계획이 변경된 경우
> 4. 농지보전부담금을 납부하였으나 허가를 받지 못한 경우
> 5. 그 밖에 이에 준하는 사유로 전용하려는 농지의 면적이 당초보다 줄어든 경우

2) 환급통지

관할청은 농지보전부담금 납부자가 농지보전부담금으로 납부한 금액 중 과오납입한 금액이 있거나 납부자에게 환급하여야 할 금액이 있으면 지체 없이 그 과오납액 또는 환급금액을 농지보전부담금환급금으로 결정하고 이를 납부자와 한국농어촌공사에 각각 통지하여야 한다. 다만, 농지의 원상회복을 명한 경우에는 농지의 원상회복 여부를 확인한 후에 통지하여야 한다(농지법 시행령 제51조 제1항).

3) 환급 가산금

관할청은 농지보전부담금환급금을 통지하는 때에는 농지보전부담금환급금에 다음 각 호의 어느 하나에 해당하는 날의 다음 날부터 환급결정을 하는 날까지의 기간과 「국세기본법 시행령」 제43조의3 제2항에 따른 국세환급가산금의 이율(2024년 9월 기준 연 3.5%)에 따라 계산한 금액을 환급가산금으로 결정하고 이를 농지보전부담금환급금과 함께 통지하여야 한다(농지법 시행령 제51조 제2항).

> 1. 착오납입·이중납입 또는 납입 후의 그 부과의 취소·정정으로 인한 농지보전부담금환급금에 있어서는 그 납입일. 다만, 그 농지보전부담금이 2회 이상 분할납입된 것인 때에는 그 최후의 납입일로 하되, 농지보전부담금환급금이 최후에 납입된 금액을 초과하는 경우에는 그 금액에 달할 때까지의 납입일의 순서로 소급하여 계산한 농지보전부담금환급금의 각 납입일로 한다.

2. 납입자에게 책임이 있는 사유로 인하여 농지전용허가가 취소된 경우의 농지보전부담금환급금에 있어서는 그 취소일. 다만, 농지의 원상회복을 명한 경우에는 농지의 원상회복일로 한다.

3. 농지보전부담금을 납부하고 농지전용허가 또는 농지전용신고(다른 법률에 따라 농지전용허가 또는 농지전용신고가 의제되는 인가·허가·승인 등을 포함한다) 등이 되지 아니한 경우의 농지보전부담금환급금에 있어서는 농지보전부담금의 납부일

4. 납입자의 사업계획의 변경 그 밖에 이에 준하는 사유로 인한 농지보전부담금환급금에 있어서는 그 변경허가일 또는 이에 준하는 행정처분의 결정일. 다만, 농지의 원상회복을 명한 경우에는 농지의 원상회복일로 한다.

4) 환급금 및 환급가산금 청구

농지보전부담금환급금 및 환급가산금을 지급받으려는 자는 농지보전부담금환급금 및 환급가산금청구서에 농지보전부담금환급금 및 환급가산금결정통지서를 첨부하여 한국농어촌공사에 제출하여야 한다. 이 경우 한국농어촌공사 사장은 「전자정부법」 제36조 제2항에 따른 행정정보의 공동이용을 통하여 주민등록표 등본(법인의 경우에는 법인 등기사항증명서를 말한다)을 확인하여야 하며, 청구인이 확인에 동의하지 않는 경우(주민등록표 등본의 경우만 해당한다)에는 이를 첨부하도록 하여야 한다(농지법 시행규칙 제46조 제2항).

5) 환급금 및 환급가산금 지급

한국농어촌공사는 농지보전부담금환급금 및 환급가산금 지급청구가 있는 때에는 지체 없이 「한국농어촌공사 및 농지관리기금법」에 따른 농지관리기금에서 농지보전부담금환급금 및 환급가산금을 청구인에게 지급하고 농지보전부담금환급금 및 환급가산금지급필통지서를 관할청에 보내야 한다(농지법 시행령 제51조 제3항, 같은 법 시행규칙 제46조 제3항).

아. 개별적인 사례 검토

1) 농지법 제34조 제2항 소정의 농지전용허가 의제규정에 의하여 협의를 받아 농지를 전용하고자 하는 자가 부담하여야 할 농지보전부담금 납입의무의 성립시기

농지법 제2조 제9호, 제34조, 제38조의 각 규정 등을 종합하면, 「국토의 계획 및 이용에 관한 법률」에 따른 도시지역에 주거지역·상업지역·공업지역을 지정하거나 같은 법에 따른 도시지역에 도시·군계획시설을 결정할 때에 해당 지역 예정지 또는 시설 예정지에 농지가 포함되어 있는 경우(농지법 제34조 제2항 제1호)에는 협의의 시기가 아니라 실제로 농지전용을 하고자 하는 시기가 농지보전부담금 납입의무의 성립시기이며, 그때 농지보전부담금을 납부하면 된다(대법원 1998. 5. 29. 선고 97누2542).

> 구 농지의보전및이용에관한법률(1994. 12. 22. 법률 제4817호로 제정된 농지법의 시행으로 폐지됨, 이하 농지보전법이라 한다) 제2조 제7호, 제4조, 농어촌발전특별조치법 제45조의2의 각 규정 등을 종합하면, 농지보전법 제4조 제4항에서 정한 '제2항의 규정에 의하여 협의를 받아 농지를 전용하고자 하는 자'의 경우에는 '제1항의 규정에 의하여 농지의 전용허가를 받고자 하는 자'나 '제5조 제1항의 규정에 의하여 협의·동의 또는 승인을 얻어 농지를 전용하고자 하는 자'의 경우와는 달리, 위 제2항의 규정에 의한 협의의 시기가 아니라 실제로 농지전용을 하고자 하는 시기를 농지조성비 납입의무의 성립시기로 보아야 함은 논하는 바와 같다(대법원 1998. 5. 29. 선고 97누2542).

2) 농지보전부담금 부과처분 취소소송에 대한 피고적격

농지전용허가(협의)권자가 농지보전허가 신청인에 대하여 농지보전부담금부과처분을 한다는 의사표시가 담긴 납부통지서를 수납업무 대행자인 한국농어촌공사가 위 신청인에게 전달함으로써 농지보전부담금 부과처분은 성립요건과 효력 발생요건을 모두 충족하게 된다. 한국농어촌공사는 농지전용허가권자의 단순 대행자에 불과하므로, 농지보전부담금 취소소송의 피고로 한국농어촌공사를 삼을 수 없고, 농지전용허가권자를 상대로 농지보전부담금 취소소송을 제기하여야 한다(대법원 1998. 5. 29. 97누2542).

피고 농림축산식품부장관이 2016. 5. 12. 원고에 대하여 농지보전부담금 부과처분을 한다는 의사표시가 담긴 2016. 6. 20.자 납부통지서를 수납업무 대행자인 피고 한국농어촌공사가 원고에게 전달함으로써, 이 사건 농지보전부담금 부과처분은 성립요건과 효력 발생요건을 모두 갖추게 되었다(대법원 2017. 4. 13. 2015두36331). 나아가 <u>피고 한국농어촌공사가 '피고 농림축산식품부장관의 대행자' 지위에서 위와 같은 납부통지를 하였음을 분명하게 밝힌 이상, 피고 농림축산식품부장관이 이 사건 농지보전부담금 부과처분을 외부적으로 자신의 명의로 행한 행정청으로서 항고소송의 피고가 되어야 하고, 단순한 대행자에 불과한 피고 한국농어촌공사를 피고로 삼을 수는 없다</u>(대법원 1998. 5. 29. 97누2542).

3) 주된 인허가의 취소 및 의제된 농지전용허가의 취소로 인하여 당초 유효하였던 농지보전부담금 부과처분까지 소급하여 효력을 상실하는지 여부

다른 법률에 따라 농지전용허가가 의제하는 주된 인허가 등이 취소되면 주된 인허가로 의제된 농지전용허가도 함께 취소된다고 볼 것이지만, 위와 같은 인허가의 취소 및 의제된 농지전용허가의 취소는 모두 장래를 향하여 효력을 상실할 뿐이고, 이로써 당초 유효하였던 농지보전부담금 부과처분 까지 소급하여 효력이 상실한다고 볼 수 없다(대법원 2011. 5. 26. 2008다23460). 따라서 의제된 농지전용허가가 취소된 자는 농지전용허가권자에게 납부한 농지전용부담금을 부당이득 명목으로 반환할 것을 청구할 수 없다.

구 농지의 보전 및 이용에 관한 법률(1993. 8. 5. 법률 제4572호로 개정되기 전의 것, 1994. 12. 22. 법률 제4817호 농지법 부칙 제2조에 의하여 폐지, 이하 '구 농지보전법'이라고 한다) 제4조에 의하면, 농지를 전용하고자 하는 자는 원칙적으로 농림수산부장관의 허가를 받아야 하고(제1항), 주무부장관(주무부장관으로부터 권한의 위임을 받은 당해 소속기관의 장 또는 지방자치단체의 장을 포함한다)이 도시계획법 제2조 제1항 제2호의 규정에 의한 도시계획구역 등을 결정 또는 지정할 때에 당해 구역 내에 농지가 포함되어 있는 경우에는 농림수산부장관과 협의하여야 하며(제2항), 제1항의 규정에 의하여 농지전용허가를 받고자 하는 자, 제2항의 규정에 의하여 협의를 받아 농지를 전용하고자 하는 자 등은 그 전용하고자 하는 농지에 상당하는 농지의 조성에 소요되는 비용(이하 '농지조성비'라고 한다)을 농어촌진흥공사 및 농지관리기금법 제32조 제1항의 규정에 의한 농지관리기금을 운용·관리하는 자에게 납입하여야 한다(제4항). 또한 구 농어촌발전 특별조치법(1994. 12. 22. 법률 제4817호로 개정되기 전의 것, 2009. 5. 27. 법률 제9717호 농어업·농어촌 및 식품산업 기본법 부칙 제2조에 의하여 폐지, 이하 '구 농특법'이라고 한다) 제45조의2 제1항 제1호에 의하면, 농림수산부장관은 구 농지보전법 제4조 제4항의 규정에 의하여 농지조성비를 납입하여야 하는 자에 대하여 전용부담금(이하 '전용부담금'이라고 한다)을 부과·징수하여야 한다.

구 중소기업창업 지원법(1997. 12. 13. 법률 제5453호로 개정되기 전의 것, 이하 '구 중소기업지원법'이라고 한다) 제22조 제1항 제11호에 의하면, 창업자가 제21조의 규정에 의한 사업계획의 승인을 얻은 때에는 구 농지보전법 제4조의 규정에 의한 농지전용의 허가를 받은 것으로 보고, 제23조 제1항에 의하면 사업계획의 승인을 받은 자가 그 사업계획의 승인내용과 현저하게 다르게 사업을 영위하는 등 대통령령이 정하는 사유로 인하여 사업계획승인의 효과를 기대하기 어렵다고 인정되는 경우에는 대통령령이 정하는 바에 의하여 그 사업계획승인 및 공장건축허가를 취소할 수 있으며, 구 중소기업지원법 시행령(2000. 5. 10. 대통령령 제16806호로 전부 개정되기 전의 것) 제28조 제1항은 구 중소기업지원법 제23조 제1항의 '대통령령이 정하는 사유'로 사업계획의 승인을 얻은 날부터 1년이 경과할 때까지 공장의 착공을 하지 아니하거나 공장착공 후 1년 이상 공사를 중단한 경우(제1호), 사업계획의 승인을 얻은 당해 공장용지를 공장착공을 하지 아니하고 다른 사람에게 양도한 경우(제2호), 사업계획의 승인을 얻은 후 당해 공장용지를 다른 사람에게 임대하는 등 공장 외의 용도로 활용하는 경우(제3호), 사업계획의 승인 후 4년이 지나도록 공장건축을 완료하지 아니하는 경우(제4호)를 들고 있다.

위 관계 법령에 의하면, <u>구 중소기업지원법 제23조 제1항에 의하여 사업계획승인이 취소되면 사업계획승인으로써 의제된 농지전용허가도 함께 취소된다고 볼 것이지만, 위와 같은 사업계획승인의 취소 및 의제된 농지전용허가의 취소는 모두 장래에 향하여 효력을 상실할 뿐이고, 이로써 당초 유효하였던 농지조성비 부과처분 및 전용부담금 부과처분까지 소급하여 효력을 상실한다고 볼 수 없다</u>(대법원 2011. 5. 26. 2008다23460).

4) 용도변경과 농지보전부담금

가) 농지법 시행령 제52조의 농지보전부담금의 부과가 감면되는 시설의 부지로 전용된 토지를 농지보전부담금이 감면되지 아니하거나 감면비율이 보다 낮은 다른 시설의 부지로 사용하고자 하는 자가 납입하여야 하는 농지보전부담금의 산정 기준

농지법상 농지보전부담금의 부과가 감면되는 시설의 부지로 전용된 토지를 감면비율이 다른 시설의 부지로 사용하고자 하는 자에 대하여 감면된 농지보전부담금을 납부하도록 한 입법 취지는, 당초 농지보전부담금이 감면되는 시설의 부지로 전용·사용되는 것을 전제로 감면하였으나 단기간 내에 부득이하게 농지보전부담금이 감면되지 아니하거나 감면비율이 보다 낮은 다른 시설의 부지로 사용함에 따라 농지보전부담금을 감면할 필요성이 없어져 당초 감면한 농지보전부담금을 추가로 납부하게 함으로써 처음부터 그 변경된 용도로 전용허가를 받은 것과의 실질적 형평을 이루고자 함에 있는 점에 비추어 보면, 같은 법 시행령 제52조 소정의 농지보전부담금의 부과가 감면되는 시설의 부지로 전용된 토지를 농지보전부담금이 감면되지 아니하거나 감면비율이 보다 낮은 다른 시설의 부지로 사용하고자 하는 자가 납입하여야 하는 농지보전부담금 역시 당해 농지에 대한 농지보전부담금의 부과기준일 당시의 개별공시지가를 기초로 용도변경 승인 당시의 감면비율을 적용하여 산출하여야 할 것이므로, 납부하여야 할 농지보전부담금은 감면비율이 다른 시설의 부지로 사용하고자 하는 면적에 대하여 전용된 당해 농지에 대한 농지보전부담금의 부과기준일 당시의 농지보전부담금의 단위당 금액과 용도변경 승인 당시의 해당 감면비율을 적용하여 산출한 금액에서 이미 납입한 해당 농지보전부담금을 뺀 금액이라고 보아야 할 것이다(대법원 2002. 9. 24. 2001두4481).

구 농어촌발전특별조치법(1999. 2. 5. 법률 제5758호로 개정되기 전의 것, 이하 '법'이라고 한다) 제45조의2 제4항은 "농지법 제42조 제1항의 규정에 의하여 승인을 얻어야 하는 자 중 전용부담금의 부과가 면제되는 시설의 부지로 전용된 토지를 전용부담금의 감면비율이 다른 시설의 부지로 사용하고자 하는 자는 그에 상당하는 전용부담금을 납부하여야 한다."라고 규정하고, 법시행령 제52조의10 제1항은 "법 제45조의2 제4항의 규정에 의하여 전용부담금의 부과가 감면되는 시설의 부지로 전용된 토지를 전용부담금의 감면비율이 다른 시설의 부지로 사용하고자 하는 자가 납입하여야 하는 전용부담금은 감면비율이 다른 시설의 부지로 사용하고자 하는 면적에 대하여 농지법 제42조 제1항의 규정에 의한 용도변경 승인 당시의 해당 부과기준을 적용하여 산출한 금액에서 이미 납입한 해당 전용부담금을 뺀 금액으로 한다."라고 규정하고 있는바, 법 제45조의2 제4항이 전용부담금의 부과가 감면되는 시설의 부지로 전용된 토지를 감면비율이 다른 시설의 부지로 사용하고자 하는 자에 대하여 감면된 전용부담금을 납부하도록 한 입법 취지는, 당초 전용부담금이 감면되는 시설의 부지로 전용·사용되는 것을 전제로 감면하였으나 단기간 내에 부득이하게 전용부담금이 감면되지 아니하거나 감면비율이 보다 낮은 다른 시설의 부지로 사용함에 따라 전용부담금을 감면할 필요성이 없어져 당초 감면한 전용부담금을 추가로 납부하게 함으로써 처음부터 그 변경된 용도로 전용허가를 받은 것과의 실질적 형평을 이루고자 함에 있는 점에 비추어 보면, 법시행령 제52조의10 제1항 소정의 전용부담금의 부과가 감면되는 시설의 부지로 전용된 토지를 전용부담금이 감면되지 아니하거나 감면비율이 보다 낮은 다른 시설의 부지로 사용하고자 하는 자가 납입하여야 하는 전용부담금 역시 당해 농지에 대한 전용부담금의 부과기준일 당시의 개별공시지가를 기초로 용도변경 승인 당시의 감면비율을 적용하여 산출하여야 할 것이므로, 납부하여야 할 전용부담금은 감면비율이 다른 시설의 부지로 사용하고자 하는 면적에 대하여 전용된 당해 농지에 대한 전용부담금의 부과기준일 당시의 전용부담금의 단위당 금액과 용도변경 승인 당시의 해당 감면비율을 적용하여 산출한 금액에서 이미 납입한 해당 전용부담금을 뺀 금액이 된다고 풀이된다.

나) 농지법 제40조의 규정 취지 및 전 소유자가 농지보전부담금이 감면되는 시설의 부지로 전용허가를 받은 농지를 새로운 소유자가 농지보전부담금이 감면되지 아니하는 다른 시설의 부지로 용도변경할 경우, 새로운 소유자의 농지보전부담금 추가납입 의무 유무

농지법 제40조는 농지보전부담금이 감면되는 시설의 부지로 일단 전용허가를 받은 후 단기간 내에 농지보전부담금이 감면되지 아니하는 다른 시설의 부지로 용도변경하는 것을 제한함으로써 탈법적인 농지전용에 의하여 농지의 변칙적인 잠식이 이루어지는 것을 방지하고 당초 농지보전부담금이 감면되는 시설의 부지로 전용되는 것을 전제로 농지보전부담금을 감면하였으나 결국 농지보전부담금이 감면되지 아니하는 다른 시설의 부지로 용도변경함에 따라 농지보전부담금을 감면할 필요성이 없어진 경우에 당초 감면한 농지보전부담금을 추가납입받으려는 데 그 취지가 있는 것으로서, 그 전용된 농지를 용도변경의 승인을 받아 다른 목적으로 사용하려고 하는 자는 비록 당초 농지보전부담금을 감면받은 자가 아니고 또 그로부터 해당 사업을 양수한 자가 아니라도 위 법조항에 따라 농지보전부담금을 추가납입하여야 한다(대법원 2002. 7. 26. 선고 2001두6180).

다) 창업기업이 설립한 공장을 용도변경 승인기간 내 다른 업체에 임대하는 경우

「중소기업창업 지원법」 제45조에 따른 공장 설립계획의 승인을 받은 창업기업이 설립하는 공장은 농지법 시행령 별표 2 제3호 쿠목 11)에 따라 농지보전부담금이 100% 감액되나, 용도변경 승인기간 내 다른 업체에 공장을 임대하는 경우에는 제조업이 아닌 임대업을 영위하는 것으로 보아 용도변경 승인의 대상이 되며 그에 따라 농지보전부담금을 납부하게 될 수 있다.[78]

5) 농지보전부담금의 환급금 반환

가) 농지보전부담금의 과오납액 또는 환급금액의 반환의무자

농지법 제38조 제1항은 농지보전부담금을 농지관리기금을 운용·관리하는 자에게 내

---

78 농림축산식품부, 「농지민원 사례집」, 2023., 제230쪽

야 한다고 규정하고, 한국농어촌공사 및 농지관리기금법 제31조, 제35조 제1항에 의하면 정부가 농지관리기금을 설치하고 이를 농림축산식품부장관으로 하여금 운용·관리하도록 규정하고 있으므로 농지보전부담금의 귀속 주체는 국가인바, 농지법 제38조 제5항, 같은 법 시행령 제41조에서 납입자에게 반환하도록 규정한 농지보전부담금의 과오납액 또는 환급금액은 모두 그 귀속주체인 국가가 법률상 원인 없이 수령하거나 보유하고 있는 부당이득에 해당하는 것이므로, 위 농지보전부담금 등 과오납액 또는 환급금액의 반환의무자는 국가이다(대법원 2011. 5. 26. 선고 2008다23460).

구 농지법(2002. 1. 14. 법률 제6597호로 개정되기 전의 것, 이하 '구 농지법'이라고 한다) 제40조 제1항은 농지조성비는 농지관리기금을 운용·관리하는 자에게 납입하여야 한다고 규정하고, 구 농어촌진흥공사 및 농지관리기금법(1996. 8. 8. 법률 제5153호로 개정되기 전의 것) 제27조, 제32조 제1항에 의하면 정부가 농지관리기금을 설치하고 이를 농림수산부장관으로 하여금 운용·관리하도록 규정하고 있으므로 농지조성비의 귀속 주체는 국가이고, 구 농어촌발전 특별조치법(1999. 2. 5. 법률 제5758호로 개정되기 전의 것, 이하 같다) 제45조의2 제5항은 전용부담금은 농어촌구조개선 특별회계법에 의한 농어촌구조개선 특별회계에 납입하여야 한다고 규정하고 있으므로 전용부담금의 귀속 주체도 국가인바, 구 농지법 제40조 제2항, 같은 법 시행령(1996. 8. 8. 대통령령 제15135호로 개정되기 전의 것) 제56조, 구 농어촌발전 특별조치법 제45조의2 제7항, 같은 법 시행령(1999. 12. 28. 대통령령 16646호로 개정되기 전의 것, 2009. 11. 26. 농어업·농어촌 및 식품산업 기본법 시행령 부칙 제2조에 의하여 폐지, 이하 같다) 제52조의8에서 납입자에게 반환하도록 규정한 농지조성비 및 전용부담금의 과오납액 또는 환급금액은 모두 그 귀속주체인 국가가 법률상 원인 없이 수령하거나 보유하고 있는 부당이득에 해당하는 것이므로, 위 농지조성비 등 과오납액 또는 환급금액의 반환의무자는 국가이다.

나) 농지보전부담금의 환급금결정 또는 환급가산금결정에 의하여 비로소 환급청구권이 확정되는지 여부

농지법 제38조 제5항, 같은 법 시행령 제41조의 농지보전부담금의 환급금결정 및 환급가산금결정에 관한 규정은 이미 납입자의 환급청구권이 확정된 환급금 및 환급가산금에 대하여 내부적 사무처리절차로서 환급절차를 규정한 것에 지나지 아니하고, 그 규정에 의한 환급금결정 또는 환급가산금결정에 의하여 비로소 환급청구권이 확정되는 것은 아니다(대법원 2006. 6. 30. 선고 2004다1028).

6) 농지보전부담금의 소멸시효

국가재정법 제96조 제1항은 "금전의 급부를 목적으로 하는 국가의 권리로서 시효에 관하여 다른 법률에 규정이 없는 것은 5년 동안 행사하지 아니하면 시효로 인하여 소멸한다."고 규정하고 있고, 제3항에서 금전의 급부를 목적으로 하는 국가의 권리에 있어서는 소멸시효의 중단·정지 그 밖의 사항에 관하여 다른 법률의 규정이 없는 때에는 「민법」의 규정을 적용하도록 하고 있으며, 민법 제166조 제1항은 소멸시효의 기산점에 관하여 "소멸시효는 권리를 행사할 수 있는 때로부터 진행한다."고 규정하고 있다.

한편, 농지법 제38조 제12조 제3호도 '농지보전부담금을 받을 권리에 대한 소멸시효가 완성된 경우 농림축산식품부장관은 해당 농지보전부담금을 결손처분한다'고 규정하여 농지보전부담금도 소멸시효의 대상이 됨을 인정하고 있다. 여기서의 "농지보전부담금을 받을 권리"란 추상적으로 성립된 농지보전부담금을 구체적으로 확정하는 국가의 기능인 부과권과 그 이행을 강제적으로 추구하는 권능인 징수권을 모두 포함하고 있다고 할 것이므로 다른 특별한 사정이 없는 한 위 양자가 다같이 소멸시효의 대상이 된다고 보아야 할 것이다(대법원 1984. 12. 26. 84누572).

이에 따라 농지보전부담금을 받을 권리(농지보전부담금 납입의무)는 농지전용허가(협의)권자가 농지보전부담금 부과권을 행사할 수 있는 때로부터 5년이 경과하면 소멸된다. 소멸시효 기산점인 "권리를 행사할 수 있는 때"라 함은 관할청이 농지보전부담금을 부과할 수 있을 때를 말한다. 이를 구체적으로 살펴보면, 농지보전부담금 부과절차상 관할청은 농지전용 허가신청 또는 신고를 받을 때 농지보전부담금 부과의 필요성을 인식할 수 있으므로, 소멸시효 기산점은 농지전용 허가신청일 또는 신고일이라고 할 것이다. 따라서 농지보전부담금은 농지전용허가신청일 또는 신고일로부터 5년이 지나면 소멸시효가 완성된다고 할 것이다. 다만 소멸시효가 완성되기 전에 관할청이 납입의무자를 상대로 소송을 제기하는 등 농지보전부담금을 청구하거나, 납입의무자의 부동산, 동산 등을 압류 또는 가압류, 가처분하거나, 납입의무자가 농지보전부담금 납입의무를 승인(인정)하면 소멸시효가 중단된다.

7) 농지보전부담금 감면 사례

가) 농지전용자와 학교시설 설치자가 다른 학교용지

학교를 설치하기 위하여 농지를 전용하는 경우 농지보전부담금을 감면할 수 있음을 규정한 농지법 제38조 제5항 제3호 및 같은 법 시행령 제52조 별표 2에서 농지를 전용하는 자와 학교시설을 설치하는 자가 같은 경우에만 농지보전부담금이 감면되는 것으로 제한하고 있지 않은 점, 농지를 전용하는 자와 학교시설을 설치하는 자가 다른 경우에도 학교를 설치하기 위하여 농지를 전용하는 이상, 위 규정은 농지를 전용하는 자와 학교시설을 설치하는 자가 같은 경우와 마찬가지로 농지를 전용하는 자에게 적용된다고 볼 것인 점 등에 비추어 보면, 「학교용지 확보 등에 관한 특례법」 제3조에 따라 농지를 전용하여 학교용지를 조성한 개발사업시행자가 같은 법 제4조에 따라 학교용지를 시·도에 공급하는 경우도 농지보전부담금의 감면대상이 된다고 할 것이다(대법원 2012. 4. 12. 2010두25039).

나) 도시철도 운행 부지

농지법 시행령 제52조 별표 2는 도시철도법 제2조 제3호 가목부터 다목까지의 규정에 해당하는 도시철도시설로 사용하기 위해 농지를 전용하는 경우[제3호 아목]와 '국가 또는 지방자치단체 외의 자가 설치하는 공용·공공용 시설(주된 사업의 부지 내에 설치하는 공용·공공용 시설을 포함한다)로서 국가 또는 지방자치단체에 해당 시설을 무상으로 증여하려고 설치하는 시설의 용지'로 사용하기 위해 농지를 전용하는 경우[제3호 하목]에 대해서는 농지보전부담금을 전액 감면하도록 규정하고 있다.

한편, 도시철도법상 도시철도는 '도시교통의 원활한 소통을 위하여 도시교통권역에서 건설·운영하는 철도·모노레일·노면전차·선형유도전동기·자기부상열차 등 궤도에 의한 교통시설 및 교통수단'을 의미하고(제2조 제2호), 같은 법 제2조 제3호는 '도시철도의 선로, 역사 및 역 시설(물류시설, 환승시설 및 역사와 같은 건물에 있는 판매시설·업무시설·근린생활시설·숙박시설·문화 및 집회시설 등을 포함한다)'(가목), '선로 및 도시철도 차량을 보수·정비하기 위한 선로보수기지, 차량정비기지, 차량유치시설, 창고시설 및 기지시설'(나목), '도시철도의 전철 전력설비, 정보통신설비, 신호 및 열차제어설비'(다목)를 도시철도시설로 규정하고 있다.

이를 비추어 볼 때 전용대상 농지가 해당 시설을 관리할 지방자치단체에 무상으로 귀속되고, 도시철도법상 도시철도에 해당하는 노면전차 운행에 필요한 부지로 도시철도법 제2조 제3호 가목 내지 다목의 도시철도시설에 해당하면, 농지보전부담금은 농지법 시행령 제52조 별표 2 제3호 아목 1) 또는 하목에 따라 전액 감액되어야 한다(서울고등법원 2022. 11. 1. 2020누37101).

다) 농업협동조합이나 농업협동조합중앙회의 업무 및 재산

법률이 상호 모순, 저촉되는 경우에는 신법이 구법에, 그리고 특별법이 일반법에 우선하나, 법률이 상호 모순되는지는 각 법률의 입법 목적, 규정 사항 및 적용범위 등을 종합적으로 검토하여 판단해야 한다. 「농업협동조합법(이하 '농협법'이라 한다)」의 입법 취지, 농협법 제8조의 규정 내용, 구 농지법 시행령 제52조 별표 2 각 호에서 농지보전부담금의 감면대상으로 규정한 시설물의 내용 및 규정 형식, 그리고 농지법 및 그 시행령에서 조합이나 중앙회의 업무 및 재산과 관련하여 농지보전부담금을 부과하거나 범위를 제한하는 등의 특별한 규정을 두거나 농협법 제8조의 적용을 배제하는 규정을 두고 있지 아니하여 농협법 제8조와 농지법 및 그 시행령 규정이 문언상 서로 충돌되지 않는 사정 등을 앞서 본 법리에 비추어 살펴보면, 농업협동조합이나 농업협동조합중앙회 소유의 시설물이 농지법 시행령 제52조 별표 2 각 호에서 정한 감면대상 시설물로 열거되어 있지 않다는 이유만으로 당연히 농지보전부담금의 부과대상에 포함된다고 해석해서는 안 되고, 부과금 면제에 관한 특별법인 농협법 제8조는 농지법령에 대한 관계에서도 특별법으로 보아 농업협동조합이나 농업협동조합중앙회의 업무 및 재산에 대하여는 부과금의 일종인 농지보전부담금을 부과할 수 없다고 해석해야 한다(대법원 2012. 5. 24. 2010두16714).

라) 「중소기업창업지원법」 제45조에 따른 공장 설립계획의 승인을 받은 창업기업이 설립하는 공장(농지법 시행령 제52조 별표 2 제3호 쿠목 11))

농지법령에는 농지법 시행령 제52조 별표 2 제3호 쿠목 11)에 규정된 '공장[79]'의 정의나 구체적 범위에 관하여 아무런 규정도 두고 있지 않다. 따라서 위 '공장'이 무엇을

---

[79] 「중소기업창업 지원법」 제45조에 따른 공장 설립계획의 승인을 받은 창업기업이 설립하는 공장

말하는지는 법령의 전반적인 체계와 입법취지, 당해 조항의 규정형식과 내용 및 관련 법령을 종합적으로 고려하여 해석하여야 한다.

농지법 시행령 제52조 별표 2 제3호 쿠목 11)은 「중소기업창업지원법」에 따라 제조 업을 영위하기 위한 중소기업을 창업하는 자가 '공장' 을 설치하기 위하여 농지를 전 용하는 경우에 농지보전부담금을 면제하도록 규정하고 있는 것이므로, 위 조항 소정의 '공장'은 중소기업창업지원법 소정의 공장과 같은 의미로 해석하는 것이 타당하다.

중소기업창업지원법을 살펴보면, 중소기업창업지원법 제23조 제4항 제2호는 '제조업' 을 영위하기 위하여 중소기업을 창업하는 자에 대하여 농지보전부담금을 비롯한 각종 부담금을 면제하도록 규정하고 있으며, 중소기업창업지원법 제45조 제2항, 제47조 제 1항이 위 법률 소정의 공장 설립은 「산업집적활성화 및 공장설립에 관한 법률(이하 ' 산업집적활성화법' 이라 한다)」에서 정하고 있는 기준 및 절차에 따라 이루어지도록 규정하여 중소기업창업지원법 소정의 공장은 산업집적활성화법 제2조 제1호 소정의 공장을 말하고 있다. 산업집적활성화법 제2조 제1호는 "' 공장' 이란 건축물 또는 공 작물, 물품제조공정을 형성하는 기계·장치 등 제조시설과 그 부대시설을 갖추고 대통 령으로 정하는 제조업을 하기 위한 사업장으로서 대통령령으로 정하는 것을 말한 다."라고 규정하고 있다. 그리고 산업집적활성화법 시행령 제2조 제1항은 "법 제2조 제1호에 따른 제조업의 범위는 통계법 제22조에 따라 통계청장이 고시하는 표준산업 분류에 따른 제조업으로 한다." 라고 규정하고 있다. 이와 같이 산업집적활성화법과 그 시행령은 공장의 개념에 관하여 '제조업을 하기 위한 사업장'으로 규정하고 있다.

이를 비추어 볼 때 농지법 시행령 제52조 별표 2 제3호 쿠목 11)에 규정된 '공장'은 산업집적활성화법 제2조 제1호 소정의 공장으로서 '제조업을 하기 위한 사업장'을 의 미하는 것으로 해석된다. 따라서 「중소기업창업지원법」 제45조에 따른 공장 설립계획 의 승인을 받은 창업기업이 '제조업을 하기 위한 사업장' 설치 목적으로 농지전용을 하는 경우에는 농지보전부담금을 면제하여야 한다(부산고등법원 2017. 4. 5. 2016누 21886).

실무자를 위한 알기 쉬운 농지법 강의

제9장

제9장 농지대장

가. 농지대장제도

1) 농지대장제도의 도입 취지

농지대장 제도는 농지투기 행위를 근절하여 헌법상의 경자유전의 원칙 및 농지는 투기 대상이 되어서는 안 된다는 농지법의 원칙을 실현하기 위해 농지원부제도 운영상 나타난 미비점을 개선·보완하고 농지 소유와 농지 이용 실태를 명확히 파악하여 농지를 효율적으로 이용하고 관리하기 위해 2022년 5월 18일부터 시행되었다[농지법 (2021. 8. 17. 법률 제18401호) 개정이유서].

2) 농지대장과 농지원부의 주요 차이점

① **(작성기준)** 농업인(농가) 단위로 작성했던 농지원부와 달리 농지대장은 농지(필지) 단위로 작성된다.

② **(작성대상)** 농지원부는 1,000㎡ 이상의 농지를 작성대상으로 하였으나, 농지대장은 면적에 관계없이 모든 농지를 대상으로 작성·관리된다.

③ **(작성기관)** 농지원부 작성·관리 행정기관은 농업인 주소지 관할 행정청이었으나, 농지대장은 농지 소재지 관할 행정청이다.

④ **(관리방식)** 농지임대차 등 이용현황 변경 시 농지원부 제도는 행정청이 직권으로 작성하였으나, 농지대장 제도는 농지소유자 또는 임차인이 변경사유발생일로부터 60일 이내에 신고하도록 하고 있다.[80]

구분	농지원부	농지대장	시행시기
작성기준	농업인(농가)	필지	'22.04.15.
작성대장	1,000㎡ 이상의 농지	모든 농지	'22.04.15.
관할행정청	농업인 주소지	농지 소재지	'22.04.15.
관리방식	직권주의	신고주의	'22.08.18.

---

80 농림축산식품부, 「농지원부 개편을 위해 농지원부 발급 업무가 일시 중단됩니다(보도자료)」, 2022. 3. 29., 농림축산식품부, 「농지 소유·이용 관리 강화를 위해 농지원부 전면개편 추진(보도자료)」, 2021. 4. 22.

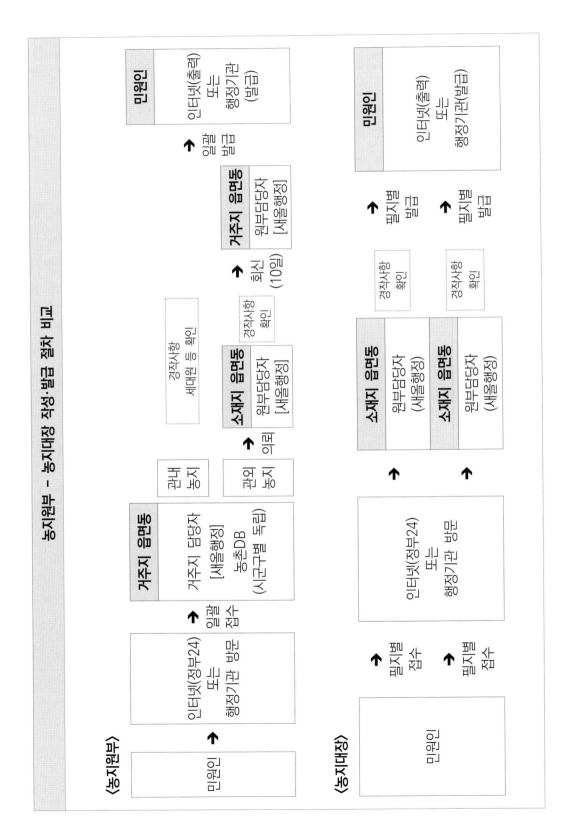

농지원부 - 농지대장 작성·발급 절차 비교

〈농지원부〉

민원인 → 인터넷(정부24) 또는 행정기관 방문

일괄 접수 → **거주지 읍면동** 거주지 담당자 [새올행정] 농촌DB (시군구별 독립)

관내 농지

관외 농지

의뢰 → **소재지 읍면동** 읍부담당자 [새올행정]

경작사항 확인

경작사항 세대원 등 확인

회신 (10일) → **거주지 읍면동** 읍부담당자 [새올행정]

경작사항 확인

일괄 발급 → 민원인 인터넷(출력) 또는 행정기관 (발급)

〈농지대장〉

민원인

필지별 접수 → **소재지 읍면동** 읍부담당자 (새올행정)

필지별 접수 → **소재지 읍면동** 읍부담당자 (새올행정)

경작사항 확인

경작사항 확인

필지별 발급 → 민원인 인터넷(출력) 또는 행정기관(발급)

필지별 발급

농지대장(농지법 시행규칙 별지 제58호서식)

■ 농지법 시행규칙 [별지 제58호서식] <개정 2022. 5. 18.>

농 지 대 장

| 고 유 번 호 | XXXXXXXXX-X-XXXX-XXXX-XX(일련번호) | | | | | | | | | | | | | | 발급번호 | XXXXXXX-XXXXX-XXXXX |

소 재 지	지번	지적공부			농지구분	현황(실제)		소 유 사 항								
		지목	면적 (㎡)	용도 지역		지목	면적 (㎡)	소유 일련 번호	등기 원인	원인 일자 (등기신청 접수일)	성명 (법인명)	주민등록 (법인)번호	주소	소유 면적 (㎡)	이용 현황	경작 현황 (확인 일자)

※ 기재사항 안내: 소재지, 지번, 지적공부는 토지(임야)대장을 기준으로 표시되며, 등기원인 및 등기신청 접수일자는 등기부등본을 기준으로 표시됩니다.

임대차 현황

소유 일련 번호	임대차 사항							관리기관 확인		
	구분	성명	주민등록번호	주소	면적 (㎡)	임대료 (원)	임차기간	등록기관	담당자	확인일

※ '96.1.1.「농지법」시행 이후에 취득한 농지는 「농지법」제23조에서 허용하는 경우에 한해 임대차가 가능합니다.

364mm×257mm[백상지 80g/㎡]

■ 농지법 시행규칙 [별지 제58호서식]

농 지 대 장

장번호: 2/2

농지취득자격증명 및 이용실태조사, 농지전용 현황

일련 번호	농지취득자격증명				농지이용실태조사					농지전용				
	신청인	취득 목적	신청 면적 (㎡)	발급일	조사기관	조사일	이용현황	경작현황	처분현황	구분	허가·신고 ·협의 기관	허가 협의·신고 일자 (기간)	전용목적 (내용)	전용면적 (㎡)

※ 농지취득자격증명 및 농지전용은 최근 3년에 대한 현황이 기록되며, 농지이용실태조사는 2021년 이후 최근 3개년 조사 및 처분 현황이 기록됩니다.

위와 같이 농지대장을 발급합니다.

수수료: 「농지법 시행령」 제74조에 따름

년 월 일

시장·구청장·읍장·면장 직인

나. 농지대장 작성

1) 작성기관

농지 소재지를 관할하는 시·구·읍·면의 장은 농지대장을 작성하여 갖추어 두어야 한다(농지법 제49조 제1항).

2) 작성대상

농지대장은 모든 농지에 대해 필지별로 작성한다. 농지대장에는 농지의 소재지·지번·지목·면적·소유자·임대차 정보·농업진흥지역 여부 등을 포함한다(농지법 제49조 제2항, 같은 법 시행령 제70조).

3) 작성시점

시·구·읍·면의 장은 매립·간척·지목변경 등의 사유로 농지가 생성되거나 농지대장에 미등재된 농지를 발견하는 경우 농지현황·소유현황·이용 및 경작현황 등을 확인하여 농지대장을 작성하여야 한다. 농지대장의 내용에 변동사항이 생기는 경우 그 변동사항을 지체 없이 농지대장에 정리하여야 한다(농지법 제49조 제4항).

4) 보관기한

시·구·읍·면의 장은 관할구역 안에 있는 농지가 농지전용허가 등의 사유로 농지에 해당하지 않게 된 경우에는 그 농지대장을 따로 편철하여 10년간 보존해야 한다(농지법 시행규칙 제56조).

5) 농지대장 내용[81]

농지대장에 기재되는 항목은 다음 각 호와 같다.

---

81 농림축산식품부, 「2023년 농지업무편람」, 2023., 제154쪽 내지 제160쪽

1. (농지현황) 농지 소재지, 지번, 지적공부 상 지목·면적(㎡)·용도지역, 실제 지목·면적(㎡)
2. (소유현황) 소유일련번호, 등기원인·원인일자(등기신청접수일), 소유자의 성명(법인명), 주민등록(법인)번호, 주소, 소유면적(㎡)
3. (이용 및 경작현황) 이용현황, 경작현황(확인일자)
4. (임대차 현황) 소유일련번호, 임대차 구분, 성명, 주민번호, 주소, 면적(㎡), 임대료(원), 임차기간, 관리기관 확인(등록기관, 담당자, 확인일)
5. (농지취득자격증명) 일련번호, 신청인, 취득목적, 신청면적(㎡), 발급일
6. (농지이용실태조사) 조사기관, 조사일, 이용현황, 경작현황, 처분현황
7. (농지전용) 농지전용 구분, 허가·신고·협의 기관, 허가·신고·협의 일자(기간), 전용목적(내용), 전용면적(㎡)

① 농지현황

농지현황의 소재지, 지번, 지적공부는 토지(임야)대장을 기준으로 표시된다.

② 소유현황

소유현황의 등기원인 및 등기신청 접수일자는 등기부등본을 기준으로 표시된다.

③ 이용 및 경작현황

○ **(이용현황)** 농지의 이용현황(농작물경작, 다년생식품재배, 농로, 고정식온실, 버섯재배사, 비닐하우스, 축사, 곤충사육사, 농막, 간이퇴비장, 간이저온저장고, 간이액비저장조, 일반시설[82], 휴경, 기타[83] 등)이 표시된다.

○ **(경작현황)** 경작현황은 농업경영(자경), 농업경영(세대원경작)[84], 임대, 위탁경영, 휴경, 경작확인대상, 경작확인대상(임대확인대상), 시설운영, 시설미운영, 주말체험영농, 기타(사망후미등기, 공동소유로 인한 확인불가, 등기상 합유농지[85], 시험·실습 등 농업법인 외 법인 소유농지)로 표시된다.

---

82 주택, 창고, 공장, 종교용부지, 주유소 등 시설을 설치하여 사용하는 경우를 말한다.
83 주차장, 묘지, 도로, 양어장, 염전 등 별도 시설 설치 없이 사용하는 경우를 말한다.
84 농업경영(세대원경작)은 동일 세대원의 소유농지를 소유자가 아닌 세대원이 경작하는 경우에 해당한다.
85 합유자 중 일부 인원만 농작물 경작·재배를 하는 때에는 그 외 합유자는 농지처분의무 대상(농지법 제10조)이 될 수 있다.

④ **임대차현황**

○ **(소유일련번호)** 농지 소유현황의 "소유일련번호"와 동일하다.

○ **(임대차 구분)** 임대차방식[농지은행(임대수탁, 장기임대차 등), 개인, 국공유지, 법인, 기타]이 표시된다.

○ **(성명, 주민번호, 주소)** 임차인의 성명, 주민번호, 주소가 표시된다.

○ **(면적)** 농지 임차 면적이 표시된다.

○ **(임대료)** ㎡당 연간 임대료가 표시된다.

○ **(임차기간)** 임대차 기간이 표시된다.

○ **(관리기관 확인: 등록기관, 담당자, 확인일)** 임대차사항을 등록한 행정청(시·구·읍·면)과 담당자, 계약 내역 확인 및 경작 여부 등을 확인한 일자가 표시된다.

⑤ **농지취득자격증명**

○ **(일련번호)** 농지취득자격증명 발급번호가 표시된다.

○ **(취득목적)** 농지취득자격증명 신청시 농지 취득목적(농업경영, 농지전용, 시험·연구·실습, 주말체험영농)이 표시된다.

○ **(신청면적)** 농지취득자격증명서의 신청면적이 표시된다.

○ **(발급일)** 농지취득자격증명 발급일이 표시된다.

⑥ **농지이용실태조사**

○ **(조사기관)** 농지 실태조사 기관으로 농지소재지 시·구·읍·면이 표시된다.

○ **(이용현황)** 농작물 경작 등 농지 실제 이용현황이 표시된다.

○ **(경작현황)** 농업경영, 임대, 휴경, 실험실습, 전용 등 농지의 경작현황이 표시된다.

○ **(처분현황)** 이용실태조사에 따른 처분 현황(처분미대상, 처분결정, 처분의무발생 통지, 처분유예 또는 처분취소, 처분명령)이 표시된다.

⑦ **농지전용**

○ **(구분)** 농지 전용 허가, 협의, 신고, 타용도일시허가, 타용도일시협의, 타용도일시신고, 용도변경 승인이 표시된다.

○ **(관리기관)** 농지 전용 허가 등을 처리한 기관이 표시된다.

○ **(전용목적)** 농지전용에 따른 설치시설(예: 국방·군사시설, 도로·철도·항만·공항시설, 기타 공공시설, 공장시설, 주거시설 등) 등이 표시된다.

○ **(면적)** 농지 전용 면적이 표시된다.

다. 농지이용 정보 등 변경신청

1) 신청대상

농지소유자 또는 임차인은 농지의 임대차계약과 사용대차계약이 체결·변경 또는 해제되거나, 농지에 농축산물 생산시설을 설치하는 경우 그 사유가 발생한 날부터 60일 이내에 농지의 소재지를 관할하는 시·구·읍·면의 장에게 농지대장의 변경을 신청하여야 한다(농지법 제49조의2).

다만 농지에 토지의 개량시설을 설치하는 경우에는 소유자 및 임차인이 농지대장 이용정보 변경 신청의무를 부담하지 아니하나, 소유자 및 임차인이 자발적으로 토지의 개량시설과 관련하여 농지대장 이용정보를 변경신청하는 것은 허용된다(농지법 시행규칙 제58호의2 서식).

2) 신청방법

농지소유자 또는 임차인은 농지의 임대차계약 또는 사용대차계약이 체결·변경 또는 해제되는 경우 임대차계약서 또는 사용대차계약서를 제출하여야 하며, 농축산물 생산시설을 설치하는 경우에는 농지소유자가 가설건축물관리대장 사본을 제출하거나 시·구·읍·면의 장이 행정정보의 공동이용을 통하여 건축물대장 또는 가설건축물관리대장을 확인하는 데 동의하여야 한다(농지법 시행규칙 제57조의2).

3) 과태료

농지대장 변경 신청을 거짓으로 한 자는 500만원 이하의 과태료가, 신청을 하지 아니한 자는 300만원 이하의 과태료가 각 부과된다(농지법 제64조). 농지법 제49조의2에 따르면 과태료 부과대상은 농지소유자 또는 임차인의 변경신청대상을 농지 임대차계약·사용대차계약과 농지법 제2조 제1호 나목에 따른 토지에 농축산물 생산시설을 설치하는 경우로 한정하고 있는바, 토지 개량시설 설치의 경우에는 농지대장 변경신청과 관련하여 과태료를 부과할 수 없다고 보아야 할 것이다.

라. 농지대장 관리

1) 관리자의 준수사항

가) 목적 외 사용금지

농지대장의 관리자는 법에 따른 비치 또는 이용 외의 목적으로 농지대장을 사용하거나 이를 이용한 전산처리를 해서는 안 된다(농지법 시행규칙 제56조 제2항). 다만 농지소유자 등은 관리자와 달리 농지대장을 활용하는 데에는 제한이 없으므로 다른 목적으로 사용하는 것이 허용된다.

나) 누설금지

농지대장의 작성·관리에 종사하거나 종사하였던 자 또는 그 밖의 자로서 직무상 농지대장기재사항을 알게 된 자는 다른 사람에게 이를 누설해서는 안 된다(농지법 시행규칙 제56조 제3항). 농지법에는 농지대장업무종사자 또는 종사자이었던 자의 농지대장기재사항 누설행위에 대한 벌칙 규정은 없으나, 형법 제127조 소정의 공무상 비밀누설죄로 처벌될 수 있다.

2) 농지대장 정비

가) 일제 정비

시·구·읍·면의 장은 농림축산식품부의 「농지대장 일제정비 시행 지침」에 따라 자체계획을 수립하고 농지대장 일제정비를 하여야 한다. 일제정비 대상은 전년도 농지대장 일제정비에서 정비되지 않은 농지, 전년도 농지대장 미등재 농지, 기타 일제정비가 필요한 농지 등이다.[86]

나) 수시 정비

수시 정비대상은 소유권·임대차 변동, 지번 변경, 휴경 등의 사유가 발생하거나 사실확인일이 3년을 초과한 농지 등을 대상으로 한다.[87]

---

86 농림축산식품부, 「2023년 농지업무편람」, 2023., 제162쪽
87 농림축산식품부, 「2023년 농지업무편람」, 2023., 제162쪽

마. 농지대장 발급

1) 농지대장 열람 및 등본 발급

농지대장을 열람하거나 등본 발급을 신청하려는 자는 구술 또는 문서(전자문서를 포함한다)로 시·구·읍·면의 장에게 신청해야 한다(농지대장 열람 및 등본발급은 전국 어디서나 접수가능하다). 다만 농지대장은 개인정보 등을 포함하고 있어 농지대장 소유자 및 임차인 등 이해관계자에 한하여 농지대장의 열람 및 등본 발급의 신청이 가능하다(농지법 제50조, 같은 법 시행규칙 제58조).

이해관계자의 범위[88]

○ 농지대장의 소유자 및 임차인(소유자 및 임차인이 사망한 경우에는 상속인을 포함)
  – 농지대장의 경작현황이 '농업경영(세대원경작)'으로 기재된 경우 농지소유자의 세대원
○ 농업법인의 경우 법인의 대표자 또는 위임을 받은 구성원
○ 당사자의 위임 또는 동의를 받은 자
○ 경매의 최고가매수인(낙찰자)

농지대장은 민원창구, 정부24(인터넷), 키오스크(무인발급기)를 통하여 등본 발급이 가능하다. 하지만 농지대장 열람의 경우에는 민원창구를 통한 신청만 허용되고, 신청인은 접수처(시·구·읍·면) 사무소 안에서 관계공무원의 참여 하에 농지대장을 열람할 수 있다(농지법 시행규칙 제58조 제2항).

2) 자경증명의 발급

자경(自耕)[89]증명을 발급 받으려는 자는 농지 소재지를 관할하는 시·구·읍·면의 장에게 자경증명발급신청서를 제출하여야 한다. 시·구·읍·면의 장은 신청인의 농업경영상황을 조사한 후 자경하는 사실이 명백한 경우에는 신청일부터 7일 이내에 자경증명을 발급하여야 한다(농지법 시행규칙 제59조).

---

88 농림축산식품부, 「2023년 농지업무편람」, 2023., 제168쪽
89 자경은 농업인이 그 소유 농지에서 농작물 경작 또는 다년생식물 재배에 상시 종사하거나 농작업의 2분의 1 이상을 자기의 노동력으로 경작 또는 재배하는 것과 농업법인이 그 소유 농지에서 농작물을 경작하거나 다년생식물을 재배하는 것을 말한다(농지법 제2조 제5호).

바. 농지정보의 관리

1) 농지정보의 관리 및 운영

농림축산식품부장관과 시장·군수·구청장 등은 농지 관련 정책 수립, 농지대장 작성 등에 활용하기 위하여 다음 각 호의 자료에 대하여 해당 자료를 관리하는 기관의 장에게 그 자료의 제공을 요청할 수 있으며, 요청을 받은 관리기관의 장은 특별한 사정이 없으면 이에 따라야 한다(농지법 제54조의2 제1항, 같은 법 시행령 제79조).

1. 「부동산등기법」 제2조 제1호에 따른 등기부
2. 「공간정보의 구축 및 관리에 관한 법률」 제2조 제19호에 따른 지적공부
3. 「주민등록법」 제30조 제1항에 따른 주민등록전산정보자료
4. 「가족관계의 등록 등에 관한 법률」 제9조 제1항에 따른 가족관계등록부
5. 「건축법」 제20조 제6항에 따른 가설건축물대장 및 같은 법 제38조에 따른 건축물대장
6. 「농업·농촌 공익기능 증진 직접지불제도 운영에 관한 법률」 제37조에 따른 공익직접지불제도 관련 자료
7. 「출입국관리법」 제31조 및 제32조에 따른 외국인등록에 관한 자료
8. 「재외동포의 출입국과 법적 지위에 관한 법률」 제6조에 따른 국내거소신고에 관한 자료
9. 「부동산 거래신고 등에 관한 법률」 제3조에 따른 부동산 거래의 신고 자료
10. 「한국농어촌공사 및 농지관리기금법」 제18조부터 제24조까지 및 제24조의2부터 제24조의5까지의 규정에 따른 농지은행사업에 관한 자료

농림축산식품부장관은 농업경영체의 농업경영정보와 농지 관련 자료를 통합 관리하고, 농지업무에 필요한 각종 정보의 효율적 처리와 기록·관리 업무의 전자화를 위하여 정보시스템을 구축·운영할 수 있다(농지법 제54조의2 제2항·제3항).

2) 농지정보의 제공

시장·군수·자치구구청장은 다른 법률에 따라 농지 처분통지(제10조 제2항), 농지 처분명령(제11조 제1항), 이행강제금 부과(제63조) 등에 관한 정보를 「은행법」에 따른 은행 등 금융기관이 요청하는 경우 이를 제공할 수 있다(농지법 제54조의3).

제10장
농지관리위원회·농지위원회

가. 농지관리위원회
나. 농지위원회

제10장 농지관리위원회·농지위원회

가. 농지관리위원회

1) 농지관리위원회의 설치

농림축산식품부장관은 농지 이용 및 농지전용 등에 대한 자문을 위하여 농림축산식품부에 농지관리위원회를 둔다(농지법 제37조의3).

2) 농지관리위원회의 역할

농지관리위원회는 농림축산식품부장관에게 다음 각 호의 사항을 자문한다(농지법 제37조의3 제1항).

1. 농지의 이용, 보전 등의 정책 수립에 관한 사항
2. 100만㎡(농업진흥지역의 경우 30만㎡) 이상의 농지전용[90]에 관한 사항
3. 농지관리위원회의 자문을 거친 후 추가적으로 농지전용 면적을 증가시키려는 경우에는 그 증가되는 면적이 50만㎡(농업진흥지역의 경우 15만㎡) 이상인 농지전용[91]에 관한 사항

※ 2025년 1월 24일 이후에는 농지관리위원회는 농림축산식품부장관이 농지 관리 기본방침을 수립하거나 변경할 경우 이를 심의하는 역할도 한다. 다만 대통령령으로 정하는 경미한 사항을 변경하는 경우에는 그러하지 아니한다.

3) 농지관리위원회의 구성

가) **(위원장)** 위원장은 위원 중에서 호선한다(농지법 제37조의3 제3항).

나) **(위원 수)** 위원회는 위원장 1명을 포함한 20명 이내의 위원으로 구성한다(농지법 제37조의3 제2항).

---

90 농지전용 면적은 전용하려는 농지의 면적과 그 농지전용허가·협의를 신청하거나 농지전용신고를 한 날 이전 5년간 해당 부지에 시설을 설치하는 자가 동시 또는 여러 차례에 걸쳐 그 시설이나 그 시설과 같은 종류의 시설의 부지로 사용하기 위하여 연접한 농지를 전용한 농지면적을 합산하여 계산한다.

91 증가되는 농지전용 면적은 전용하려는 농지의 면적과 해당 부지에 시설을 설치하는 자가 동시 또는 여러 차례에 걸쳐 그 시설이나 그 시설과 같은 종류의 시설의 부지로 사용하기 위하여 연접한 농지를 전용한 농지면적을 합산하여 계산한다.

다) **(위원 위촉)** 위원은 관계 행정기관의 공무원, 농업·농촌·토지이용·공간정보·환경 등과 관련된 분야에 관한 학식과 경험이 풍부한 사람 중에서 농림축산식품부장관이 위촉한다(농지법 제37조의3 제2항).

라) **(위원 임기)** 위원장 및 위원의 임기는 2년으로 한다(농지법 제37조의3 제4항).

마) **(위원 해촉)** 농림축산식품부장관은 위원이 다음 각 호의 어느 하나에 해당하는 경우에는 위원을 해촉할 수 있다(농지법 시행령 제44조의6).

> 1. 자격정지 이상의 형을 선고받은 경우
> 2. 심신장애로 직무를 수행할 수 없게 된 경우
> 3. 직무와 관련된 비위사실이 있는 경우
> 4. 직무태만, 품위손상이나 그 밖의 사유로 위원으로 적합하지 않다고 인정되는 경우
> 5. 위원의 제척·기피·회피 사유에 해당하는데도 불구하고 회피하지 않은 경우
> 6. 위원 스스로 직무를 수행하기 어렵다는 의사를 밝히는 경우

4) 농지관리위원회의 운영

가) **(위원장)** 위원장은 위원회를 대표하고, 위원회의 업무를 총괄한다. 위원장이 부득이한 사유로 직무를 수행할 수 없을 때는 위원장이 미리 지명한 위원이 그 직무를 대행한다(농지법 시행령 제44조의4 제1항·제2항).

나) **(회의소집)** 농지관리위원회의 회의는 농림축산식품부장관이 요청하거나 농지관리위원회 위원장이 필요하다고 인정할 때 농지관리위원회 위원장이 소집한다(농지법 시행령 제44조의4 제3항).

다) **(의결방법)** 농지관리위원회의 회의는 재적위원 과반수의 출석으로 개의하고, 출석위원 과반수의 찬성으로 의결한다(농지법 시행령 제44조의4 제4항).

라) **(간사·서기)** 농지관리위원회의 사무를 처리하기 위하여 농지관리위원회에 간사와 서기 각 1명을 두며, 간사와 서기는 농림축산식품부장관이 소속 공무원 중에서 지명한다(농지법 시행령 제44조의4 제5항).

5) 위원의 제척·기피·회피

가) **(제척)** 농지관리위원회 위원이 다음 각 호의 어느 하나에 해당하는 경우에는 농지관리위원회의 심의·의결에서 제척된다(농지법 시행령 제44조의5 제1항).

1. 위원 또는 그 배우자나 배우자였던 사람이 해당 안건의 당사자(당사자가 법인·단체인 경우에는 그 임원을 포함)가 되거나 그 안건의 당사자와 공동권리자 또는 공동의무자인 경우
2. 위원이 해당 안건의 당사자와 「민법」 제777조에 따른 친족이거나 친족이었던 경우
3. 위원이 해당 안건에 관하여 증언, 진술, 자문, 연구, 용역, 조사 또는 감정(鑑定)을 한 경우
4. 위원이 최근 3년 이내에 해당 안건의 당사자가 속한 법인·단체 등에 재직한 경우
5. 위원이나 위원이 속한 법인·단체 등이 해당 안건의 당사자의 대리인이거나 대리인이었던 경우

나) **(기피)** 당사자는 제척사유가 있거나 위원에게 공정한 심의·의결을 기대하기 어려운 사정이 있는 경우에는 농지관리위원회에 기피 신청을 할 수 있고, 농지관리위원회는 의결로 기피 여부를 결정한다. 이 경우 기피 신청의 대상인 위원은 그 의결에 참여하지 못한다(농지법 시행령 제44조의5 제2항).

다) **(회피)** 위원은 위원의 제척·기피사유에 해당하는 경우에는 스스로 해당 안건의 심의·의결에서 회피해야 한다(농지법 시행령 제44조의5 제3항).

6) 공무원 의제규정

농지관리위원회 위원 중 공무원이 아닌 사람은 「형법」 제127조(공무상 비밀의 누설) 및 제129조부터 제132조까지의 규정(수뢰·사전수뢰, 제삼자뇌물제공, 수뢰후부정처사·사후수뢰 및 알선수뢰)을 적용할 때에는 공무원으로 본다(농지법 제51조의2).

나. 농지위원회

1) 농지위원회의 설치

농지위원회는 시·구·읍·면에 각각 둔다. 다만, 해당 지역 내의 농지가 650만㎡ 이하이거나, 농지위원회의 효율적 운영을 위하여 필요한 경우 시·군의 조례로 정하는 바에 따라 그 행정구역 안에 권역별로 설치할 수 있다(농지법 제44조, 같은 법 시행규칙 제54조).

2) 농지위원회의 구성

가) **(위원장)** 위원장은 위원 중에서 호선한다(농지법 제45조 제1항).

나) **(위원 수)** 농지위원회는 위원장 1명을 포함한 10명 이상 20명 이하의 위원으로 구성한다(농지법 제45조 제1항).

다) **(위원 임기)** 위원의 임기는 2년으로 한다(농지법 시행령 제61조 제2항).

라) **(위원 위촉)** 위원은 다음 각 호의 사람 중에서 시장(구를 두지 않은 시의 시장을 말한다)·군수·구청장이 임명하거나 위촉한다. 다음 각 호의 사람을 각 1명 이상 위촉(임명)하되, 해당 호의 위원 수가 전체 위원 수의 35%를 초과해서는 안 된다(농지법 시행령 제61조 제3항).

1. 3년 이상 계속하여 해당 시·군·구에 농업경영을 하고 있는 사람
2. 해당 지역에 소재하는 농업 관련 기관 또는 단체의 추천을 받은 사람
3. 「비영리민간단체 지원법」 제2조에 따른 비영리민간단체의 추천을 받은 사람
4. 농업 및 농지정책에 대하여 학식과 경험이 풍부한 사람[92]

---

92 농업 및 농지정책에 대하여 학식과 경험이 풍부한 사람은 ① 조교수 이상의 직에 3년 이상 재직한 사람, ② 농업·농촌 또는 행정·법 관련 분야 박사학위를 취득한 사람으로서 공공기관이나 연구기관에서 3년 이상 재직한 사람, ③ 국가 또는 지방자치단체에서 공무원으로 3년 이상 농업 및 농지정책 관련 업무 담당 경력이 있는 사람, ④ 변호사, 공인회계사, 세무사, 감정평가사를 말한다.

마) **(위원 해촉)** 시장·군수·구청장은 위원이 다음 각 호의 어느 하나에 해당하는 경우 해당 위원을 해촉할 수 있다(농지법 시행령 제61조 제6항).

1. 자격정지 이상의 형을 선고받은 경우
2. 심신장애로 직무를 수행할 수 없게 된 경우
3. 직무와 관련된 비위사실이 있는 경우
4. 직무태만, 품위손상이나 그 밖의 사유로 위원으로 적합하지 않다고 인정되는 경우
5. 위원 스스로 직무를 수행하기 어렵다는 의사를 밝히는 경우
6. 위원이 다음 각 호의 어느 하나에 해당하는데도 불구하고 회피하지 않은 경우
   가. 위원 또는 그 배우자나 배우자였던 사람이 심의 안건의 당사자(당사자가 법인·단체인 경우에는 그 임원을 포함)가 되거나 그 안건의 당사자와 공동권리자 또는 공동의무자인 경우
   나. 위원이 심의 안건의 당사자와 「민법」 제777조에 따른 친족이거나 친족이었던 경우
   다. 위원이 심의 안건에 관하여 증언, 진술, 자문, 연구, 용역, 조사 또는 감정(鑑定)을 한 경우
   라. 위원이 최근 3년 이내에 심의 안건의 당사자가 속한 법인·단체 등에 재직한 경우
   마. 위원이나 위원이 속한 법인·단체 등이 심의 안건의 당사자의 대리인이거나 대리인이었던 경우

3) 농지위원회의 기능

농지위원회는 다음 각 호의 기능을 수행한다(농지법 제46조).

1. 농지취득자격증명 심사에 관한 사항
2. 농지전용허가를 받은 농지의 목적사업 추진상황에 관한 확인
3. 농지의 소유 등에 관한 조사 참여
4. 농지정책에 대한 교육 및 홍보

4) 농지위원회의 운영

가) **(위원장)** 농지위원회의 위원장은 농지위원회를 대표하고, 농지위원회의 업무를 총괄한다. 농지위원회의 위원장이 부득이한 사유로 직무를 수행할 수 없을 때에는 위원장이 미리 지명한 위원이 그 직무를 대행한다(농지법 시행령 제62조 제1항·제2항).

나) **(회의소집)** 농지위원회의 위원장은 농지위원회의 회의를 소집하고 그 의장이 된다(농지법 시행령 제62조 제3항).

다) **(의결방법)** 농지위원회의 회의는 재적위원 과반수의 출석으로 개의하고, 출석위원 과반수의 찬성으로 의결한다(농지법 시행령 제62조 제4항).

라) **(회의방법)** 농지위원회는 위원이 출석하는 회의(화상회의를 포함한다)로 개최한다. 다만, 천재지변이나 그 밖의 부득이한 사유로 위원의 출석에 의한 의사정족수를 채우기 어려운 경우 등 농지위원회의 위원장이 특별히 필요하다고 인정하는 경우에는 서면회의로 개최할 수 있다(농지법 시행령 제62조 제5항).

마) **(관계인 출석)** 농지위원회의 위원장은 안건 심의를 위하여 필요한 경우에는 관계인을 회의에 출석하게 하여 의견을 들을 수 있다(농지법 시행령 제62조 제6항).

바) **(간사)** 농지위원회의 사무를 처리하기 위하여 농지위원회에 간사 1명을 두며, 간사는 시장·군수·구청장이 소속 공무원 중에서 지명한다(농지법 시행령 제62조 제7항).

사) **(여비지급)** 회의에 출석하는 위원에게는 예산의 범위에서 수당과 여비를 지급할 수 있다. 다만, 공무원인 위원이 그 소관 업무와 직접적으로 관련되어 출석하는 경우에는 그렇지 않다(농지법 시행령 제62조 제8항).

아) **위원의 제척·기피·회피**

(1) **(제척)** 농지위원회 위원이 다음 각 호의 어느 하나에 해당하는 경우에는 농지위원회의 심의·의결에서 제척된다(농지법 시행령 제64조 제1항, 제44조의5 제1항).

---

1. 위원 또는 그 배우자나 배우자였던 사람이 해당 안건의 당사자(당사자가 법인·단체인 경우에는 그 임원을 포함)가 되거나 그 안건의 당사자와 공동권리자 또는 공동의무자인 경우
2. 위원이 해당 안건의 당사자와 「민법」 제777조에 따른 친족이거나 친족이었던 경우
3. 위원이 해당 안건에 관하여 증언, 진술, 자문, 연구, 용역, 조사 또는 감정(鑑定)을 한 경우
4. 위원이 최근 3년 이내에 해당 안건의 당사자가 속한 법인·단체 등에 재직한 경우
5. 위원이나 위원이 속한 법인·단체 등이 해당 안건의 당사자의 대리인이거나 대리인이었던 경우

---

(2) **(기피)** 당사자는 제척사유가 있거나 위원에게 공정한 심의·의결을 기대하기 어려운 사정이 있는 경우에는 농지위원회에 기피 신청을 할 수 있고, 농지위원회는 의결로 기피 여부를 결정한다. 이 경우 기피 신청의 대상인 위원은 그 의결에 참여하지 못한다(농지법 시행령 제64조 제1항, 제44조의5 제2항).

(3) **(회피)** 위원은 위원의 제척·기피사유에 해당하는 경우에는 스스로 해당 안건의 심의·의결에서 회피해야 한다(농지법 시행령 제64조 제1항, 제44조의5 제3항).

5) 분과위원회

가) **(설치)** 농지위원회의 효율적 운영을 위하여 필요한 경우에는 분과위원회를 둘 수 있다(농지법 제45조 제3항, 같은 법 시행령 제63조 제1항).

나) **(위원장)** 분과위원회의 위원장은 분과위원회 위원 중에서 호선한다(농지법 시행령 제63조 제2항).

다) **(정원)** 농지위원회에 두는 분과위원회는 위원장 1명을 포함하여 6명 이상 10명 이내의 위원으로 구성한다. 분과위원회 위원은 농지위원회 위원 중에서 농지위원회의 위원장이 지명한다. 이 경우 한 명의 위원을 2개 이상의 분과위원회 위원으로 지명할 수 없다. 농지위원회의 위원장은 분과위원회 위원을 지명할 때 위원 구성이 균형 있게 배치될 수 있도록 노력해야 한다(농지법 시행령 제63조 제1항·제2항).

라) **위원의 제척·기피·회피**

(1) **(제척)** 분과위원이 다음 각 호의 어느 하나에 해당하는 경우에는 분과위원회의 심의·의결에서 제척된다(농지법 시행령 제64조 제1항, 농지법 시행령 제44조의5 제1항).

1. 위원 또는 그 배우자나 배우자였던 사람이 해당 안건의 당사자(당사자가 법인·단체인 경우에는 그 임원을 포함)가 되거나 그 안건의 당사자와 공동권리자 또는 공동의무자인 경우
2. 위원이 해당 안건의 당사자와 「민법」 제777조에 따른 친족이거나 친족이었던 경우
3. 위원이 해당 안건에 관하여 증언, 진술, 자문, 연구, 용역, 조사 또는 감정(鑑定)을 한 경우
4. 위원이 최근 3년 이내에 해당 안건의 당사자가 속한 법인·단체 등에 재직한 경우
5. 위원이나 위원이 속한 법인·단체 등이 해당 안건의 당사자의 대리인이거나 대리인이었던 경우

(2) **(기피)** 당사자는 제척사유가 있거나 위원에게 공정한 심의·의결을 기대하기 어려운 사정이 있는 경우에는 분과위원회에 기피 신청을 할 수 있고, 분과위원회는 의결로 기피 여부를 결정한다. 이 경우 기피 신청의 대상인 위원은 그 의결에 참여하지 못한다(농지법 시행령 제64조 제1항, 제44조의5 제2항).

(3) **(회피)** 위원은 위원의 제척·기피사유에 해당하는 경우에는 스스로 해당 안건의 심의·의결에서 회피해야 한다(농지법 시행령 제64조 제1항, 제44조의5 제3항).

마) **(심의 효력)** 분과위원회의 심의는 농지위원회의 심의로 본다(농지법 제45조 제4항).

6) 공무원 의제규정

농지위원회 위원 중 공무원이 아닌 사람은 「형법」 제127조(공무상 비밀의 누설) 및 제129조부터 제132조까지의 규정(수뢰·사전수뢰, 제삼자뇌물제공, 수뢰후부정처사·사후수뢰 및 알선수뢰) 을 적용할 때에는 공무원으로 본다(농지법 제51조의2).

제11장
포상과 형벌

가. 포상금 제도

나. 벌칙

다. 과태료

제11장 포상과 형벌

가. 포상금 제도

농림축산식품부장관은 농지불법행위를 신고하거나 고발한 사람에게 포상금을 지급할 수 있다. 아래에서는 농지법 소정의 포상금 제도에 대해 살펴보겠다.

1) 지급대상자

농림축산식품부장관은 다음 각 호의 어느 하나에 해당하는 자를 주무관청이나 수사기관에 신고하거나 고발한 자에게 포상금을 지급할 수 있다(농지법 제52조).

1. 농지법 제6조에 따른 농지 소유 제한이나 제7조에 따른 농지 소유 상한을 위반하여 농지를 소유할 목적으로 거짓이나 그 밖의 부정한 방법으로 제8조 제1항에 따른 농지취득자격증명을 발급받은 자
2. 농업진흥지역 내 행위제한(농지법 제32조 제1항 또는 제2항)을 위반한 자
3. 농지법 제34조 제1항에 따른 농지전용허가를 받지 아니하고 농지를 전용한 자 또는 거짓이나 그 밖의 부정한 방법으로 제34조 제1항에 따른 농지전용허가를 받은 자
4. 농지법 제35조 또는 제43조에 따른 신고를 하지 아니하고 농지를 전용한 자
5. 농지법 제36조 제1항에 따른 농지의 타용도 일시사용허가를 받지 아니하고 농지를 다른 용도로 사용한 자
6. 농지법 제36조의2 제1항에 따른 농지의 타용도 일시사용신고를 하지 아니하고 농지를 다른 용도로 사용한 자
7. 농지법 제40조 제1항을 위반하여 전용된 토지를 승인 없이 다른 목적으로 사용한 자

2) 지급요건

포상금은 다음 각 호의 요건을 모두 충족하는 경우에 지급한다(농지법 시행령 제72조 제2항).

1. 행정기관에 의하여 농지불법행위사실이 발각되기 전에 주무관청이나 수사기관에 고발·신고
2. 제1호의 고발·신고사건에 대하여 검사가 공소제기·기소중지 또는 기소유예를 하거나 사법경찰관이 수사중지(피의자중지로 한정한다) 결정을 한 경우

다만 주무관청이나 수사기관에 신고하거나 고발한 자가 다음 각 호의 어느 하나에 해당하면 포상금을 지급하지 않는다.

1. 농지 취득, 농지 전용·사용의 허가·신고 및 감독 등 관련 업무에 종사하는 경우
2. 제1호에 따른 관련 업무에 종사하는 자의 배우자, 직계존속·비속 또는 직계비속의 배우자인 경우
3. 익명이나 정확한 인적사항을 기재하지 않아 신분을 확인할 수 없는 경우

3) 포상금 지급기준

포상금은 다음의 포상금 지급기준에 따라 예산의 범위에서 지급해야 한다(농지법 시행령 별표 4).

신고 또는 고발사항	해당 법조문	포상금의 지급 기준(건당)
1. 농지법 제6조에 따른 농지 소유 제한이나 제7조에 따른 농지 소유 상한을 위반하여 농지를 소유할 목적으로 거짓이나 그 밖의 부정한 방법으로 제8조 제1항에 따른 농지취득자격증명을 발급받은 자	농지법 제52조 제1호	10만원
2. 농지법 제32조 제1항 또는 제2항을 위반한 자	농지법 제52조 제2호	30만원
3. 농지법 제34조 제1항에 따른 농지전용허가를 받지 않고 농지를 전용한 자 또는 거짓이나 그 밖의 부정한 방법으로 제34조 제1항에 따른 농지전용허가를 받은 자	농지법 제52조 제3호	50만원
4. 농지법 제35조에 따른 신고를 하지 않고 농지를 전용한 자	농지법 제52조 제4호	10만원
5. 농지법 제43조에 따른 신고를 하지 않고 농지를 전용한 자	농지법 제52조 제4호	50만원
6. 농지법 제36조 제1항에 따른 농지의 타용도 일시사용허가를 받지 않고 농지를 다른 용도로 사용한 자	농지법 제52조 제5호	30만원
7. 농지법 제36조의2 제1항에 따른 농지의 타용도 일시사용신고를 하지 않고 농지를 다른 용도로 사용한 자	농지법 제52조 제6호	10만원
8. 농지법 제40조 제1항을 위반하여 전용된 토지를 승인 없이 다른 목적으로 사용한 자	농지법 제52조 제7호	30만원

* 이 경우 포상금의 1명당 연간(포상금 지급 결정일이 속하는 해의 1월 1일부터 12월 31일까지를 말한다) 지급상한은 150만원으로 한다.

4) 포상금 지급 절차

포상금 지급 절차는 아래 흐름도와 같다.

포상금 지급 절차

포상금 지급 신청 → 포상금지급 신청서 송부 → 포상금지급 신청 검토 및 지급 결정 → 포상금 지급

① 포상금 지급 신청

포상금 지급요건을 충족하는 자는 수사기관이 공소제기 등 처분을 한 후에 포상금지급신청서를 농림축산식품부장관, 해당 농지 또는 토지의 소재지를 관할하는 시·도지사 또는 시장·군수·자치구구청장에게 제출해야 한다(농지법 시행규칙 제62조 제1항).

② 포상금지급신청서 송부

포상금지급신청서를 제출받은 시·도지사 또는 시장·군수·자치구구청장은 해당 서류를 농림축산식품부장관에게 송부해야 한다(농지법 시행규칙 제62조 제1항).

③ 포상금 지급 신청 검토 및 지급 결정

농림축산식품부장관은 포상금 지급 신청이 있는 때에는 그 사건에 관한 검사 또는 사법경찰관의 처리 내용을 조회한 후 포상금 지급을 결정한다(농지법 시행규칙 제62조 제2항).

④ 포상금 지급

농림축산식품부장관은 포상금을 지급하기로 결정한 경우 결정일부터 2개월 이내에 해당 연도의 농지관리기금운용계획의 범위 안에서 포상금을 지급할 수 있다(농지법 시행규칙 제62조 제2항).

※ 농림축산식품부장관은 하나의 사건에 대하여 신고 또는 고발한 자가 2인 이상인 경우에는 그 공로를 참작하여 포상금을 적절하게 배분하여 지급하여야 한다. 다만, 포상금을 지급받을 자가 배분방법에 관하여 미리 합의한 포상금의 지급을 신청하는 경우에는 그 합의된 방법에 따라 지급한다(농지법 시행규칙 제62조 제3항).

5) 제도의 재검토

농림축산식품부장관은 포상금 제도의 운영현황에 대하여 3년마다 평가를 실시하고, 그 운영방식 등을 개선할 수 있다(농지법 시행규칙 제62조 제4항).

나. 벌칙

1) 농지법 제57조

제57조(벌칙) 제6조에 따른 농지 소유 제한이나 제7조에 따른 농지 소유 상한을 위반하여 농지를 소유할 목적으로 거짓이나 그 밖의 부정한 방법으로 제8조 제1항에 따른 농지취득자격증명을 발급받은 자는 5년 이하의 징역 또는 해당 토지의 개별공시지가에 따른 토지가액(土地價額)[이하 "토지가액"이라 한다]에 해당하는 금액 이하의 벌금에 처한다.

2) 농지법 제58조

제58조(벌칙) ① 농업진흥지역의 농지를 제34조 제1항에 따른 농지전용허가를 받지 아니하고 전용하거나 거짓이나 그 밖의 부정한 방법으로 농지전용허가를 받은 자는 5년 이하의 징역 또는 해당 토지의 개별공시지가에 따른 토지가액에 해당하는 금액 이하의 벌금에 처한다.
② 농업진흥지역 밖의 농지를 제34조 제1항에 따른 농지전용허가를 받지 아니하고 전용하거나 거짓이나 그 밖의 부정한 방법으로 농지전용허가를 받은 자는 3년 이하의 징역 또는 해당 토지가액의 100분의 50에 해당하는 금액 이하의 벌금에 처한다.
③ 제1항 및 제2항의 징역형과 벌금형은 병과(倂科)할 수 있다.

* 농지법 제58조 제2항의 벌금 상한액인 "토지가액의 100분의 50에 해당하는 금액" 중 토지가액은 법체계상 같은 조 제1항과 마찬가지로 해당토지의 개별공시지가로 보는 것이 타당하다.

3) 농지법 제59조

제59조(벌칙) 다음 각 호의 어느 하나에 해당하는 자는 5년 이하의 징역 또는 5천만원 이하의 벌금에 처한다.
1. 제32조 제1항 또는 제2항을 위반한 자
2. 제36조 제1항에 따른 농지의 타용도 일시사용허가를 받지 아니하고 농지를 다른 용도로 사용한 자
3. 제40조 제1항을 위반하여 전용된 토지를 승인 없이 다른 목적으로 사용한 자

* 농지법 제59조 제1호의 "제32조 제1항 또는 제2항"은 농업진흥지역(농업진흥구역과 농업보호구역) 내 행위 제한을 말한다.
  농지법 제59조 제2호의 "제40조 제1항"은 용도변경의 승인대상(농지법 제40조 제1항)을 말한다.

4) 농지법 제60조

제60조(벌칙) 다음 각 호의 어느 하나에 해당하는 자는 3년 이하의 징역 또는 3천만원 이하의 벌금에 처한다.
1. 제7조의2에 따른 금지 행위를 위반한 자[*]
2. 제35조 또는 제43조에 따른 신고를 하지 아니하고 농지를 전용(轉用)한 자
3. 제36조의 2제1항에 따른 농지의 타용도 일시사용신고를 하지 아니하고 농지를 다른 용도로 사용한 자
4. 제41조의2에 따른 농지개량 기준을 준수하지 아니하고 농지를 개량한 자[**]
5. 제41조의 3제1항에 따른 신고 또는 변경신고를 하지 아니하고 농지를 성토 또는 절토한 자[**]

[*] 농지법 제60조 제1호의 "제7조의2에 따른 금지행위"는 다음과 같다.

제7조의2(금지 행위) 누구든지 다음 각 호의 어느 하나에 해당하는 행위를 하여서는 아니 된다.
1. 제6조에 따른 농지 소유 제한이나 제7조에 따른 농지 소유 상한에 대한 위반 사실을 알고도 농지를 소유하도록 권유하거나 중개하는 행위
2. 제9조에 따른 농지의 위탁경영 제한에 대한 위반 사실을 알고도 농지를 위탁경영하도록 권유하거나 중개하는 행위
3. 제23조에 따른 농지의 임대차 또는 사용대차 제한에 대한 위반 사실을 알고도 농지 임대차나 사용대차하도록 권유하거나 중개하는 행위
4. 제1호부터 제3호까지의 행위와 그 행위가 행하여지는 업소에 대한 광고 행위

[**] 농지법 제60조 제4호와 제5호는 2025년 1월 3일부터 시행되므로, 그 전에는 적용되지 아니한다.

5) 농지법 제61조

제61조(벌칙) 다음 각 호의 어느 하나에 해당하는 자는 2천만원 이하의 벌금에 처한다.
1. 제9조를 위반하여 소유 농지를 위탁경영한 자
2. 제23조 제1항을 위반하여 소유 농지를 임대하거나 무상사용하게 한 자
3. 제23조 제2항에 따른 임대차 또는 사용대차의 종료 명령을 따르지 아니한 자

6) 농지법 제62조

제62조(양벌규정) 법인의 대표자나 법인 또는 개인의 대리인, 사용인, 그 밖의 종업원이 그 법인 또는 개인의 업무에 관하여 제57조부터 제61조까지의 어느 하나에 해당하는 위반행위를 하면 그 행위자를 벌하는 외에 그 법인 또는 개인에게도 해당 조문의 벌금형을 과(科)한다. 다만, 법인 또는 개인이 그 위반행위를 방지하기 위하여 해당 업무에 관하여 상당한 주의와 감독을 게을리하지 아니한 경우에는 그러하지 아니하다.

다. 과태료

제64조(과태료) ① 다음 각 호의 어느 하나에 해당하는 자에게는 500만원 이하의 과태료를 부과한다.

    1. 제8조 제2항에 따른 증명 서류 제출을 거짓 또는 부정으로 한 자

    2. 제49조의2에 따른 신청을 거짓으로 한 자

② 다음 각 호의 어느 하나에 해당하는 자에게는 300만원 이하의 과태료를 부과한다.

    1. 제41조 제2항을 위반하여 지목변경을 신청하지 아니한 자

    2. 제49조의2에 따른 신청을 하지 아니한 자

    3. 제54조 제1항에 따른 조사를 거부, 기피 또는 방해한 자

    4. 제54조 제2항 후단을 위반하여 특별한 사유 없이 자료의 제출 또는 의견의 진술을 거부하거나 거짓으로 제출 또는 진술한 자

    5. 제54조의4제4항을 위반하여 정당한 사유 없이 출입을 방해하거나 거부한 자

③ 제1항 및 제2항에 따른 과태료는 대통령령으로 정하는 바에 따라 행정관청이 부과·징수한다.

* 농지법 제64조 제2항 제1호는 2025년 1월 3일부터 시행되므로, 그 전에는 적용되지 아니한다.

과태료의 부과기준(농지법 시행령 별표 5)

1. 일반기준

    가. 위반행위의 횟수에 따른 과태료의 가중된 부과기준은 최근 3년간 같은 위반행위로 과태료 부과처분을 받은 경우에 적용한다. 이 경우 기간의 계산은 위반행위에 대하여 과태료 부과처분을 받은 날과 그 처분 후에 다시 같은 위반행위를 하여 적발된 날을 기준으로 한다.

    나. 가목에 따라 가중된 부과처분을 하는 경우 가중처분의 적용 차수는 그 위반행위 전 부과처분 차수(가목에 따른 기간 내에 과태료 부과처분이 둘 이상 있었던 경우에는 높은 차수를 말한다)의 다음 차수로 한다.

    다. 부과권자는 위반행위자가 위반행위를 바로 정정하거나 시정하여 위반상태를 해소한 경우에는 제2호의 개별기준에 따른 과태료의 2분의 1 범위에서 그 금액을 줄여 부과할 수 있다. 다만, 과태료를 체납하고 있는 위반행위자에 대해서는 그렇지 않다.

    라. 부과권자는 다음의 어느 하나에 해당하는 경우에는 제2호의 개별기준에 따른 과태료의 2분의 1 범위에서 그 금액을 늘려 부과할 수 있다. 다만, 늘려 부과하는 경우에도 법 제64조 제1항 및 제2항에 따른 과태료의 상한을 넘을 수 없다.

1) 위반의 내용 및 정도가 중대하여 이로 인한 피해가 크다고 인정되는 경우
2) 법 위반상태의 기간이 6개월 이상인 경우
3) 그 밖에 위반행위의 정도, 동기와 그 결과 등을 고려하여 늘릴 필요가 있다고 인정되는 경우

2. 개별기준

(단위: 만원)

위반행위	근거 법조문	과태료		
		1차 위반	2차 위반	3차 이상 위반
가. 법 제8조 제2항(농지취득자격증명의 발급 신청)에 따른 증명 서류 제출을 거짓 또는 부정으로 한 경우	법 제64조 제1항 제1호	250	350	500
나. 법 제49조의2(농지이용 정보 등 변경신청)에 따른 신청을 거짓으로 한 경우	법 제64조 제1항 제2호	250	350	500
다. 법 제49조의2(농지이용 정보 등 변경신청)에 따른 신청을 하지 않은 경우	법 제64조 제2항 제1호	100	200	300
라. 법 제54조 제1항(농지의 소유 등에 관한 조사)에 따른 조사를 거부, 기피 또는 방해한 경우	법 제64조 제2항 제2호	100	200	300
마. 법 제54조 제2항 후단(농지 소유자 등의 농지조사 협조의무)을 위반하여 특별한 사유 없이 자료의 제출 또는 의견의 진술을 거부하거나 거짓으로 제출 또는 진술한 경우	법 제64조 제2항 제3호	100	200	300
바. 법 제54조의4제4항(토지등에의 출입 거부 또는 방해)을 위반하여 정당한 사유 없이 출입을 방해하거나 거부한 경우	법 제64조 제2항 제4호	100	200	300

참고문헌

김진곤, 「경자유전의 원칙과 소작제도금지의 헌법적 함의」, 한국토지법학회, 2007.

농림수산식품부 농지과-540(2010. 2. 1.)호 지침

농림축산식품부, 「2023년 농지업무편람」, 2023.

농림축산식품부, 「농지민원 사례집」, 2018.

농림축산식품부, 「농지민원 사례집」, 2023.

농림축산식품부, 「농지원부 개편을 위해 농지원부 발급 업무가 일시 중단됩니다(보도자료)」, 2022. 3. 29.

농림축산식품부, 「농지 소유·이용 관리 강화를 위해 농지원부 전면개편 추진(보도자료)」, 2021. 4. 22.

박균성, 「행정법강의」, 박영사, 2016.

박균성, 「행정법강의」, 박영사, 2024.

송덕수, 「신민법강의」, 박영사, 2022.

양경승, 「법률행위의 요건과 농지매매증명 및 농지취득자격증명의 성질」, 사법논집 제48집, 2009.

양형우, 「농지취득자격증명이 없는 농지거래행위와 소유권이전등기의 효력」, 홍익법학 제16권 제2호, 2015.

이종수, 「한국헌법상 경자유전의 원칙과 한계」, 한국토지법학회, 2008.

정종섭, 「헌법학원론」, 박영사, 2008.

저자약력

서울대학교 농업생명과학대학 농경제사회학부 졸업
서울대학교 경영대학 경영학석사

변호사
세무사
공인중개사
경영지도사
NH투자증권 부동산금융팀
(주)건화 법무실 변호사
법무법인 평안 변호사
농림축산식품부 규제개혁법무담당관실 사무관
김영기법률사무소 대표변호사

농림축산식품부 법령정비협의회 위원, 충청북도 적극행정위원회 위원,
마포구청 건축위원, 마포세무서 국세심사위원,
한국부동산원 정비사업 자문위원, 한국철도공사 사업개발위원회 위원,
한국토지주택공사 기술심사평가위원회 위원, 강원개발공사 건설사업위원회 위원,
경기주택도시공사 제안서평가위원, 부산도시공사 민간사업자 공모 평가위원,
제주특별자치도개발공사 제안서평가위원, 충청남도개발공사 기술자문위원회 위원,
김포도시관리공사 기술자문위원, 남양주도시공사 기술자문위원,
부천도시공사 기술자문위원회 위원, 성남도시개발공사 기술자문위원회 위원